Enjoy IT!
스파이크, 에센셜 1

모두를 위한
STEAM&MAKER

레고로 상상의
나래를 펼치다.

모두 다함께 놀자!

저자 꿈키움 교사연구회
(이대송, 권오성, 노서현, 박순옥, 유혜숙, 전혜진)

삽화 허윤정

FUNERS

저자 서문

모든 아이들은 자유롭게 세상을 탐색하고 탐구하며 상상하는 것을 좋아합니다. 그리고 다양한 매체를 활용해 상상한 것을 표현하고 만드는 놀이 활동을 좋아합니다.

「Enjoy IT! 스파이크 에센셜」은 레고를 활용해 장애학생과 비장애학생이 함께 어울려 즐겁게 노는 모습을 상상하며 집필하였습니다. 누구나 쉽게 레고로 세상을 탐색하여 표현하고, 실생활 속에서 겪는 다양한 문제를 컴퓨팅 사고력과 연결해 해결하는 활동으로 구성하였습니다.

이 책을 통해 아이들이 함께 어울려 놀면서 다양한 배움과 성장이 있기를 기대해봅니다.

이대송 (경상남도함양교육지원청 특수교육지원센터 교사)

아이들이 가장 좋아하는 장난감이 무엇이냐 묻는다면 저는 단연 레고 블록이라 답할 것입니다. 레고와 함께한 저의 유년 시절은 행복과 설렘으로 가득하였습니다. 레고 블록을 이리저리 조립하며 씨름하다 마침내 완성했을 때의 그 기쁨은 아직까지 제 몸에 전율로 남아 있습니다. 시간이 흘러 다양한 기능이 추가된 레고 블록으로 교재를 개발할 때 어떻게 하면 아이들이 좀 더 쉽고 재밌게 활용할 수 있을까? 고민하였습니다.

교재 속 캐릭터와 함께 문제를 해결하며 아이들은 쉽고 재미있게 컴퓨팅사고력과 창의성을 가진 멋진 아이로 자랄 것입니다. 또 차시 마지막에 있는 읽을거리를 통해 지식과 호기심이 풍부한 아이로 성장할 것입니다.

마지막으로 이 교재가 자라나는 우리 아이들에게 좋은 놀이터이자 친구가 되기를 바랍니다.

권오성 (경상남도함양교육지원청 특수교육지원센터 교사)

요즘은 스마트폰, 인터넷 없이 노는 것을 어려워하는 어린이가 많습니다. 자유롭게 놀 시간을 주면 자연스럽게 스마트 기기를 꺼내고 와이파이를 찾습니다. 그만큼 스마트 기기는 어린이의 삶에 깊숙이 스며들어 있습니다.

「Enjoy IT! 스파이크 에센셜」은 스마트 기기로 노는 것에 익숙한 요즘 어린이들이 레고® 에듀케이션 스파이크™ 에센셜과 스마트 기기를 이용해서 코딩을 경험하고 창의력과 상상력을 발휘할 수 있도록 구성하였습니다.

'모두를 위한 STEAM & MAKER'라는 말처럼 「Enjoy IT! 스파이크 에센셜」은 레고와 코딩을 처음 접하는 어린이라도 누구나 쉽게 시작할 수 있습니다. 어린이들이 할 일은 책 속의 주인공을 따라가며 레고® 에듀케이션 스파이크™ 에센셜과 함께 즐겁게 노는 것입니다. 어린이들이 마주하는 일상생활의 문제부터 유니버설 디자인, 지속 가능한 발전 등 다양한 이야기를 따라 차근차근 문제를 해결하면서 놀다 보면 놀거리 가득한 상상의 놀이터가 펼쳐질 것입니다.

「Enjoy IT! 스파이크 에센셜」을 통해 더 많은 어린이가 상상의 놀이터를 만들었으면 좋겠습니다. 더불어 그 속에서 창의력과 문제 해결력을 키우고 새로운 꿈을 꾸며 행복해지기를 바랍니다.

노서현 (함양마천초등학교 특수교사)

「Enjoy IT! 스파이크 에센셜」에는 장애학생들과의 메이커 활동에 관한 다양한 고민들이 녹아있습니다. 블록을 처음 만나는 학생들도 부담 없이 조립하고, 쉬운 코딩으로 성취감을 느낄 수 있는 '모두가 함께 놀 수 있는 책'을 만들고 싶었습니다.

「Enjoy IT! 스파이크 에센셜」에는 다양한 상황들이 제시되어 있습니다. 학생들 스스로 문제를 발견하고 해결하는 과정에 참여함으로써 자연스럽게 문제해결능력을 기를 수 있을 것입니다.

「Enjoy IT! 스파이크 에센셜」에는 '성장'이 있습니다. 나와 너, 학교 가는 길, 우리 동네, 환경, 역사 등 다양한 주제의 이야기를 따라가다 보면 나와 세상에 대한 이해력이 높아지고, 상상력과 창의력이 풍부해질 것입니다.

무엇보다 「Enjoy IT! 스파이크 에센셜」에는 '즐거움'이 있습니다. 책을 읽고, 조립하고, 코딩하다 보면 어느새 눈 앞에 펼쳐지는 상상의 세계! 상상이 현실이 되는 즐거움을 경험하게 될 것입니다.

자 이제 「Enjoy IT! 스파이크 에센셜」로 모두 함께 놀아봅시다!

박순옥 (김해은혜학교 교사)

「Enjoy IT! 스파이크 에센셜」은 표현력과 상상력, 문제해결능력, 다른 사람과 협력하는 능력을 기를 수 있는 자유롭고 창의적인 표현이 가능한 활동입니다.

분명하게 말하지 못해도, 멋있게 만들지는 못해도 친구들과 함께 차근차근 생각하고, 브릭을 조합하다 보면 어느 순간 생각지도 못했던 움직임을 보이는 구체물이 만들어질 것입니다. 세계시민으로 성장할 우리 학생들에게 사회의 다양한 문제에 대해 생각하고, 해결 방법을 고민하며 자신이 할 수 있는 일이 무엇인지 찾아낼 수 있는 기회가 주어질 것입니다. 자신이 상상한 것을 완성해 보기 위해 친구들과 의견을 나누고, 시행착오를 겪으며 완성을 하는 과정이 우리 학생들에게 꼭 필요하다고 생각합니다.

우리 친구들과 함께 브릭을 즐기는 행복한 시간을 가져보시길 바랍니다.

유혜숙 (김해은혜학교 교사)

요즘 아이들은 아주 어릴 때부터 부모님의 스마트폰, 집에 비치된 TV를 통해 미디어에 노출되는 경우가 많습니다. 미디어의 긍정적인 부분도 분명 있지만, 사고력이 미숙한 어린아이들이 자극적인 시청각적인 자료에 노출되며 상상력이 제한되는 것이 매우 안타깝습니다.

레고 스파이크 에센셜은 소근육을 자유롭게 사용하며, 아이의 상상력을 길러 표출하고, 또 창의력 발달과 사회성, 집중력을 기르는데 효과적입니다. 「Enjoy IT! 스파이크 에센셜 모두 다함께 놀자!」를 통해 친구들과 함께 레고를 직접 만들고 코딩하며 아이의 발달에 긍정적인 영향을 받았으면 하는 바람입니다.

전혜진 (경상남도함양교육지원청 특수교육지원센터 교사)

추천사

　어느 영화 대사 중에 기도하면 하늘은 우리에게 사랑이라는 감정을 직접 주는게 아니라 사랑할 수 있는 기회를 준다고 하더군요. 최근 일반교육의 트렌드가 인공지능, 컴퓨팅 사고력, 코딩에 있다면 우리 아이들도 같은 경험을 하는 것이 필요하다고 생각합니다.
　레고라는 매개체를 활용해 우리 아이들이 컴퓨팅 사고력을 보다 친숙하게 경험할 수 있는 프로그램을 만들어 준 선생님들의 노력에 감사의 마음을 전합니다.

박일성 (경상남도교육청 유아특수교육과 장학관)

　4차산업의 발달로 우리의 미래와 교육의 환경도 혁신적으로 변화하고 있습니다. 학교 교육과정에는 미래사회 대응을 위해 인공지능(AI), 코딩, 로봇 기술을 이해하고 활용할 수 있도록 디지털 리터러시 역량 강화를 위한 노력을 기울이고 있습니다. 이러한 미래사회에 장애학생도 잘 적응하고 활용할 수 있도록 레고에서 개발한 교육용 스파이크 에센셜을 활용한 쉽고 간단한, 그러면서 코딩교육의 비법이 여기에 담겨 있습니다.
　장애학생의 학습 특성을 충분히 고려하여 한단계 한단계 따라가다 보면 어느새 완성되는, 그래서 학생과 선생님이 환호할 수 있는 코딩교육과 AI+IoT까지 자연스럽게 익힐 수 있는 우리 학생 사랑이 듬뿍 담긴 특수교사들의 "찐" 코딩교육 안내서입니다.
　그동안 장애학생과 함께 하며 선생님들이 찾아낸 학생이 해낼 수 있는 방법을 대방출하여 학생과 함께 비교과 시간이나 교과와 연계하여 말 그대로 Enjoy 할 수 있게 안내하고 있습니다. 모두 꼭 학급에서 학생들과 실행해 보시길 강추합니다.

박경옥 (대구대학교 초등특수교육과 교수)

　「Enjoy IT! 스파이크 에센셜」은 나와 너, 학교 가는 길, 우리 동네, 환경, 교과 연계 등의 확장되는 단원 활동을 통해 아이들에게 실생활과 관련된 다양한 상황을 제시하여 실생활 속 문제를 인식하도록 동기를 부여합니다. 아이들은 문제를 해결해나가는 과정에서 창의적이고 융합적인 사고를 하게 되고, 흥미와 몰입, 도전 의지 등 다양한 감성적 체험을 하게 됩니다.
　최근 우리나라 교육에서 강조하는 융합교육 및 지역 연계 교육과정 활동과도 밀접하게 연계되고 있어 학교 내외에서 매유 유용하게 활용될 수 있다고 생각됩니다.
　「Enjoy IT! 스파이크 에센셜」을 지도 삼아 여행하듯 따라가다 보면 레고로 조립하고 코딩하는 활동을 통해 어느새 성장해 있는 아이들을 발견하게 될 것입니다.
　놀이하듯 즐겁게 배움 활동을 하는 학생들의 활기찬 모습이 눈앞에 그려집니다!

김용진 (경상국립대학교 사범대학 학장)

디지털 대전환 시대는 모든 아이들에게 현실입니다. 미래를 살아갈 아이들은 아날로그와 디지털의 경계가 허물어진 시공간에서 생활하게 될 것입니다. 우리는 모든 아이들이 자신의 삶에 주도성을 가지고 스스로 문제를 해결할 수 있는 주체로 성장하기를 소망합니다.

그런 아이들을 양육하기 위해서는 아이들이 다양한 경험을 할 수 있는 교육환경을 제공해 주어야 합니다. 특히, 디지털 대전환 시대에 맞게 디지털 도구를 자유롭게 사용하고 디지털 환경에서도 자신의 아이디어를 표현할 수 있는 기회를 제공해야 합니다.

이 책은 장애학생에게 그런 기회를 제공할 수 있는 방법과 내용을 담고 있습니다. 장애학생이 아날로그 레고블럭과 디지털 도구를 이용해서 다양한 작품을 만들 수 있는 기회를 제공합니다. 일상생활에서 겪는 문제를 해결하기 위한 메이킹 뿐만 아니라 여러 수업에서 배운 것을 확장할 수 있는 재미있는 내용들로 구성되어 있습니다.

특수교육의 전문가들이 모여서 장애학생의 눈높이에 맞게 창의융합적인 메이킹을 경험할 수 있도록 집필하였습니다. 특수교육 현장에 꼭 필요한 내용으로 선생님들과 학부모님들에게 적극 추천합니다.

김수환 (총신대학교 기독교교육과 부교수)

코로나 상황을 겪으면서 아이들의 학습 환경과 놀이 문화는 급격히 핸드폰과 아이패드, 태블릿 pc 등의 스마트 기기를 이용한 환경으로 전환이 되었습니다. 하지만 빠른 변화 속도에 따라가지 못하고, 스마트 기기를 자유자재로 다루며 학습과 놀이도구로 활용하는데 어려움을 겪는 학생과 교사도 있습니다. 이 책은 그런 학생과 교사에게 친절하고 든든한 놀이 이끔이, 또는 놀이 수업 안내자가 되어 줄 것입니다.

무엇보다 페이지마다 실려 있는 그림 설명과 활동 안내서를 따라가다 보면 나 자신이 놀이 재미에 푹 빠져들어 몰입하게 됩니다. 나 자신이 놀이의 재미에 빠지는 그 '재미'야말로 즐겁고 유익한 놀이 수업의 제일 중요한 요소이자 놀이의 첫 단추이지요. 첫 단추를 채우고 이 책의 활동 안내에 따라 아이들과 자연스레 질문과 이야기를 나누며 레고를 조립하고 작동하다 보면 어느새 아이들과의 놀이와 스마트 기기에 대한 두려움은 덜어지고, 수업의 자신감과 기대감으로 나머지 단추가 채워져 있는 것을 발견하게 될 것입니다.

박현주 (실천교육교사모임 특수교육 이사)

이 책은 장애학생들에게 SW교육을 어떻게 지도해야 하는지 고민이 많은 현장 교사들에게 매우 유용한 교재가 될 것입니다. 레고를 활용한 언플러그드, 블록코딩 그리고 메이킹 활동까지 할 수 있는 이 책을 통해 장애학생들이 즐겁게 놀면서 배움을 얻을 수 있기를 바랍니다. 장애학생을 위한 SW교육자료가 부족한 특수교육현장에 이런 좋은 교재를 집필해 주신 선생님들께도 감사의 인사드립니다.

정웅 (함평영화학교 특수교사)

목차

이렇게 활용해요! ... 08

01 나와 너 ... 14

에센셜 친구를 만나요 ... 16
우리 집을 만들어보아요 ... 32
우리 집에는 무엇이 있을까요? ... 72
나의 몸의 이름은 무엇일까요? ... 90
나의 기분은 어떤가요? ... 110

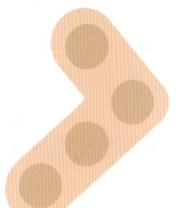

02 학교 가는 길 --- 134

다니엘의 아침을 도와요 136
학교 가는 길 I 154
학교 가는 길 II 176
학교 가는 길 III 200
소피와 친구들을 도와요 224

03 우리 동네는 --- 250

스마트 농장에서 식물을 길러요! 252
바람의 힘으로 바다를 가르는 공기부양선 272
어두운 바다를 밝게 비추는 등대 294
지구를 지키는 친환경 에너지, 풍력발전 314
크레인으로 무거운 해양 쓰레기를 끌어올려요! 334

이렇게 활용해요!

POINT!
배워야 할 중요한 개념과 활동 개요,
주제에 대한 간단한 설명을
살펴볼 수 있어요.

POINT!
활동에 필요한 준비물과 학습활동,
활동 팁을 알 수 있어요.

1 스마트 농장에서 식물을 길러요!

- **핵심 개념**: 인공 태양광을 이용한 스마트 농장
- **활동 개요**: 스마트 농장의 원리를 살펴보고 나만의 스마트 농장 만들기

식물이 잘 자라기 위해서는 물, 적당한 온도, 양분 등이 필요합니다. 그중에서도 햇빛은 식물이 광합성을 하는 데 꼭 필요한데요. 만약 햇빛이 잘 들지 않는 곳에서는 어떻게 식물을 키울 수 있을까요? **스마트 농장**은 햇빛이 잘 들지 않아도 컴퓨터가 스스로 식물이 자라기에 적당한 온도와 빛을 제공해 줄 수 있습니다. 알아서 척척 식물을 길러내는 스마트 농장! 한 번 만들어 볼까요?

활동 안내

준비물	동영상, 교재(활동지), 필기구, 스파이크 에센셜			
	단계	학습 내용	학습 형태	학습 자료
학습 활동	도입	• 스마트 농장에 관한 이야기 나누기	전체 학습	
	활동1	• 스마트 농장에서는 어떻게 식물을 기를까요? - 스마트 농장의 모습 탐색하기 - 스마트 농장에 접목된 기술 살펴보기	전체 학습	동영상 활동지
	활동2	• 나만의 스마트 농장을 만들어요! - 빛 조절 기능이 있는 스마트 농장 만들기	개별 학습	교재 스파이크 에센셜
	활동3	• 식물에 필요한 빛의 양을 조절해요! - 색깔 센서 블록을 이용하여 빛을 조절하기 - 자동화 시스템이 적용된 스마트 농장 완성하기	개별 학습	스마트기기 스파이크 에센셜
	정리	• 학습한 내용 확인하기	개별 학습	
활동 팁	• 스마트 농장의 운영 원리를 알고 다양한 운영 방식이 있음을 알게 합니다. • 스마트 농장의 장점을 떠올리며 우리 생활에 어떤 도움이 될지 고민하게 합니다.			

POINT!
만화를 통해서 이번 시간에 배울
내용을 생각해 보아요.

POINT!
질문에 대답하면서 문제 해결 방법을
고민해 보아요.

시작해요 스마트 농장에서 식물을 길러요!

- 레오는 무엇 때문에 속상했나요?
- 레오의 식물이 시든 이유는 무엇인가요?
- 속상해하는 레오에게 소피가 제안한 방법은 무엇인가요?
- 스마트 농장에 대해 들어본 적이 있나요?
- 스마트 농장은 어떤 곳일지 생각해봅시다.

학습 목표: 스마트 농장이 자동화 시스템을 적용한 새로운 농업 방식임을 설명할 수 있다.
빛의 양을 조절할 수 있는 스마트 농장을 만들 수 있다.

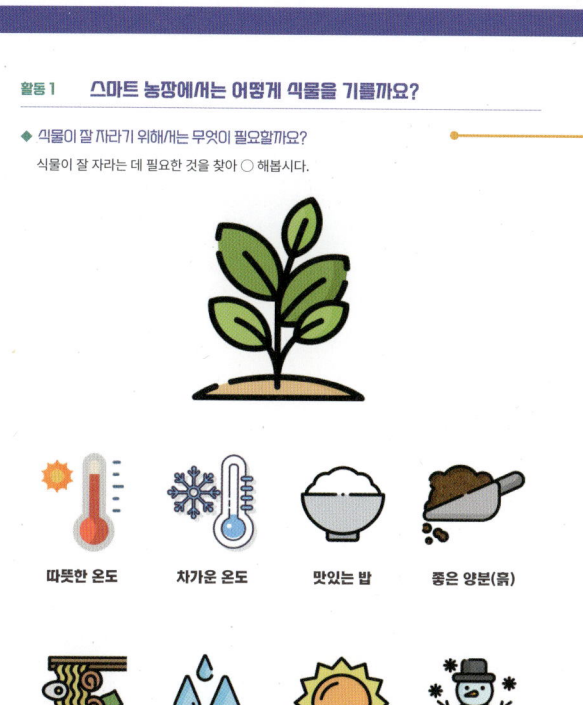

POINT!

학습 주제와 관련된 핵심 개념을 익혀요. 수준별 학습지, 읽을거리 등 다양한 유형의 활동을 통해 중요한 개념을 배울 수 있어요.

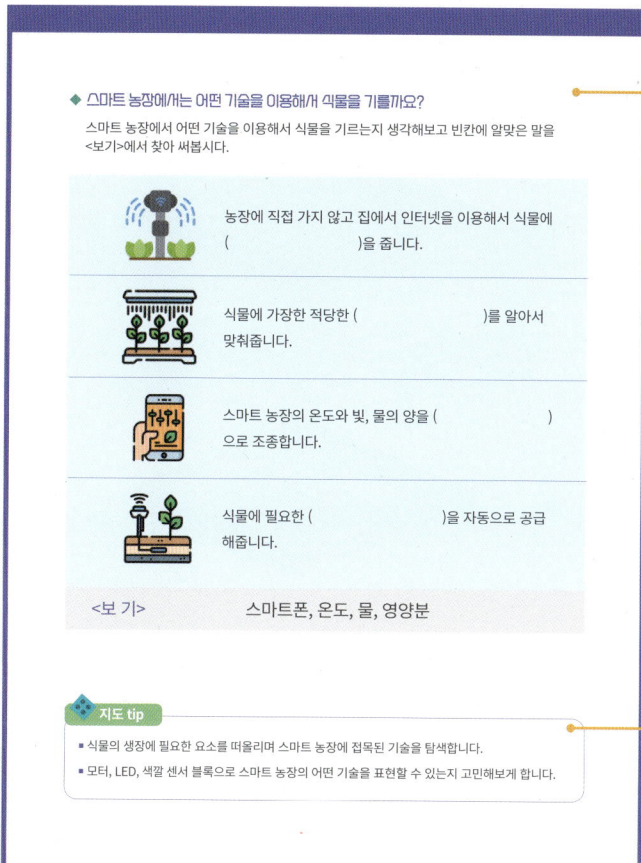

POINT!

배운 내용을 떠올리면서 학습 주제와 관련된 개념을 정리해요.

POINT!

학교와 가정에서 지도 tip을 참고하여 지도할 수 있어요.

이렇게 활용해요!

POINT!
문제 해결 방법을 고민해 보아요.

POINT!
조립도를 따라 레고 브릭을 조립해요.

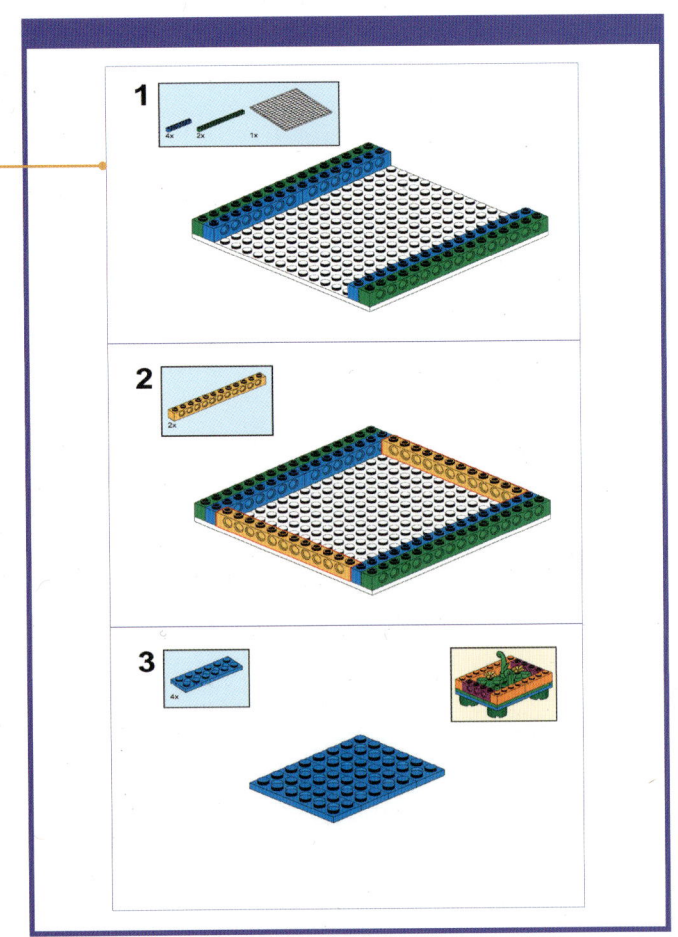

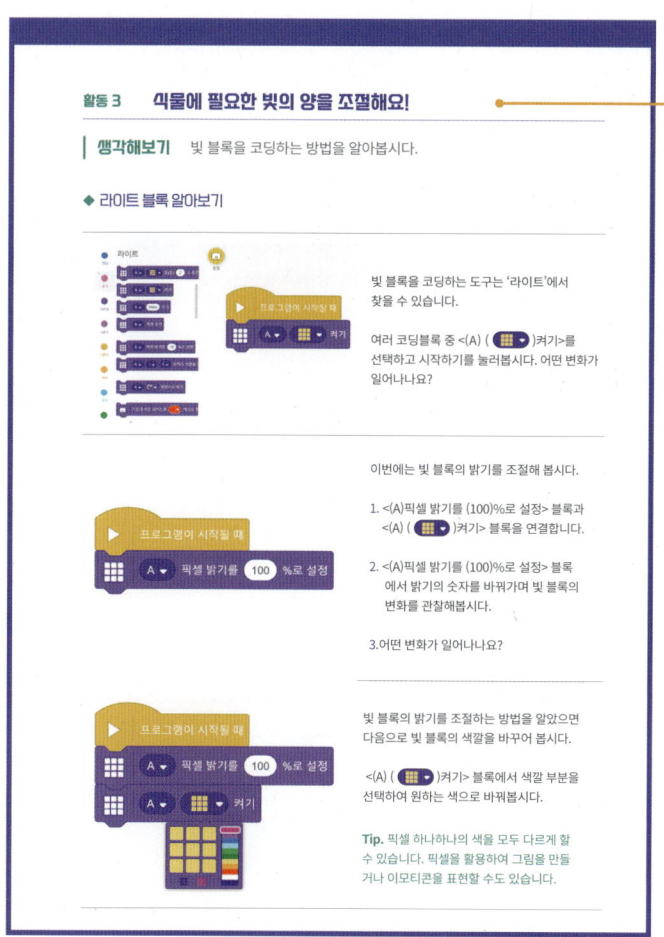

POINT!
아이콘 블록이나 단어 블록을 활용해 코딩해요.

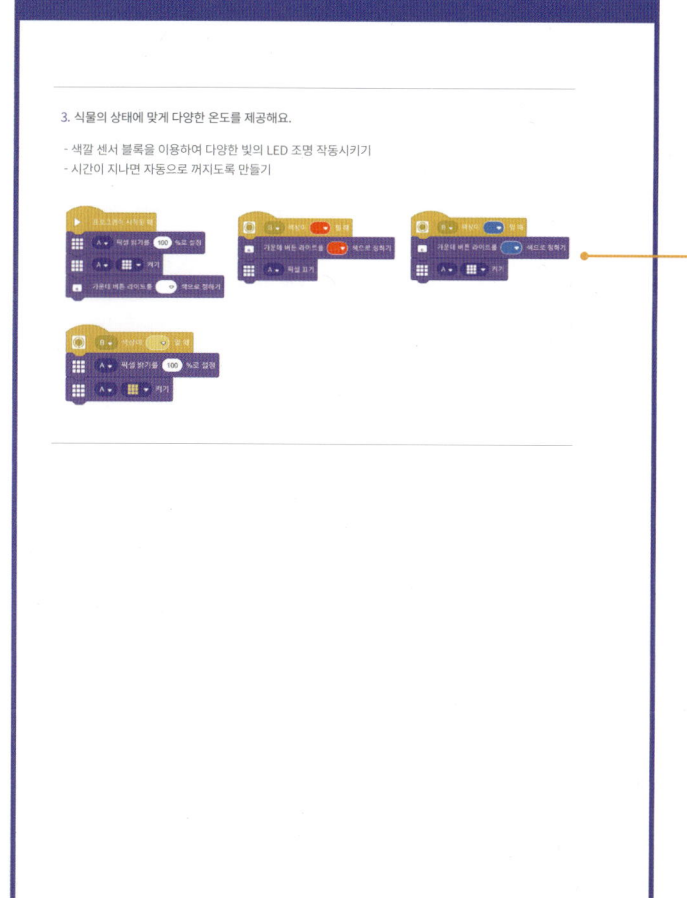

POINT!
주제에 알맞게 조건을 바꿔가며 다양한 방법으로 코딩해요.

이렇게 활용해요!

POINT!
이번 시간에 배운 내용 중 중요한 개념을 확인해요.

POINT!
이번 시간에 활동한 내용을 되돌아보며 스스로 평가해요.

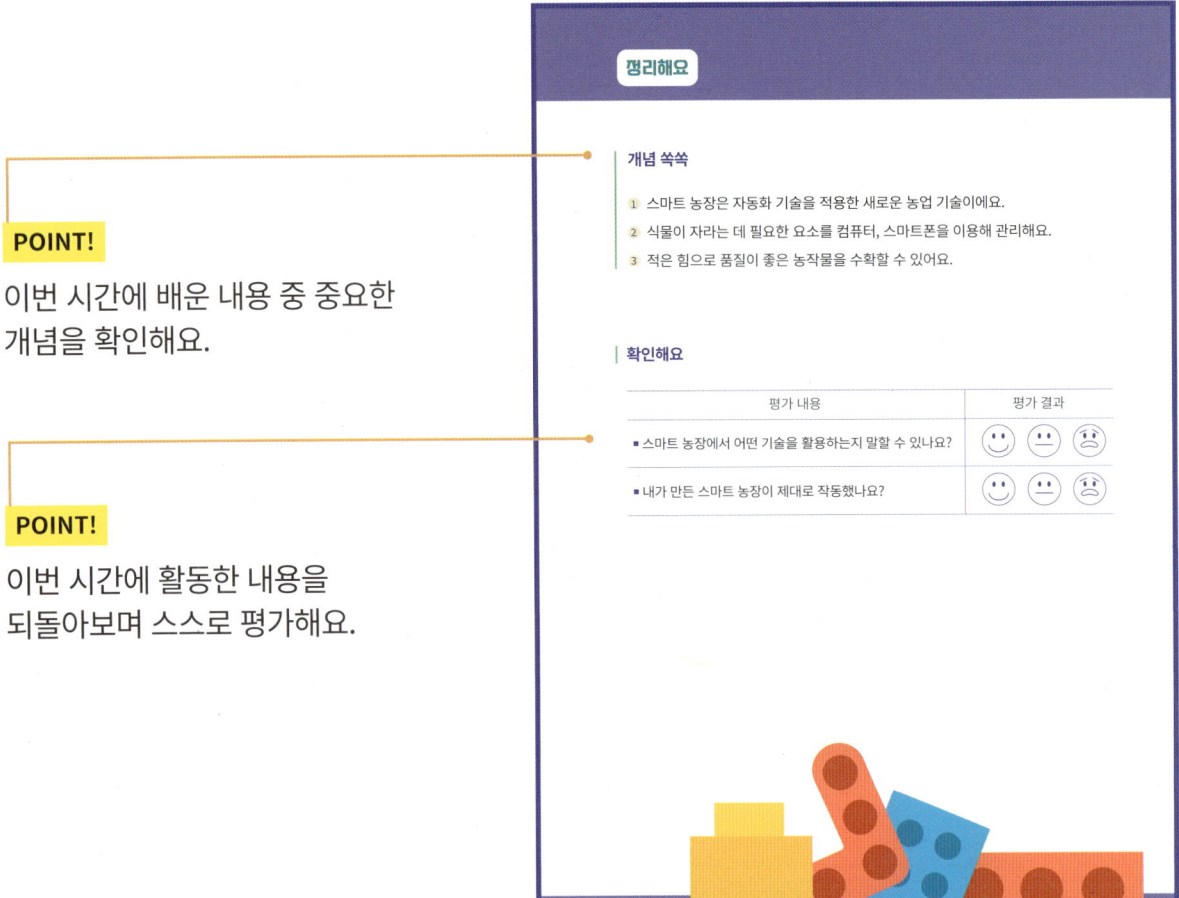

POINT!
이번 시간 주제와 관련된 다양한 이야기가 있어요.

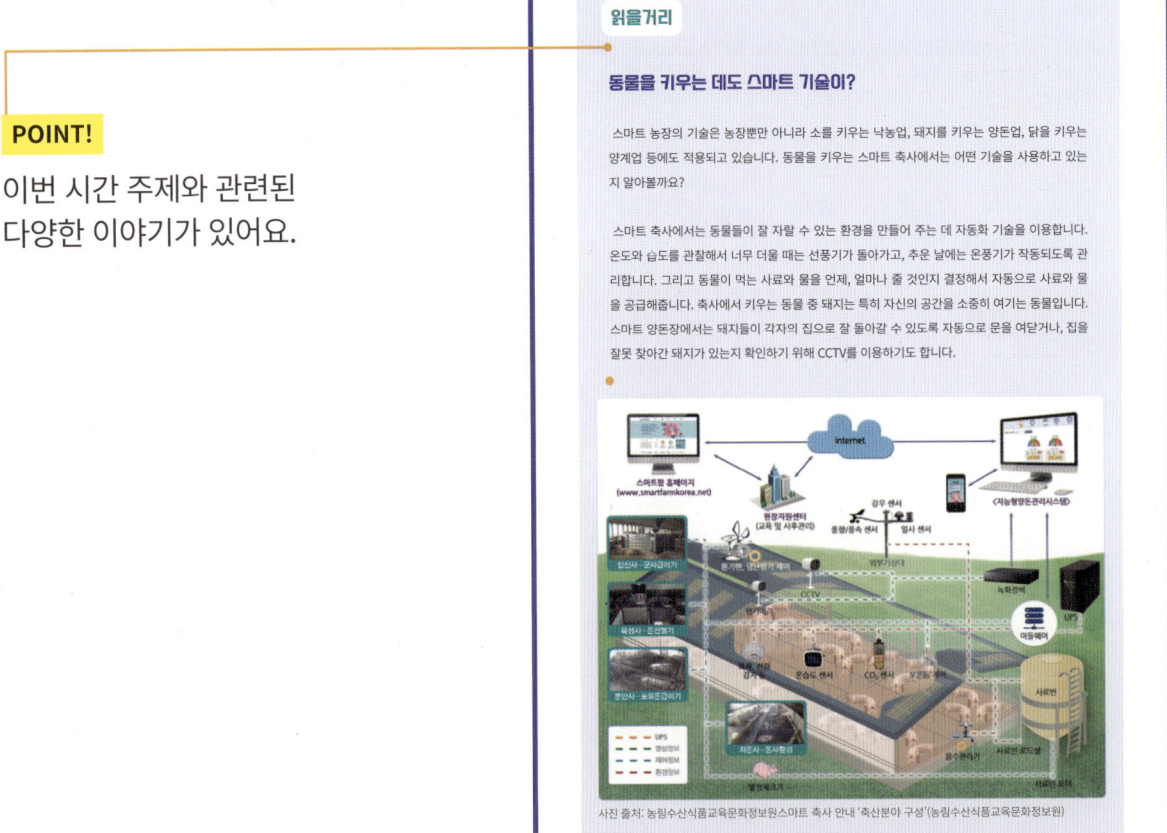

01
나와 너

1	에센셜 친구를 만나요
2	우리 집을 만들어보아요
3	우리 집에는 무엇이 있을까요?
4	나의 몸의 이름은 무엇일까요?
5	나의 기분은 어떤가요?

1 에센셜 친구를 만나요

핵심 개념 나와 친구를 소개해요.
활동 개요 에션설 등장인물에 대하여 알아보고 나와 친구 소개하기

나는 누구인가요? 내가 좋아하는 것은? 싫어하는 것은? 내 친구가 좋아하는 것은 무엇일까요?
자기소개란 처음 보는 사람에게 나의 이름, 좋아하는 것 등에 대하여 알리는 것을 말합니다.

활동 안내

준비물	교재(활동지), 필기구, 미술재료, 스파이크 에센셜			
	단계	학습 내용	학습 형태	학습 자료
학습 활동	도입	■ 만화 이해하기	전체 학습	
	활동1	■ 에센셜 친구들을 알아보아요. - 에센셜 친구들 조립하기 - 에센셜 친구들 알아보기	개별 학습	스파이크 에센셜
	활동2	■ 에센셜 친구들의 퀴즈를 맞춰요. - 에센셜 친구들 퀴즈 맞추기	개별 학습	활동지
	활동3	■ 나와 친구를 소개해요! - 나와 친구를 소개할 자료 만들기 - 자기 소개와 자기가 좋아하는 친구 소개하기	전체 학습	
	정리	■ 학습한 내용 확인하기	개별 학습	
활동 팁	■ 나와 친구들의 사진을 활용하기 ■ 다양한 미술재료를 활용하여 꾸미기			

시작해요   자기소개를 해요.

- 마리아가 어떤 상황인 것 같나요?

_____

_____

- 다음 장면에는 어떤 일이 일어날까요? 마리아와 친구는 무엇을 할 것 같나요?

_____

_____

학습 목표   나와 친구를 소개해요

에센셜 등장인물에 대하여 알아보고 나와 친구 소개하기

| 활동 1 | 에센셜 친구들을 알아보아요. |

◆ 에센셜 친구들 조립하기

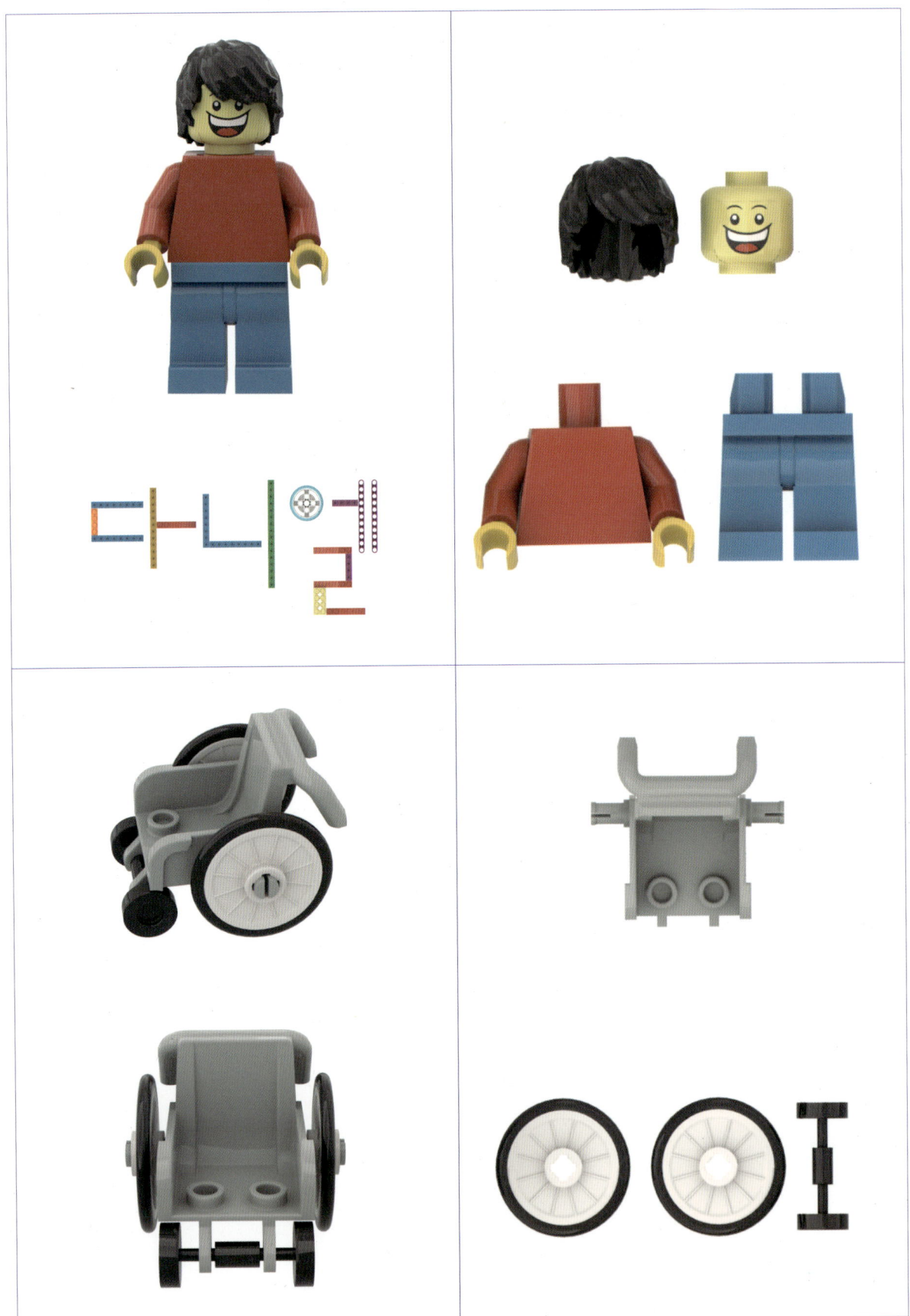

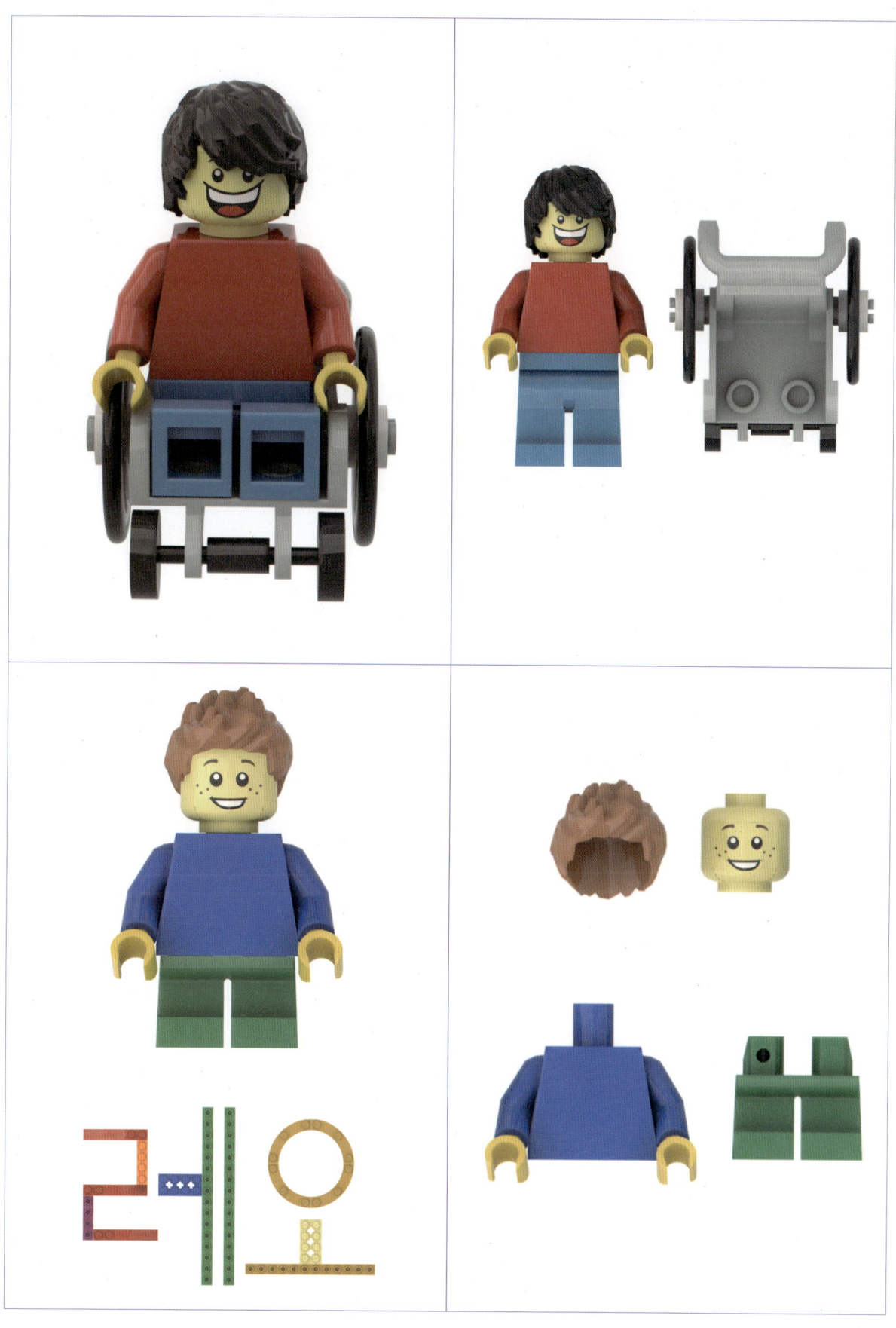

1단원_ 1. 에센셜 친구들 만나요

◆ 에센셜 친구들 알아보기

장래희망

건축가

성격

예술적, 모험적
다른 사람을 잘 도와줘요.

형제

쌍둥이 형제

등교하는 법

버스

싫어하는 것

시금치, 뱀
일찍 일어나는 것

특기

어지러움 없이 30회 연속 돌기

좋아하는 것

미술, 녹색, 개, 학교, 물건 고치기,
새로운 것을 만들고 창조하는 것

장래희망
기자

목표
올림픽에서 금메달을 따는 것

성격
재미있고, 창의적이고 엉뚱해요.

형제
여동생

등교하는 법
보라색과 주황색이 섞인 자전거 타고 오기

싫어하는 것
여동생이 묻지 않고 물건 빌리는 것,
방울양배추

특기
백핸드스피링,
100가지 넘는 다른 종류의 물고기 이름 말하기

좋아하는 것
수영, 테니스, 유명한 운동선수에 관한 글쓰기,
주황색, 거북이, 만화, 바다 가까이 있는 것

장래희망
의사

성격
호기심이 많고 창의적이며 수줍음이 많아요.

바라는 것
코딩을 더 잘하는 것

형제
언니, 여동생

등교하는 법
아빠, 여동생과 함께 학교에 걸어오기

싫어하는 것
오트밀 먹는 것, 천둥, 번개

좋아하는 것
수학, 피아노치기, 퍼즐 맞추기, 조립하는 것, 언니와 농구하기, 파란색, 사마귀, 치즈, 컴퓨터

 지도 tip

- 사람마다 다양한 특징이 있음을 알게 한다.

장래희망
비디오 게임 디자이너

성격
행복하고 친절하고 조금 조용해요.

형제
형

애완동물
고양이

등교하는 법
엄마 차 타고 오기

싫어하는 것
키 작은 것 , 거미

특기
알파벳을 3개의 다른 언어로 거꾸로 암송하기

좋아하는 것
독서, 달리기, 노란색, 개구리, 깜짝 놀라게 하기

활동 2   에센셜 친구들의 퀴즈를 맞춰요.

◆ 에센셜 친구들 퀴즈 맞추기

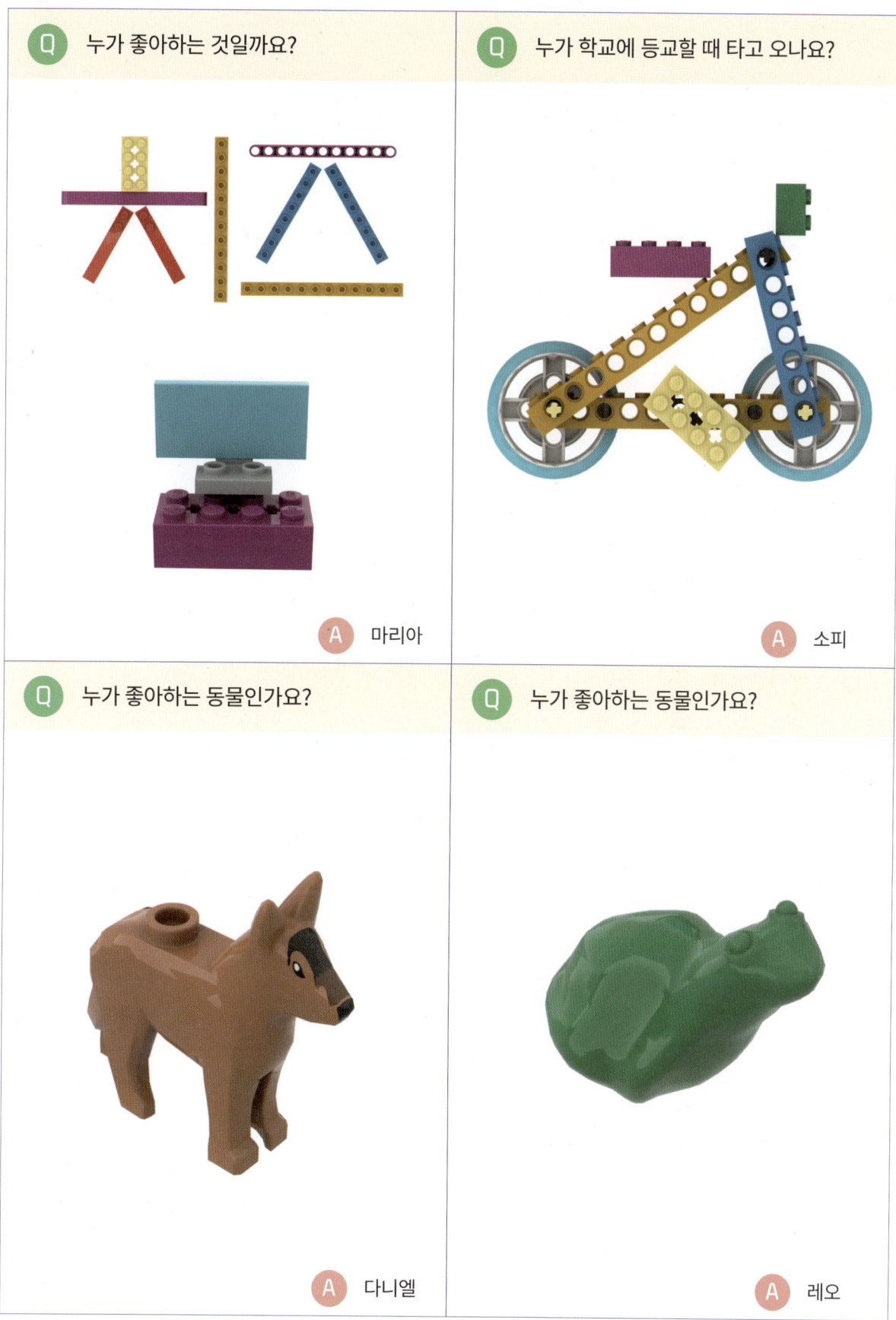

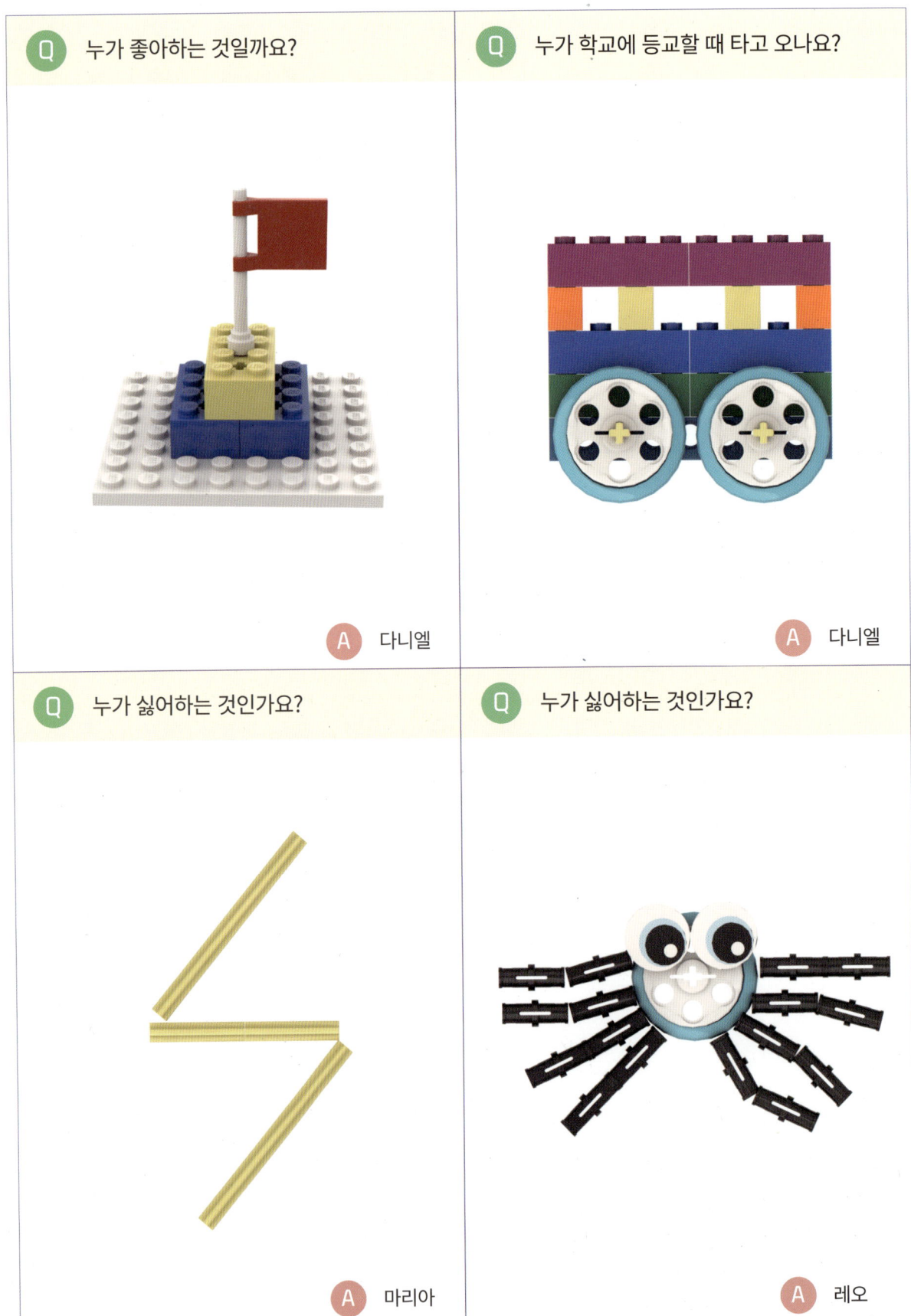

활동 3 나와 친구를 소개해요!

◆ **나를 글로 표현해보아요.**

- 내 이름
  _____

- 내가 좋아하는 것
  _____

- 내가 싫어하는 것
  _____

- 가족
  _____

- 장래희망
  _____

- 특기, 소개하고 싶은 것
  _____
  _____
  _____

◆ 나를 그림으로 표현해보아요.

◆ 나를 그림으로 표현해보아요.

◆ 친구를 글로 표현해보아요.

- 친구 이름

  _____

- 친구가 좋아하는 것

  _____

  _____

- 친구가 싫어하는 것

  _____

- 친구의 장래희망

  _____

- 특기, 소개하고 싶은 것

  _____

  _____

  _____

  _____

◆ 친구를 그림으로 표현해보아요.

◆ 친구를 그림으로 표현해보아요.

정리해요

개념 쏙쏙

① 자기소개로 나를 다른 사람들에게 소개할 수 있어요.
② 나와 친구는 다른 점이 있어요.

확인해요

평가 내용	평가 결과
■ 에센셜 캐릭터 퀴즈를 잘 맞추었나요?	☺ 😐 ☹
■ 나와 친구를 잘 소개했나요?	☺ 😐 ☹

2 우리 집을 만들어보아요

> **핵심 개념**   우리 집을 꾸미며 스파이크 에센셜에 관심 가지기
> **활동 개요**   우리 집과 스파이크 에센셜 부품 알아보기

집이란 무엇일까요?
집은 사람이나 동물이 위험한 상황이나 날씨에 보호받고, 안전하게 살기 위하여 지은 건물입니다.
내가 살고 싶은 집은 어떤 집인가요?

활동 안내

준비물	교재(활동지), 필기구, 스파이크 에센셜			
	단계	학습 내용	학습 형태	학습 자료
학습 활동	도입	■ 만화 이해하기	전체 학습	
	활동1	■ 에센셜에는 어떤 것이 있을까요? - 에센셜의 다양한 부품 알아보기	개별 학습	스파이크 에센셜, 활동지
	활동2	■ 똑같은 부품을 찾아 만들어보아요. - 어떤 물건인지 맞춰보기 - 물건 만들어보기	모둠 학습	스파이크 에센셜
	활동3	■ 집을 만들어보아요. - 집 만들어보기 - 내가 만든 나만의 집 사진을 찍어 붙여보기	모둠 학습	스파이크 에센셜
	정리	■ 학습한 내용 확인하기	개별 학습	
활동 팁	■ 다양한 부품 맞추기를 하기 위해 교사가 준비한 사진을 준비해서 만들어보기 ■ 친구와 시간을 재며 똑같이 만들거나 친구가 만든 블록을 똑같이 만들어보기			

시작해요 　 다양한 모양의 집

- 친구들이 보고 있는 것은 무엇인가요?

_____

_____

- 친구들은 무엇을 찾기 위해 떠났나요?

_____

_____

학습 목표　스파이크 에센셜에 관심을 가지고 물건을 만들 수 있다.
　　　　　　스파이크 에센셜을 이용하여 집을 만들 수 있다.

활동 1　에센셜에는 어떤 것이 있을까요?

◆ **에센셜의 다양한 부품 알아보기**

블록도 자기 집이 있대요. 색깔에 해당하는 칸에 블록을 하나씩 놓아보세요.

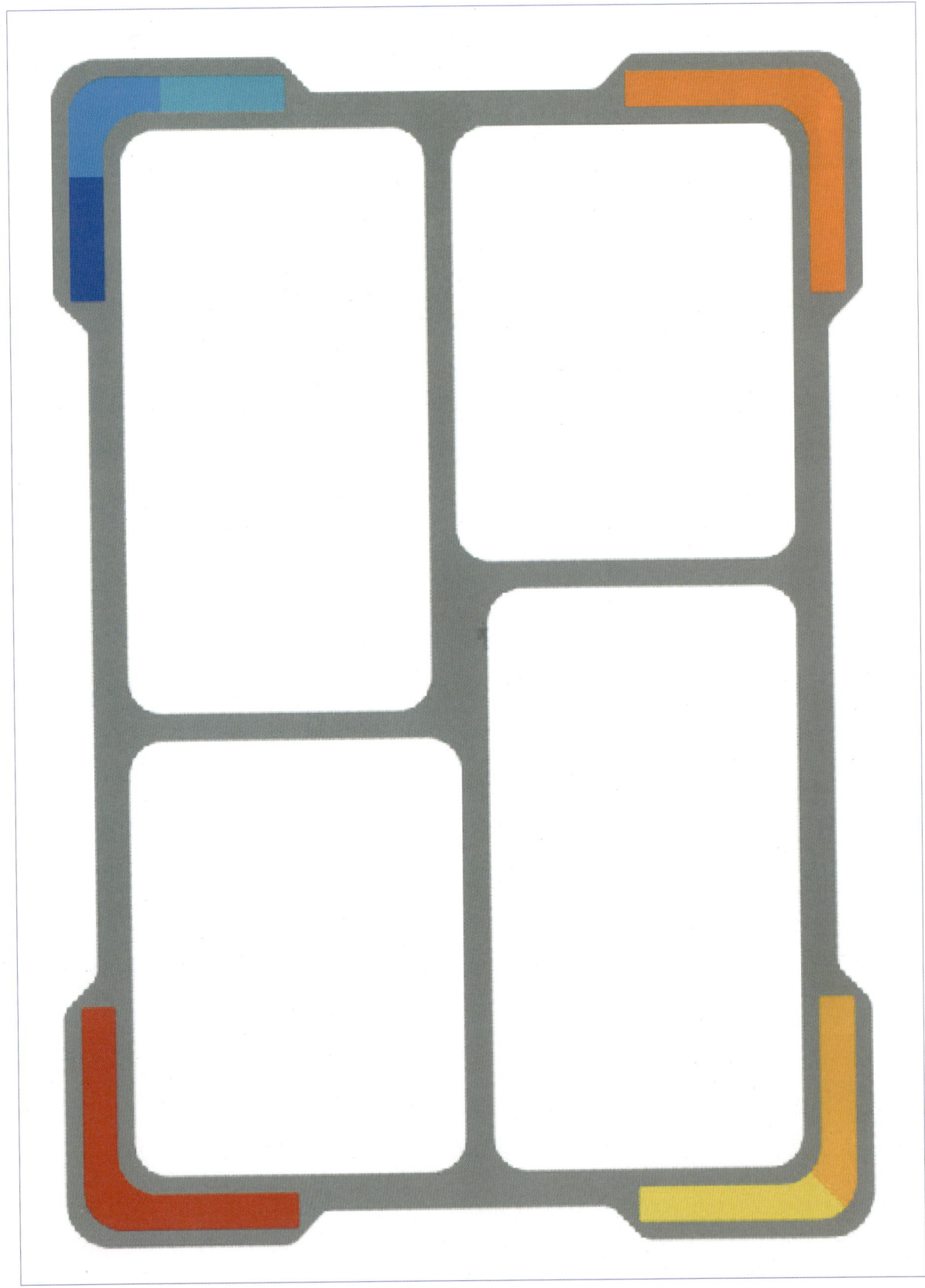

색깔이 없는 칸에는 어떤 블록을 넣어야 될까요?

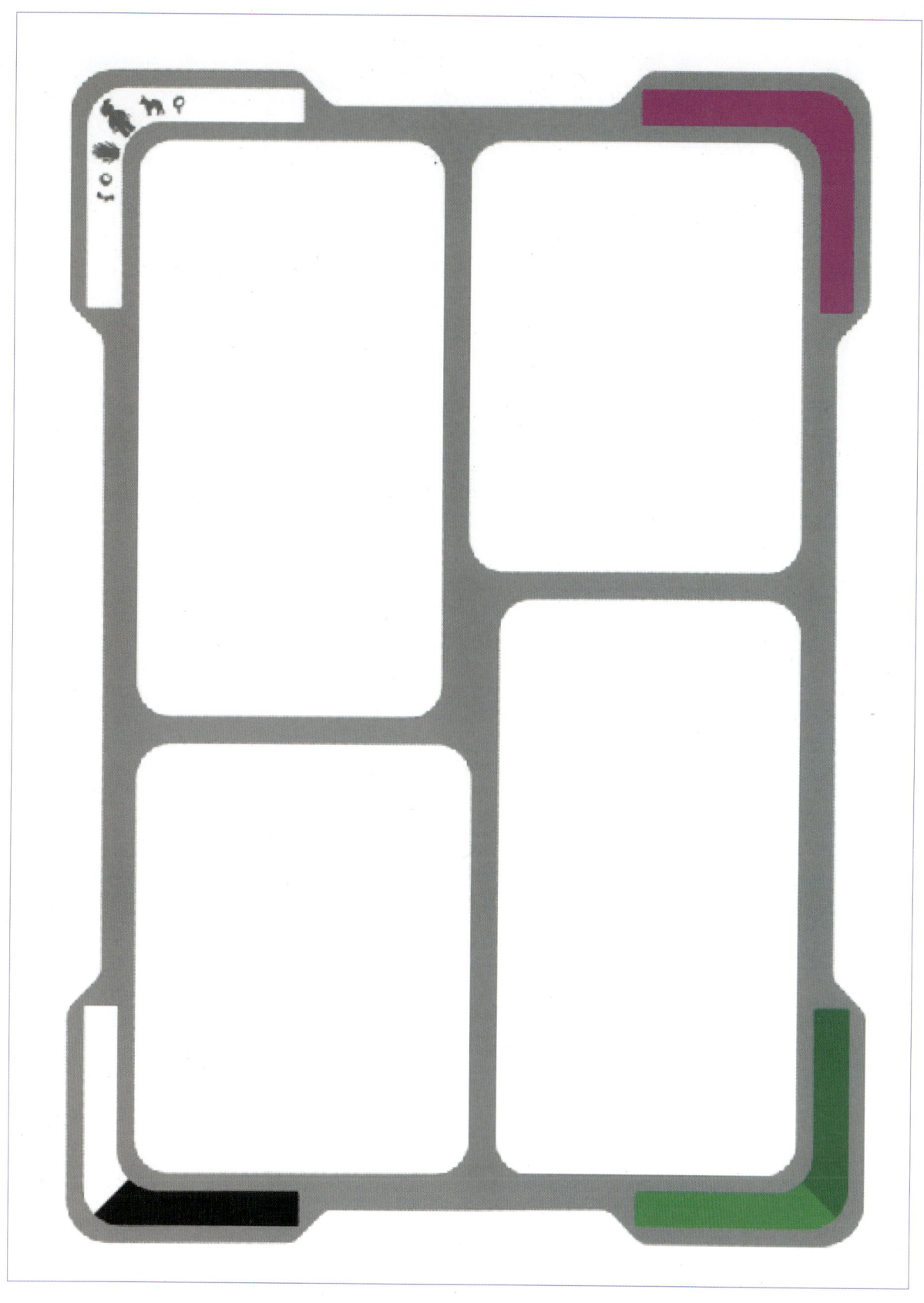

에센셜에는 어떤 부품이 있나요? 부품을 하나씩 살펴보면서 해당하는 칸(집)에 넣어봅시다.

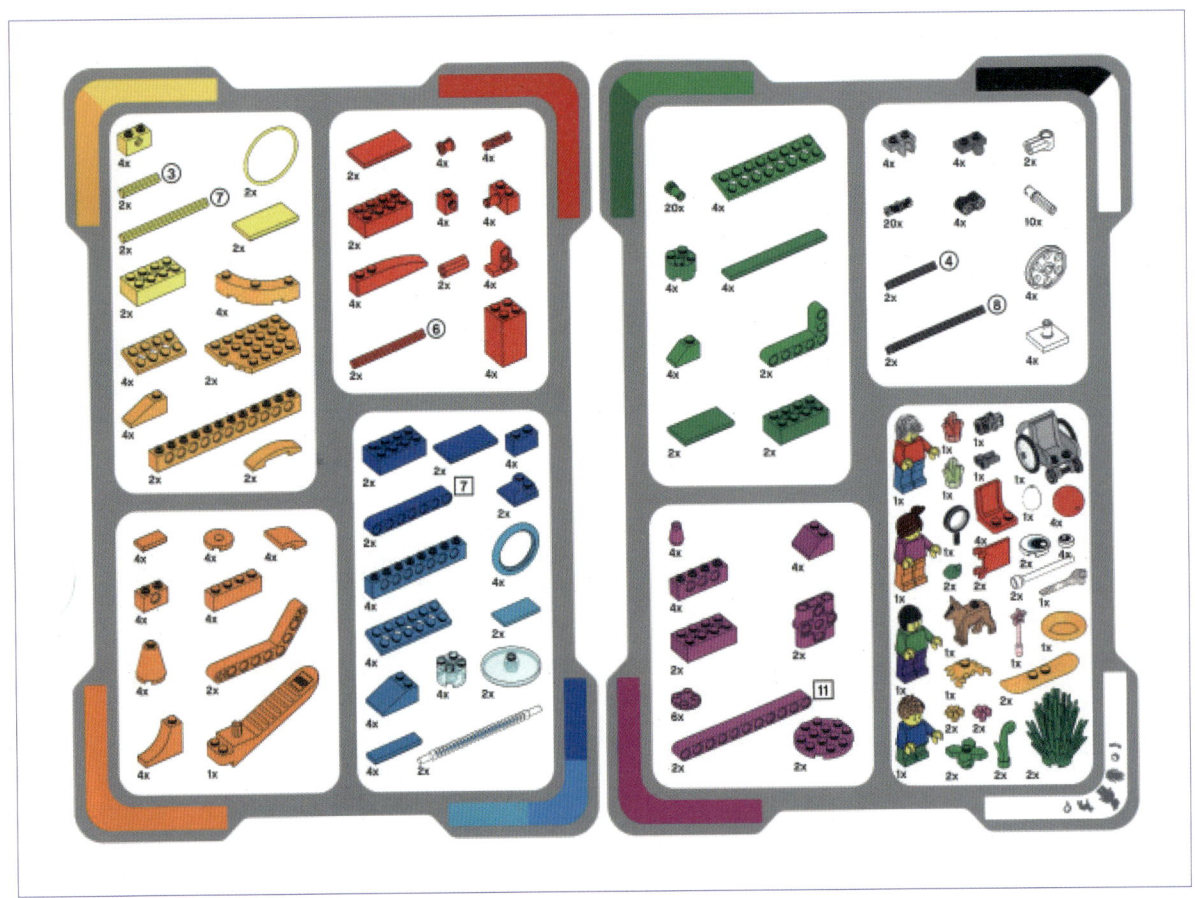

상자 안에는 어떤 부품이 있는지 살펴봅시다.

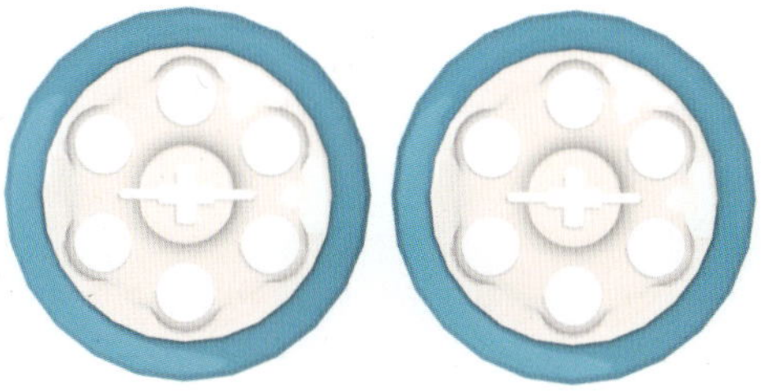

바퀴 2개	16x16 판 2개, 8x16 판 2개, 8x8 판 2개
노란 기둥 4개	허브
라이트, 모터 2개, 컬러 센서	

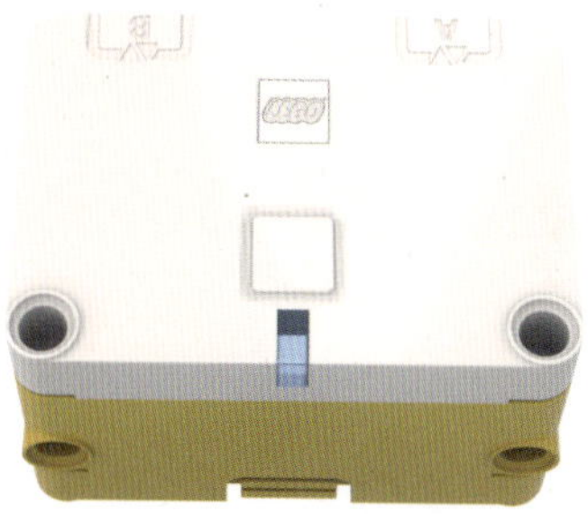

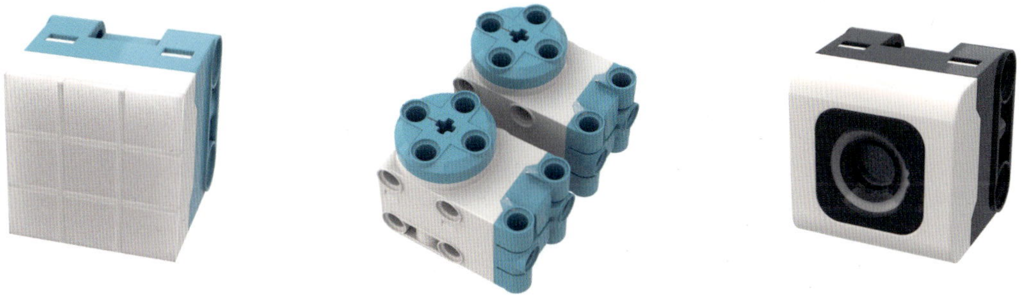

 지도 tip

- 스파이크 에센셜은 색상별로 분류되어 있음을 알려준다.
- 부품 따라 맞추기를 통하여 시간을 재며 친구와 함께 게임을 할 수 있다.

1단원_ 2. 우리 집을 만들어보아요

활동 2 　 똑같은 부품을 찾아 만들어보아요.

◆ 어떤 물건인지 맞춰보기

식탁과 의자

가방

컴퓨터

꽃밭

구두(하이힐)

로봇

◆ 물건 만들어보기

식탁과 의자

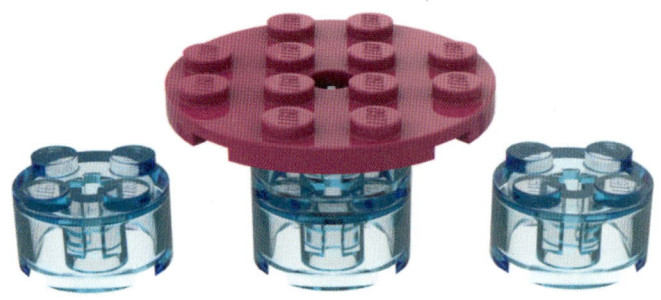

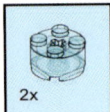

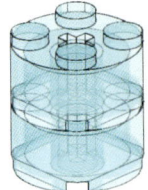

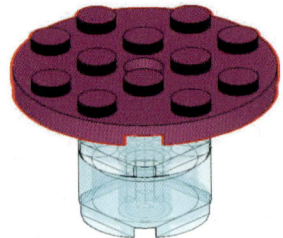

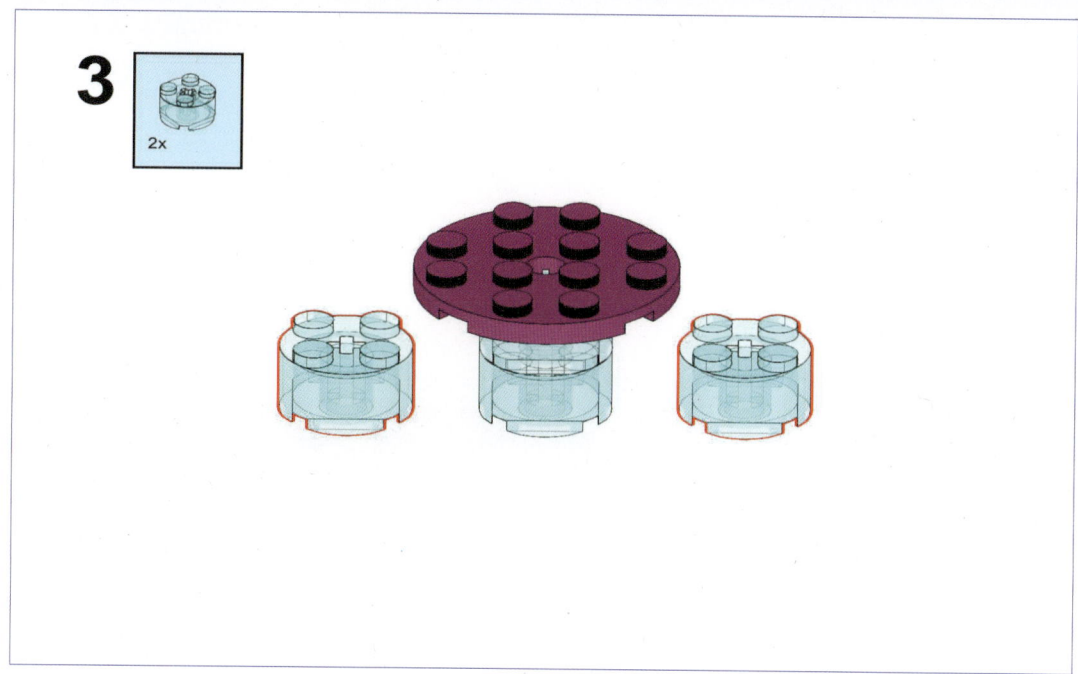

1단원_ 2. 우리 집을 만들어보아요

◆ 물건 만들어보기

가방

1

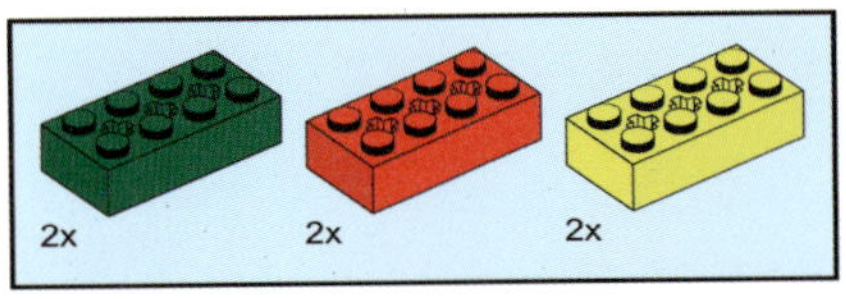

2

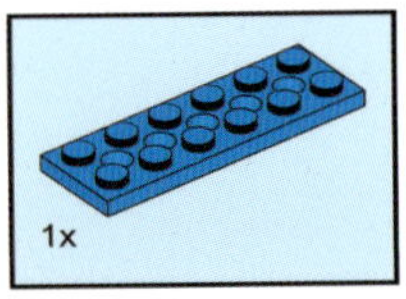

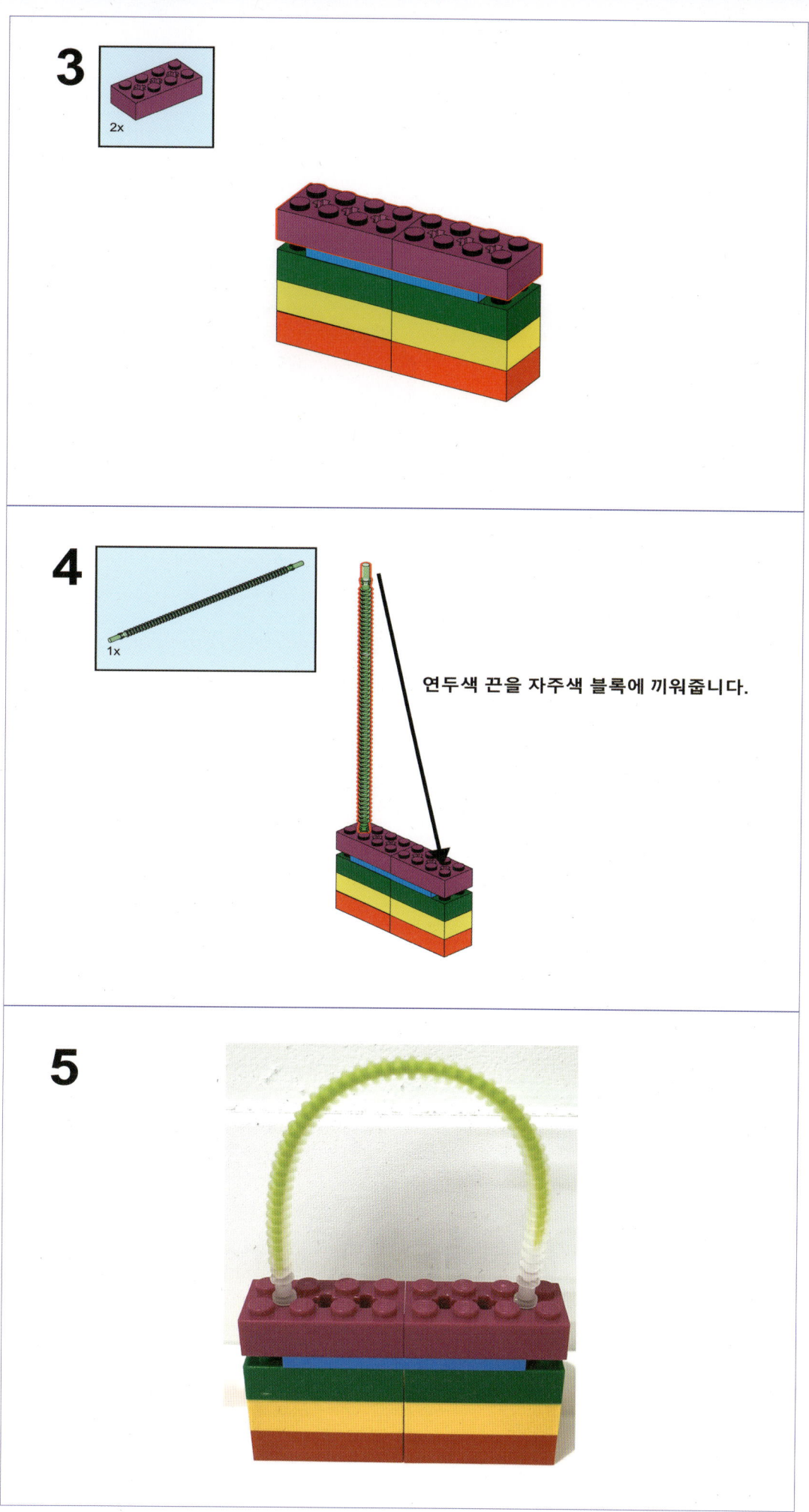

◆ 물건 만들어보기

컴퓨터

1 1x 1x

2 1x

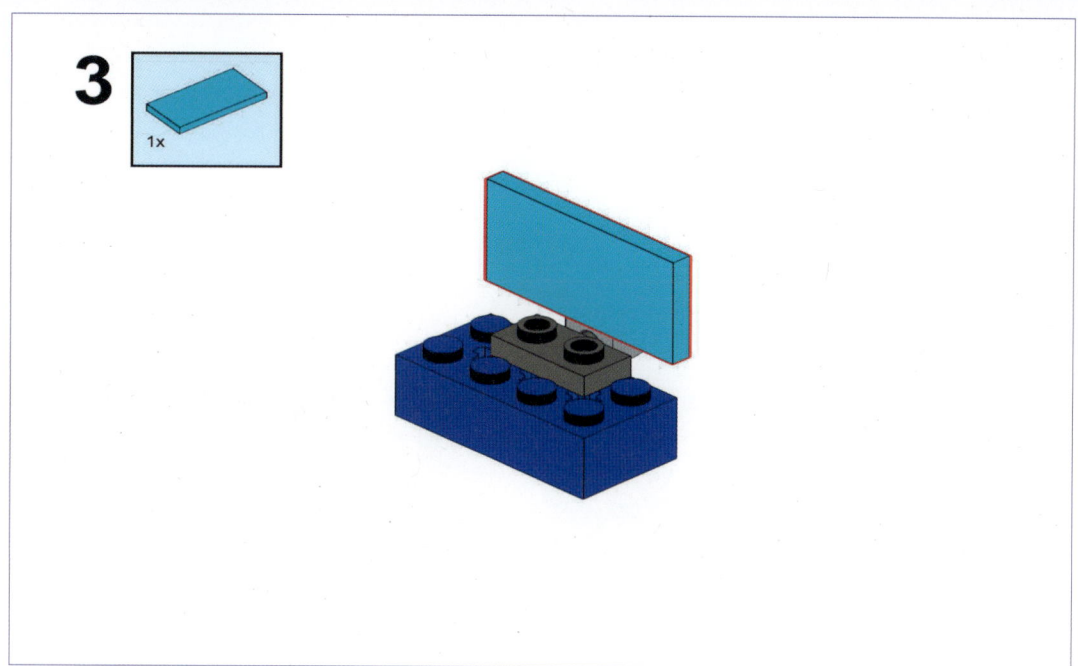

◆ 물건 만들어보기

꽃밭

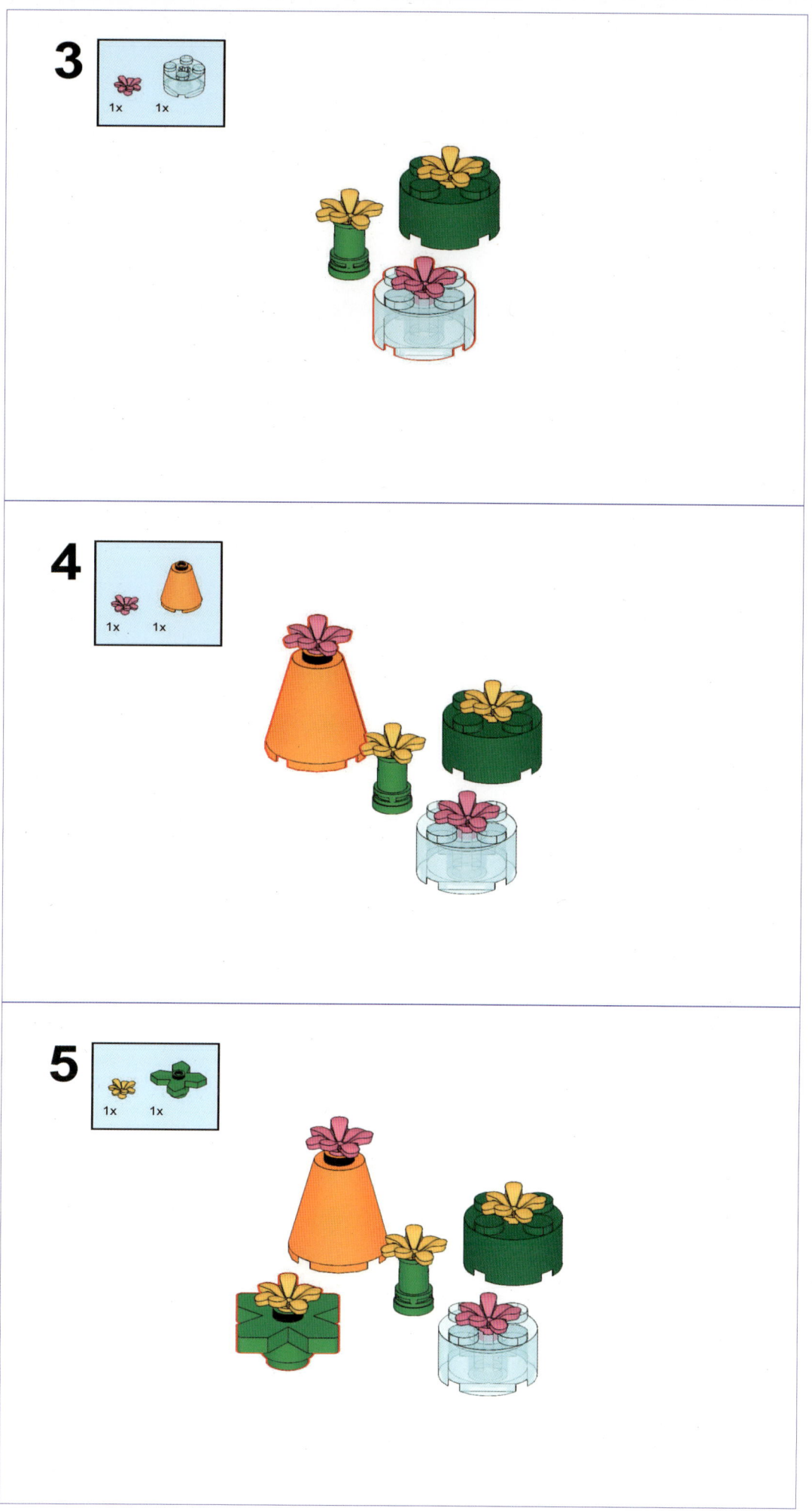

◆ 물건 만들어보기

구두(하이힐)

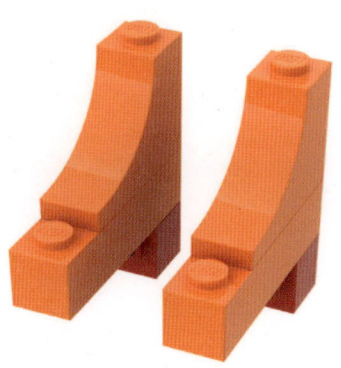

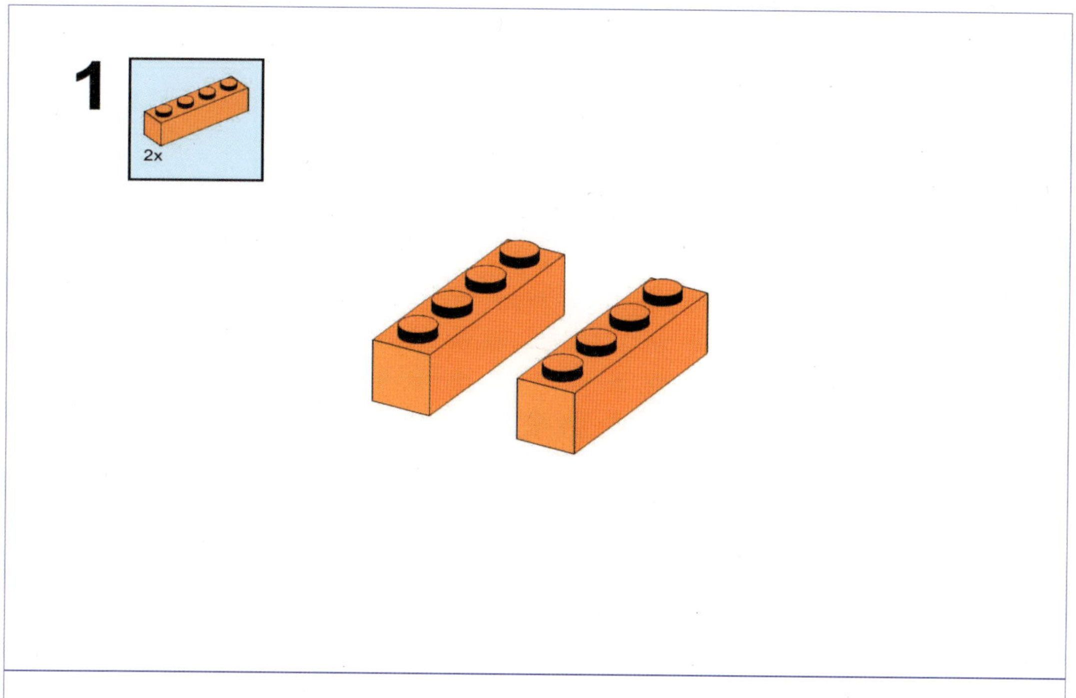

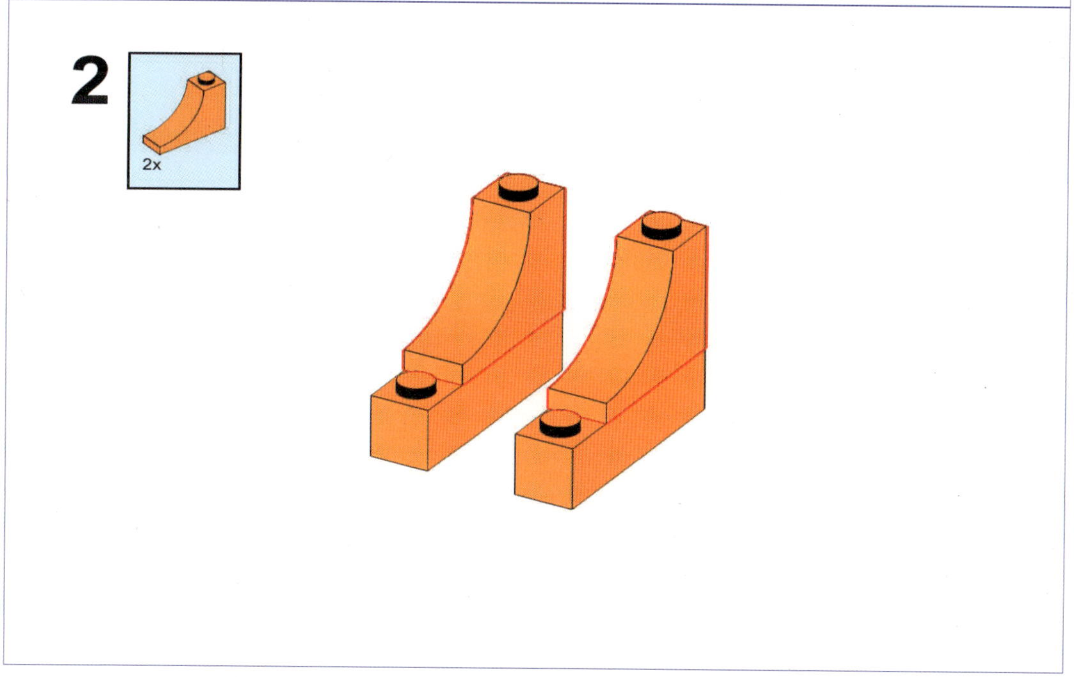

1 2x

2 2x

1단원_ 2. 우리 집을 만들어보아요

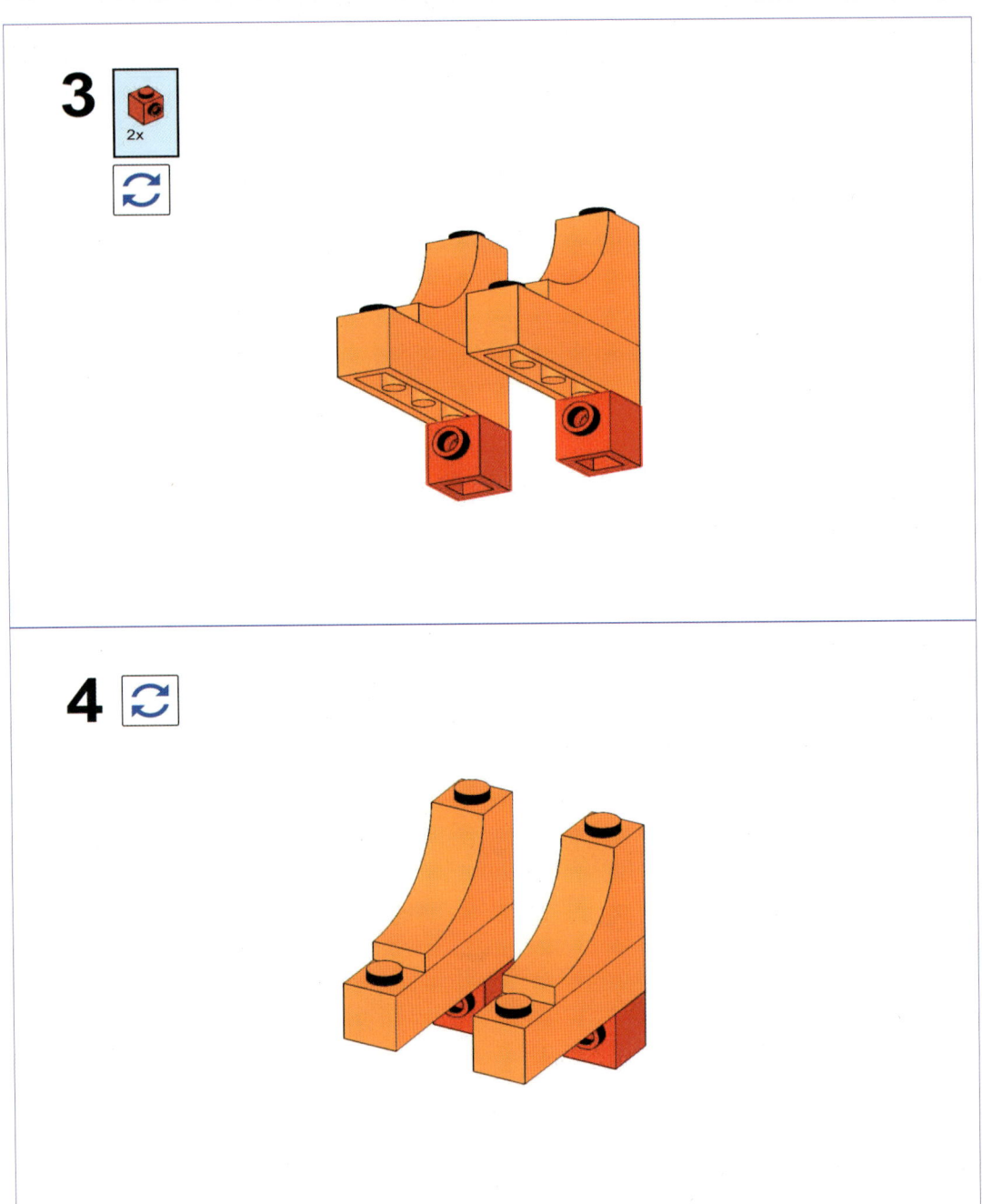

◆ 물건 만들어보기

로봇

1
2x 2x

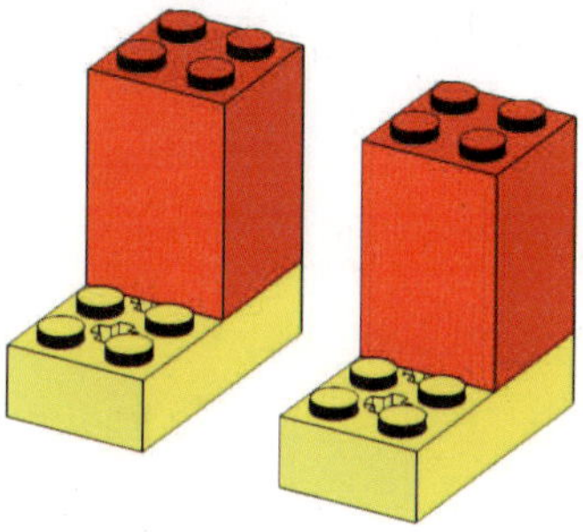

2
1x

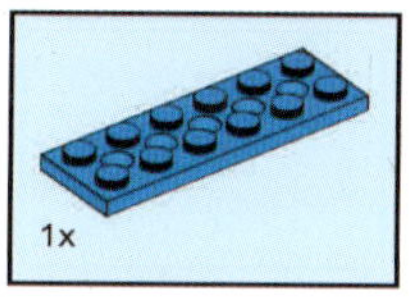

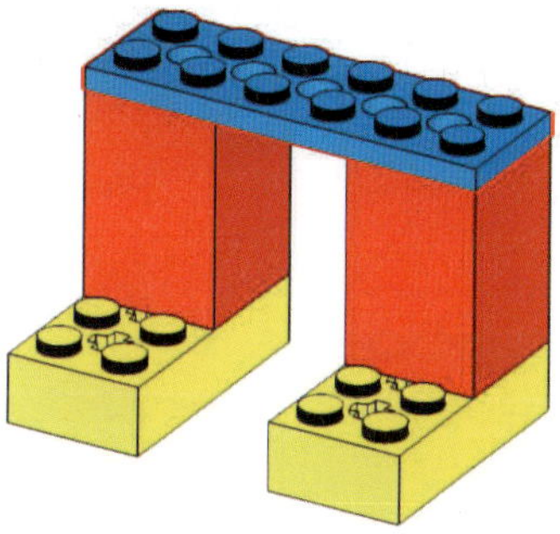

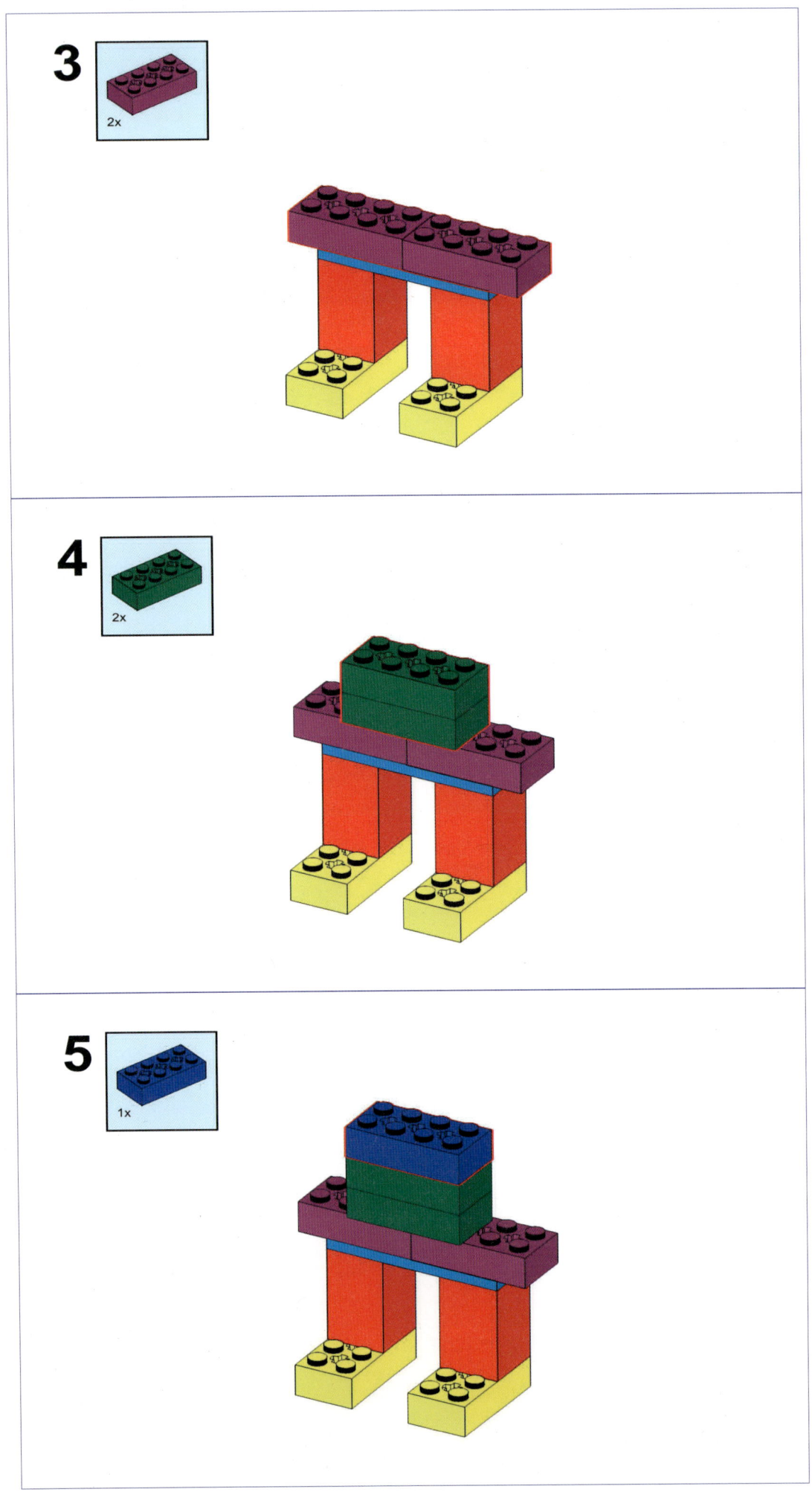

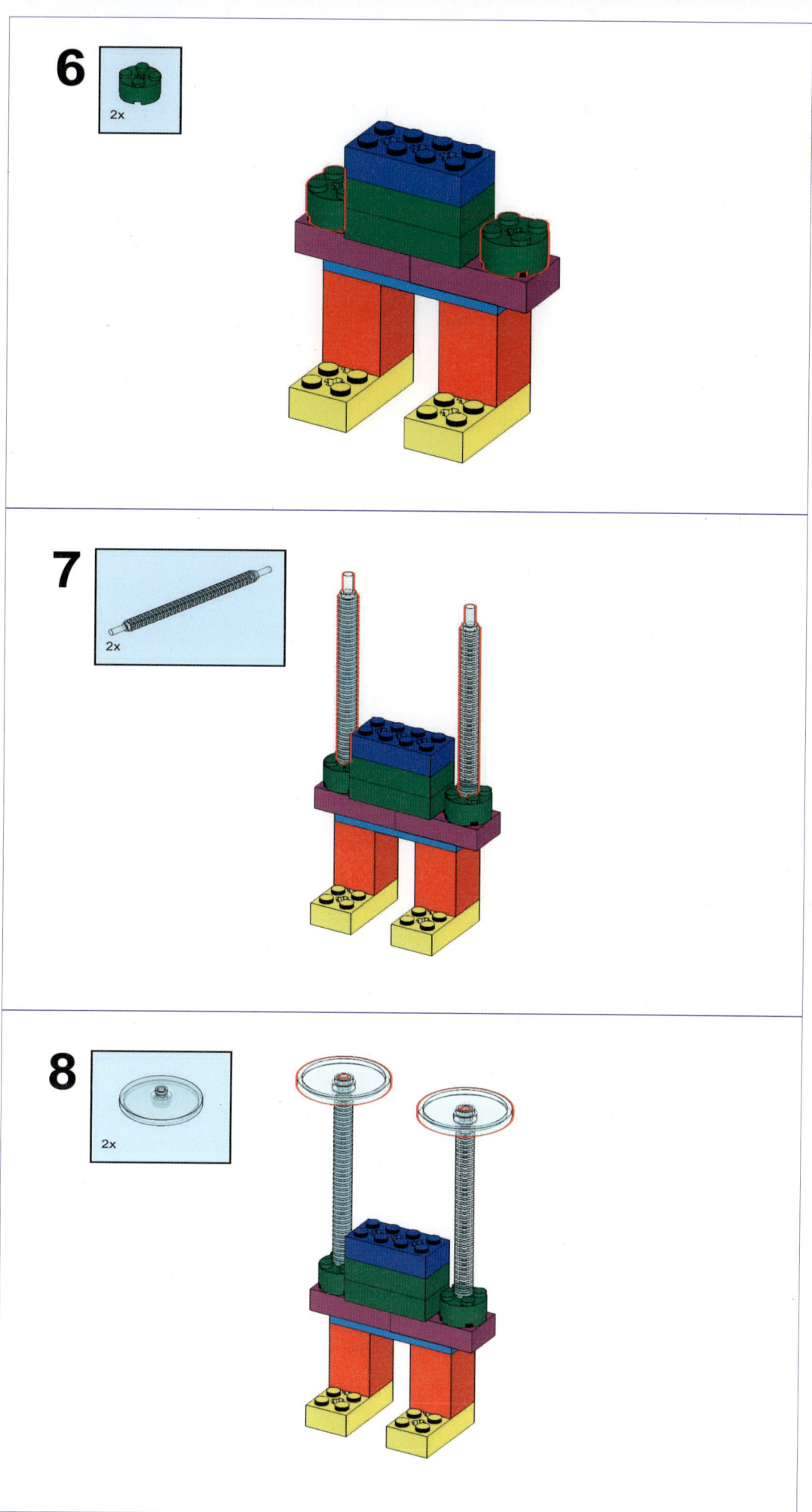

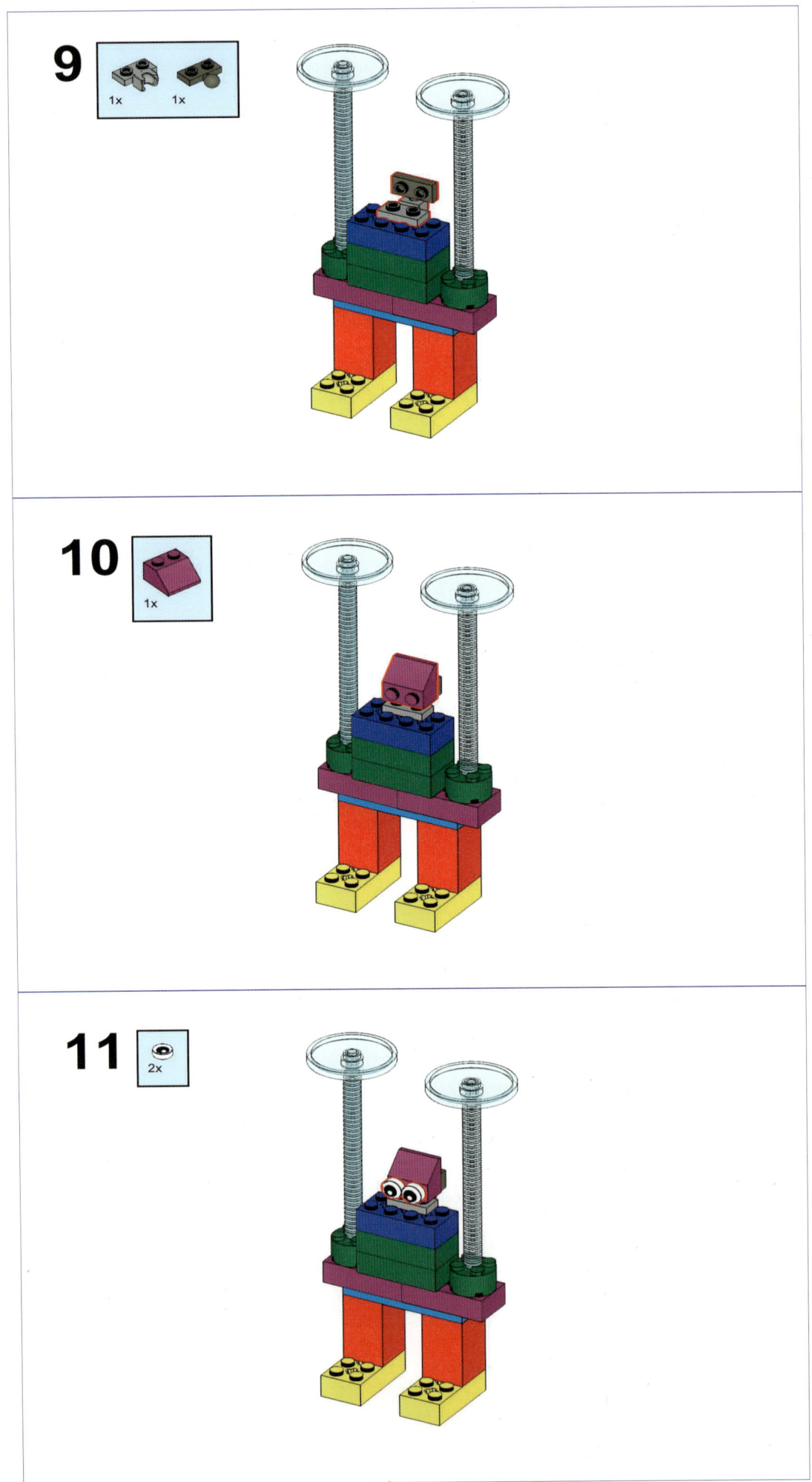

활동 3   집을 만들어보아요.

◆ 집 만들어보기

정원이 있는 집

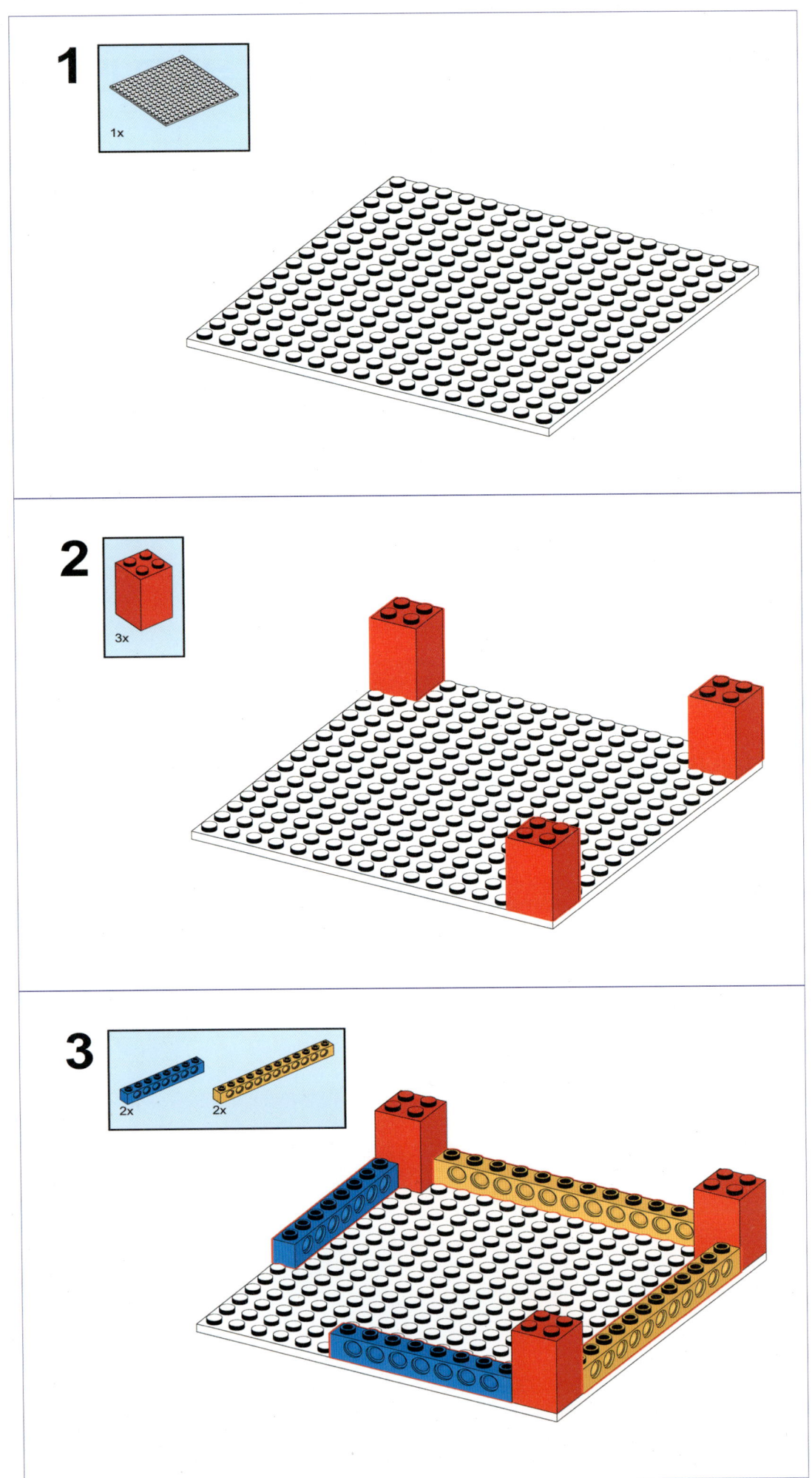

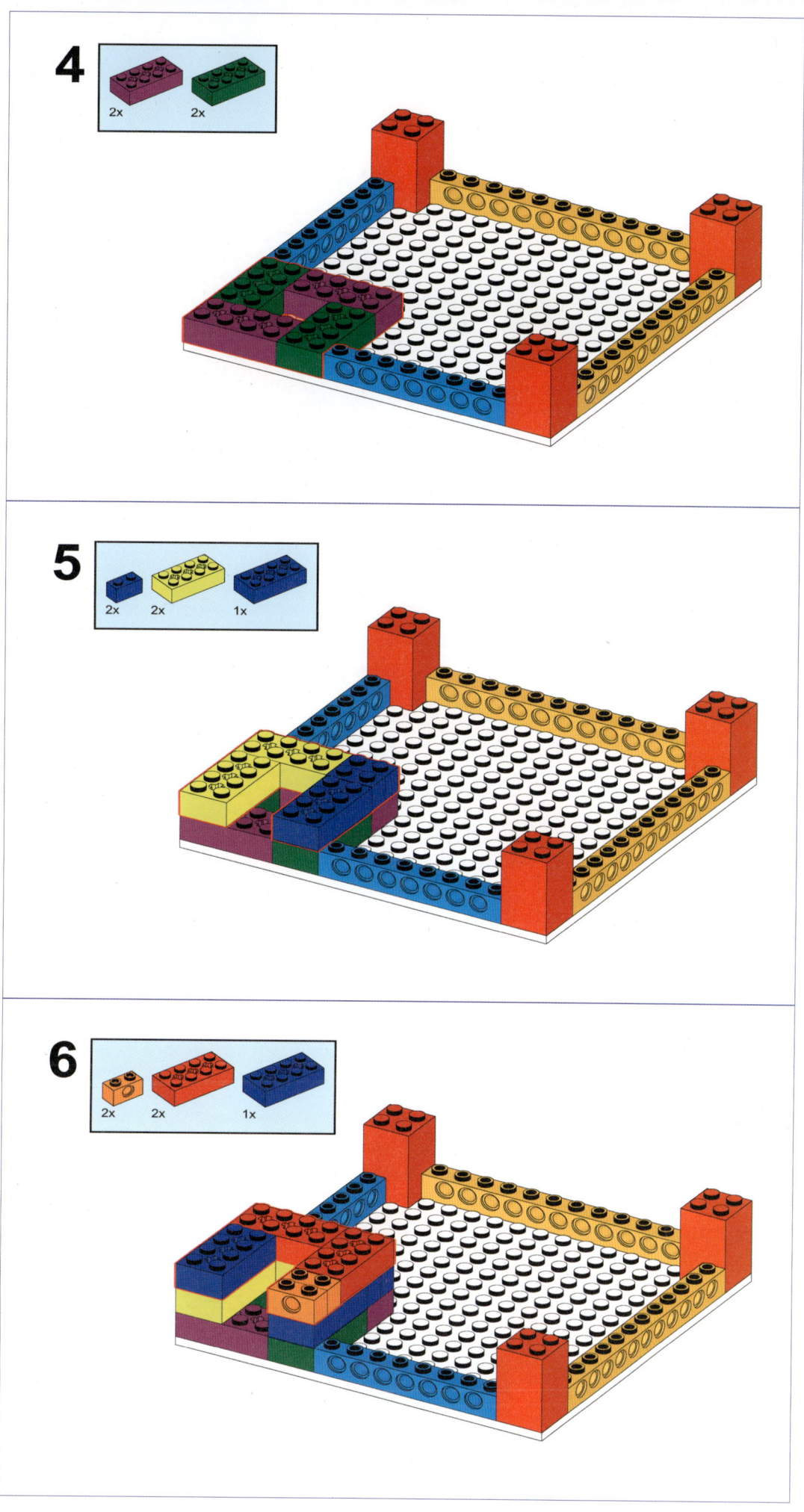

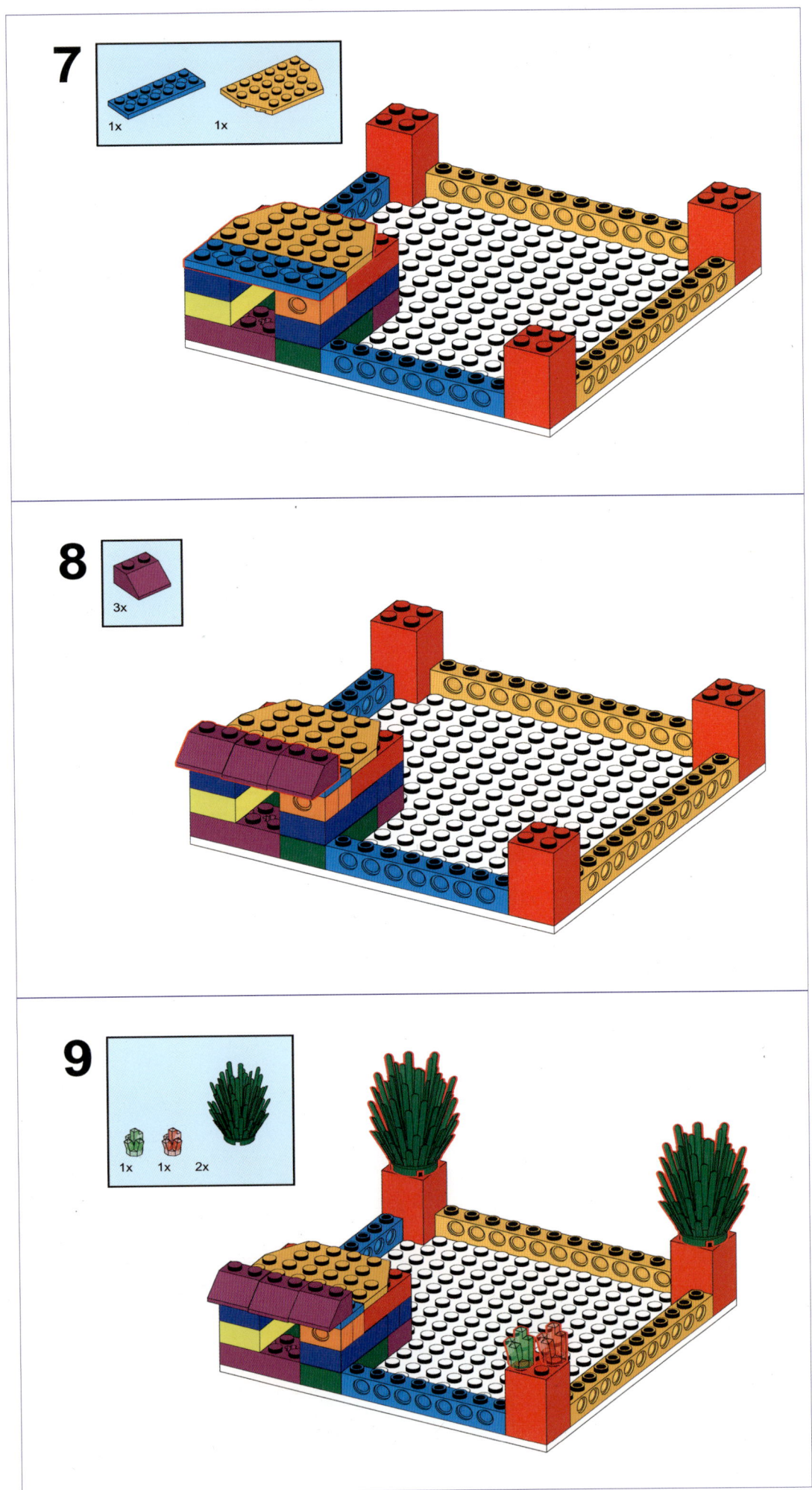

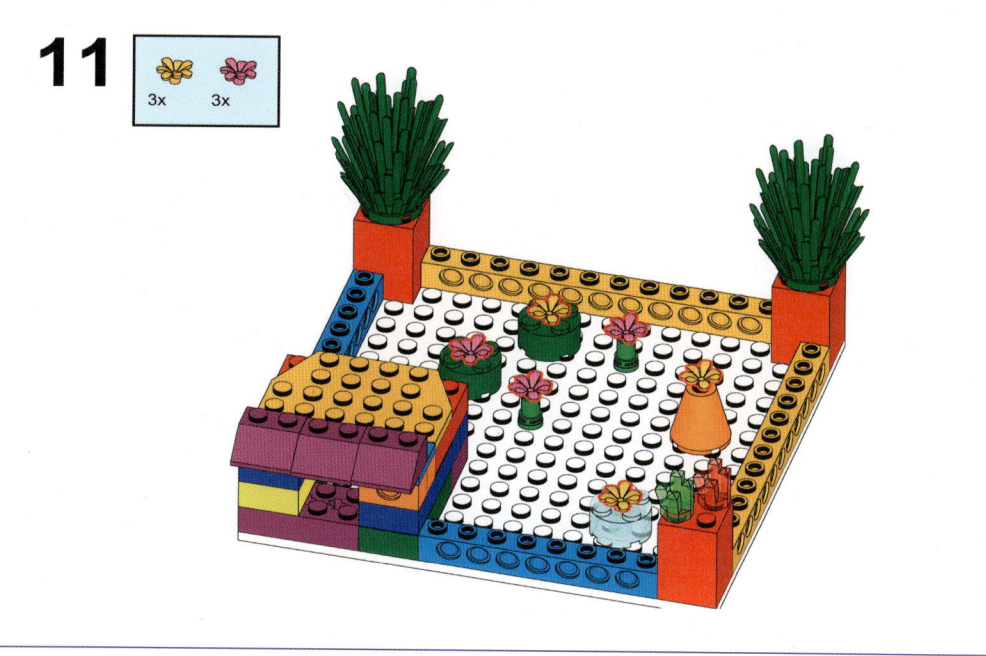

1단원_ 2. 우리 집을 만들어보아요

1단원_ 2. 우리 집을 만들어보아요

◆ 집 만들어보기

연못과 미끄럼틀이 있는 이층집

1

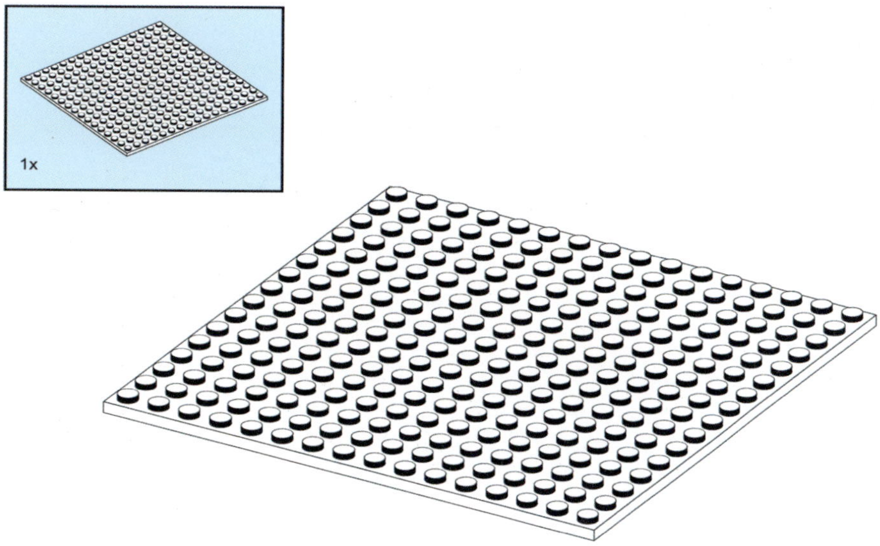

2

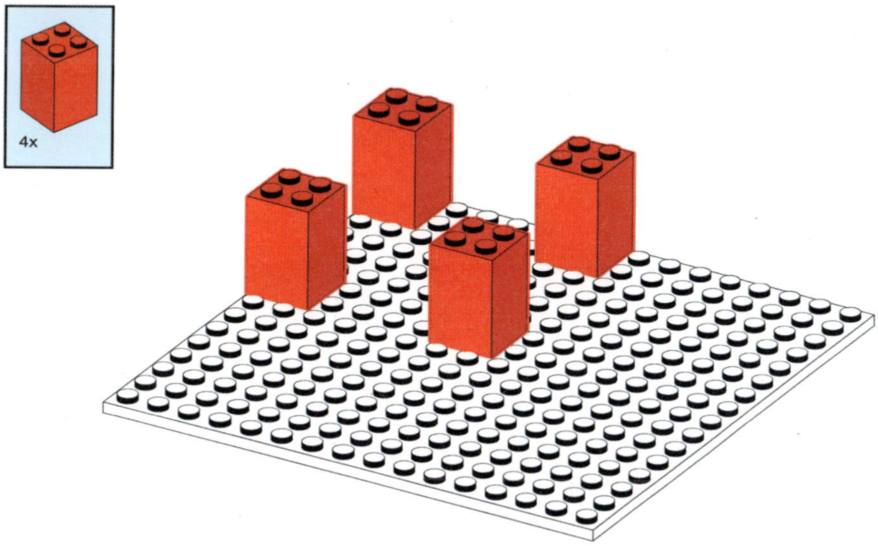

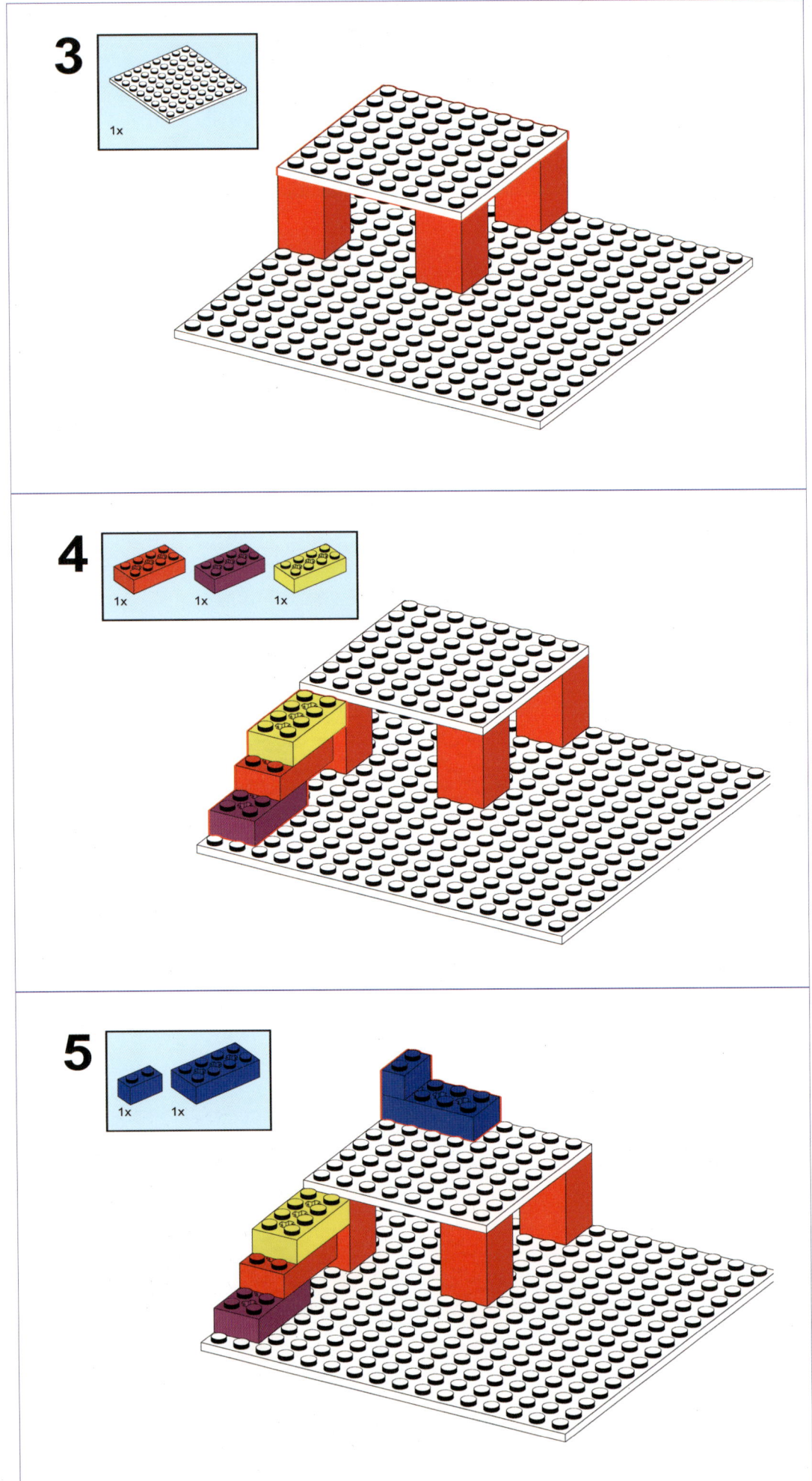

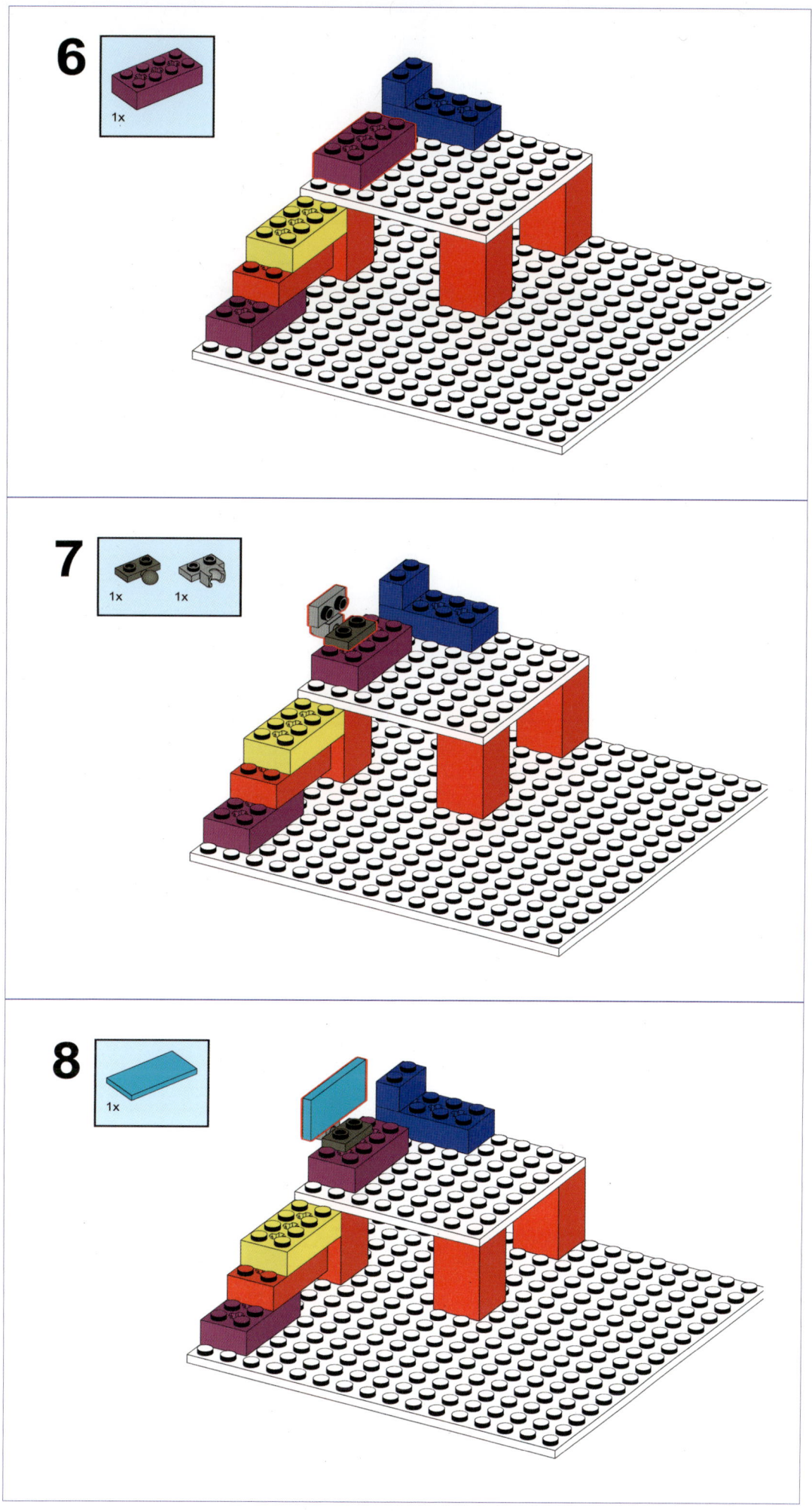

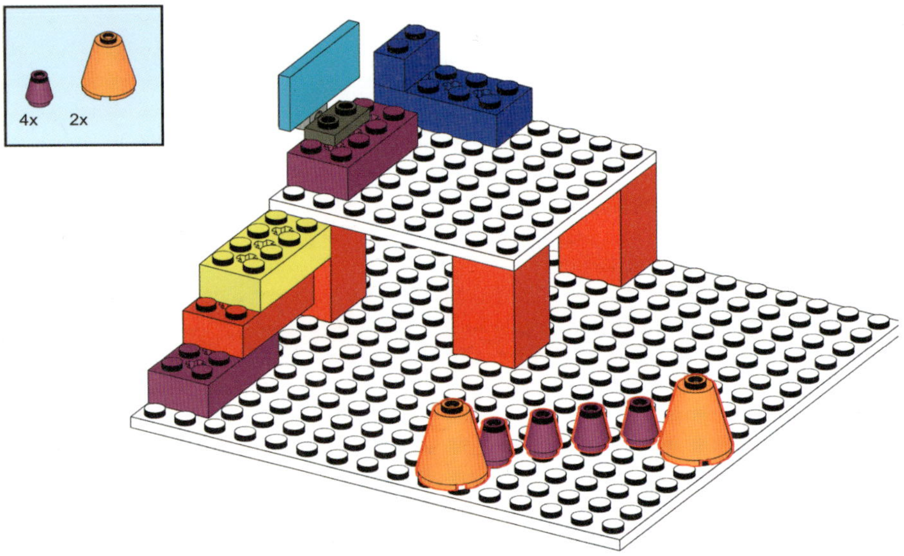

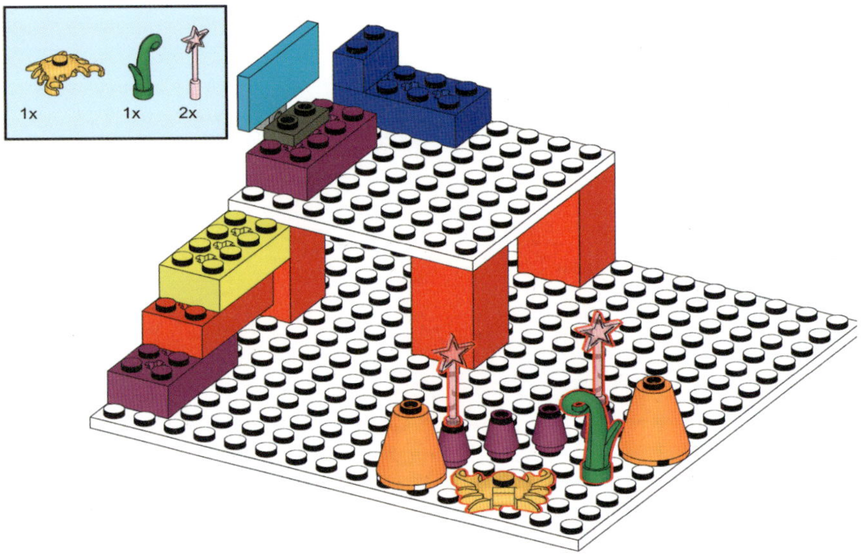

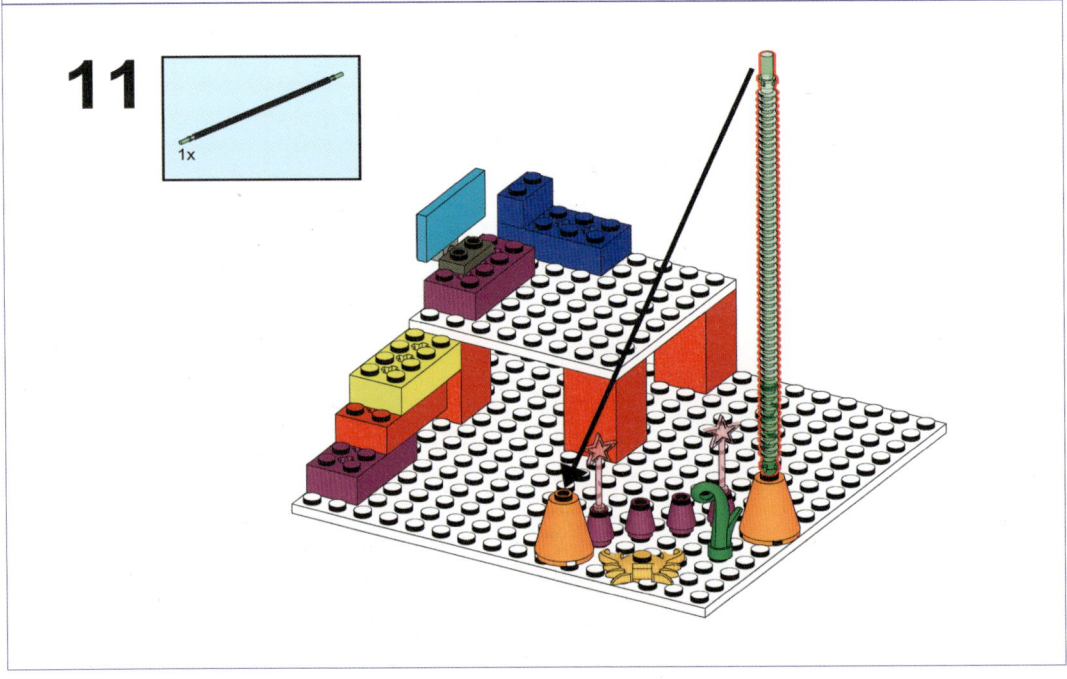

12

13

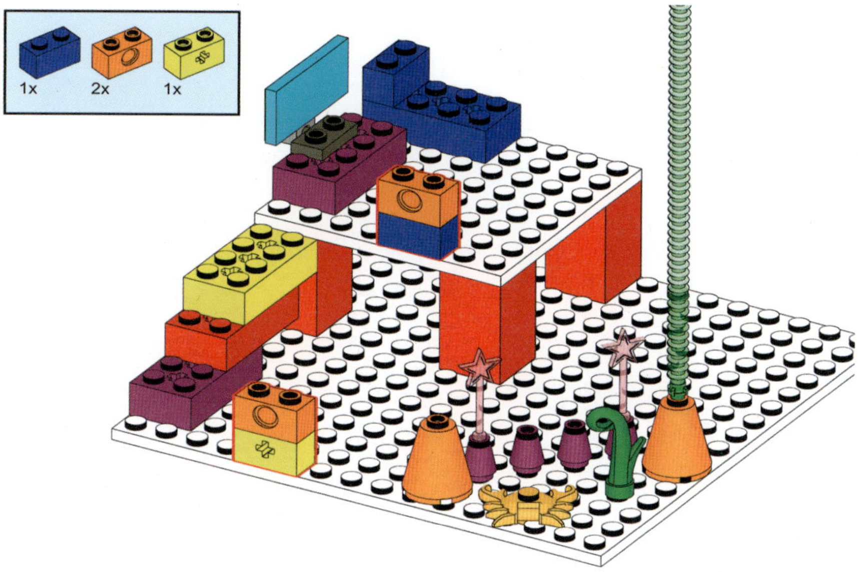

1x 2x 1x

14

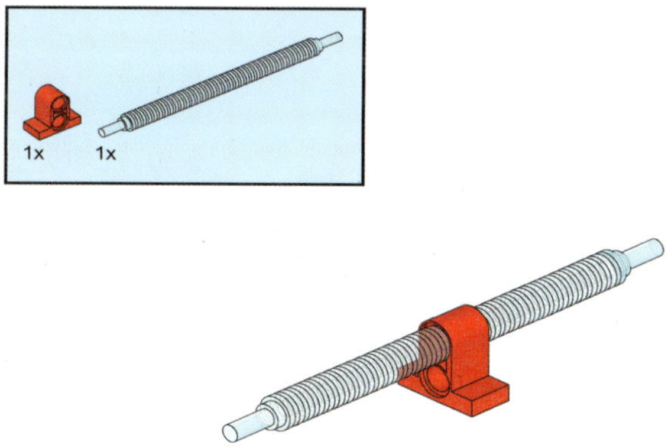

1x 1x

1단원_ 2. 우리 집을 만들어보아요   65

15

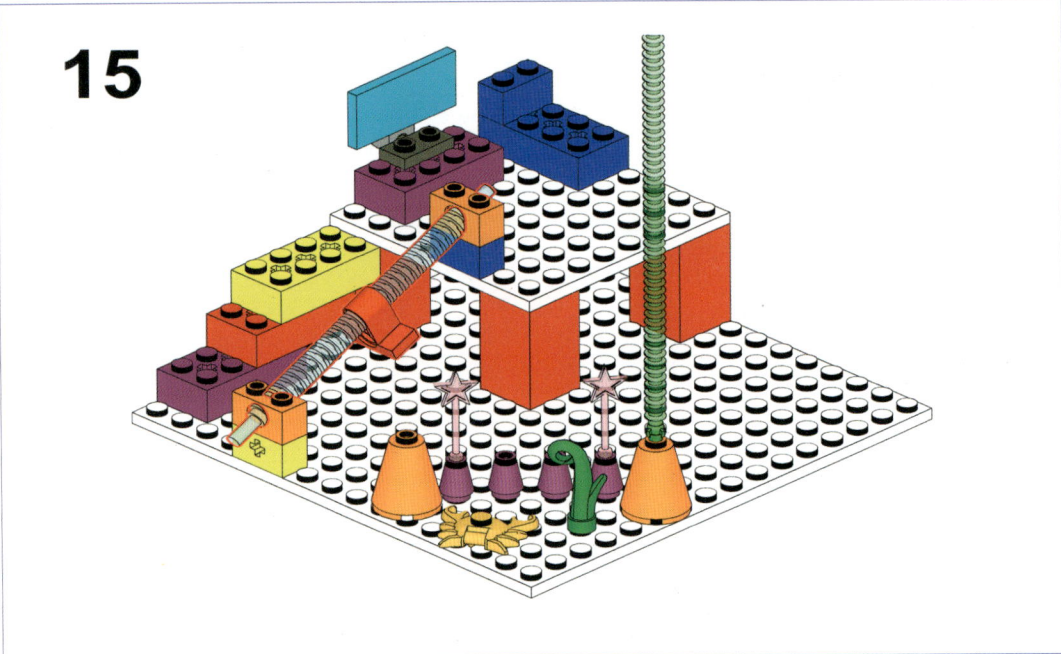

16

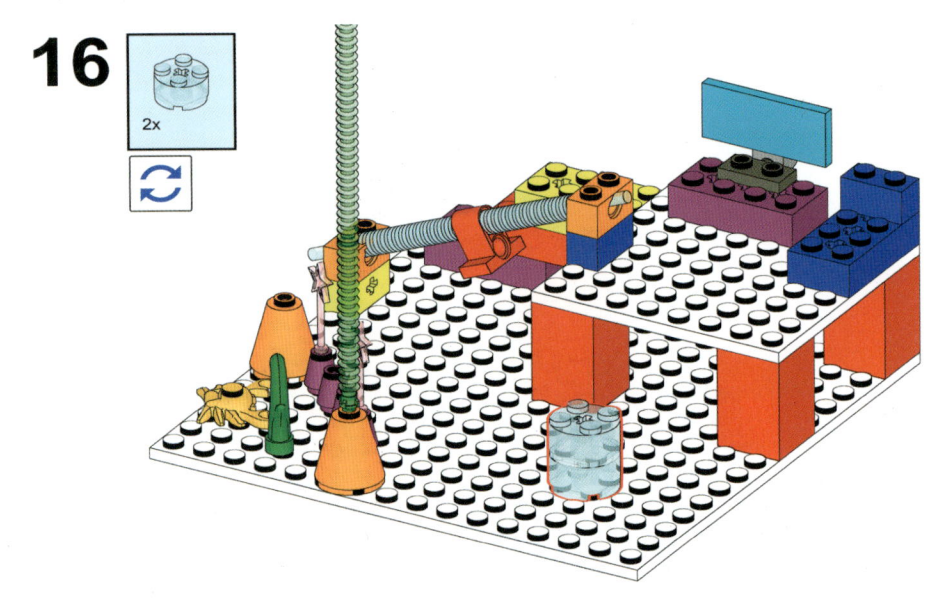

17

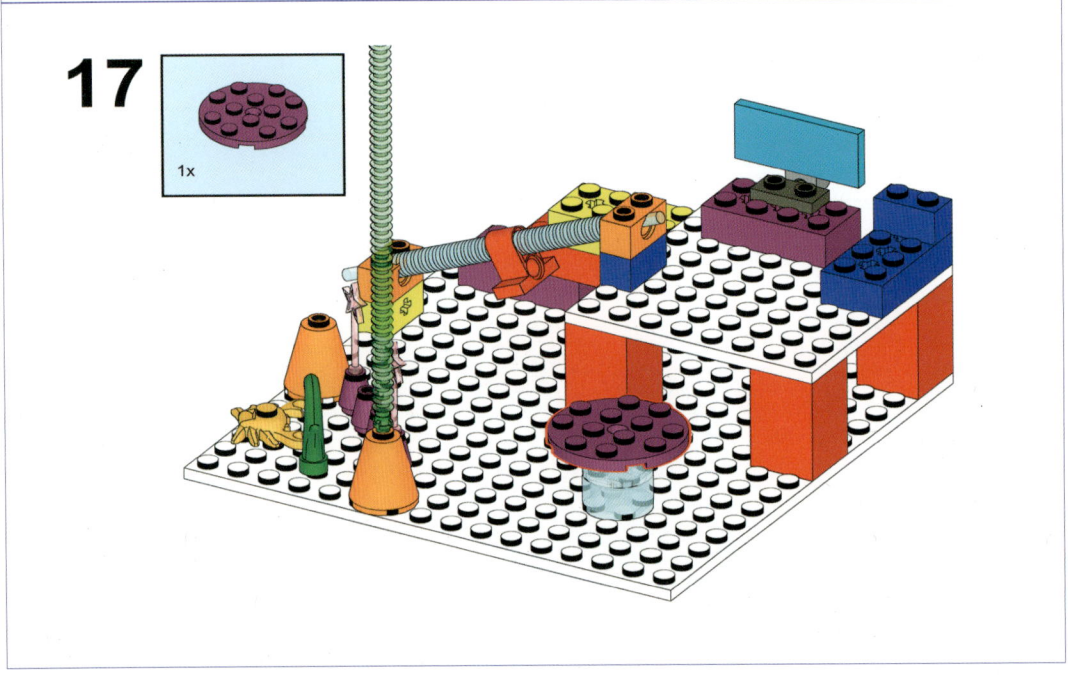

1단원_ 2. 우리 집을 만들어보아요

18

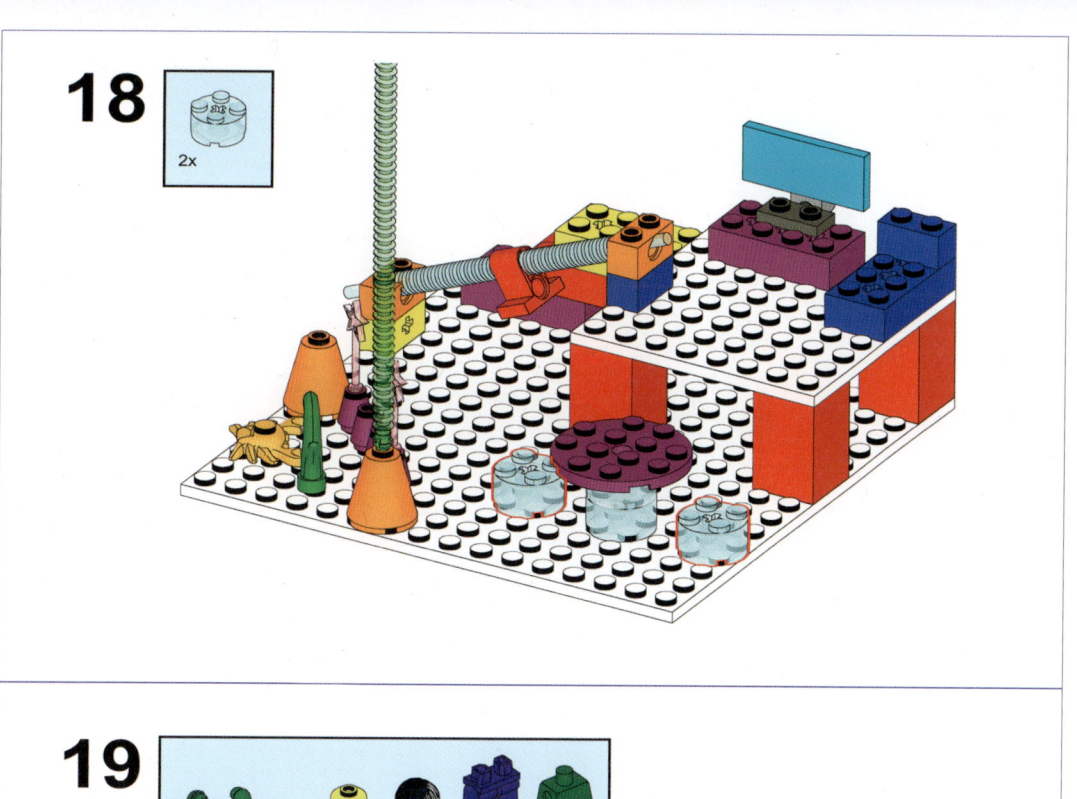

19

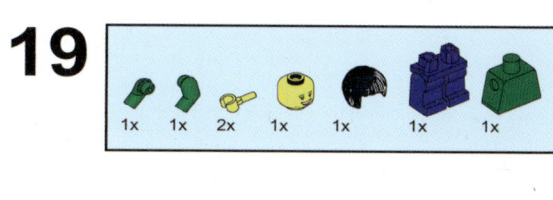

20

21

◆ 내가 만든 나만의 집 사진을 찍어 붙여보기

◆ 내가 만든 나만의 집 사진을 찍어 붙여보기

개념 쏙쏙

1. 다양한 스파이크 에센셜 블록이 있어요.
2. 다양한 형태의 집들이 있어요.

확인해요

평가 내용	평가 결과
■ 스파이크 에센셜에 관심을 가지고 물건을 만들었나요?	😊 😐 😟
■ 스파이크 에센셜을 이용하여 집을 만들 수 있나요?	😊 😐 😟

3. 우리 집에는 무엇이 있을까요?

> **핵심 개념** 우리 집에 있는 물건
> **활동 개요** 우리 집에 있는 물건을 알고 만들 수 있다.

생활도구란 무엇일까요?
우리가 집이나 학교에서 사용하는 다양한 물건들을 **생활도구**라고 해요.
우리 집에는 어떤 다양한 생활도구들이 있는지 알아보아요.

활동 안내

준비물	교재(활동지), 스파이크 에센셜			
학습 활동	단계	학습 내용	학습 형태	학습 자료
	도입	▪ 만화 이해하기	전체 학습	
	활동1	▪ 우리 집에는 어떤 것들이 있을까요? - 우리 집에는 어떤 것들이 있는지 이야기를 나누고 따라 써보기	모둠 학습	활동지
	활동2	▪ 어떤 물건일까요? - 활동지를 보며 어떤 물건인지 알아 맞춰보기	모둠 학습	활동지
	활동3	▪ 집에 있는 물건을 만들어보아요. - 집에 있는 물건 만들어보기	개별 학습	스파이크 에센셜
	정리	▪ 학습한 내용 확인하기	개별 학습	
활동 팁	▪ 다양한 생활도구를 레고를 이용하여 추가로 만들어 볼 수 있다. ▪ 생활도구의 기능을 함께 학습할 수 있다.			

시작해요 우리 집에 있는 물건을 알아봐요.

- 친구들이 무엇을 하고 있었나요?

_____

_____

- 친구들이 만화 뒤에는 무엇을 할 것 같나요?

_____

_____

학습 목표 우리 집에 있는 물건에 관심을 가지고 활동을 할 수 있다.

우리 집에 있는 물건을 레고를 이용하여 만들 수 있다.

활동 1   우리 집에는 어떤 것들이 있을까요?

◆ 우리 집에는 어떤 것들이 있는지 이야기를 나누고 따라 써보기

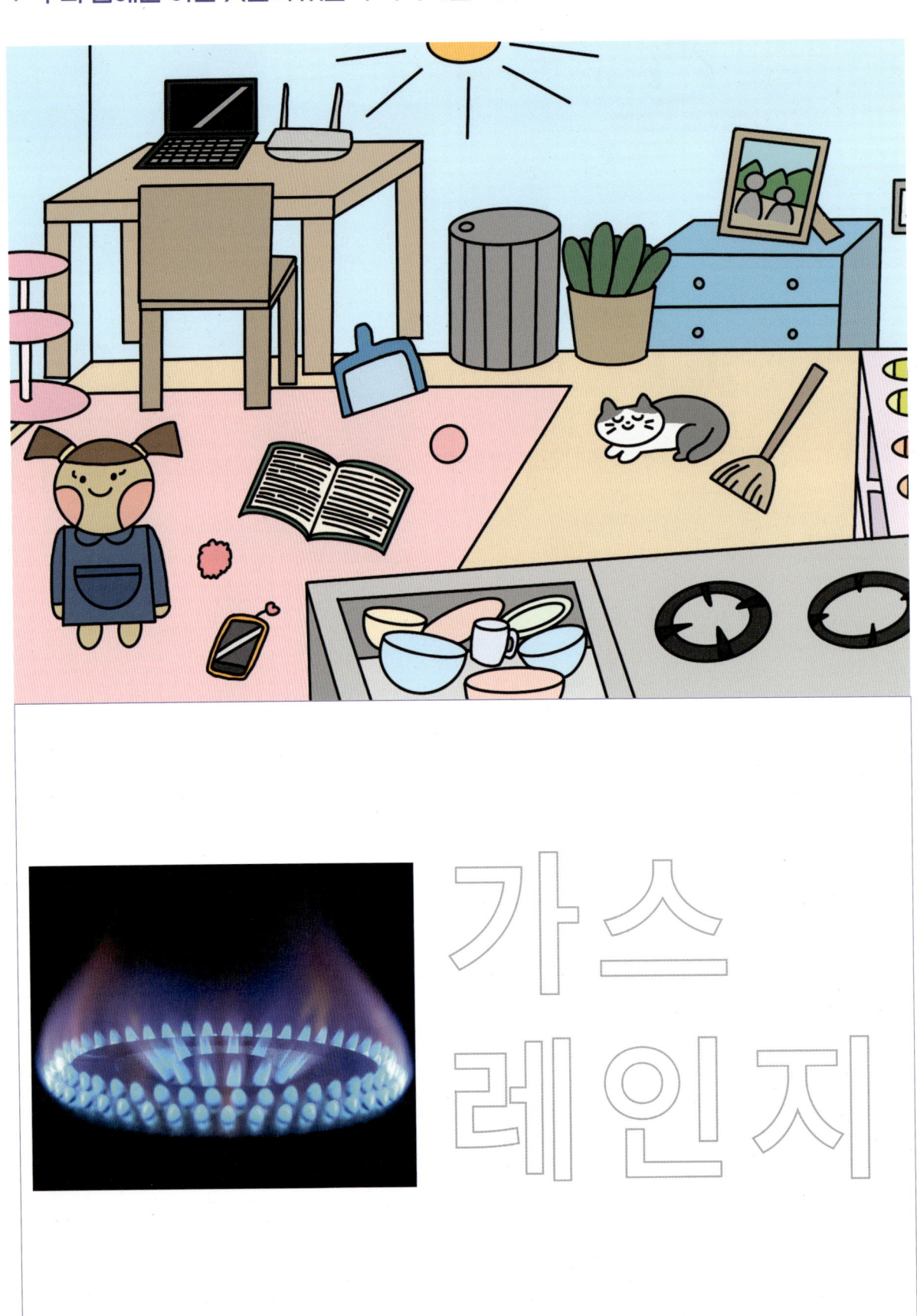

가스
레인지

 선반

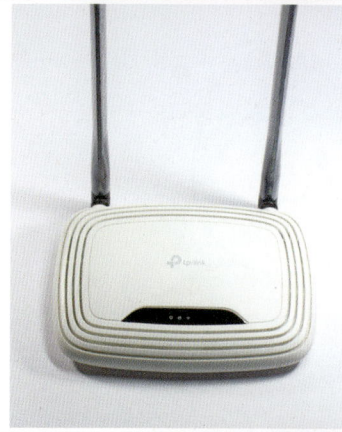 와이파이 공유기

 액자

 인형

 지도 tip

- 활동지에 있는 집에서 볼 수 있는 물건뿐만 아니라 다른 물건을 추가하여 활동할 수 있다.

1단원_ 3. 우리 집에는 무엇이 있을까요?

활동 2   어떤 물건일까요?

◆ 활동지를 보며 어떤 물건인지 알아 맞춰보기

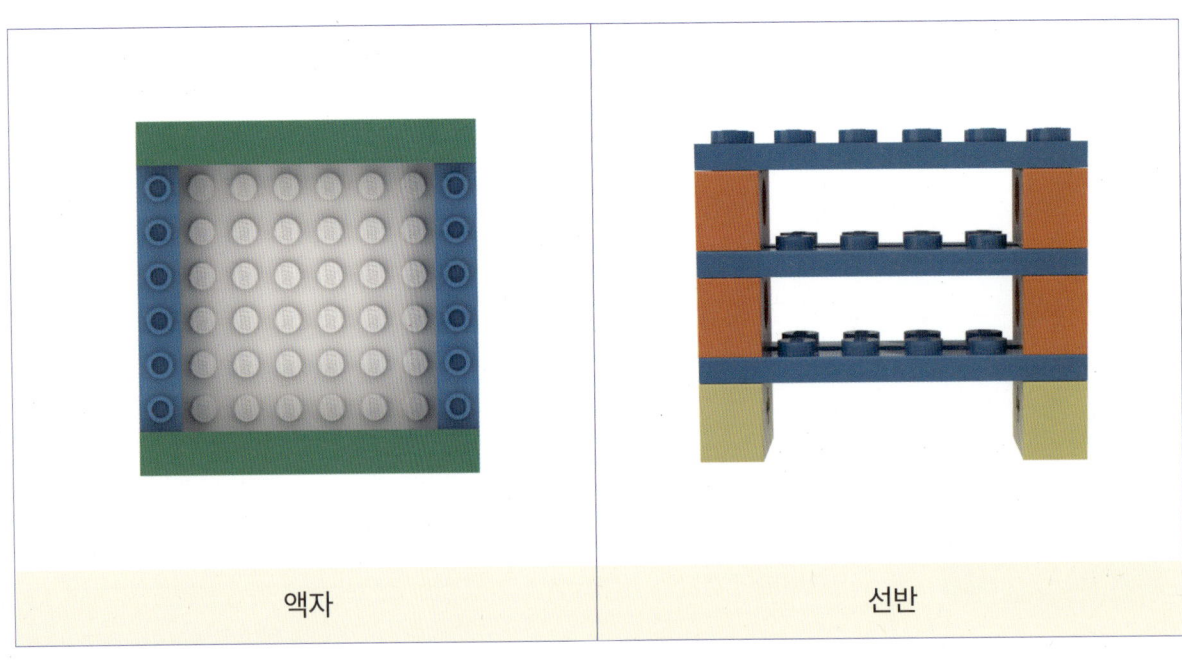

| 액자 | 선반 |

활동 3　　집에 있는 물건을 만들어보아요.

◆ 집에 있는 물건 만들어보기

액자

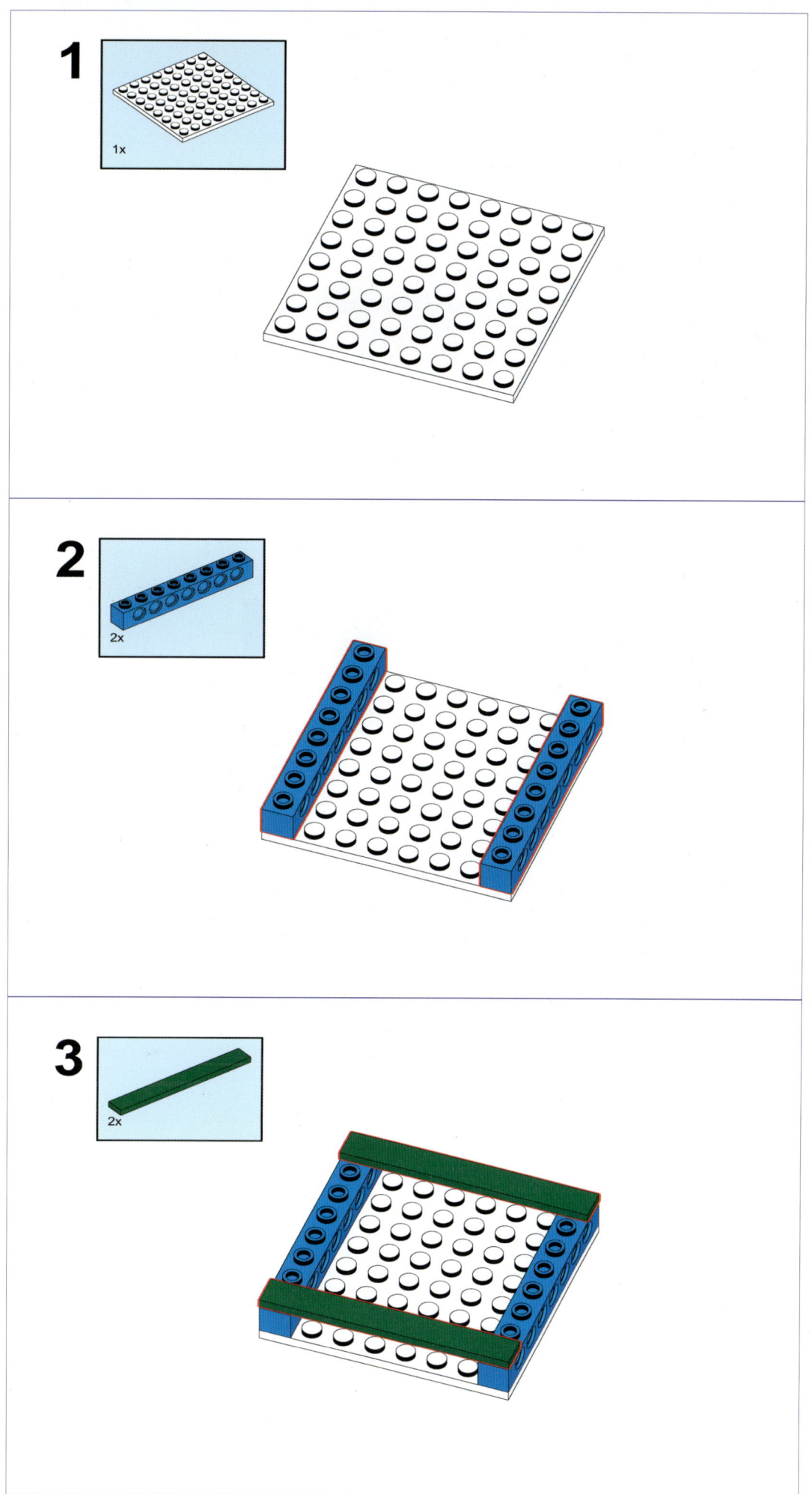

1단원_ 3. 우리 집에는 무엇이 있을까요?

4

멋진 사진을 준비해 줍니다.

5

사진을 액자에 넣어줍니다.

◆ 집에 있는 물건 만들어보기

선반

1단원_ 3. 우리 집에는 무엇이 있을까요?

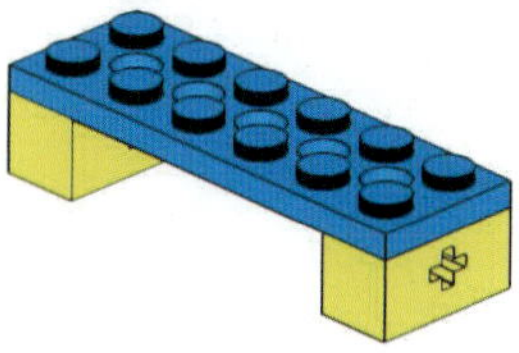

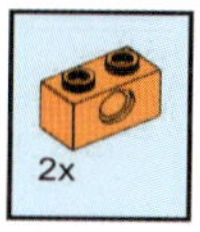

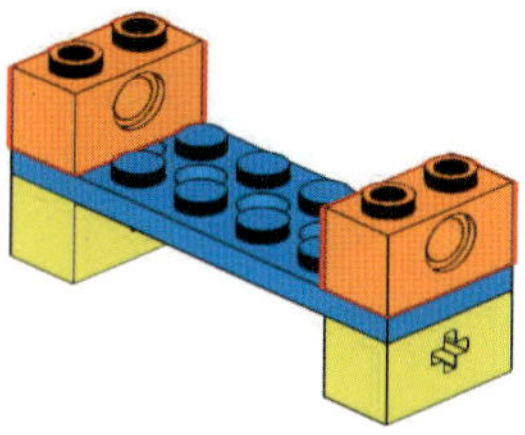

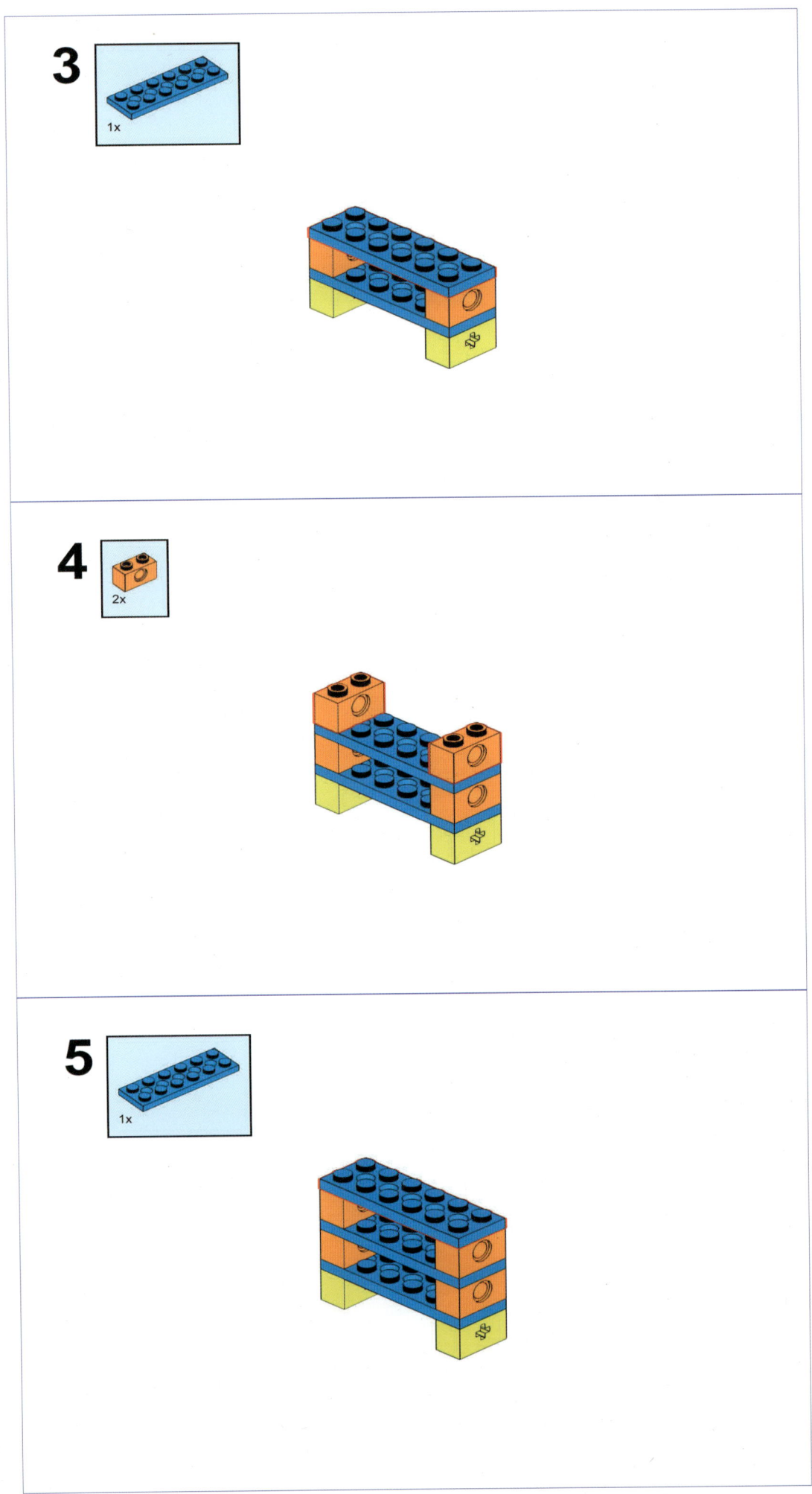

◆ 집에 있는 물건 만들어보기

인형

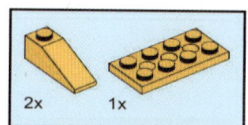

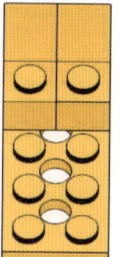

◆ 집에 있는 물건 만들어보기

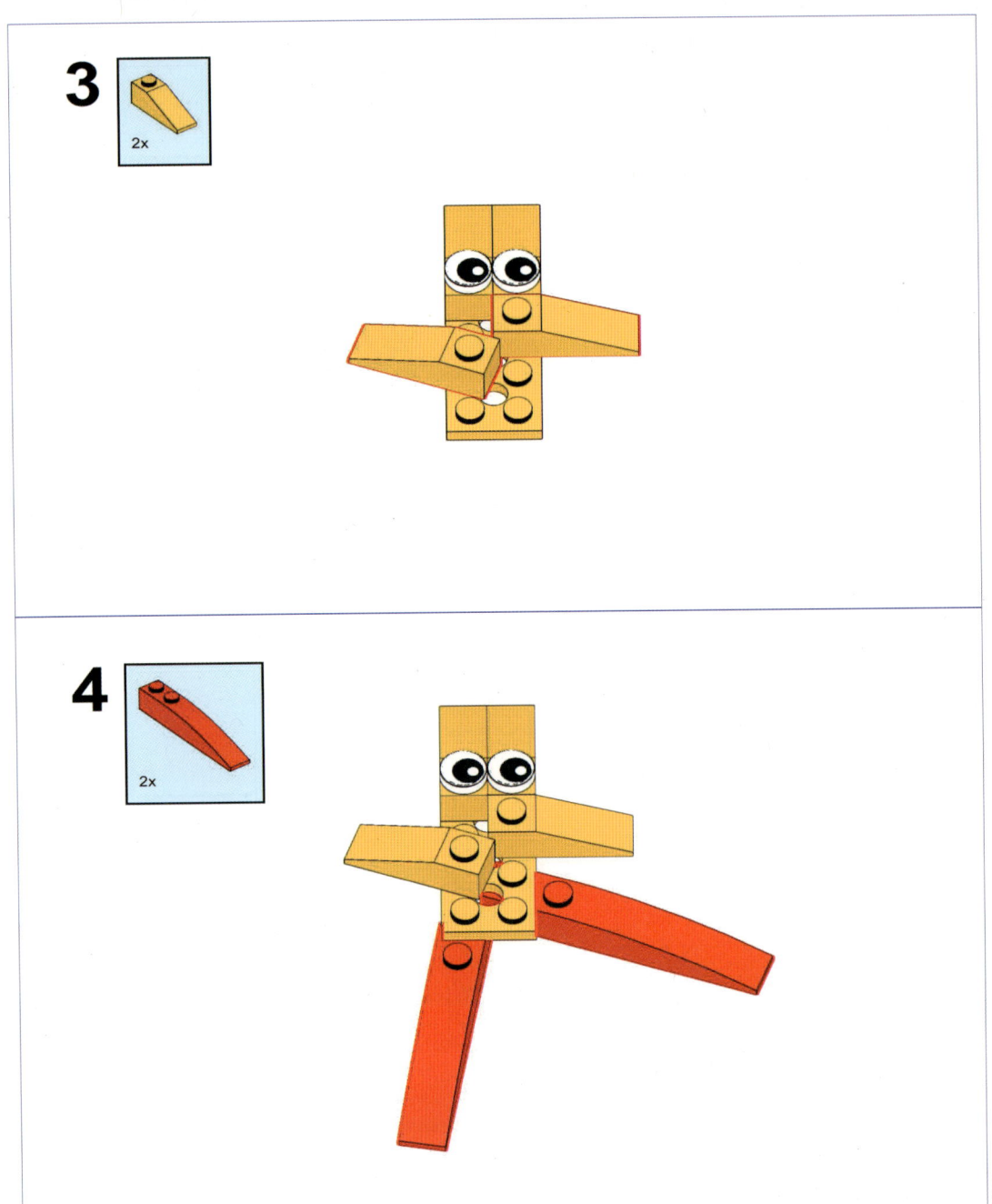

◆ 집에 있는 물건 만들어보기

가위

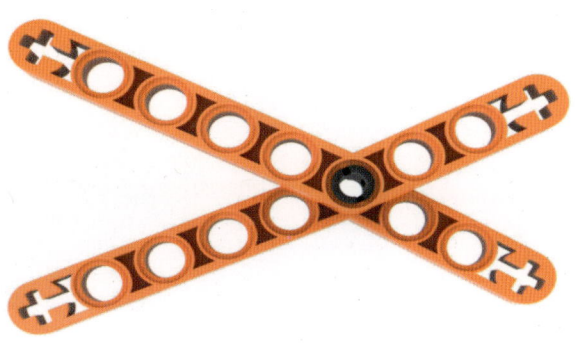

1

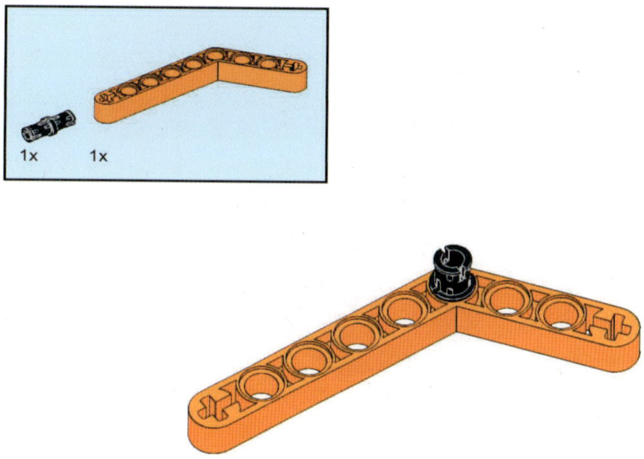

2

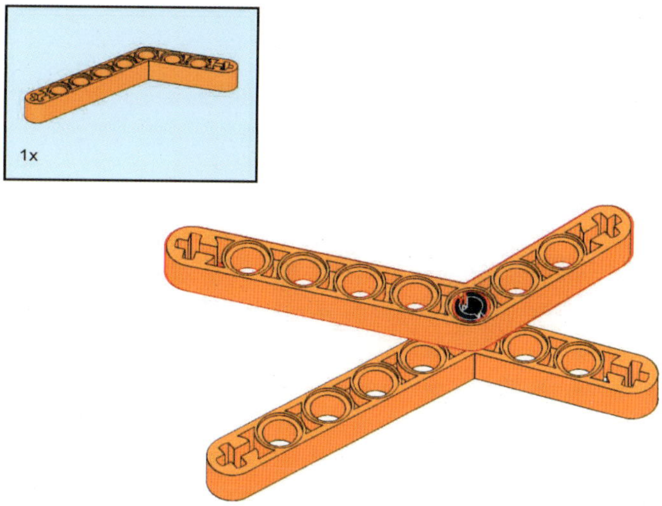

◆ 집에 있는 물건 만들어보기

가스레인지

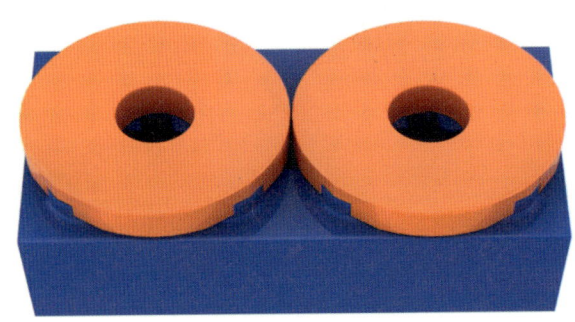

1  1x

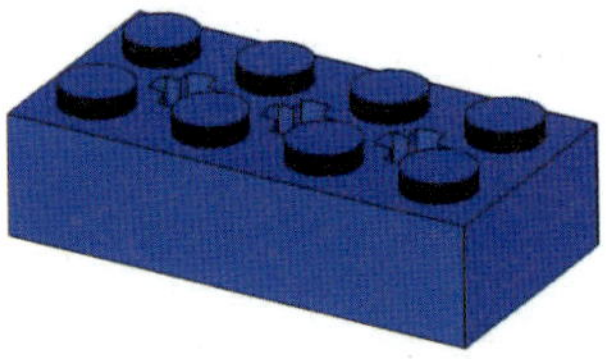

2 2x

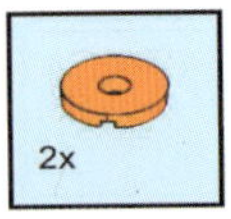

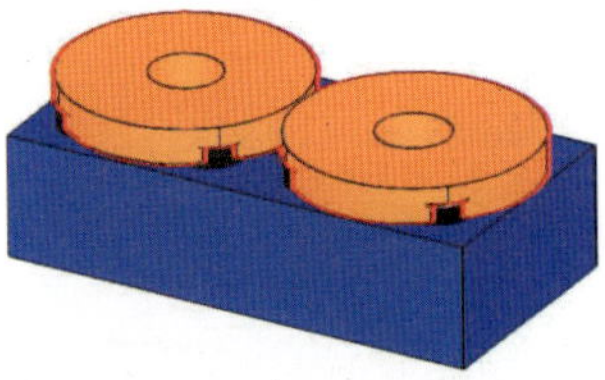

◆ 집에 있는 물건 만들어보기

와이파이 공유기

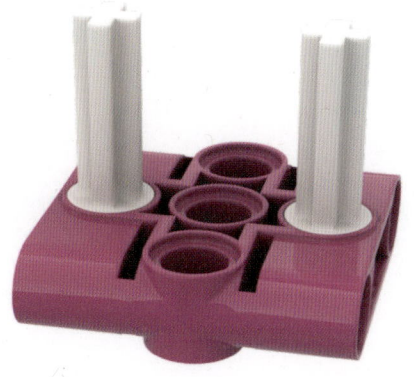

1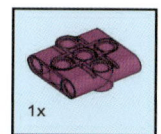

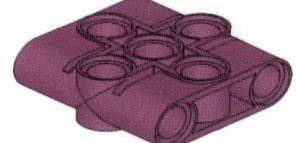

2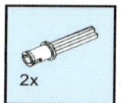

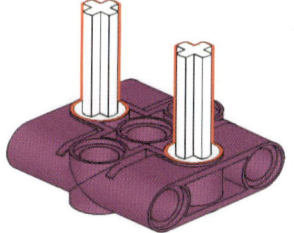

1단원_ 3. 우리 집에는 무엇이 있을까요? **87**

개념 쏙쏙

① 우리 집에서 사용하는 물건을 알 수 있어요.

확인해요

평가 내용	평가 결과
■ 집에 있는 물건에 관심을 가지고 활동을 했나요?	☺ 😐 ☹
■ 레고를 이용하여 집에 있는 물건을 만들었나요?	☺ 😐 ☹

4 나의 몸의 이름은 무엇일까요?

> **핵심 개념** 나의 신체부위에 대하여 알아보기
> **활동 개요** 신체부위 이름 알고 만들어보기

신체부위란 무엇일까요?

사람의 몸 가운데 어느 한 부분, 또는 특정한 부분이 차지하는 위치입니다. [출처:네이버 국어사전]

눈, 코, 입, 무릎, 다리, 팔, 머리 등 우리 몸의 이름을 말해요.

활동 안내

준비물	교재(활동지), 필기구, 종이, 가위, 스파이크 에센셜			
학습 활동	단계	학습 내용	학습 형태	학습 자료
	도입	▪ 만화 이해하기	전체 학습	
	활동1	▪ 내 몸의 이름은 무엇일까요? - 신체부위 이름 알아보기	전체 학습	활동지
	활동2	▪ 나는 누구일까요? - 신체부위 수수께끼 맞춰보기	개별 학습	활동지
	활동3	▪ 레고로 나의 몸을 만들어보아요. - 레고로 나의 몸 만들어보기	개별 학습	스파이크 에센셜
	정리	▪ 학습한 내용 확인하기	개별 학습	
활동 팁	▪ 학생의 사진을 이용하여 신체부위를 설명할 수 있다.			

시작해요 우리 몸

- 친구들이 무엇을 하고 있었나요?

- 다음 장면에는 무엇을 할 것 같나요?

> **학습 목표** 신체 부위의 이름을 말할 수 있어요
> 레고를 이용하여 신체 부위를 만들 수 있어요.

활동 1 내 몸의 이름은 무엇일까요?

◆ 신체부위 이름 알아보기

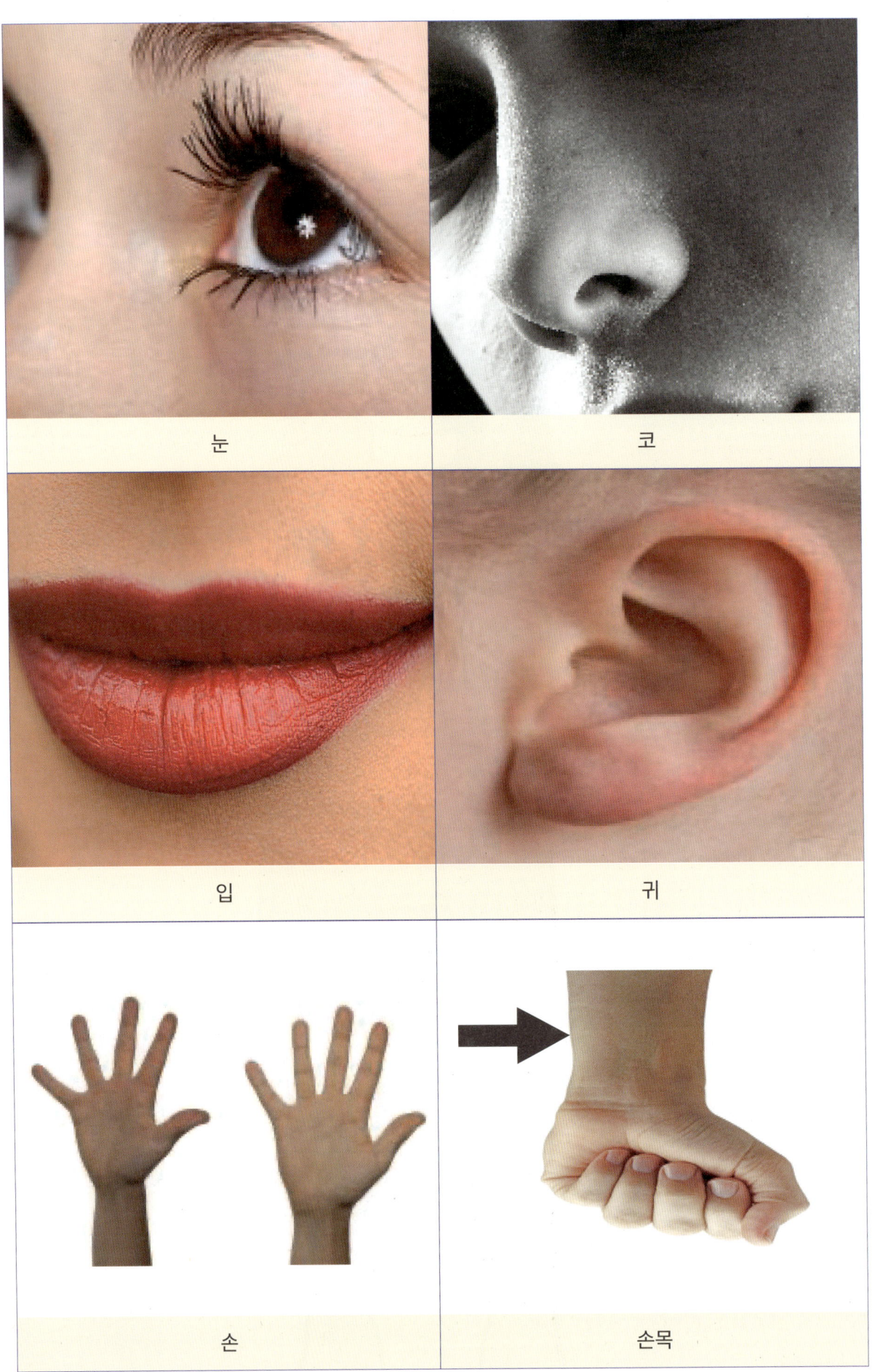

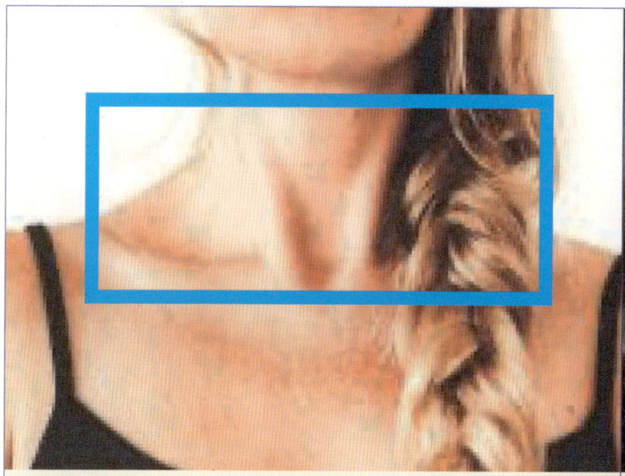

목	다리
팔	배
발	발목

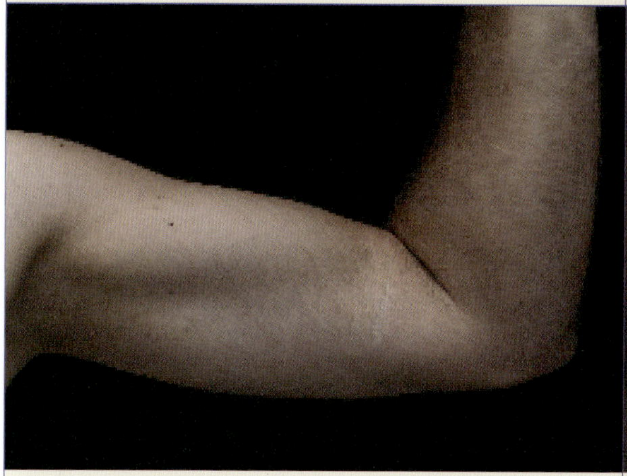

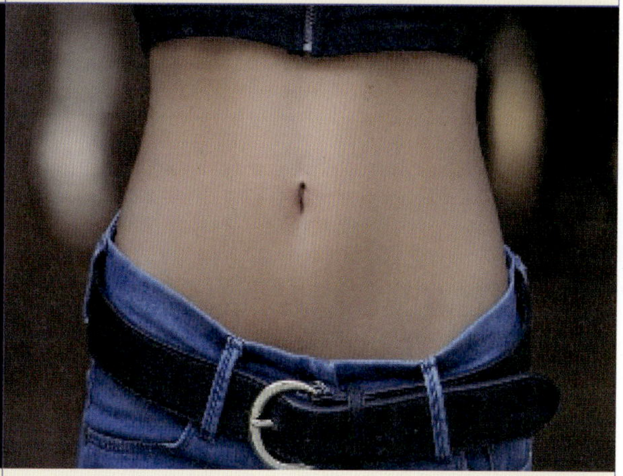

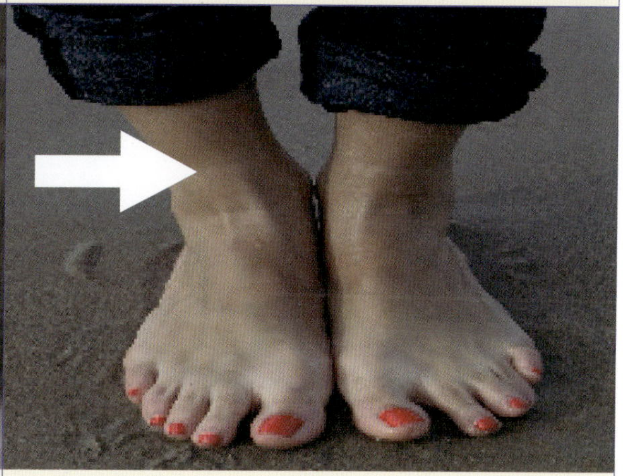

 지도 tip

- 전체 신체 판을 이용하여 위치를 설명할 수 있다.
- 학생의 사진을 이용하여 신체부위를 나타내 볼 수 있다.

| 활동 2 | 나는 누구일까요? |

◆ 신체부위 수수께끼 맞춰보기

- 나는 얼굴에 있어요. - 나는 두 개에요. - 나는 열리기도 닫히기도 해요. - 나는 앞을 볼 수 있어요.	- 나는 두 개의 구멍을 가지고 있어요. - 나는 산처럼 생겼어요. - 나는 냄새를 맡을 수 있어요.
눈	코
- 나는 하나에요. - 나는 모양을 바꿀 수 있어요. - 내 안에는 하얀 친구들이 많이 살고 있어요. - 나는 음식을 먹거나 말을 할 수 있어요.	- 나는 두 개에요. - 나는 구멍을 가지고 있어요. - 나는 소리를 들을 수 있어요.
입	귀
- 나는 하나에요. - 나는 돌릴 수도 있어요. - 나는 머리와 몸을 연결해주는 부분이에요. - 나에게 목걸이를 걸 수 있어요.	- 나는 몸의 가운데 부분이에요. - 음식을 먹으면 이곳에서 소화가 돼요. - 나는 한 글자에요. - 나랑 소리가 같은 음식과 탈 것이 있어요.
목	배
- 나는 두 개에요. - 나는 한 글자에요. - 나는 몸에서 두 번째로 길어요. - 나는 숫자 여덟이랑 소리가 같아요.	- 나는 두 개에요. - 나는 다섯 개의 친구를 가지고 있어요. - 나는 글을 쓸 수도 물건을 잡을 수도 있어요. - 나는 장갑을 끼는 곳이에요.
팔	손

- 나는 두 개에요. - 나는 몸에서 가장 길어요. - 나는 강이나 바다를 건너기 위한 건축물과 이름이 같아요.	- 나는 두 개에요. - 나는 몸의 가장 밑 부분에 있어요. - 나로 걸어 다녀요. - 나에게 신발을 신을 수 있어요.
다리	발

활동 3   레고로 나의 몸을 만들어보아요.

◆ 레고로 나의 몸 만들어보기

나의 몸 1

1단원_ 4. 나의 몸의 이름은 무엇일까요?

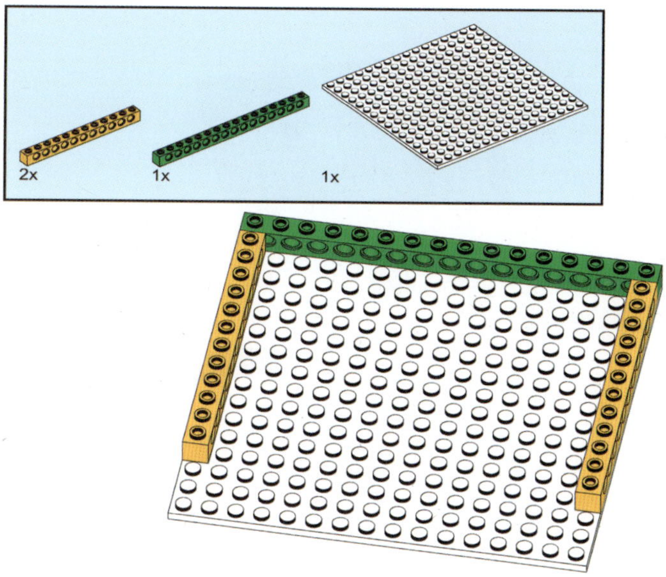

3

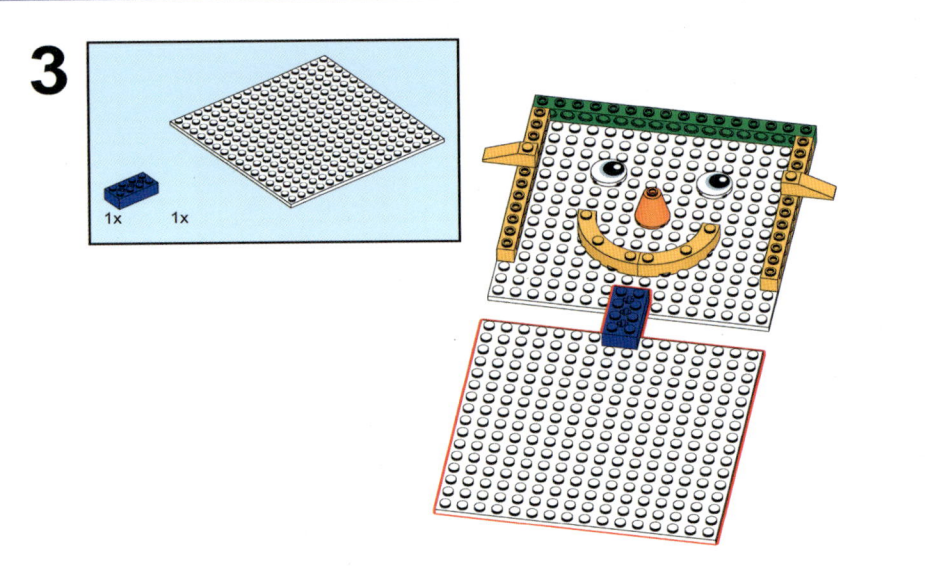

4

5

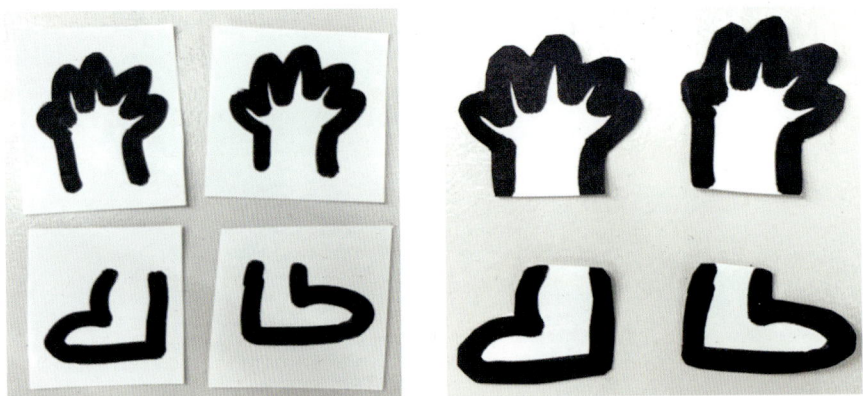

흰 종이에 손과 발을 그린 후 오려줍니다.

6

◆ 레고로 나의 몸 만들어보기

나의 몸 2

1 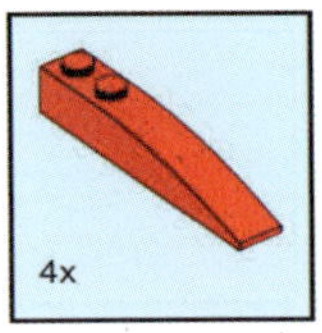 4x

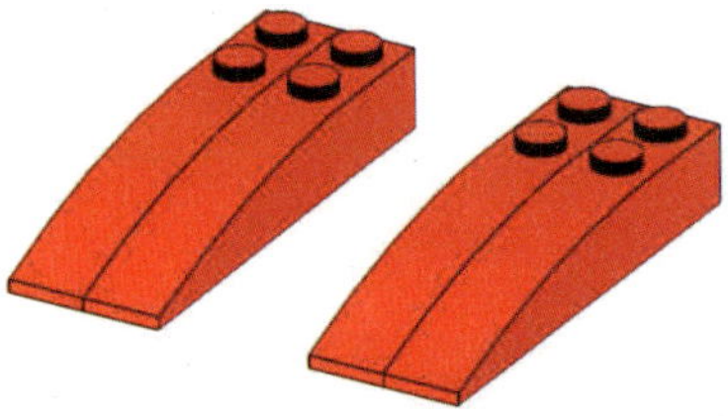

2 2x

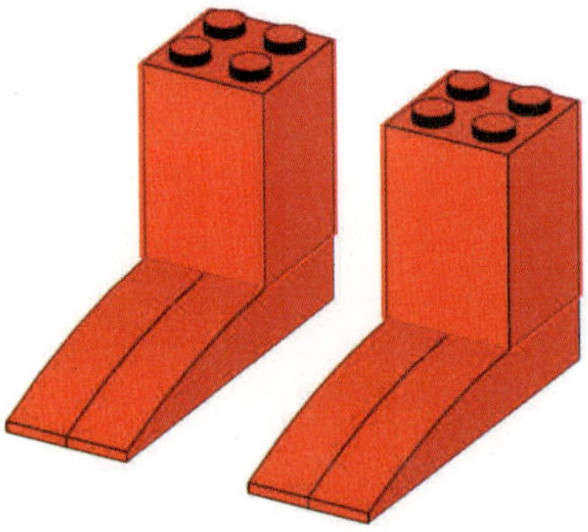

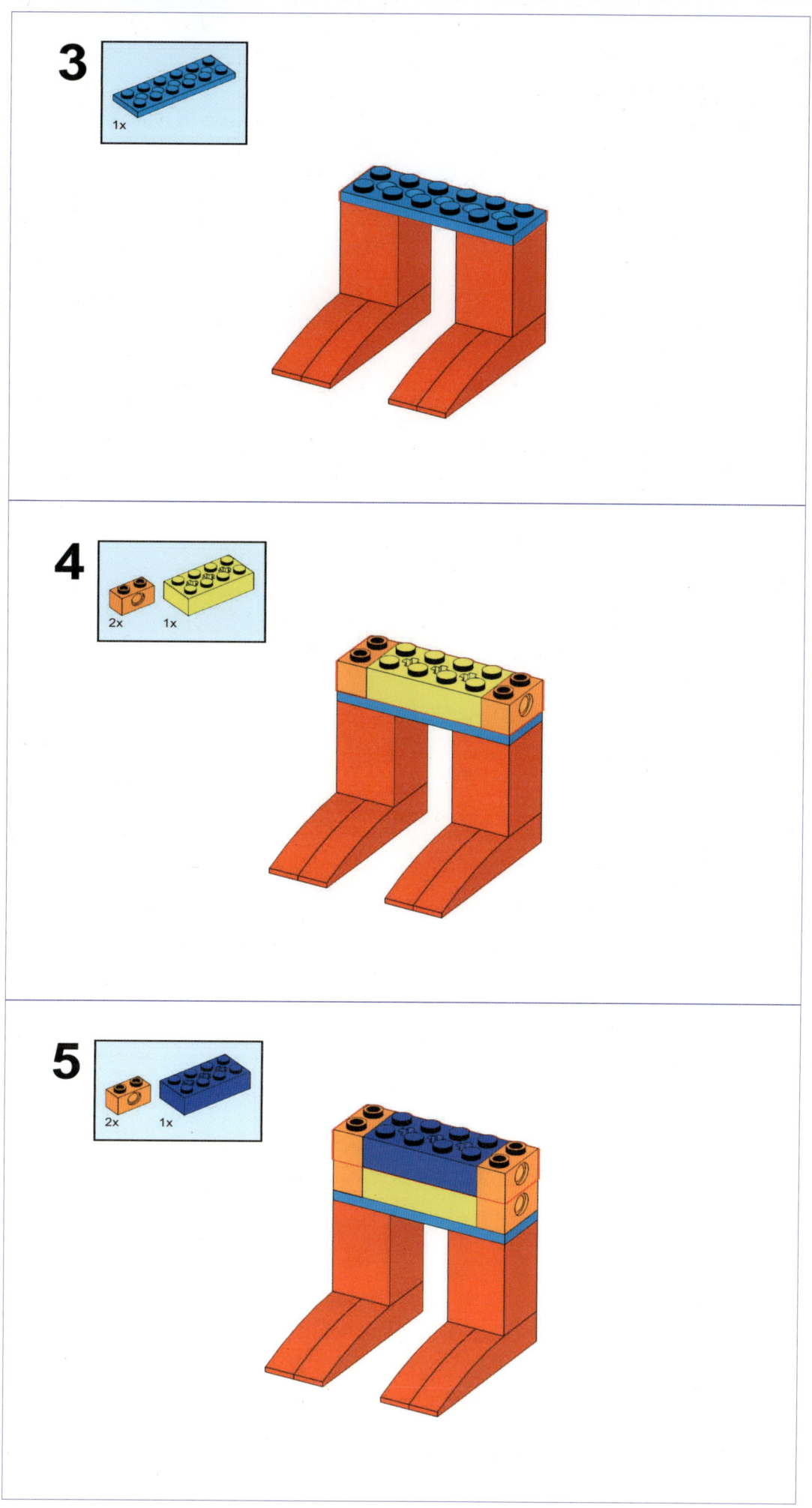

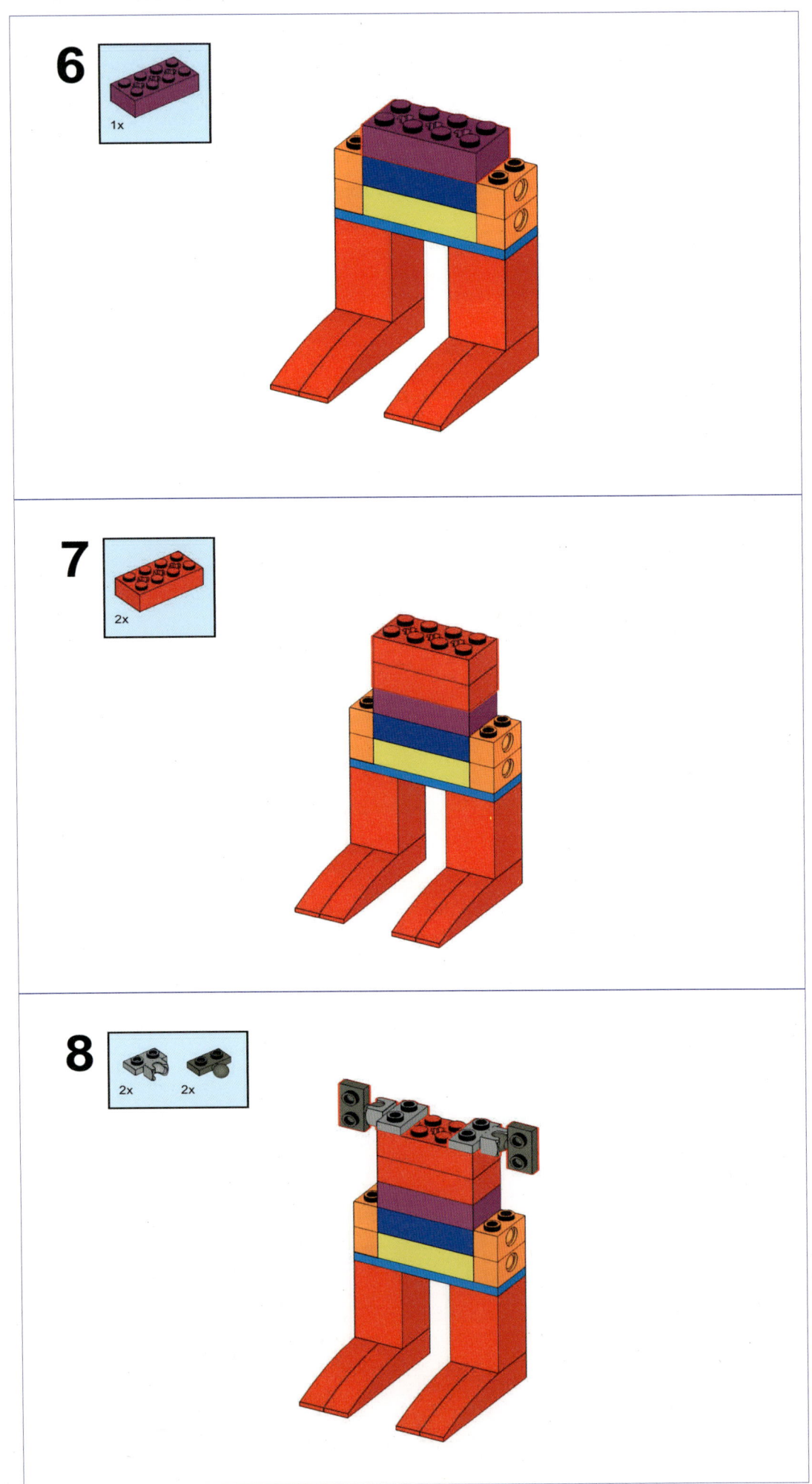

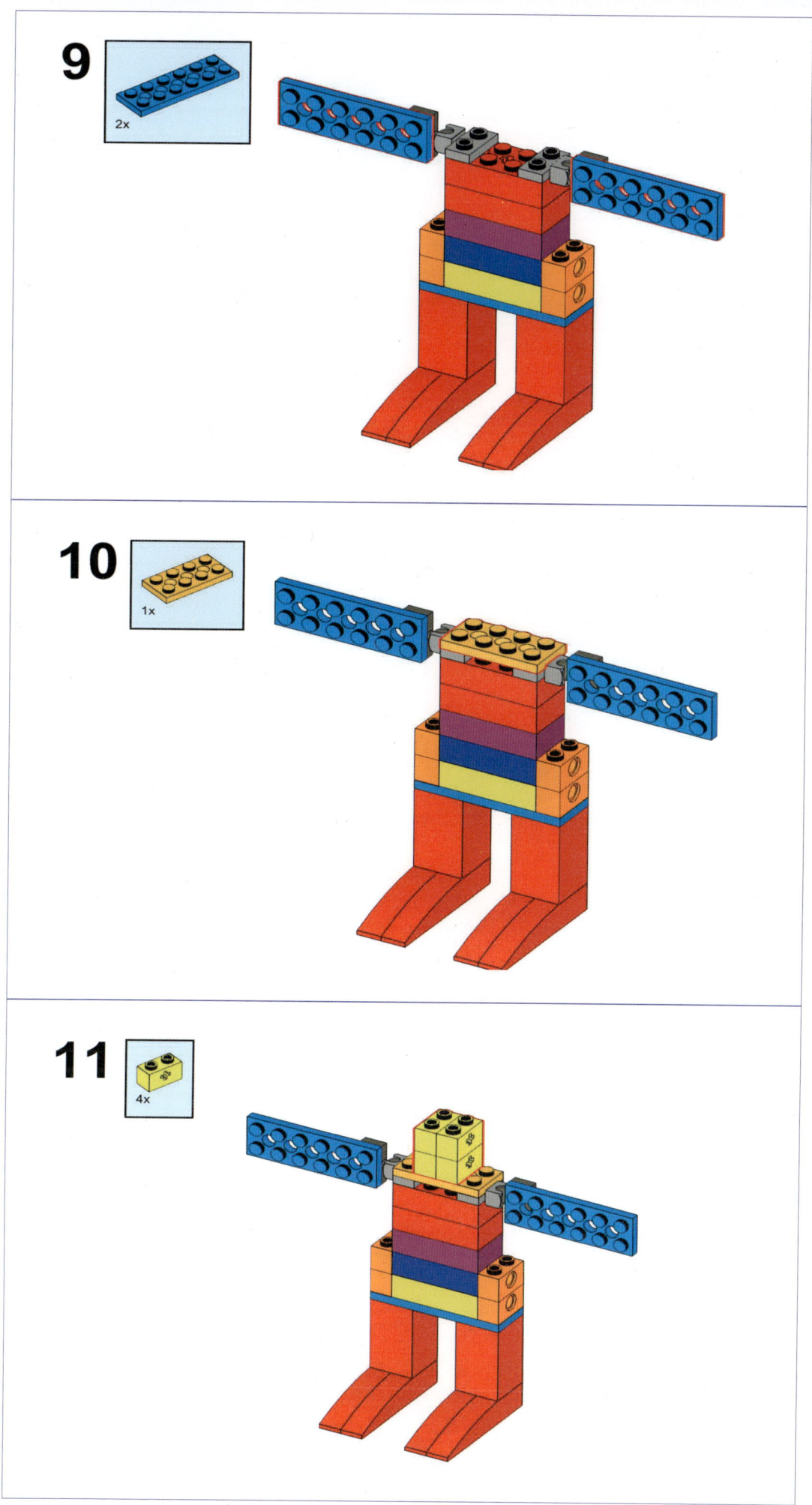

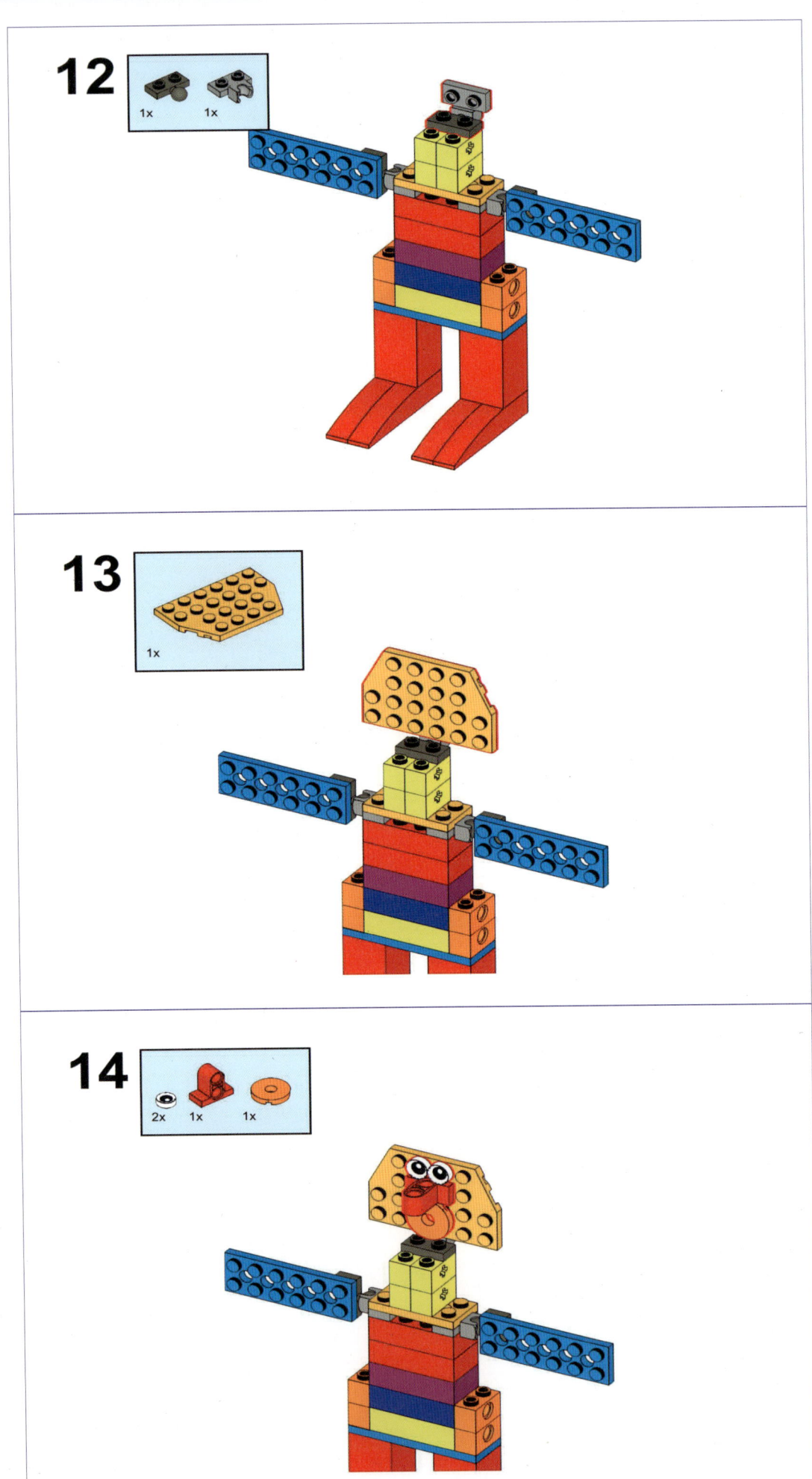

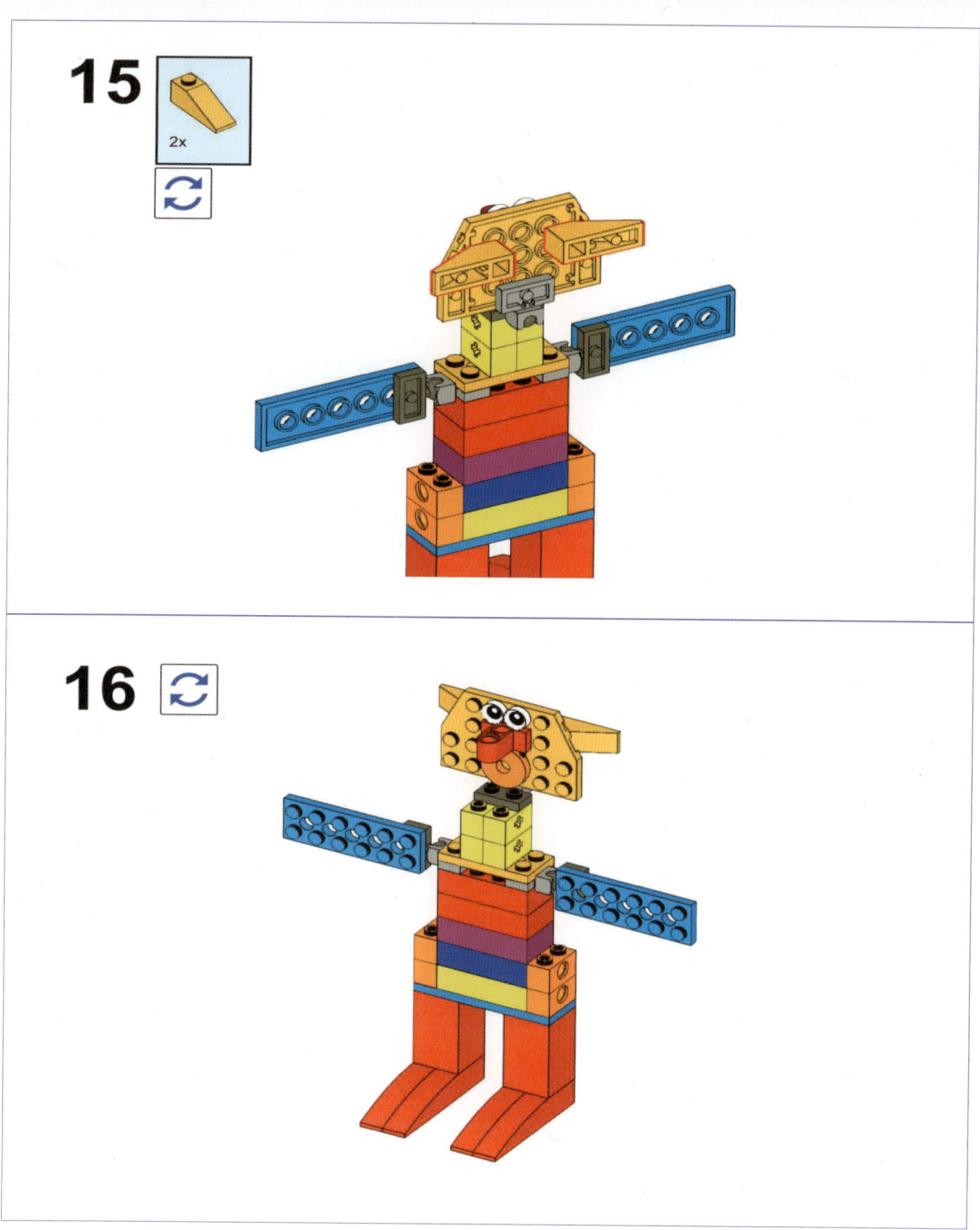

개념 쏙쏙

① 신체부위 이름을 알 수 있어요.

확인해요

평가 내용	평가 결과
■ 신체 부위의 이름을 말할 수 있나요?	😊 😐 😟
■ 레고를 이용하여 신체 부위를 만들 수 있나요?	😊 😐 😟

5 나의 기분은 어떤가요?

> **핵심 개념** 나의 감정을 알고 표현할 수 있다.
> **활동 개요** 감정을 색으로 표현하기

기분은 무엇일까요?
어떤 일이 생겼을 때 느껴지는 마음의 느낌을 기분이라고 해요.
기쁘다, 슬프다, 심심하다, 긴장되다, 부끄럽다 등 다양한 기분이 있지요. 이런 감정들을 어떨 때 느끼나요? 이런 감정이 느껴질 때 어떻게 표현할 수 있을까요?

활동 안내

준비물	교재(활동지), 스파이크 에센셜			
학습 활동	단계	학습 내용	학습 형태	학습 자료
	도입	▪ 만화 이해하기	전체 학습	
	활동1	▪ 여러 가지 기분을 알아보아요. - 다양한 기분을 알아보며 자신의 경험 이야기 나누기 - 거울을 보며 지금 나의 표정을 그려보기	모둠 및 개별학습	활동지
	활동2	▪ 기분판을 만들어보아요. - 기분판 만들어보기	개별 학습	스파이크 에센셜, 활동지
	활동3	▪ 코딩으로 기분을 나타내 보아요. - 기분을 표현할 수 있는 코딩해보기	개별 학습	활동지
	정리	▪ 학습한 내용 확인하기	개별 학습	
활동 팁	▪ 다양한 감정을 보여주기 위해 동영상 매체를 활용할 수 있다.			

시작해요   레오의 기분

- 레오에게 무슨 일이 일어났나요?

_____

_____

- 레오는 어떤 기분을 느꼈을까요?

_____

_____

학습 목표   나의 기분을 말하고 표현할 수 있어요.

기분판을 설명서를 보며 따라 만들 수 있어요.

활동 1 여러 가지 기분을 알아보아요.

◆ 다양한 기분을 알아보며 자신의 경험 이야기나누기

◆ 거울을 보며 지금 나의 표정을 그려보기

- 다양한 감정을 보여주기 위해 동영상 매체를 활용할 수 있다.

활동 2 기분판을 만들어보아요.

◆ 기분판 만들어보기 1

기분판 1

1

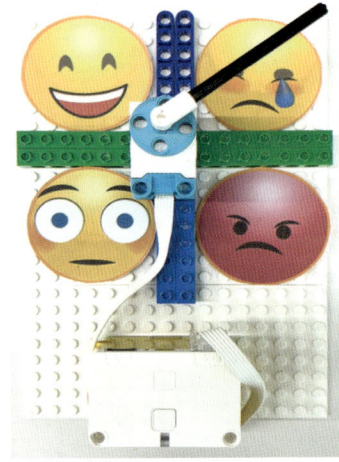

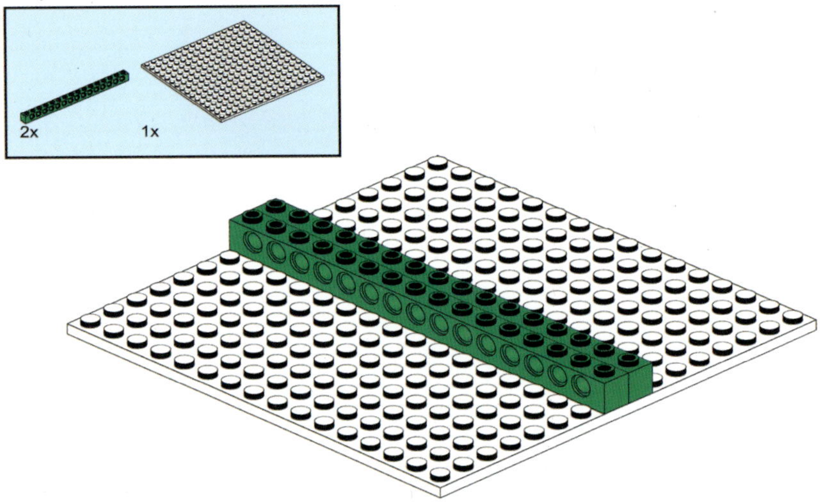

2

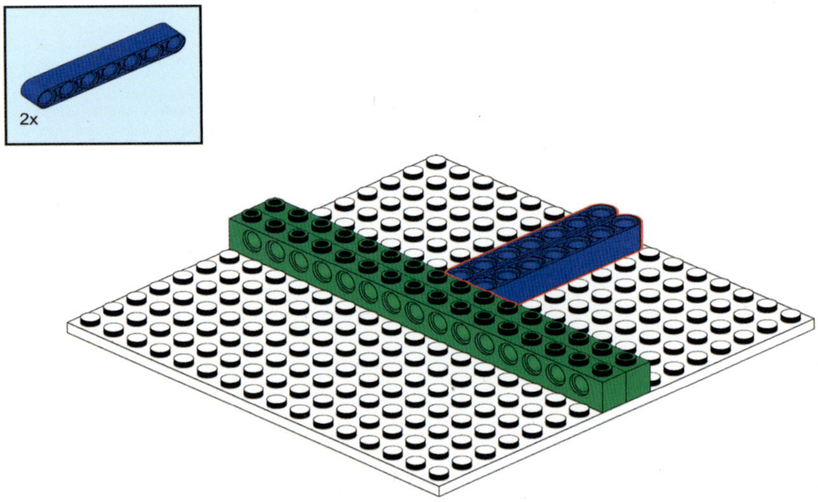

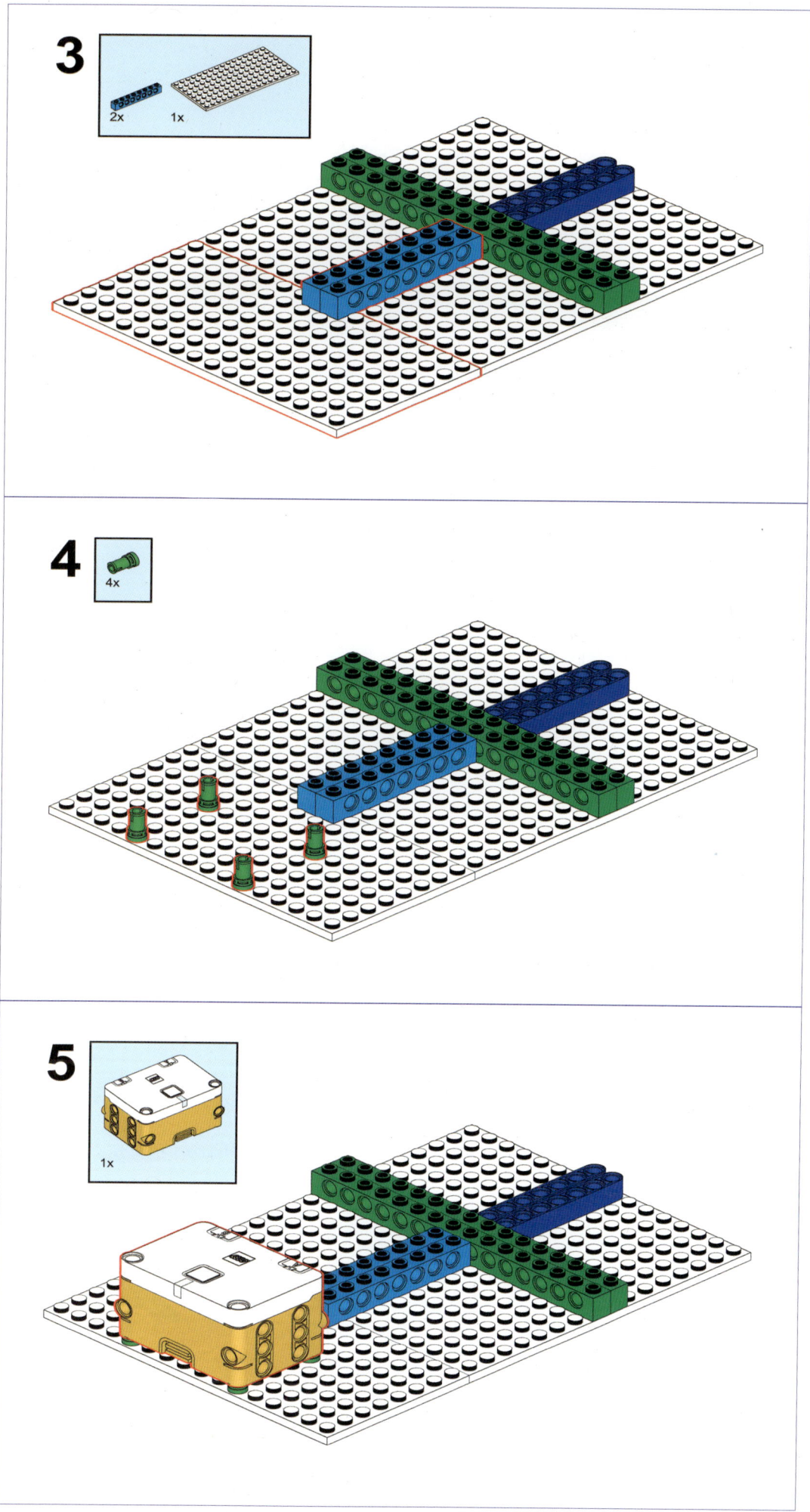

1단원_ 5. 나의 기분은 어떤가요? 115

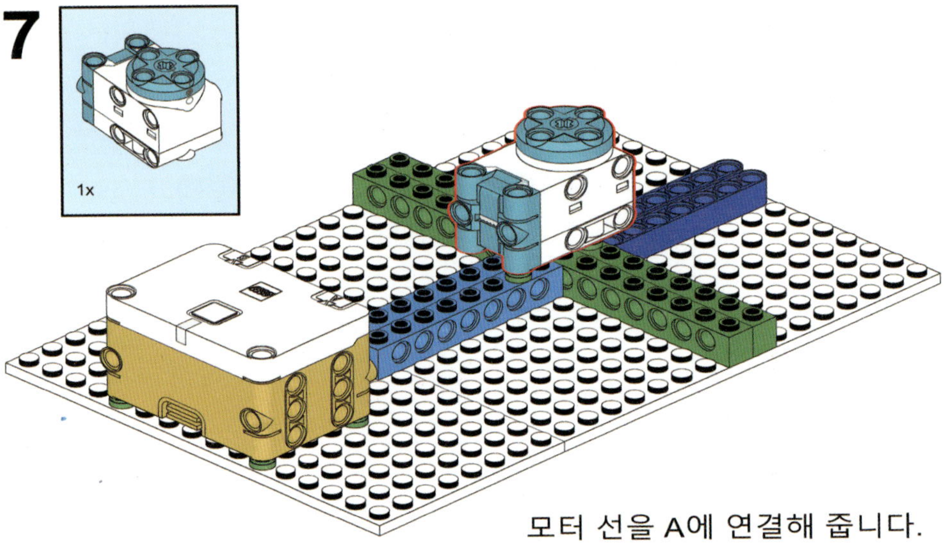

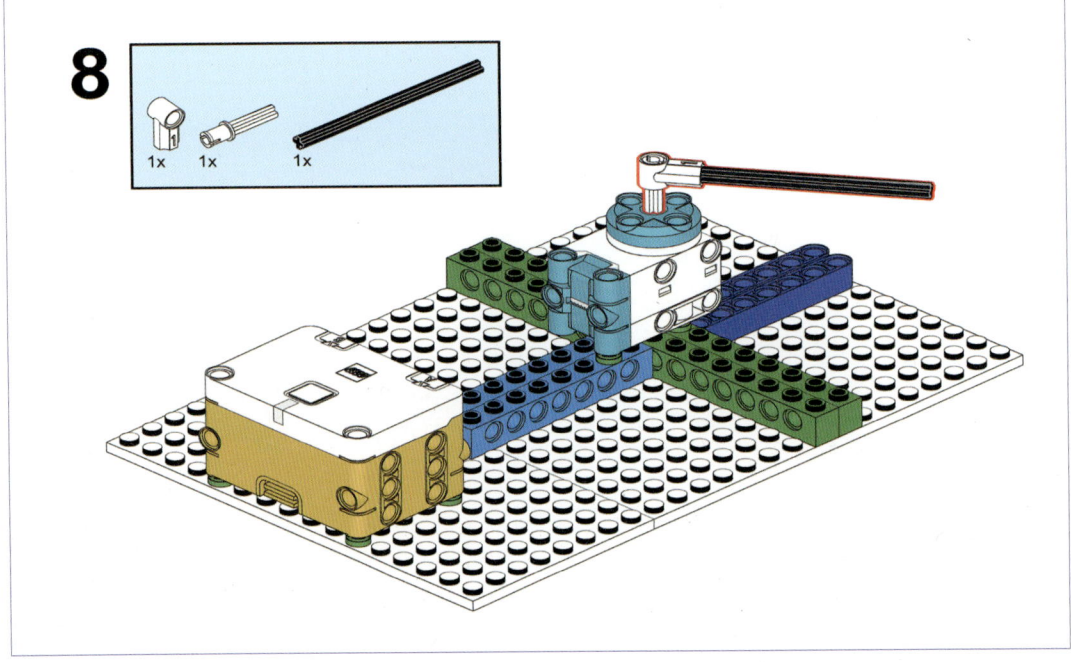

모터 선을 A에 연결해 줍니다.

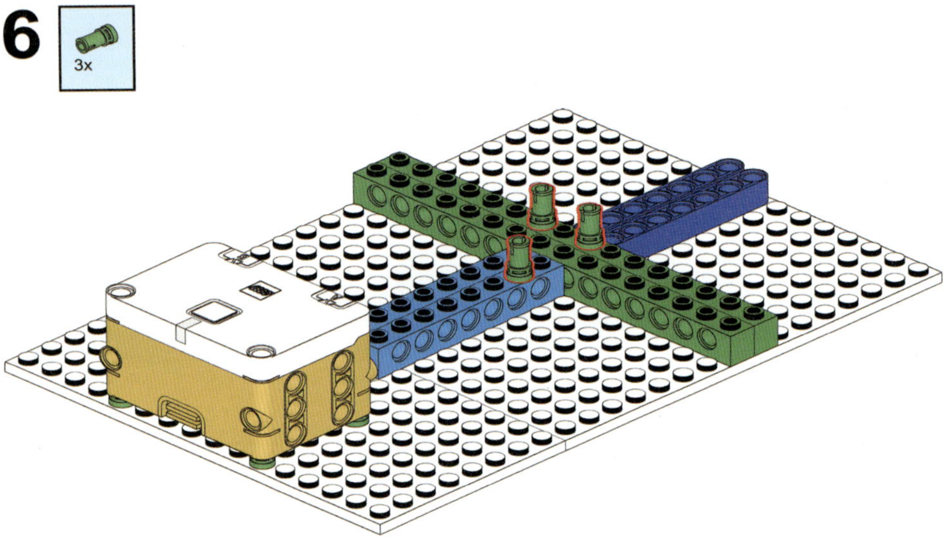

9

부록1 기분그림을 오려줍니다.

10

기분 그림을 기분판에 붙여줍니다.

◆ 기분판 만들어보기 2

기분판 2

1 [4x, 1x]

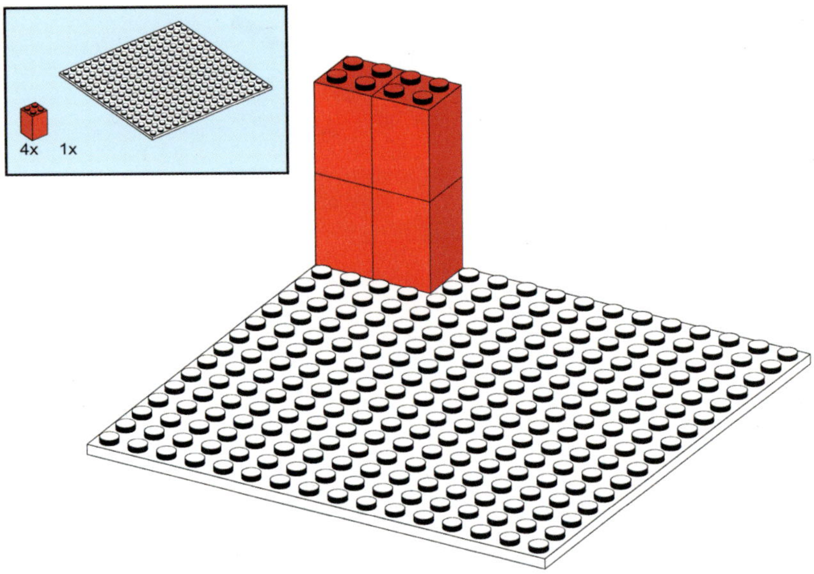

2 [4x]

118 1단원_ 5. 나의 기분은 어떤가요?

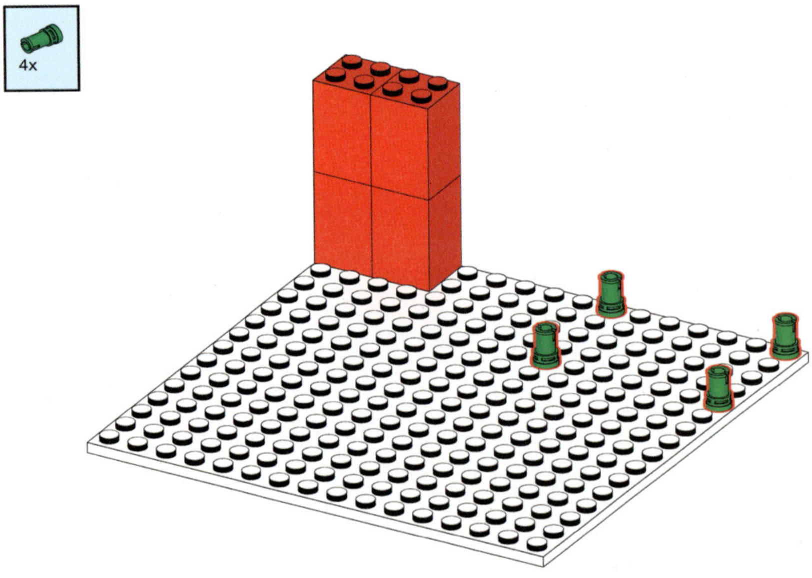

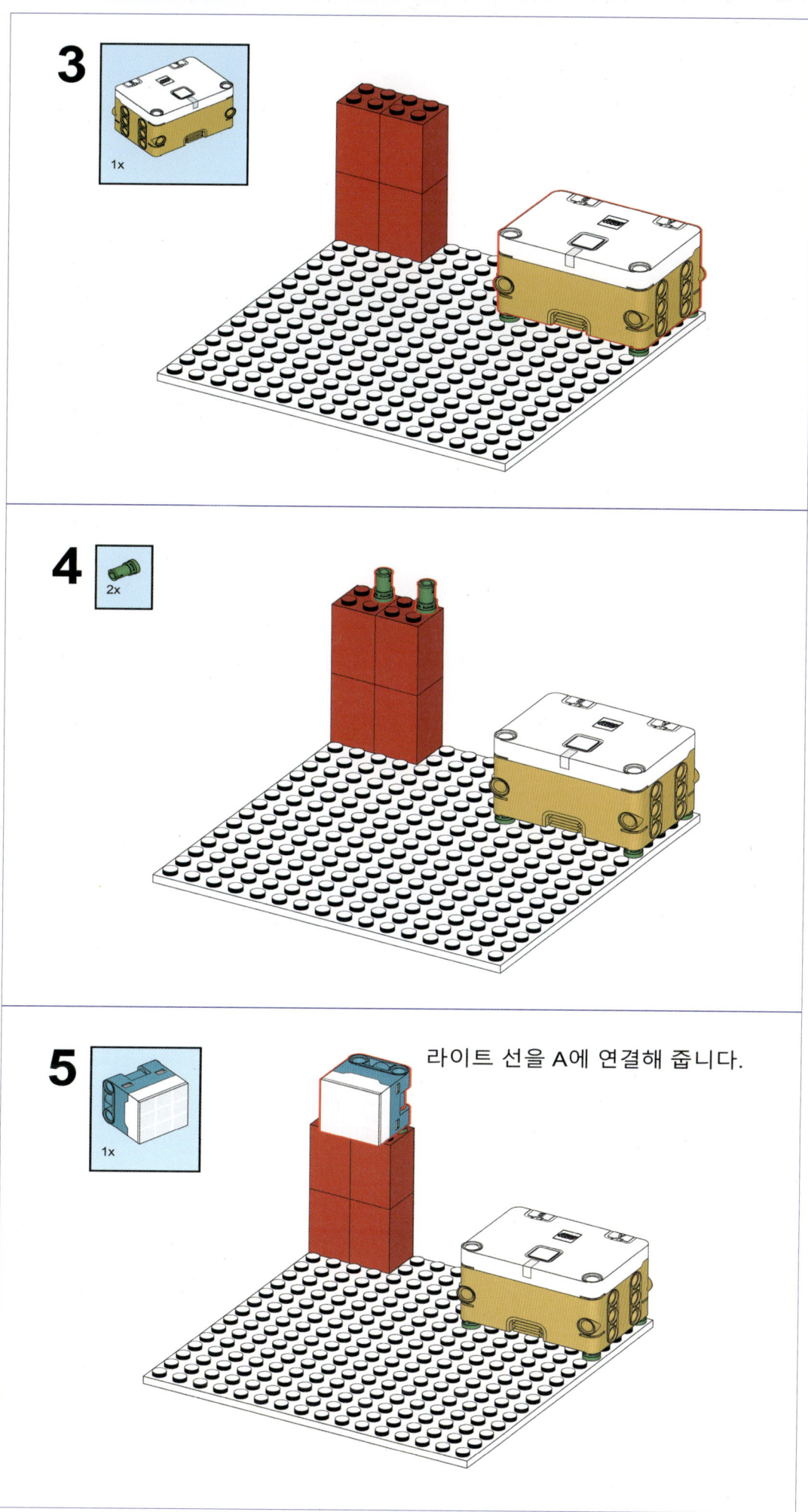

라이트 선을 A에 연결해 줍니다.

1단원_ 5. 나의 기분은 어떤가요?

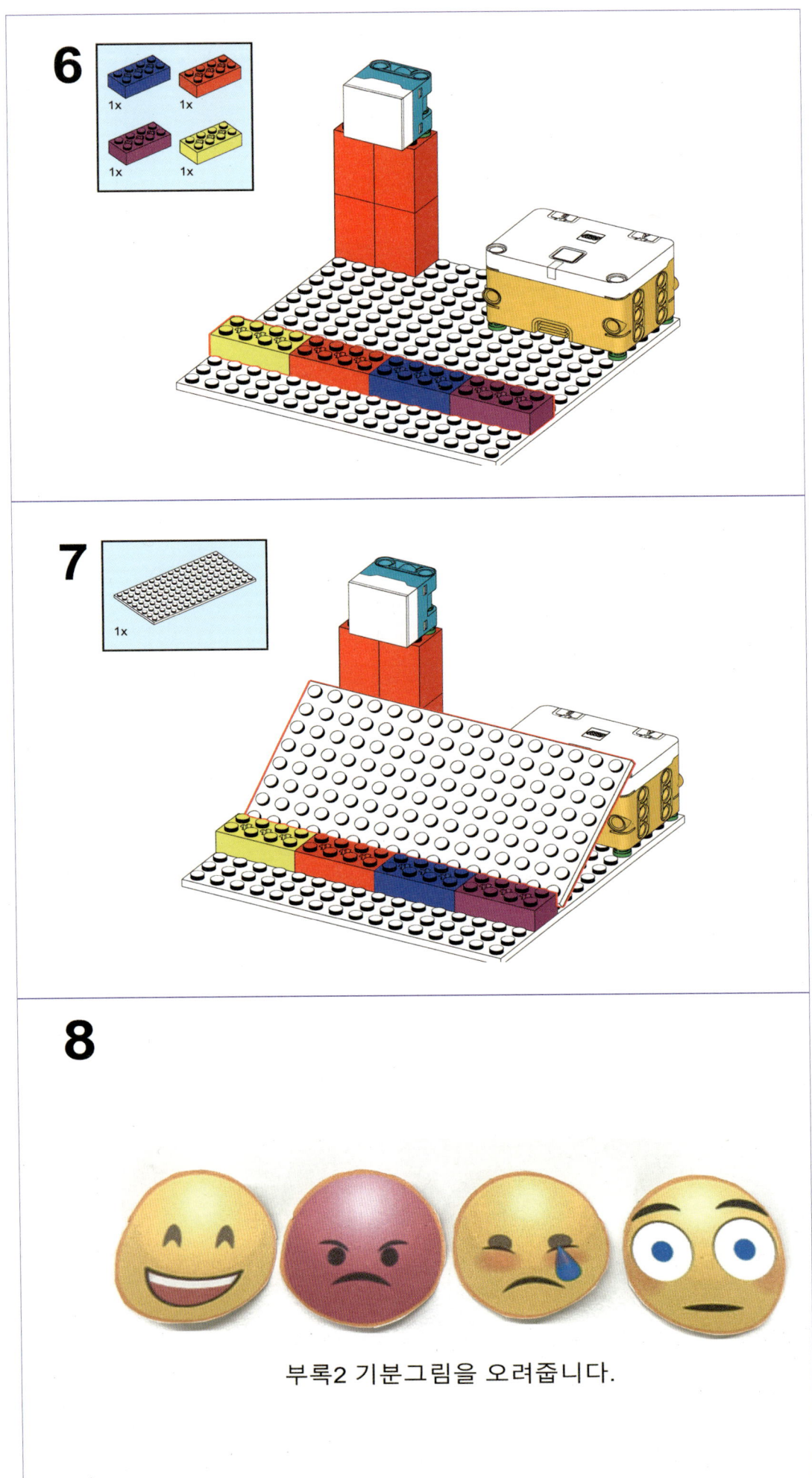

부록2 기분그림을 오려줍니다.

9

기분그림을 기분판에 붙여줍니다.

10

다양한 재료를 이용해 기분판을 꾸며줍니다.

■ 부록 1-1

■ 부록 1-2

■ 부록 2

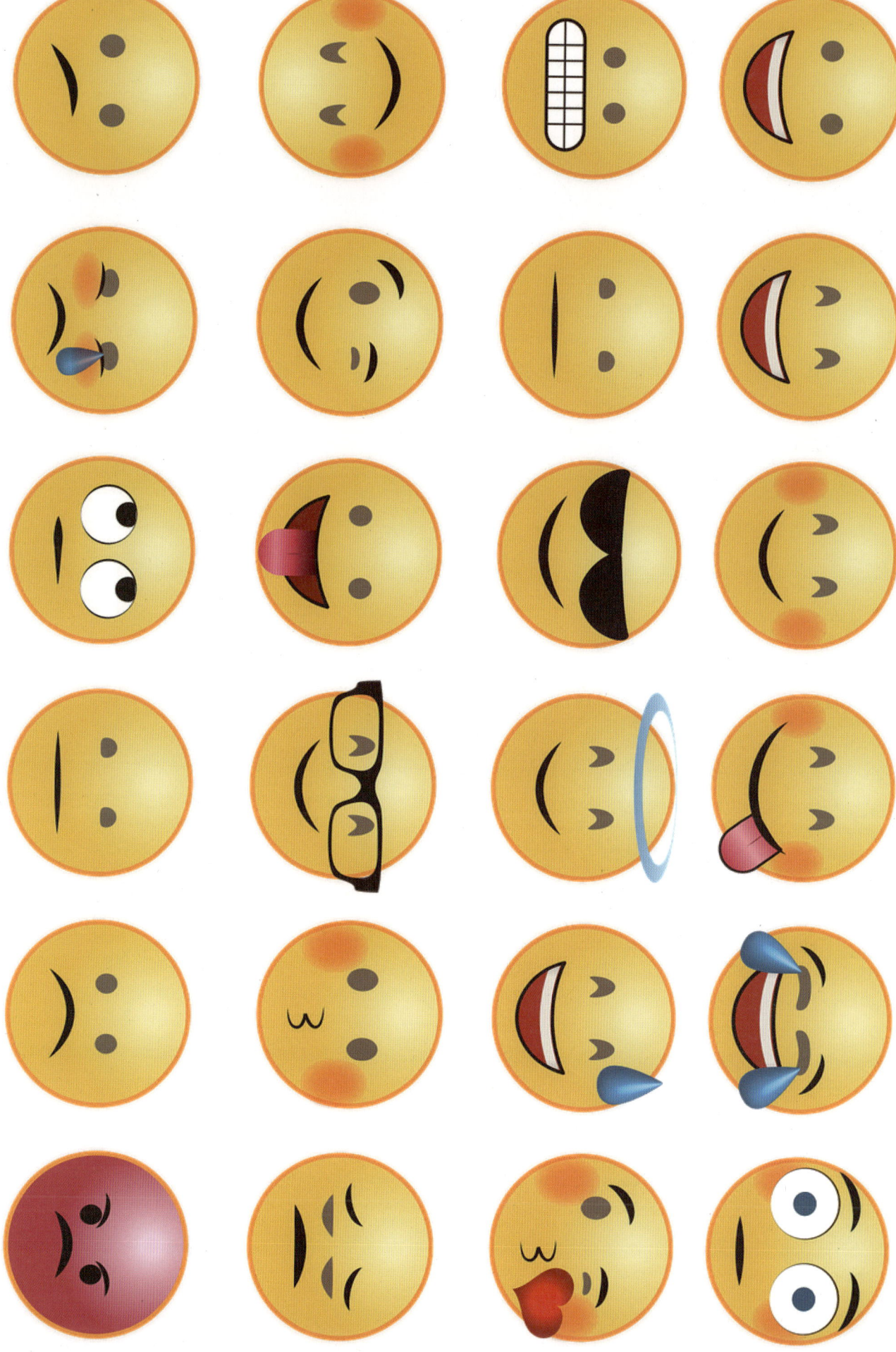

활동 3 코딩으로 기분을 나타내 보아요.

◆ 기분을 표현할 수 있는 코딩해보기 1

 **실행 블록** 연결된 모든 블록을 실행해줘요.

 **시계 방향 모터 작동 블록** 모터를 시계 방향으로 돌려줘요.

① 막대기의 위치는 매 번 위의 사진과 같은 위치로 놓아두고 코딩을 시작합니다.

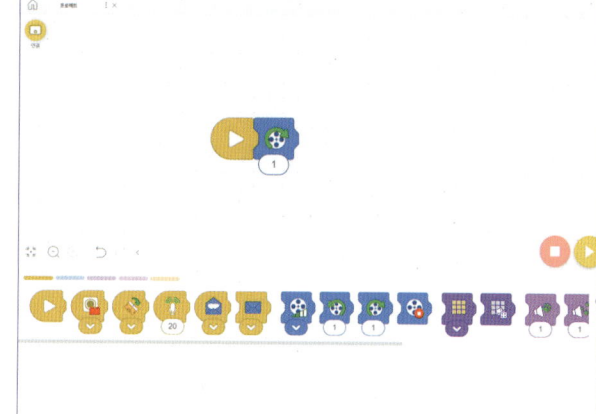

② 실행 블록을 드래그하여 놓아줍니다. 그 뒤 시계 방향 모터 작동 블록을 놓아줍니다.

③ 화난 표정으로 막대기를 옮기기 위해서는 실행 블록 뒤 시계방향 모터 작동 블록을 놓아주고 0.25로 설정해줍니다.

④ 화난 표정으로 도착!

1단원_ 5. 나의 기분은 어떤가요? 129

⑤ 놀란 표정으로 막대기를 옮기기 위해서는 실행 블록 뒤 시계방향 모터 작동 블록을 놓아주고 0.5로 설정해줍니다.

⑥ 놀란 표정으로 도착!

⑦ 기쁜 표정으로 막대기를 옮기기 위해서는 실행 블록 뒤 시계방향 모터 작동 블록을 놓아주고 0.75로 설정해줍니다.

⑧ 기쁜 표정으로 도착!

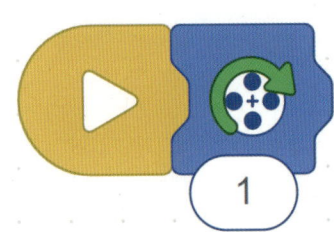

⑨ 슬픈 표정으로 막대기를 옮기기 위해서는 실행 블록 뒤 시계방향 모터 작동 블록을 놓아주고 1로 설정해줍니다.

⑩ 슬픈 표정으로 도착!

◆ 기분을 표현할 수 있는 코딩해보기 2

 **실행 블록** 연결된 모든 블록을 실행해줘요.

 **라이트 블록** 3x3칸에 원하는 색의 불빛을 낼 수 있어요.

자신의 기분에 따라 색으로 나타내보아요.

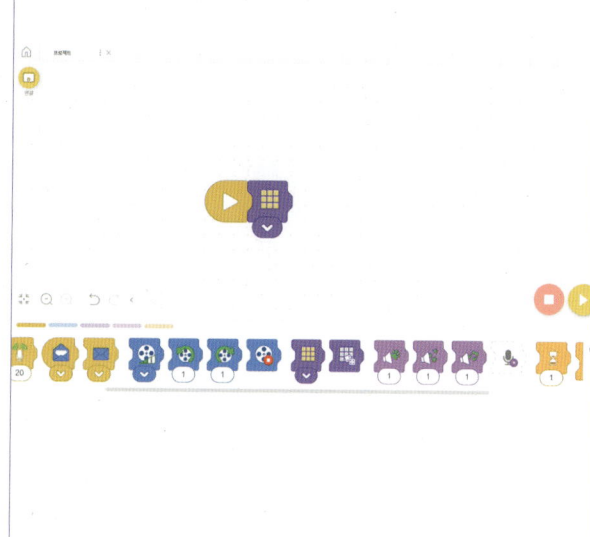

① 실행 블록을 드래그하여 넣어주고 뒤에 라이트 블록을 드래그하여 넣어줍니다.

② 놀람을 표현하기 위해 라이트 색을 보라색으로 바꿔줍니다.

③ 실행을 누르면 보라색 라이트가 나와요.

④ 슬픔을 표현하기 위해 라이트버튼을 눌러 파란색으로 바꿔줍니다.

⑤ 실행을 누르면 파란색 라이트가 나와요.

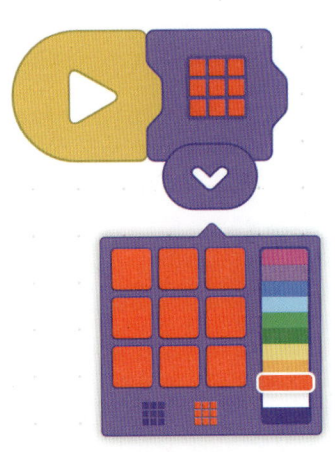

⑥ 화남을 표현하기 위해 라이트버튼을 눌러 빨간색으로 바꿔줍니다.

⑦ 실행을 누르면 빨간색 라이트가 나와요.

⑧ 기쁨을 표현하기 위해 라이트버튼을 눌러 노란색으로 바꿔줍니다.

⑨ 실행을 누르면 노란색 라이트가 나와요.

정리해요

개념 쏙쏙

① 사람은 다양한 감정을 가지고 있어요.

② 나의 기분을 다양한 방식으로 표현할 수 있어요.

확인해요

평가 내용	평가 결과
▪ 나의 기분을 말하고 표현할 수 있나요?	😊 😐 ☹️
▪ 기분판을 설명서를 보며 따라 만들었나요?	😊 😐 ☹️

02
학교 가는 길

1. 다니엘의 아침을 도와요
2. 학교 가는 길 I
3. 학교 가는 길 II
4. 학교 가는 길 III
5. 소피와 친구들을 도와요

1 다니엘의 아침을 도와요

> **핵심 개념** 우리 삶에 편리한 도구
> **활동 개요** 아침을 준비하는 데 도움을 주는 도구 알아보기

도구를 사용해본 적이 있나요? 도구는 우리 삶을 편리하게 도와줘요. 티브이(TV)를 보기 위해 직접 전원 버튼을 누르는 대신 리모컨을 사용하면 움직이지 않고도 티브이를 볼 수 있어 편리해요. 더하여 바쁜 아침에 우리를 도와주는 도구들도 있어요. 어떤 도구가 우리를 도와주는지 알아보아요.

활동 안내

준비물	활동지, 필기구, 스파이크 에센셜, 태블릿			
	단계	학습 내용	학습 형태	학습 자료
학습 활동	도입	■ 만화 속에서 일어난 문제를 찾고 해결 방법 고민하기	전체 학습	
	활동1	■ 아침을 도와주는 도구를 알아보아요. - 아침을 도와주는 도구 알아보기 - 알람 시계 작동 원리 알아보기	모둠 학습	활동지, 필기구
	활동2	■ 알람 시계를 만들어보아요. - 알람 시계 만들기	모둠 학습	스파이크 에센셜
	활동3	■ 알람 시계를 코딩해요. - 알람 시계 작동시키기	개별 학습	태블릿
	정리	■ 다니엘의 아침을 위한 방안을 생각해요. - 알람 시계와 더불어 다니엘을 도울 수 있는 방안 생각하기	개별 학습	활동지, 필기구
활동 팁	■ 알람 시계가 소리로 우리를 깨워줌을 인식시킨다. ■ 알람 시계와 관련된 경험을 이끌어 낸다.			

시작해요   다니엘의 아침

- 거실 전자레인지에서 어떤 소리가 났나요?

- 다니엘은 자신을 깨우기 위해 어떤 도구를 떠올렸나요?

학습 목표   아침을 도와주는 도구의 유용함에 대해 말할 수 있다.

활동 1 아침을 도와주는 도구를 알아보아요.

◆ 아침을 도와주는 도구 알아보기

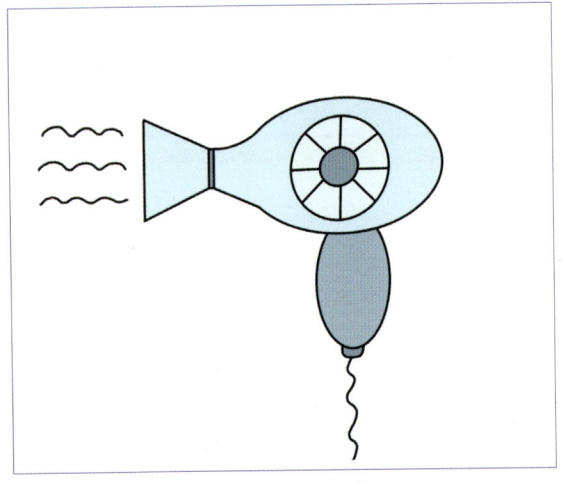

헤어 드라이기

따뜻한 바람으로 머리카락 말리는 것을 도와줘요.

전자레인지

아침을 따뜻하게 먹을 수 있도록 도와줘요.

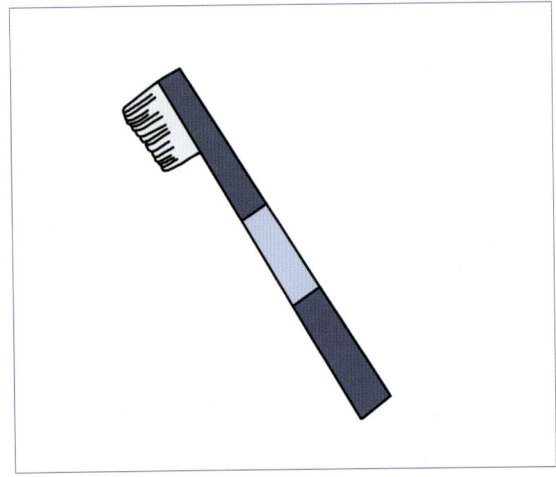

칫솔

이를 깨끗이 닦게 도와줘요.

알람 시계

아침에 소리를 내어 일어날 수 있게 도와줘요.

예쁜 글씨로 따라 써 보아요.

[보기] 헤어 드라이기, 전자레인지, 칫솔, 알람 시계

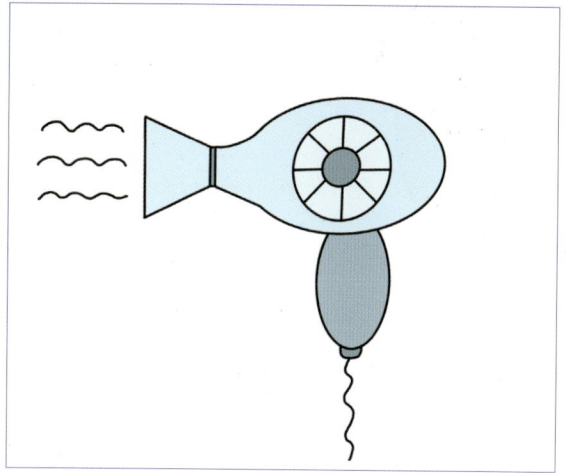
헤어 드라이기

전자레인지

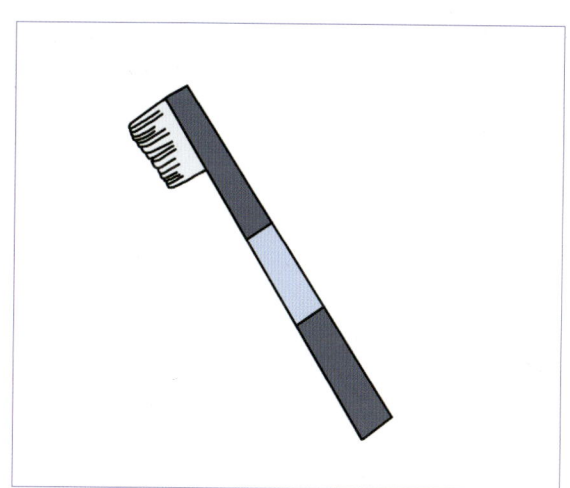
칫솔

알람 시계

◆ **알람 시계 작동 원리 알아보기**

빈칸에 들어갈 알맞은 단어 하나를 보기에서 골라 적어 넣으세요.

(   )는 미리 정해 놓은 시간이 되면 소리가 울려 우리를 깨워줘요.

(   )는 건전지를 넣거나 전원을 꽂아 써요.

(   )를 사용하면 아침에 늦잠을 자지 않아요.

<보 기>	알람 시계, 세탁기, 냉장고

 지도 tip

- 아침에 사용해 본 도구에 대한 경험을 질문한다.
- 시계 시간을 읽을 수 없을 경우 바늘 위치로 설명한다.

활동 2   알람 시계를 만들어보아요.

◆ 알람 시계 만들기

- 다니엘이 아침에 일어나기 위해 어떤 도구가 필요할까요?

- 스파이크 에센셜의 블록들 중 어떤 블록을 사용하면 알람 시계를 만들 수 있을까요?

- 알람 시계가 완성된 모습을 보고 어떤 블록이 필요할지 생각해봅시다.

알람 시계

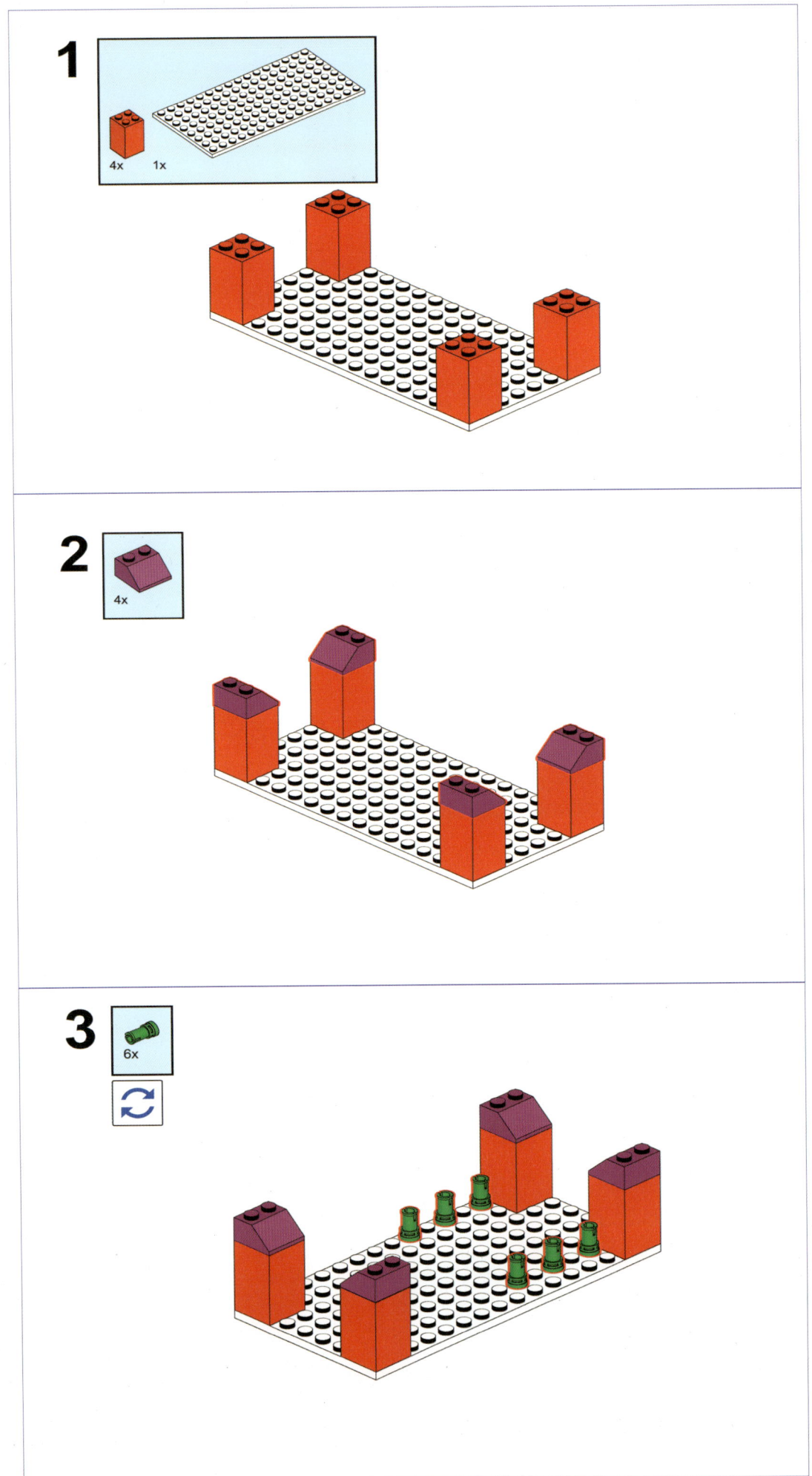

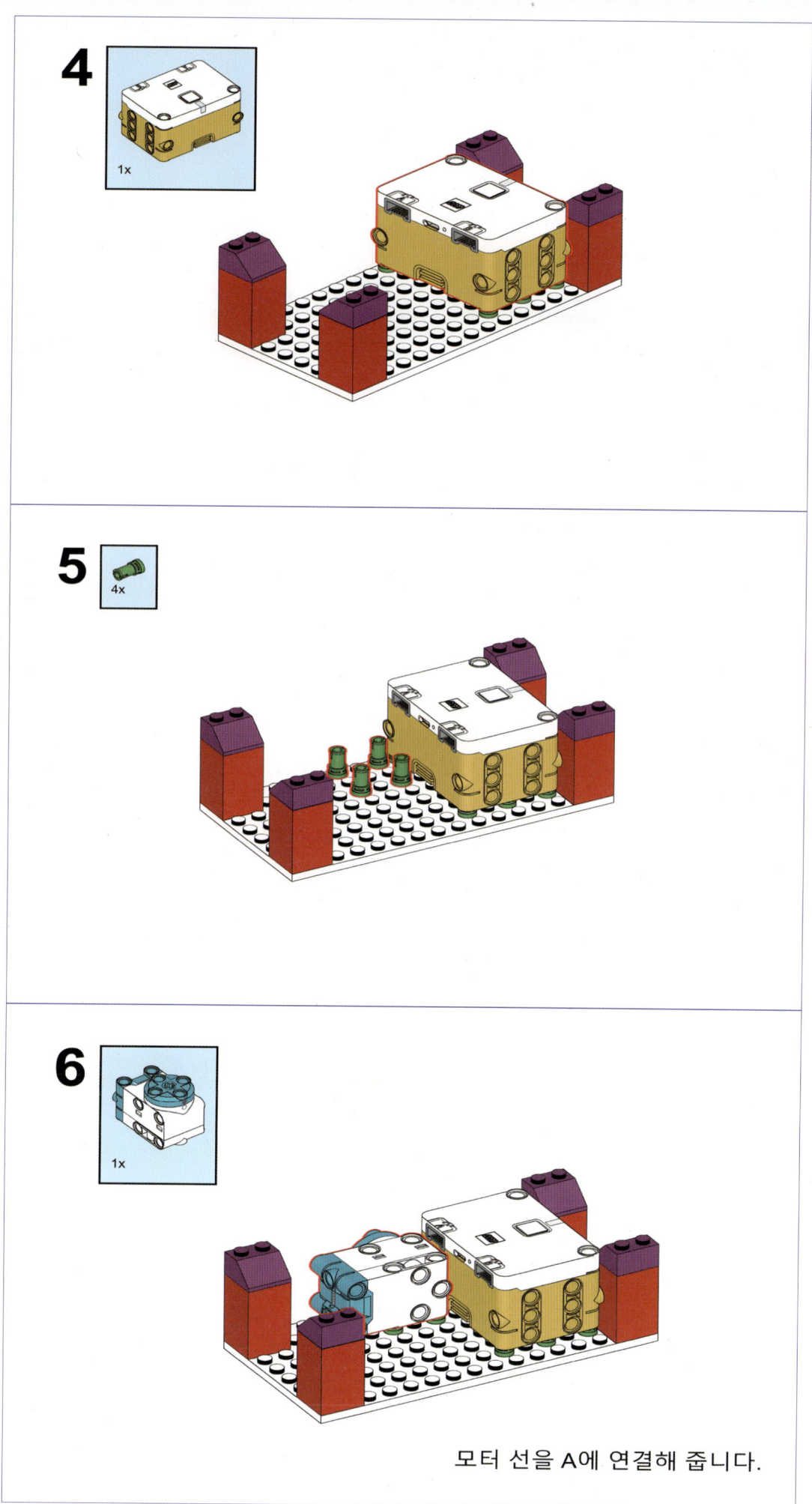

모터 선을 A에 연결해 줍니다.

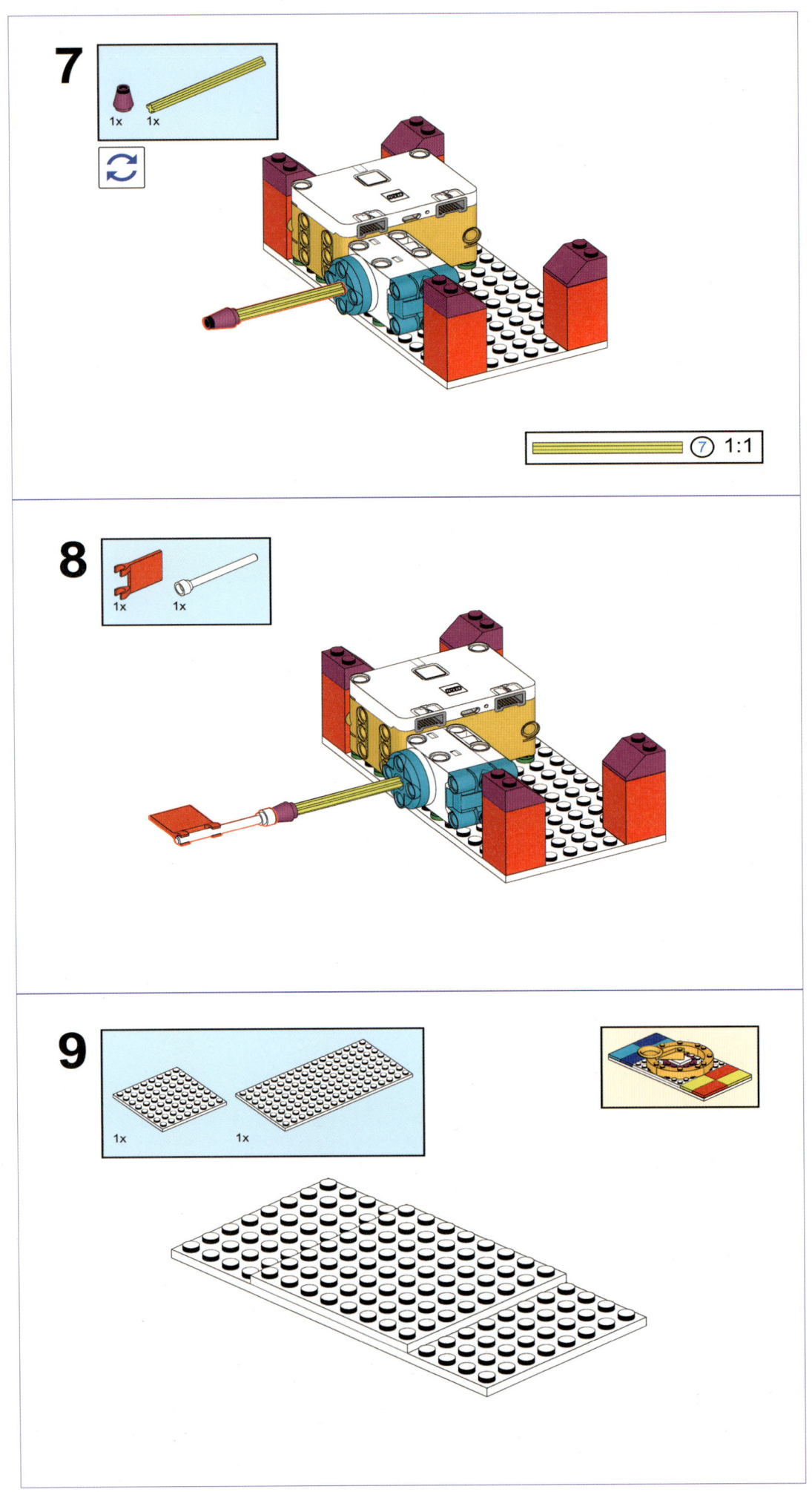

144 2단원_ 1. 다니엘의 아침을 도와요

2단원_ 1. 다니엘의 아침을 도와요 145

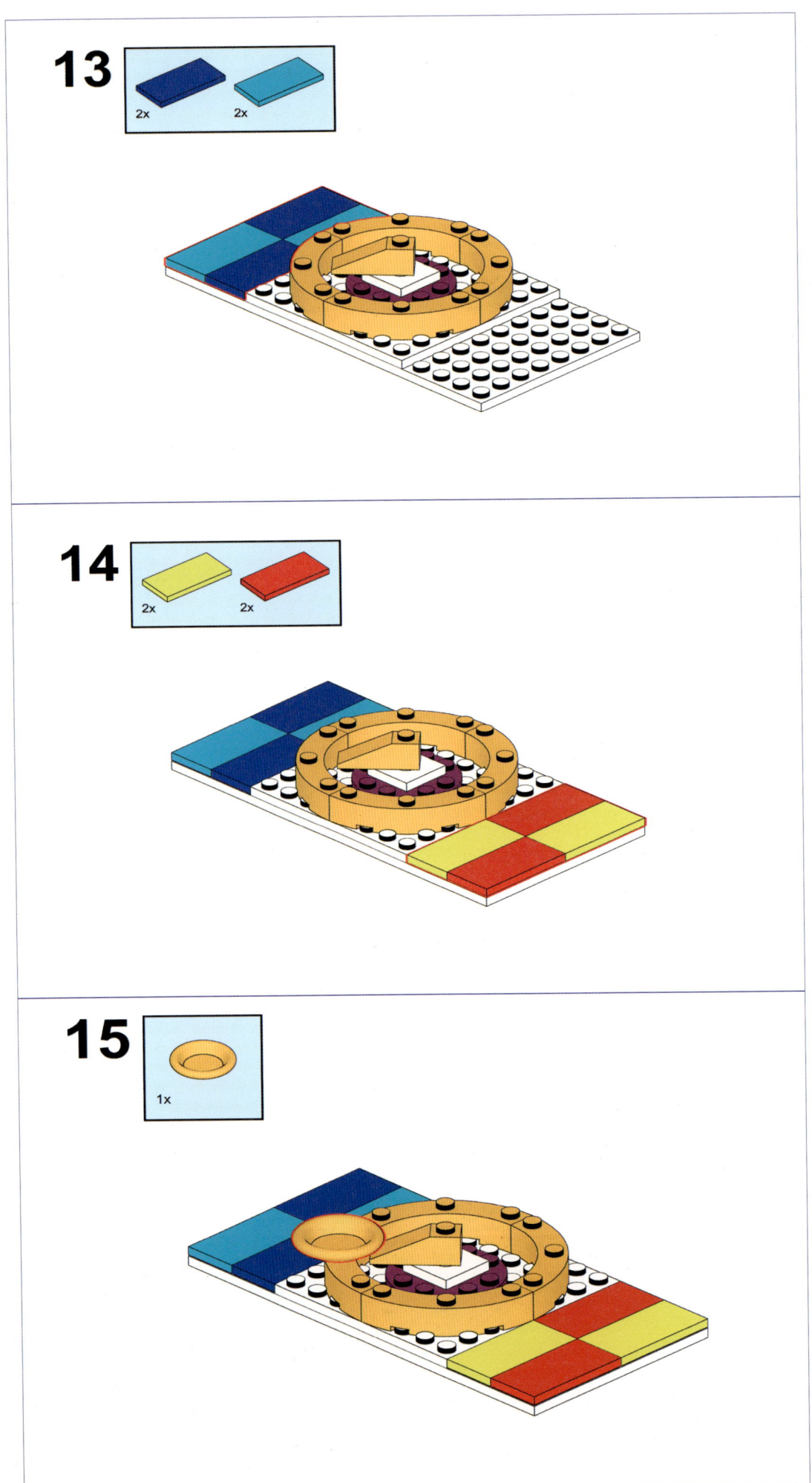

16

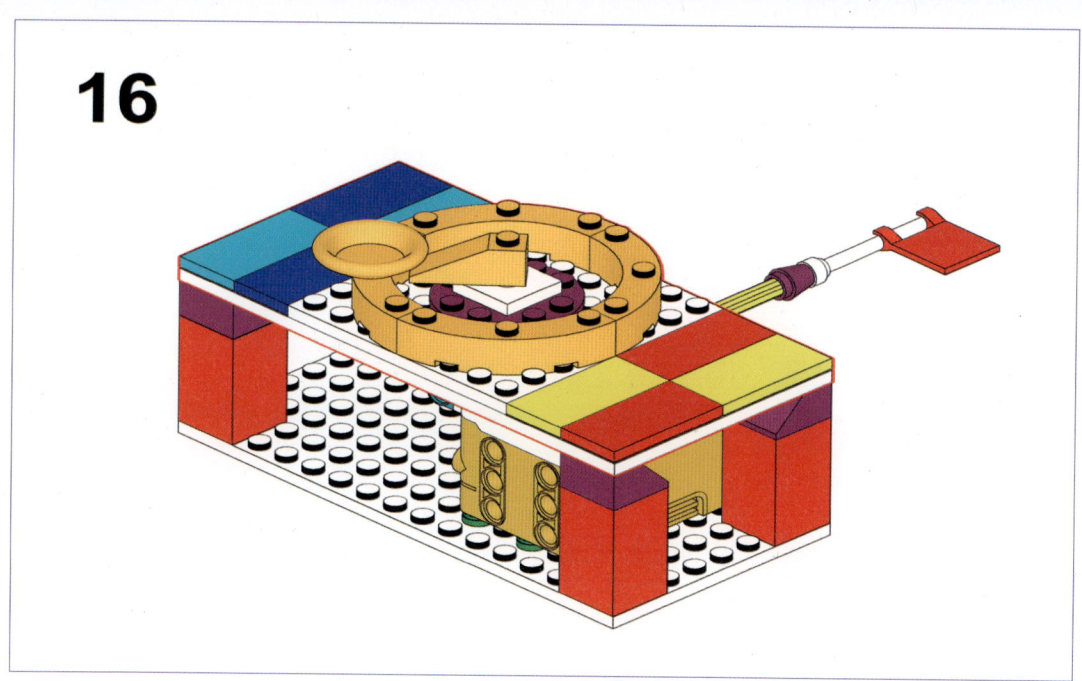

활동 3 알람 시계를 코딩해요.

◆ 코딩에 필요한 블록과 인사!

 **실행 블록** 연결된 모든 블록을 실행해줘요.

 **음악 블록** 다양한 소리가 나오게 하는 블록이에요.

 **모터 속도 블록** 회전하는 모터의 속도를 느리게 또는 빠르게 바꿀 수 있어요.

◆ 알람 시계 작동시키기

① 허브 버튼을 눌러 연결시켜요.
② 실행 블록을 골라 붙여요.
③ 음악 블록을 골라 붙여요.
④ 모터 속도 블록을 골라 붙여요.

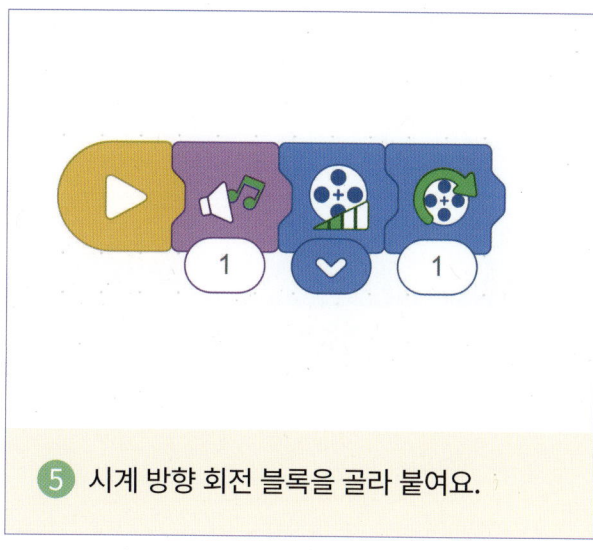

⑤ 시계 방향 회전 블록을 골라 붙여요.

개념 쏙쏙

1. 알람 시계는 정해진 시간에 소리내어 우리를 깨워줍니다.
2. 도구를 사용하면 힘을 덜 들이고 삶을 편리하게 살아갈 수 있습니다.

확인해요

평가 내용	평가 결과
■ 알람 시계가 하는 일에 대해 표현할 수 있나요?	☺ 😐 ☹
■ 나와 친구를 잘 소개했나요?	☺ 😐 ☹

읽을거리

스마트 홈 허브(smart home hub)

가정에서 사용자의 음성 인식을 기반으로 인공 지능 서비스를 제공하는 허브. 스피커, TV, 거울 등이 매개체가 되어 가정 자동화(home automation) 서비스를 실현한다. 허브 기기에는 음성 인식 기반의 인공 지능(AI) 소프트웨어와 사물 인터넷(IoT) 기능이 탑재되어 있어, 전원이 켜져 있는 동안 마이크를 통해 사용자의 말을 듣고 처리하거나, 음성 데이터를 클라우드 서버로 전송하여 결과를 받아 작업을 수행한다.

스마트 홈 허브는 가전제품, 조명, 보안시스템 등 가정 내 기기를 사물 인터넷(IoT)으로 연결·제어하는 홈 허브 역할과 사용자의 음성 명령에 따라 음악을 검색하여 틀고, 실시간 교통 상황을 안내하며, 배달 음식 주문도 하고, 실내 온도를 조절하는 등 지능형 가상 비서(IPA: Intelligent Personal Assistant) 역할을 한다.

대표적인 스마트 홈 허브로 아마존 에코(Amazon echo), 구글 홈(Google Home), 애플 홈팟(Apple HomePod) 등이 있다.

[네이버 지식백과] 스마트 홈 허브 [smart home hub] (정보통신용어사전, 한국정보통신기술협회)

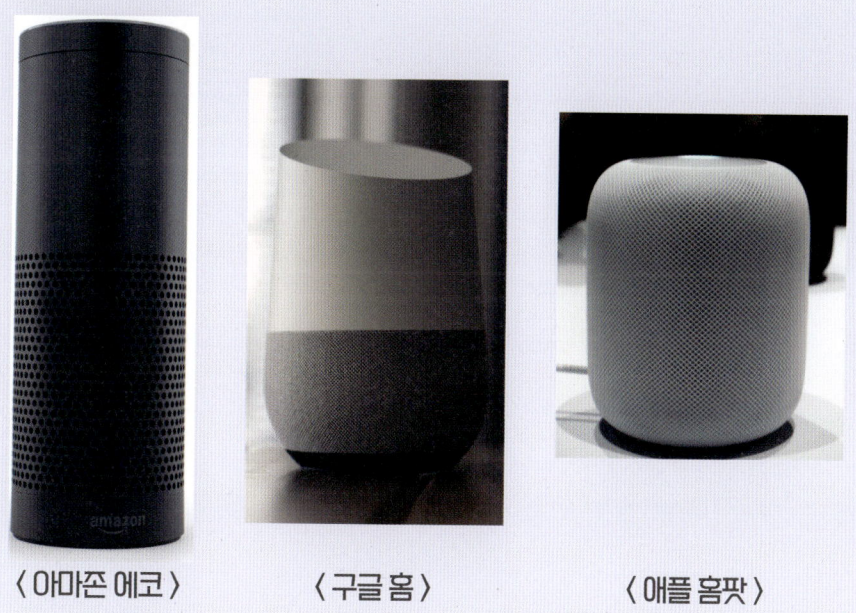

〈 아마존 에코 〉　　〈 구글 홈 〉　　〈 애플 홈팟 〉

사진 출처 :

아마존 에코 (Frmorrison, https://commons.wikimedia.org/wiki/File:Amazon_Echo.jpg)
구글 홈 (NDB Photos, https://flickr.com/photos/142305740@N05/33433114246)
애플 홈팟 (Rick4512, https://commons.wikimedia.org/wiki/File:An_Apple_HomePod_speaker_.png)

생각 더하기   아침을 도와줄 도구 발명하기!

▶ 내가 생각하는 아침을 도와줄 도구를 상상해 그려봅시다.

1. 발명품 이름:
2. 이렇게 사용해요:
3. 필요한 재료:

2 학교 가는 길 I

핵심 개념 교통기관
활동 개요 우리 주변 교통기관 알아보기

교통기관을 이용해 본 적 있나요?
교통기관에는 버스, 배, 비행기, 기차 등이 있어요. 교통기관을 이용하면 먼 거리를 쉽고 빠르게 움직일 수 있어요. 학교 가는 길에 주로 이용하는 교통기관은 어떤 것들이 있는지 알아보아요.

활동 안내

	준비물	활동지, 필기구, 스파이크 에센셜, 태블릿		
	단계	학습 내용	학습 형태	학습 자료
학습 활동	도입	▪ 만화 속에서 일어난 문제를 찾고 해결 방법 고민하기	전체 학습	
	활동1	▪ 다양한 교통기관을 알아보아요. - 교통기관 알아보기 - 저상버스 알아보기	개별 학습	활동지, 필기구
	활동2	▪ 저상버스를 만들어요. - 저상버스 만들기	개별 학습	스파이크 에센셜
	활동3	▪ 저상버스를 코딩해요. - 저상버스 작동시키기	개별 학습	태블릿
	정리	▪ 모든 사람들을 위한 교통기관을 생각해요. - 저상버스처럼 모든 사람들이 이용할 수 있는 교통기관 상상해보기	개별 학습	활동지, 필기구
활동 팁		▪ 교통기관의 이름과 특징에 대해 표현한다. ▪ 우리 주변의 UD(Universal Design)가 모든 사람들의 편익을 증진시킴을 이해한다.		

시작해요 　다니엘의 학교 가는 길 I

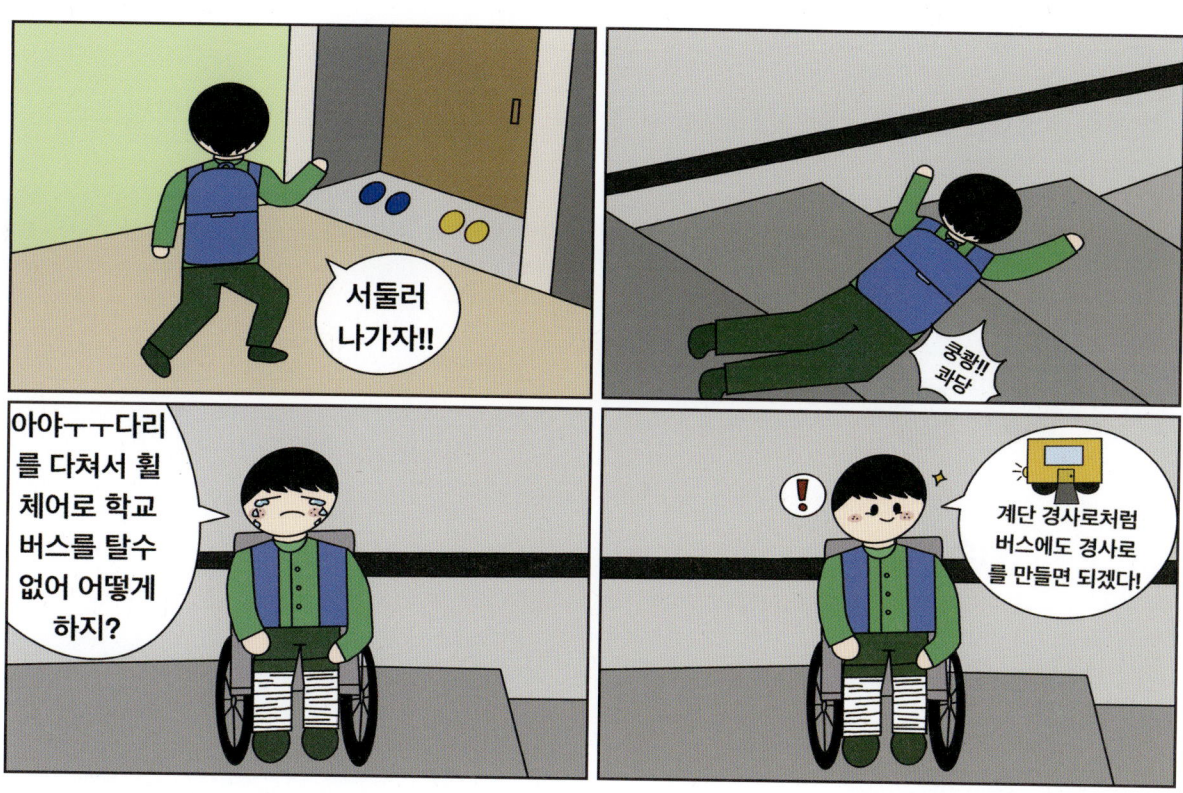

- 다니엘에게 현관에서 어떤 일이 있었나요?

　

- 다니엘은 버스를 타기 위해 어떤 방법을 떠올렸나요?

　

학습 목표　교통기관의 이름과 특징을 말할 수 있다.

| 활동 1 | **다양한 교통기관을 알아보아요.** |

◆ 교통기관 알아보기

- 우리 주변에는 다양한 교통기관이 있습니다. 교통기관과 관련 있는 장소를 연결하세요.

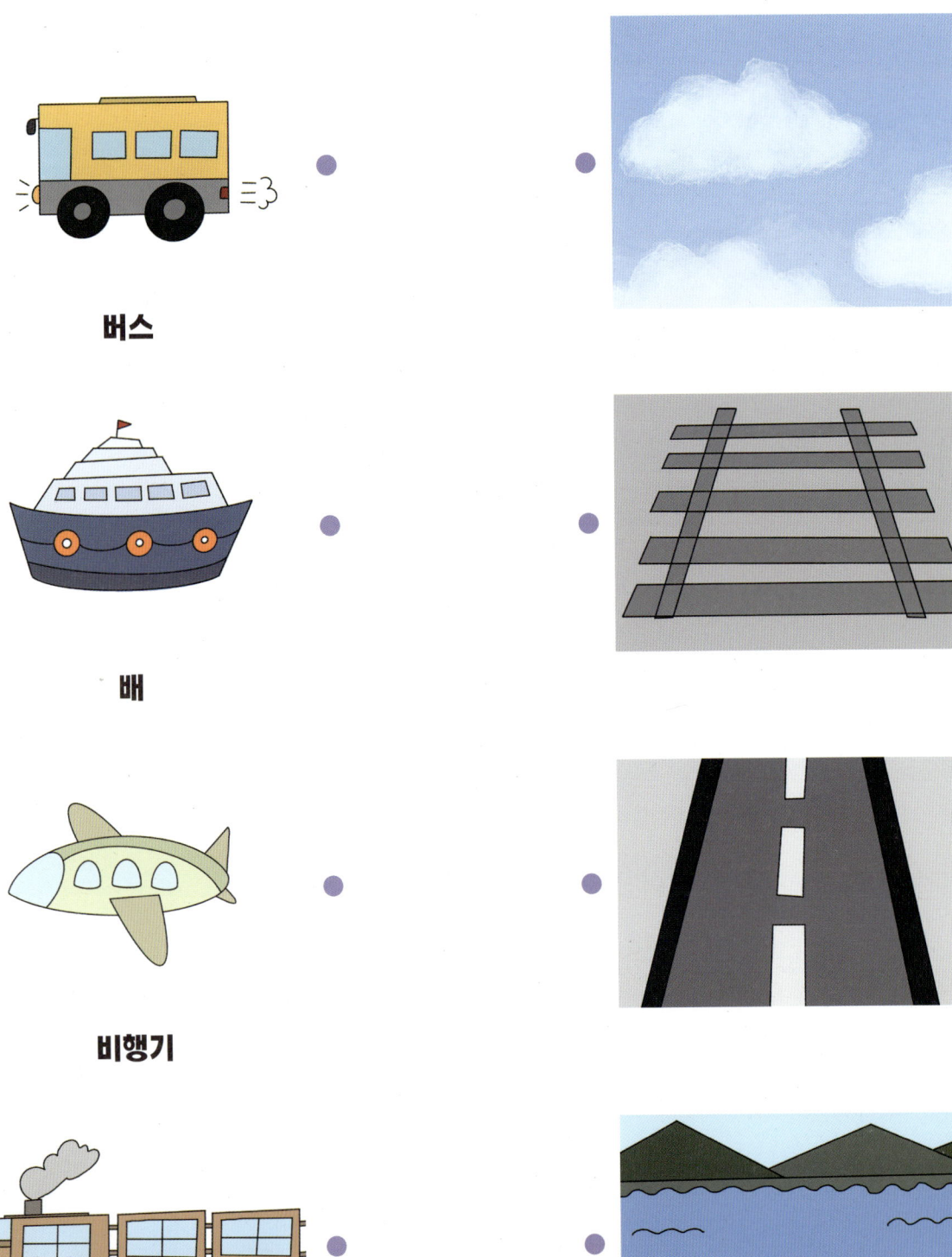

- 보기를 보고 교통기관의 알맞은 이름을 따라 적으세요.

[보기] 배, 기차, 비행기, 버스

버스

배

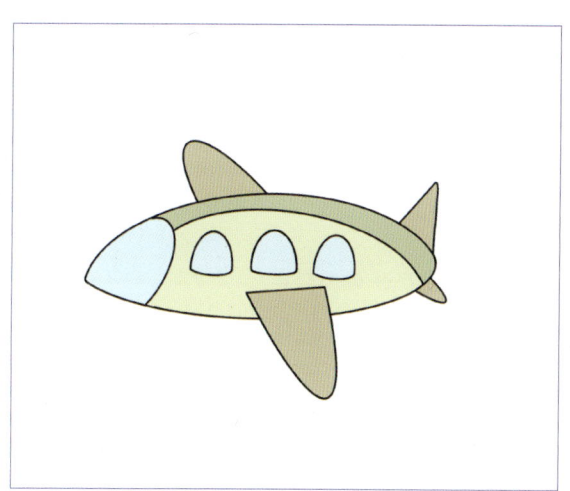

비행기

기차

◆ 저상버스 알아보기
- 저상버스는 무엇일까요?

저상버스는 우리가 알고 있는 버스 출입구에 경사로를 설치해요.
경사로를 사용하면 휠체어, 유모차, 수레, 다리가 불편한 사람
모두 쉽게 버스를 이용할 수 있어요.

깜짝 퀴즈!

Q 출입구에 경사로가 설치되어 모든 사람이 쉽게 이용할 수 있는 교통기관은?

① 헬리콥터 ② 저상버스 ③ 자동차

A

 지도 tip

- 교통기관을 이용해 본 경험을 질문하여 참여를 유도한다.
- 저상버스는 모든 사람들이 편리하게 이용할 수 있음을 지도한다.

활동 2 저상버스를 만들어요.

◆ 저상버스 만들기

- 다리를 다친 다니엘이 스쿨버스에 타기 위해 어떤 도구가 필요한가요?
  _____
  _____

- 스파이크 에센셜의 블록들 중 어떤 블록을 사용하면 저상버스를 만들 수 있을까요?
  _____
  _____

- 저상버스가 완성된 모습을 보고 어떤 블록이 필요할지 생각해봅시다.
  _____

저상버스

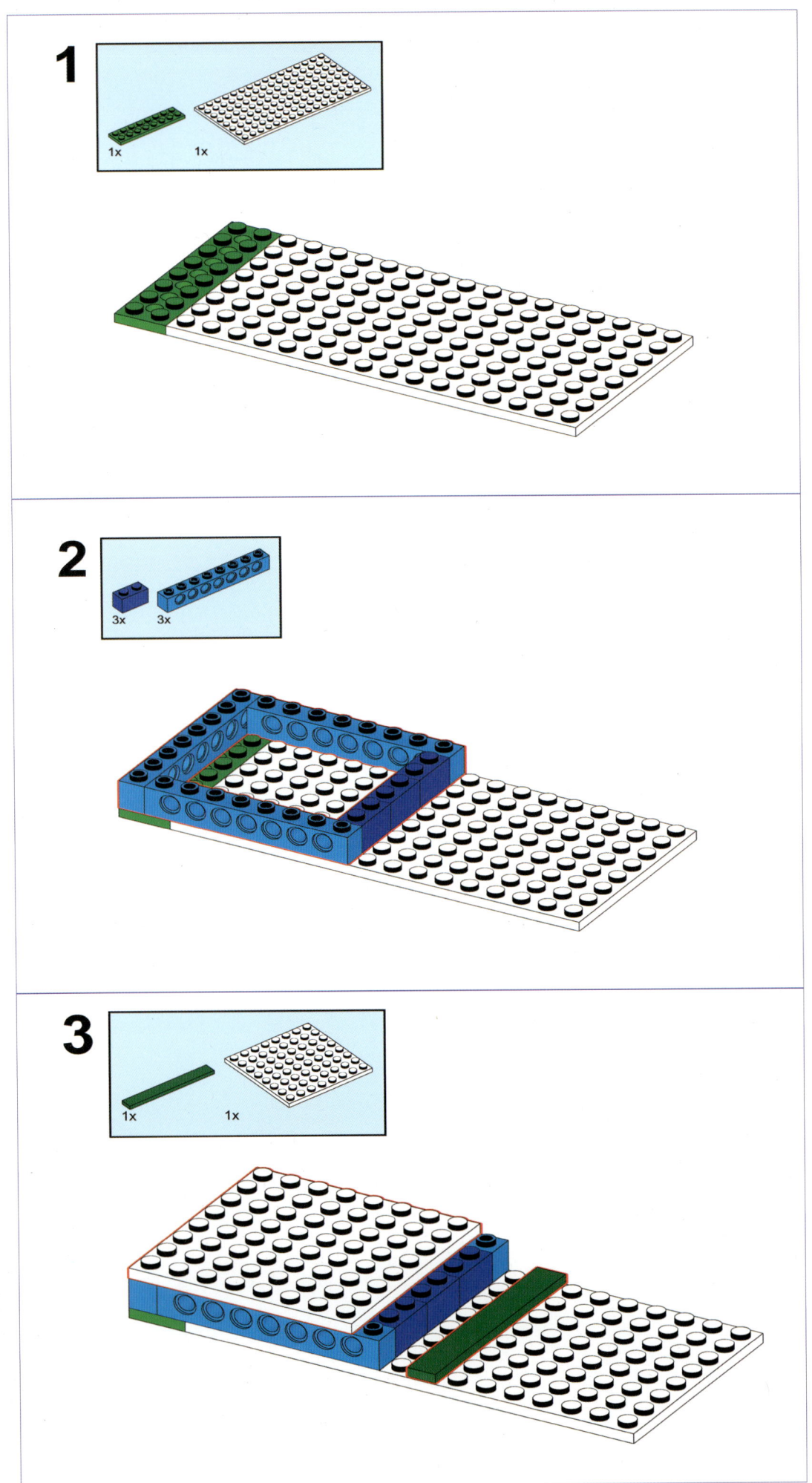

160 2단원_ 2. 학교 가는 길 I

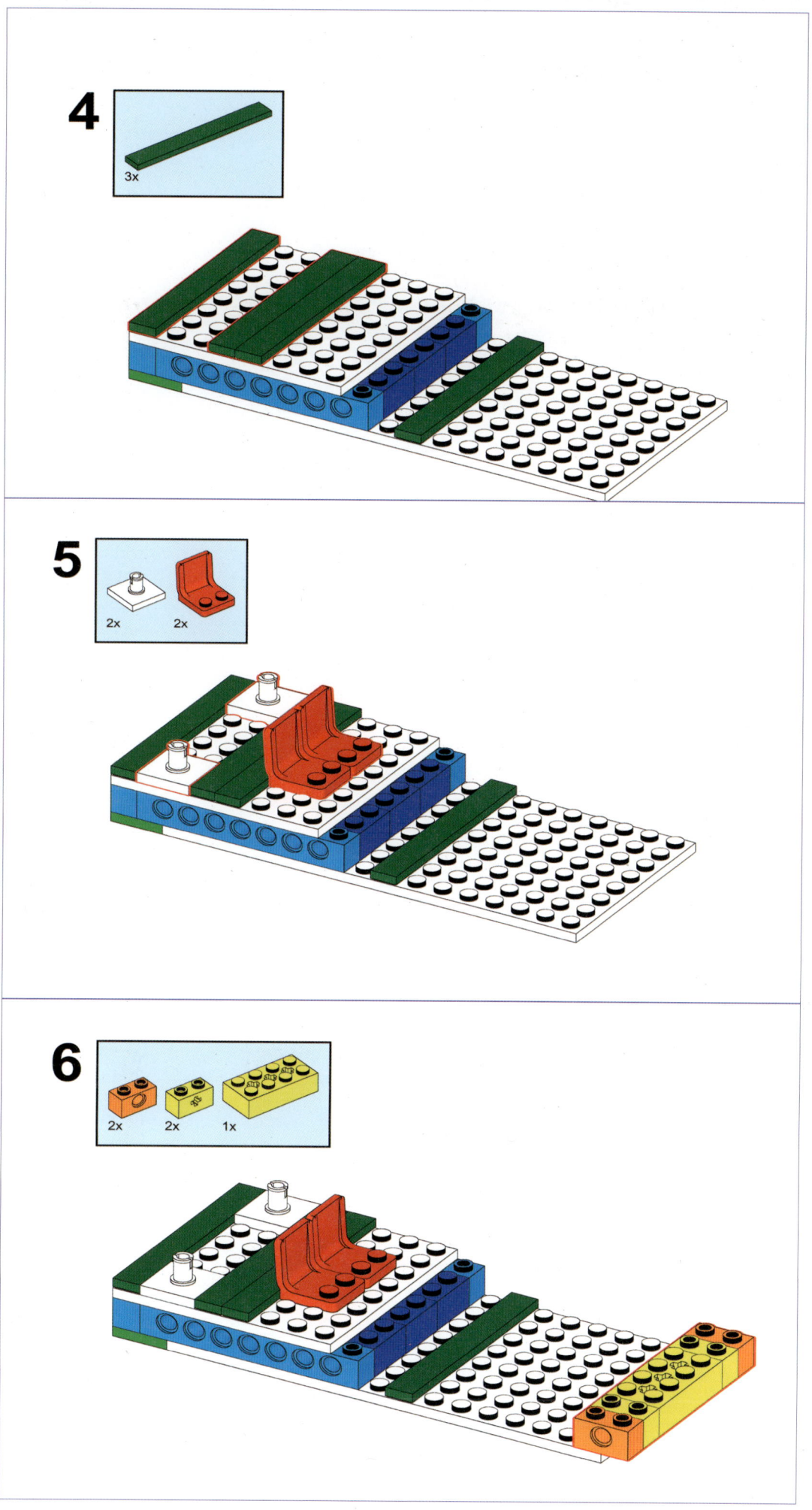

2단원_ 2. 학교 가는 길 I 161

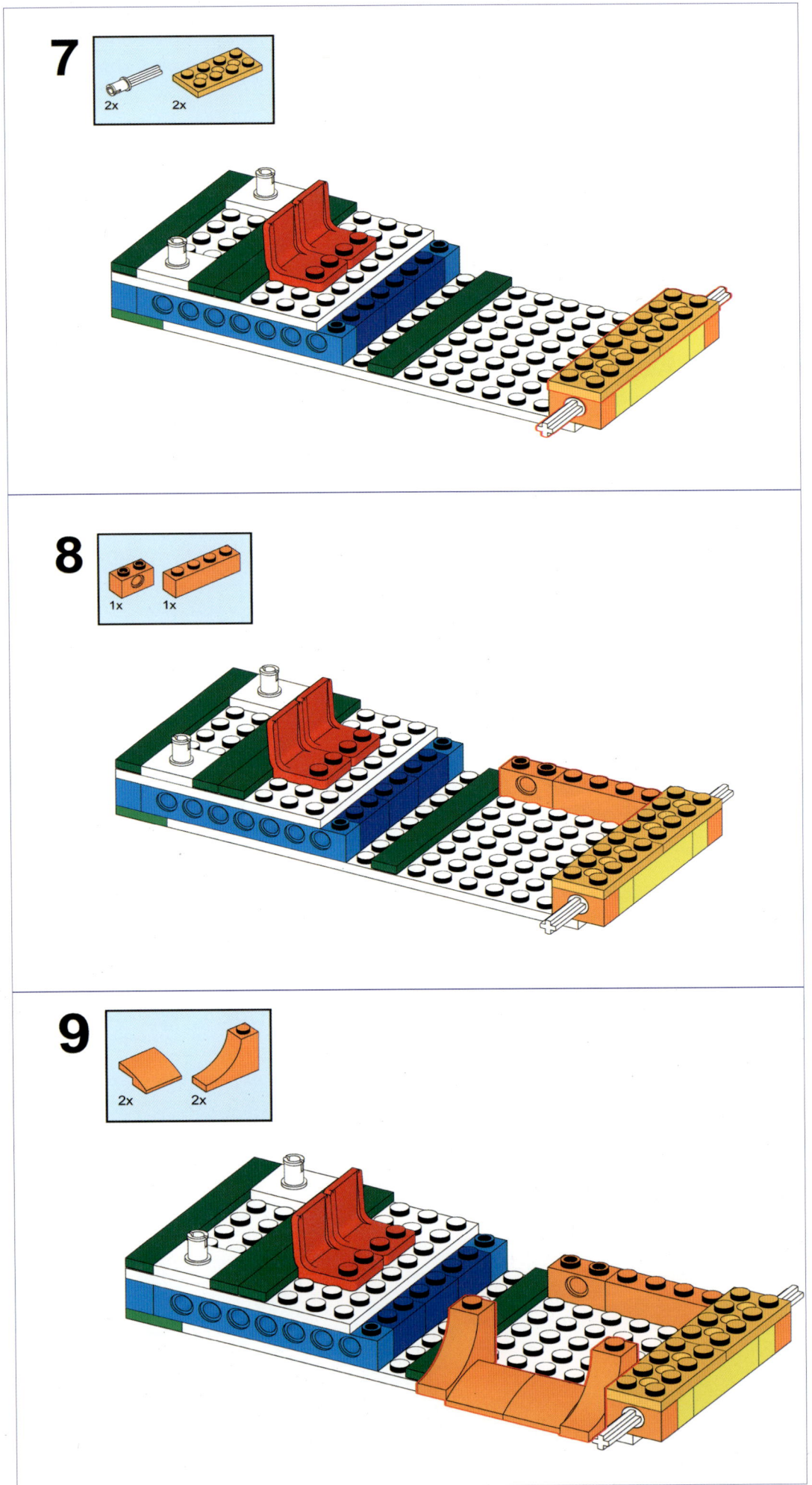

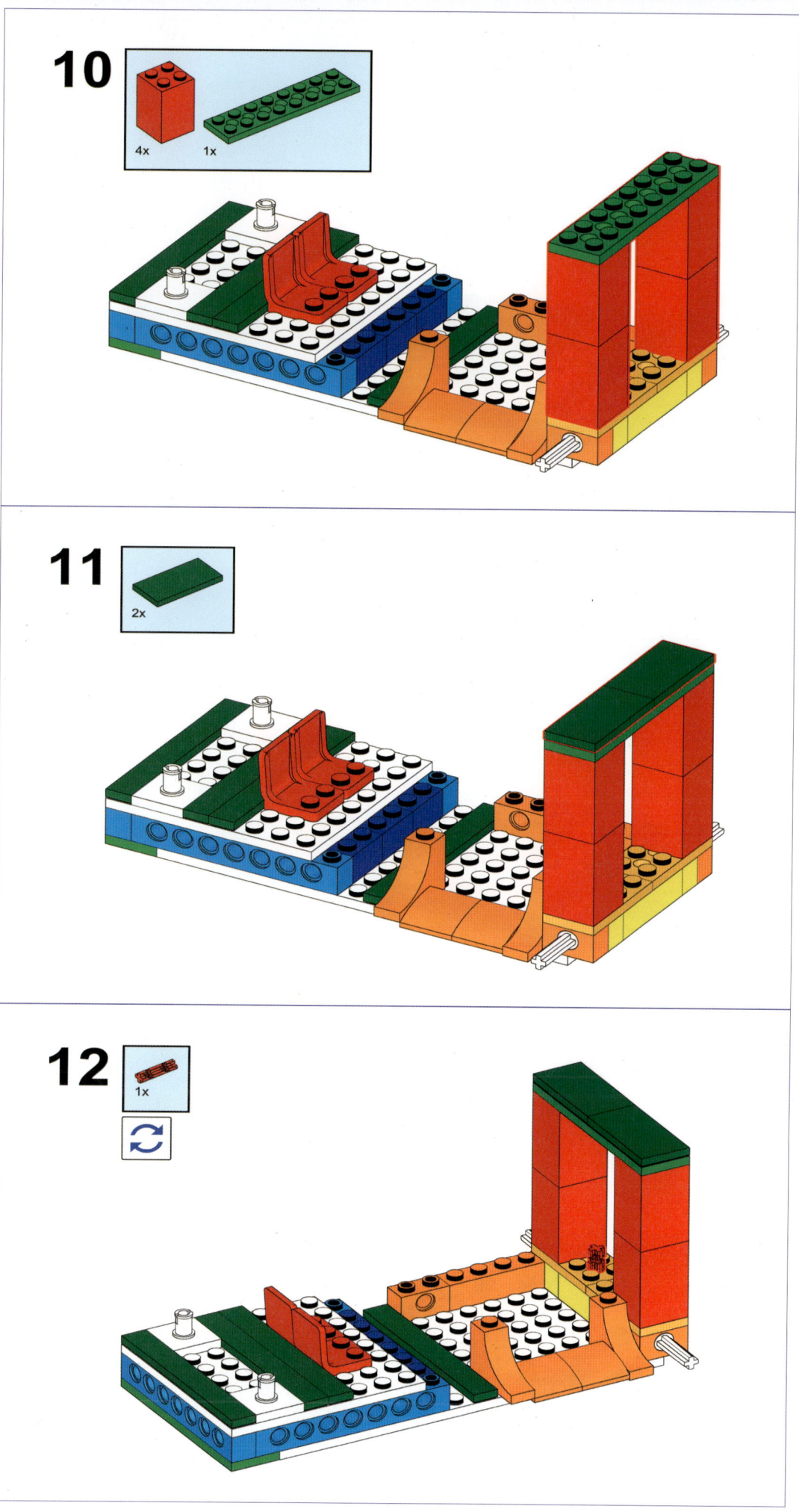

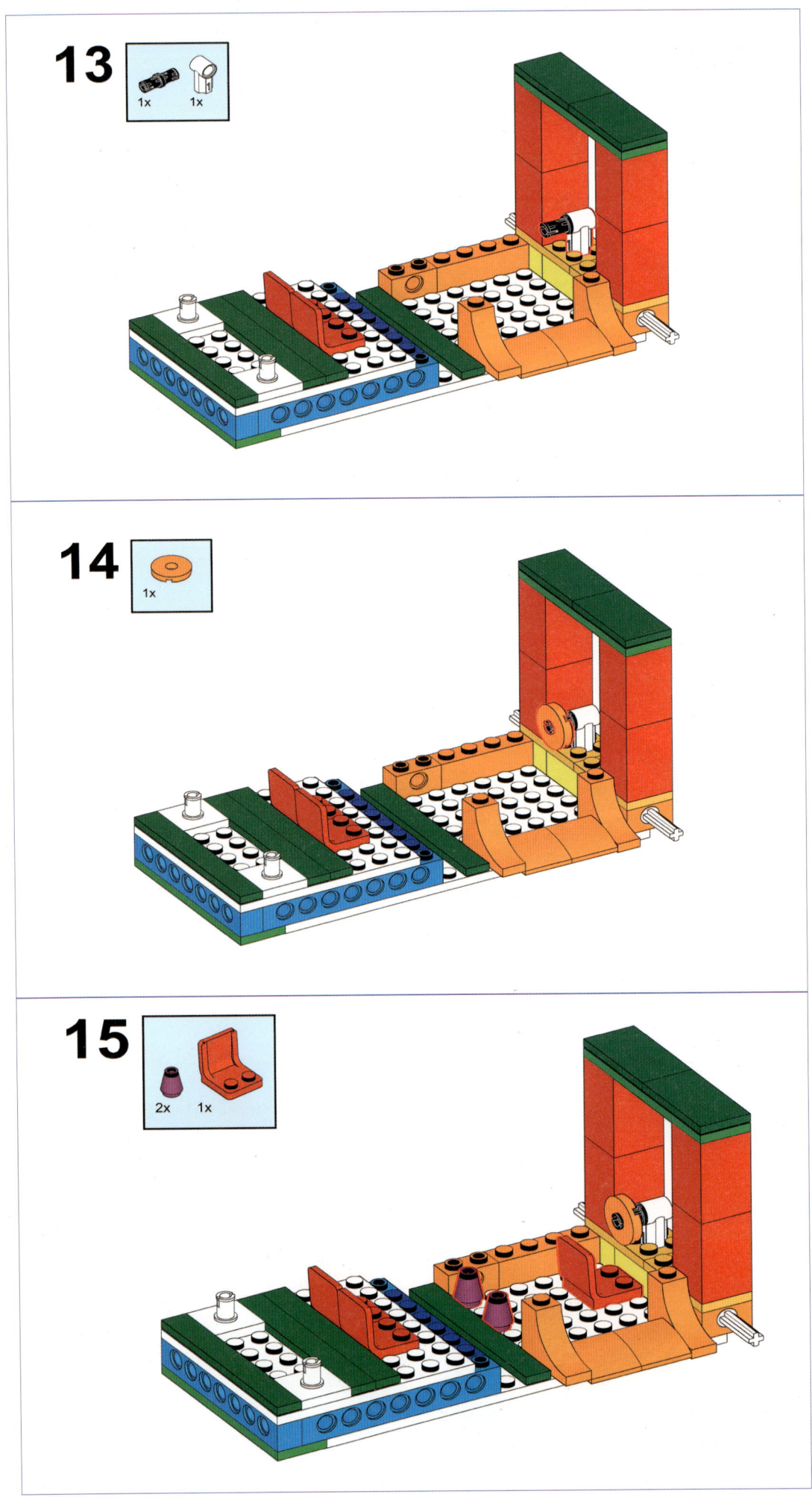

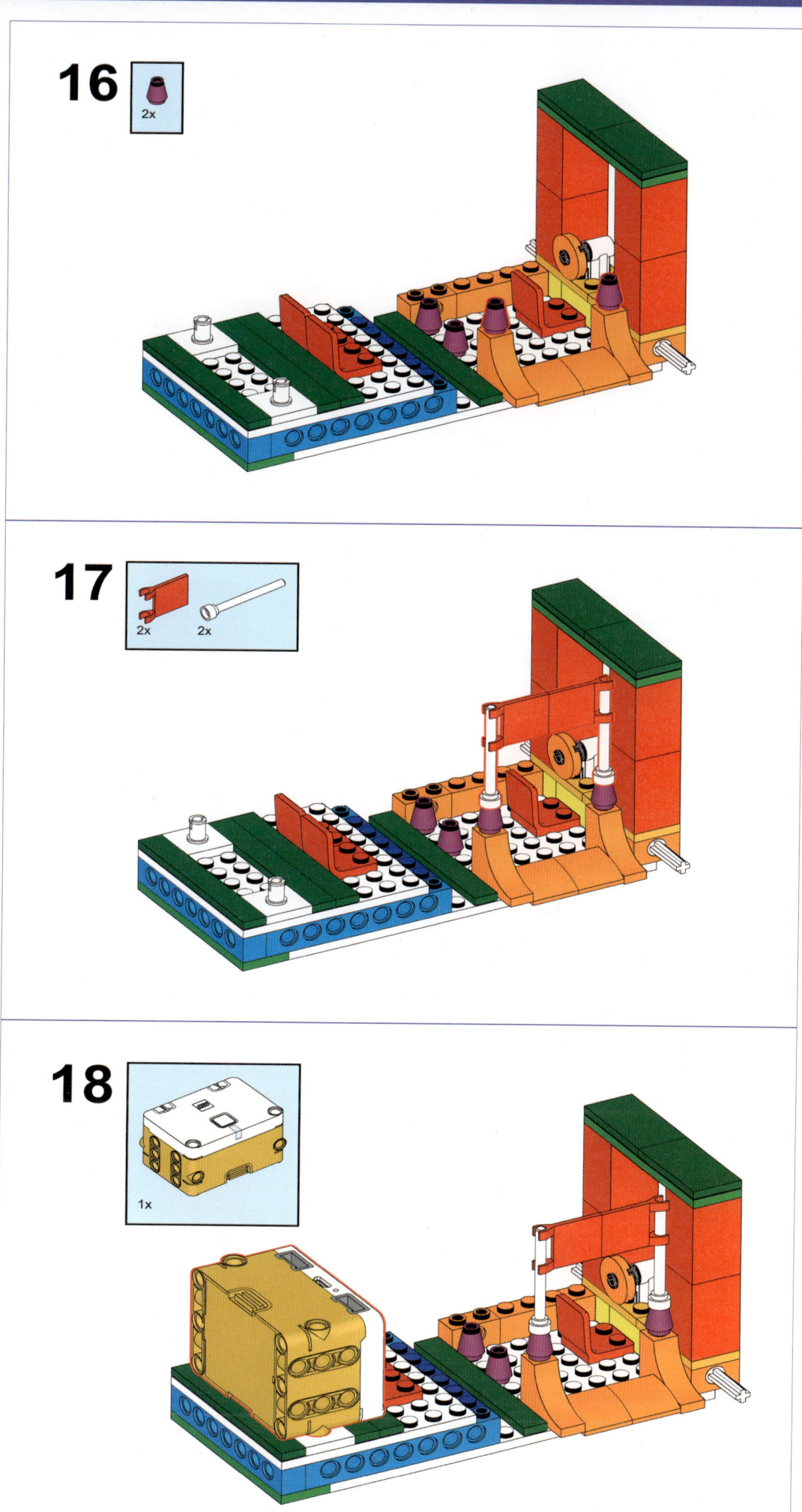

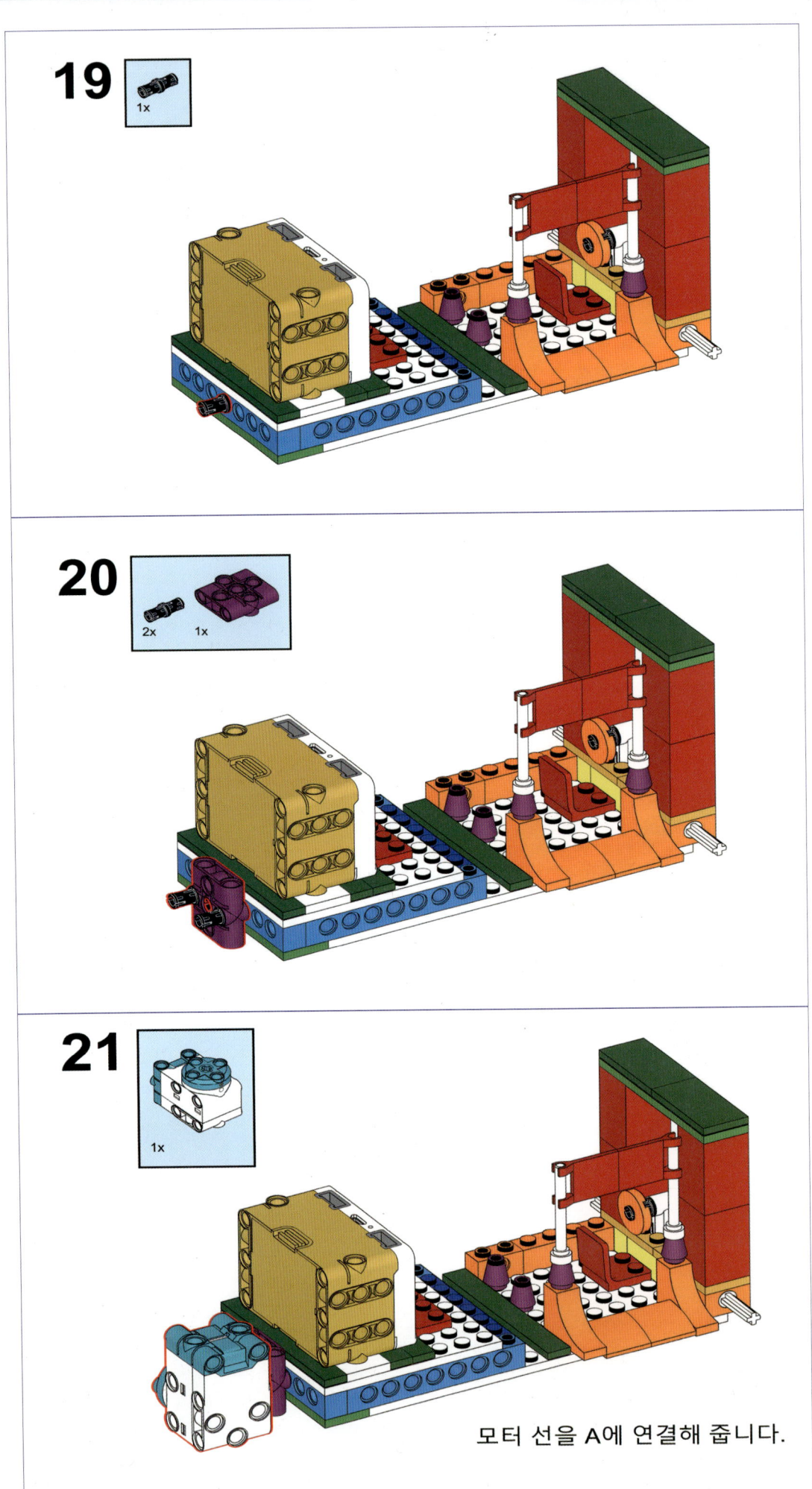

모터 선을 A에 연결해 줍니다.

22

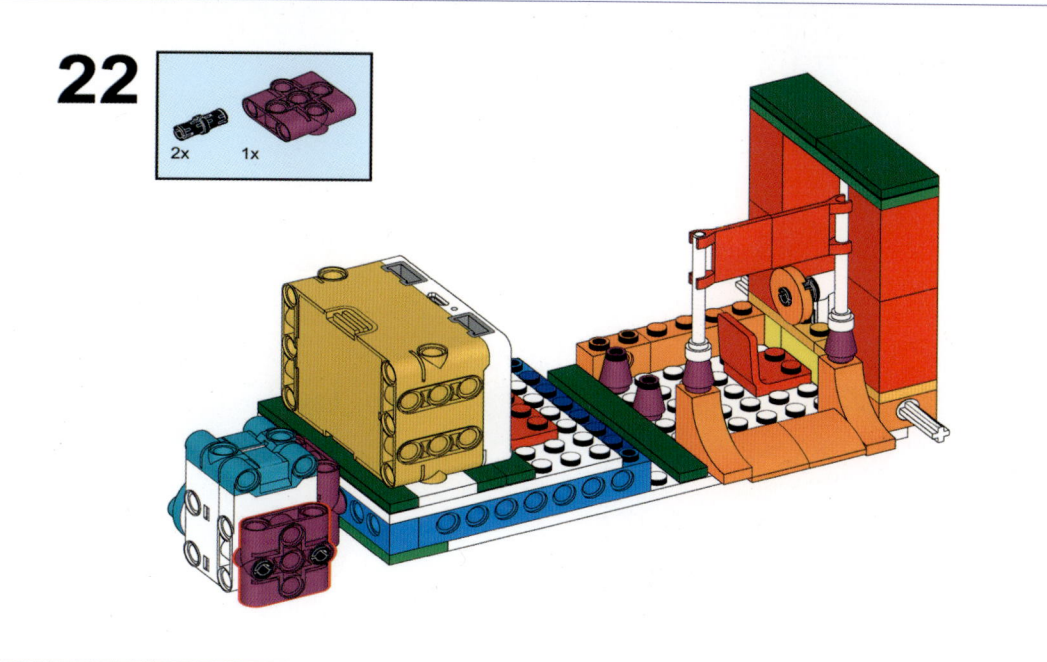

23

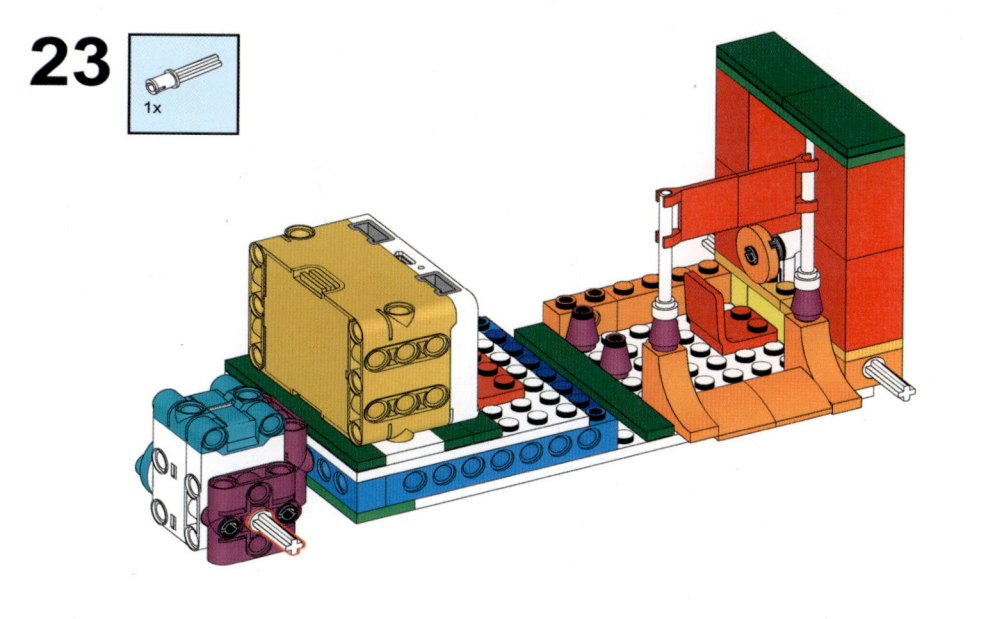

24

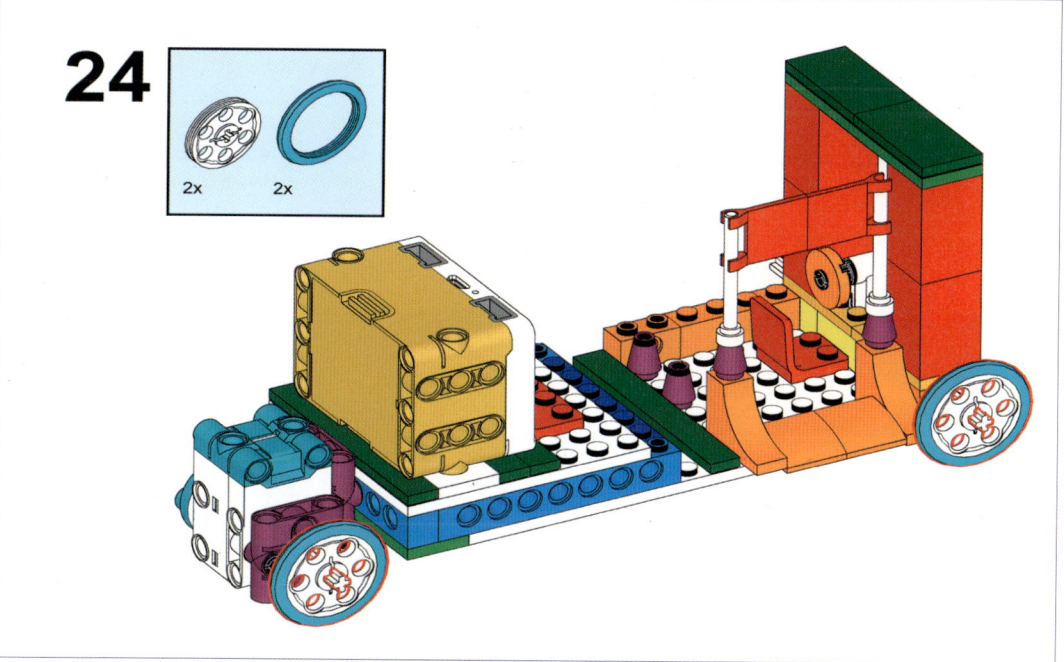

2단원_ 2. 학교 가는 길 l

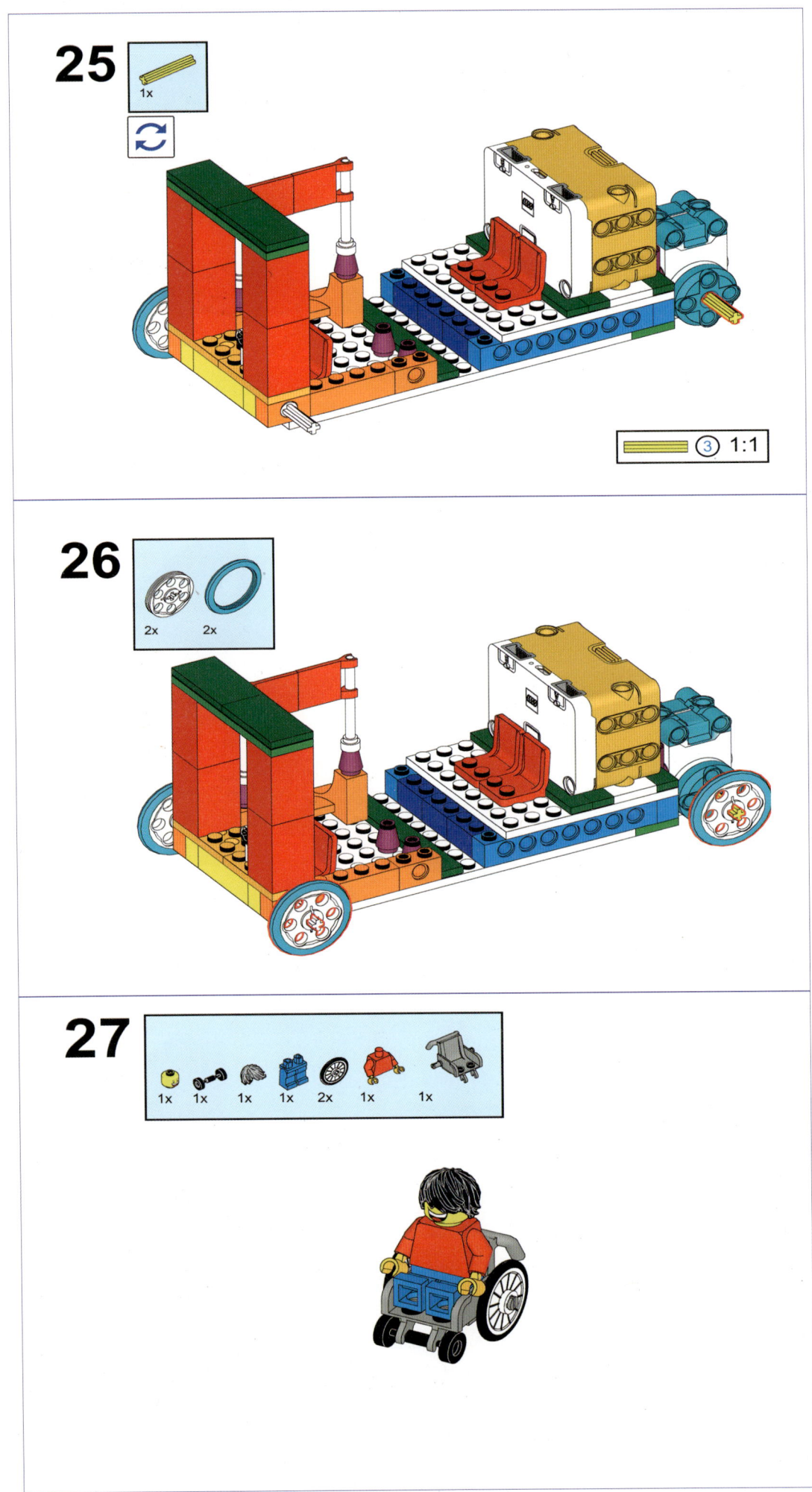

28

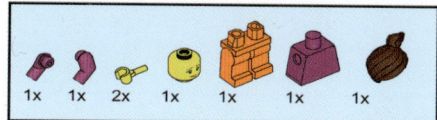

29

활동 3 저상버스 코딩하기

◆ 코딩에 필요한 블록과 인사!

 **모터 속도 블록**   회전하는 모터의 속도를 느리게 또는 빠르게 바꿀 수 있어요.

 **시계 방향 회전 블록**   모터를 시계 방향으로 회전 시킬 수 있어요.

 **반시계 방향 회전 블록**   모터를 반시계 방향으로 회전 시킬 수 있어요.

◆ 저상버스 작동시키기

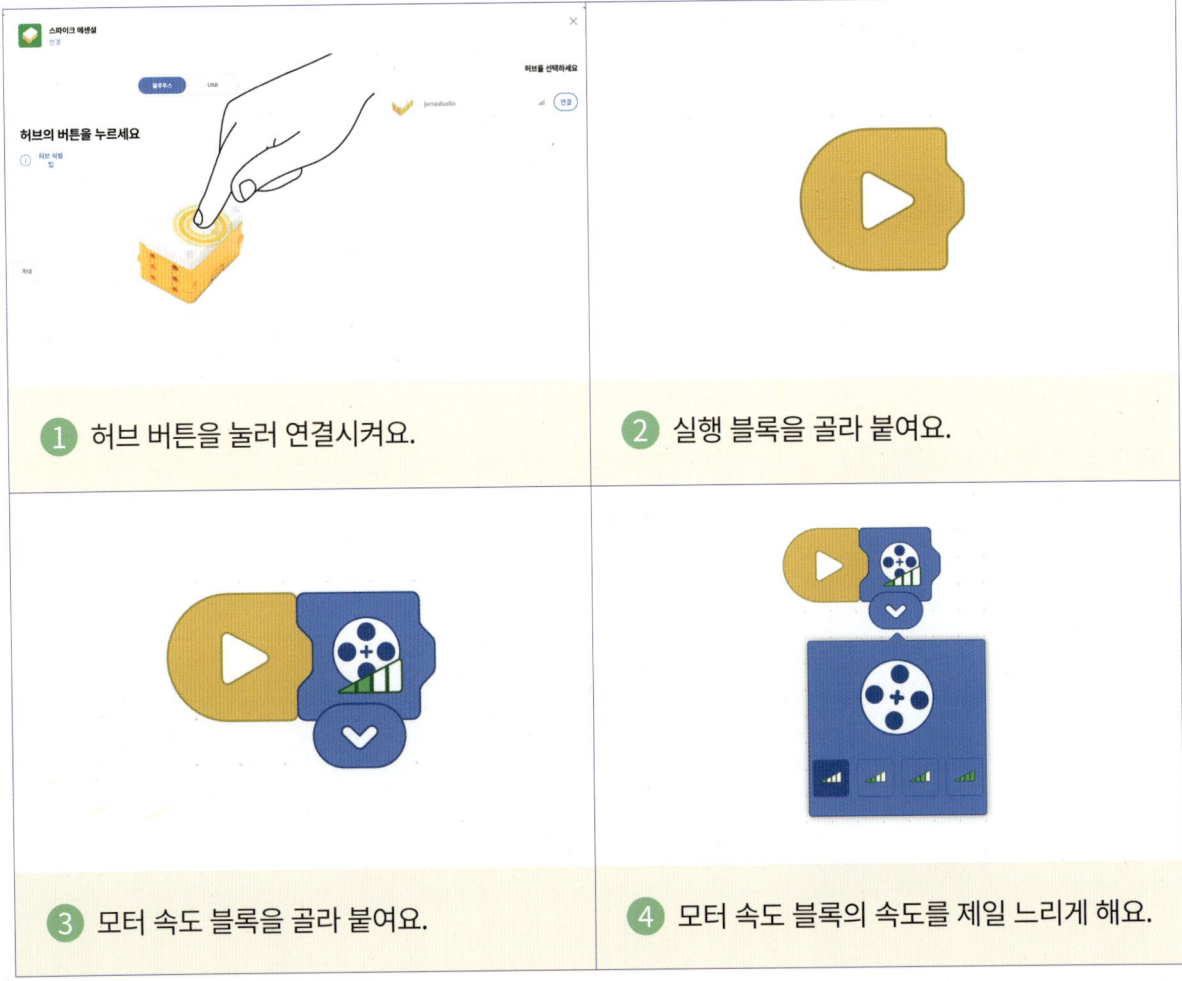

① 허브 버튼을 눌러 연결시켜요.
② 실행 블록을 골라 붙여요.
③ 모터 속도 블록을 골라 붙여요.
④ 모터 속도 블록의 속도를 제일 느리게 해요.

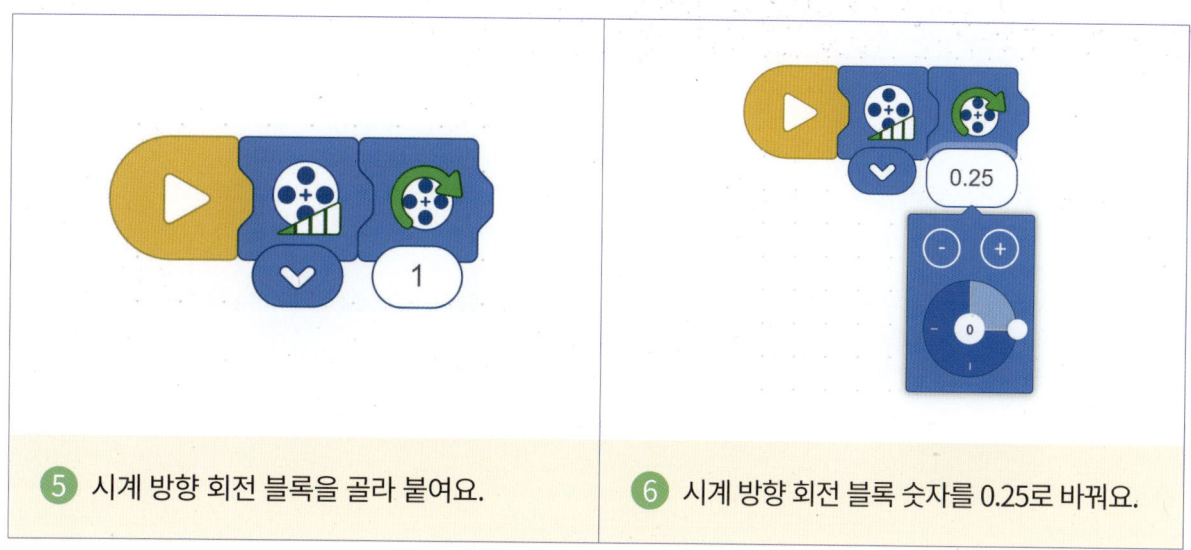

⑤ 시계 방향 회전 블록을 골라 붙여요.

⑥ 시계 방향 회전 블록 숫자를 0.25로 바꿔요.

개념 쏙쏙

1. 교통기관은 사람이나 물건을 쉽고 빠르게 이동시킵니다.
2. 일부 교통기관은 모든 사람들이 편리하게 이용하도록 제작 되었습니다.

확인해요

평가 내용	평가 결과
■ 교통기관의 이름과 특징을 말할 수 있나요?	☺ 😐 ☹
■ 내가 만든 저상버스가 제대로 작동했나요?	☺ 😐 ☹

읽을거리

보편적 설계(Universal Design)

유니버설 디자인(Universal Design, 보편적 설계)이란 나이가 많은 사람, 나이가 적은 사람, 장애가 있는 사람, 장애가 없는 사람, 여자, 남자 모두가 편리하게 사용할 수 있도록 물건이나 건물 등을 만드는 것이에요. 그래서 유니버설 디자인은 '모든 사람을 위한 디자인'이라는 이름으로 불리기도 해요. 모든 사람들이 편리하게 사용할 수 있어 우리 주변에서 쉽게 찾아볼 수 있어요. 우리 주변에 어떤 유니버설 디자인이 숨어 있는지 찾아보는 것도 재미있을 거에요.

생활 속 보편적 설계

도로경계석

휠체어나 유모차가 도로 경계석을 안전하게 지나갈 수 있도록 도로 경계석 턱의 높이를 낮추었다.

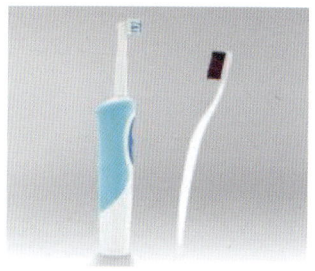

전동 칫솔

지체장애나, 팔을 다친 사람이 양치할 수 있게 도와주는 칫솔. 팔을 덜 움직이고 양치를 할 수 있다.

구부러진 빨대

지체장애나, 목을 다친 사람이 목이나 몸의 움직임을 최소화하여 편하게 음료를 마실 수 있는 빨대이다.

내리는 손잡이

기존 원형 손잡이를 대신하여 지체장애나, 악력이 약한 사람들도 편하게 문을 열 수 있게 만든 문 손잡이다.

생각 더하기   모두를 위한 디자인!

▶ 우리 사회 모두를 위해 필요한 디자인을 그려보아요.

1. 디자인 이름:
2. 대상(이 발명품을 쓸 사람):
3. 효과:

3 학교 가는 길 Ⅱ

> **핵심 개념** 신호등
> **활동 개요** 우리 주변 신호등 알아보기

신호등을 본 적 있나요? 신호등은 우리가 더 안전하게 움직일 수 있도록 도와줍니다. 대표적으로 자동차 신호등, 보행자 신호등이 있습니다. 신호등에는 빨강, 노랑, 초록 세 가지 불빛이 나타납니다. 세 가지 불빛의 뜻을 잘 이해한다면 안전하고 빠르게 이동할 수 있습니다. 우리 주변에는 어떤 신호등이 있는지 알아보아요.

활동 안내

준비물	활동지, 필기구, 스파이크 에센셜, 태블릿			
	단계	학습 내용	학습 형태	학습 자료
학습 활동	도입	▪ 만화 속에서 일어난 문제를 찾고 해결 방법 고민하기	전체 학습	
	활동1	▪ 생활 속 신호등을 알아보아요. - 신호등 종류 알아보기 - 신호등 불빛의 의미 알아보기	개별 학습	활동지, 필기구
	활동2	▪ 자동차 신호등을 만들어요. - 자동차 신호등 만들기 - 자동차 만들기 1 - 자동차 만들기 2	개별 학습	스파이크 에센셜
	활동3	▪ 신호등을 코딩해요. - 신호등 작동시키기	개별 학습	태블릿
	정리	▪ 소피를 안전하게 이동시켜요. - 신호등 작동시키기	개별 학습	활동지, 필기구
활동 팁	▪ 다양한 생활도구를 레고를 이용하여 추가로 만들어 볼 수 있다. ▪ 생활도구의 기능을 함께 학습할 수 있다.			

시작해요   학교 가는 길 II

- 소피의 버스 앞 차들에 무슨 일이 있었나요?

- 소피는 문제를 해결하기 위해 어떤 생각을 했나요?

학습 목표 신호등이 나타내는 불빛의 의미를 말할 수 있다.

| 활동 1 | 생활 속 신호등을 알아보아요. |

◆ 신호등 종류 알아보기

- 우리 주변에는 다양한 신호등이 있습니다. 신호등과 알맞은 대상을 연결해보세요.

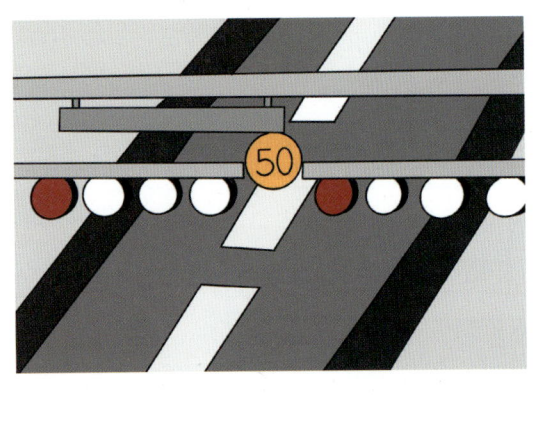   

자동차   **사람**

◆ 신호등 불빛의 의미 알아보기

빨간색 불빛
멈추어서 다른 사람이나 차가 지나가도록 기다려야 해요.

노란색 불빛
조심하라는 뜻으로, 속도를 줄이고 주변을 잘 살펴봐야 해요.

초록색 불빛
불빛은 내가 지나가도 좋다는 뜻이에요. 주변을 잘 살피고 이동해요.

- 신호등 불빛 설명을 보고 알맞은 색을 칠해보세요.

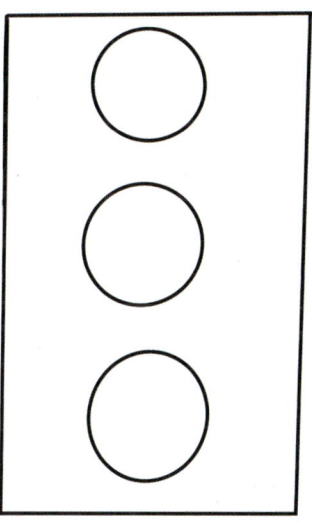

[**색**] 불빛
멈추어서 다른 사람이나 차가 지나가도록 기다려야 해요.

[**색**] 불빛
조심하라는 뜻으로, 속도를 줄이고 주변을 잘 살펴봐야 해요.

[**색**] 불빛
불빛은 내가 지나가도 좋다는 뜻이에요. 주변을 잘 살피고 이동해요.

 지도 tip

- 자동차와 보행자용 신호등이 서로 다름을 지도한다.
- 신호등 불빛 색이 의미하는 바가 다름을 지도한다.

활동 2   자동차 신호등을 만들어요.

◆ 자동차 신호등 만들기

- 자동차가 안전하게 움직이기 위해 어떤 도구가 필요할까요?

  _____

  _____

- 스파이크 에센셜의 블록들 중 어떤 블록을 사용하면 신호등을 만들 수 있을까요?

  _____

  _____

- 스파이크 에센셜의 블록들 중 어떤 블록을 사용하면 신호등을 만들 수 있을까요?

  _____

자동차 신호등

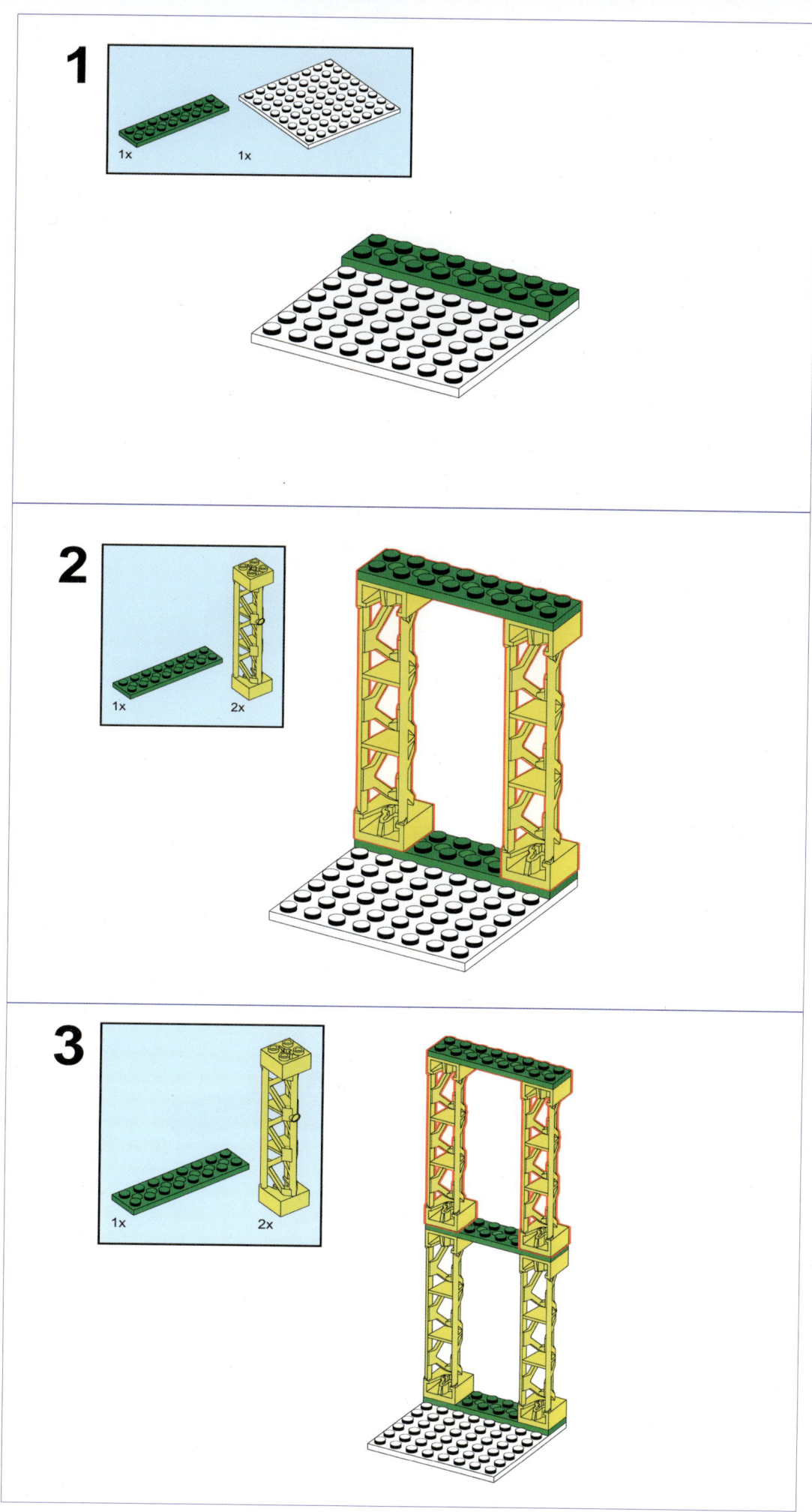

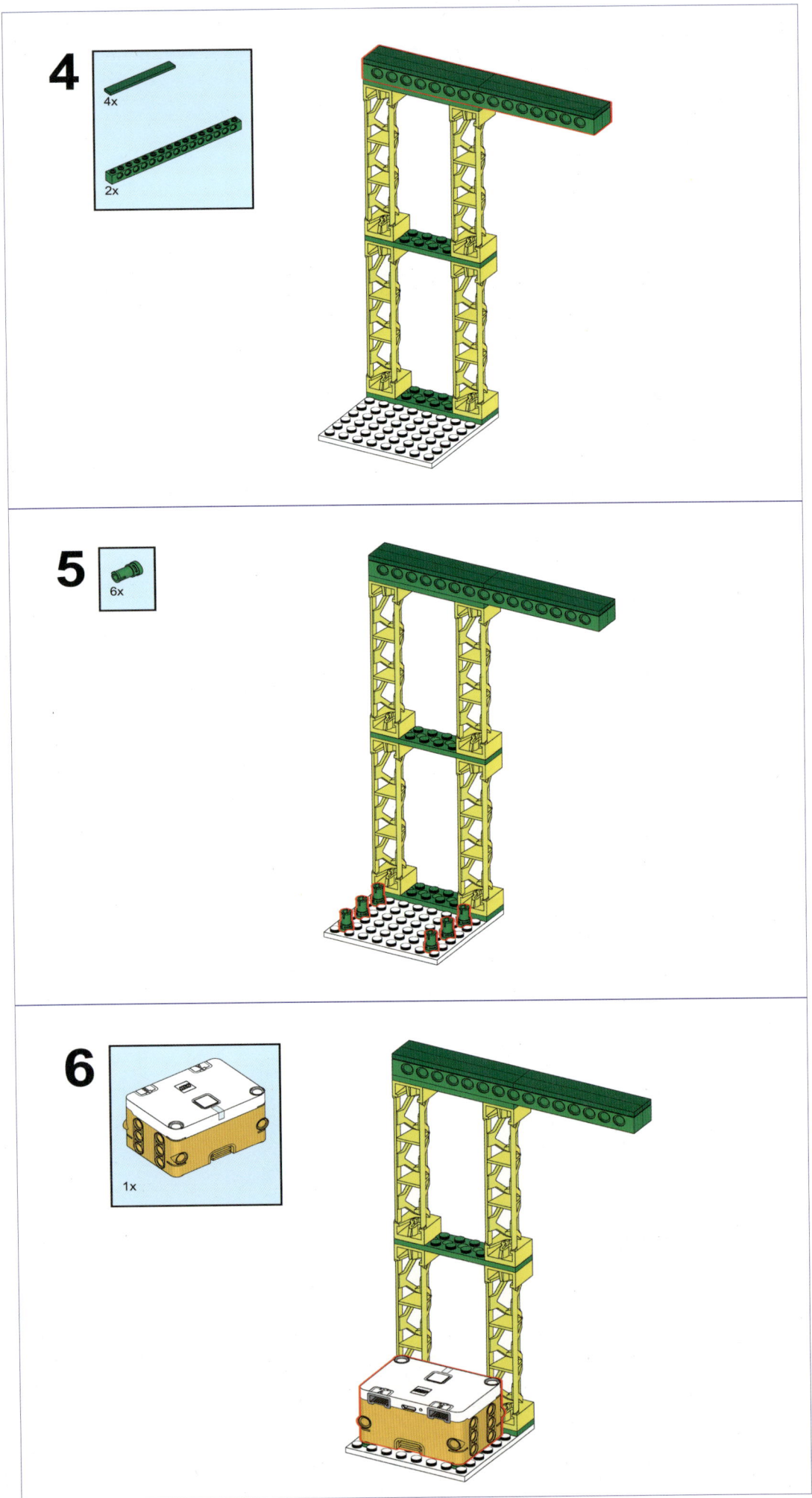

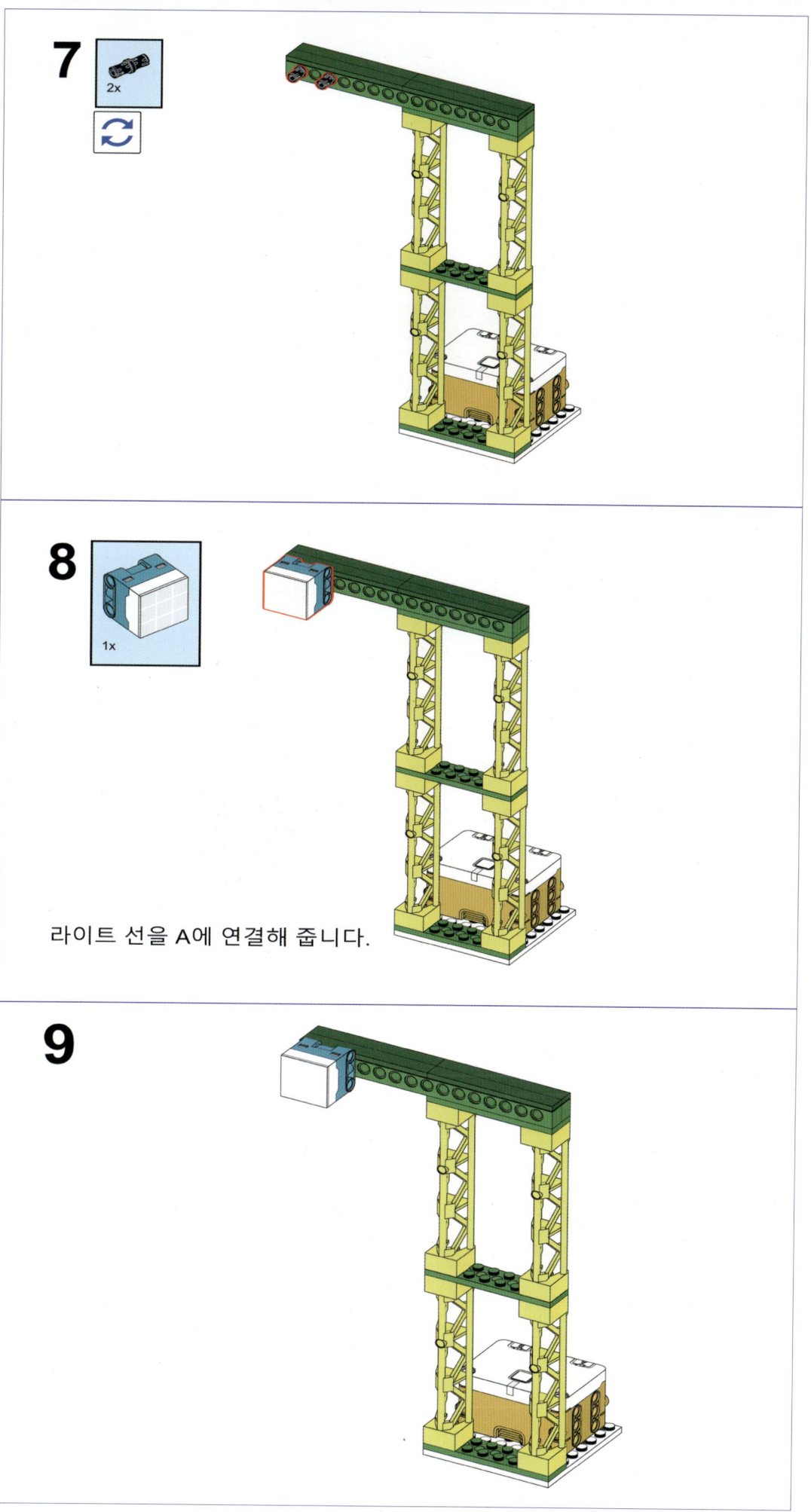

라이트 선을 A에 연결해 줍니다.

◆ 자동차 만들기 1

자동차 1

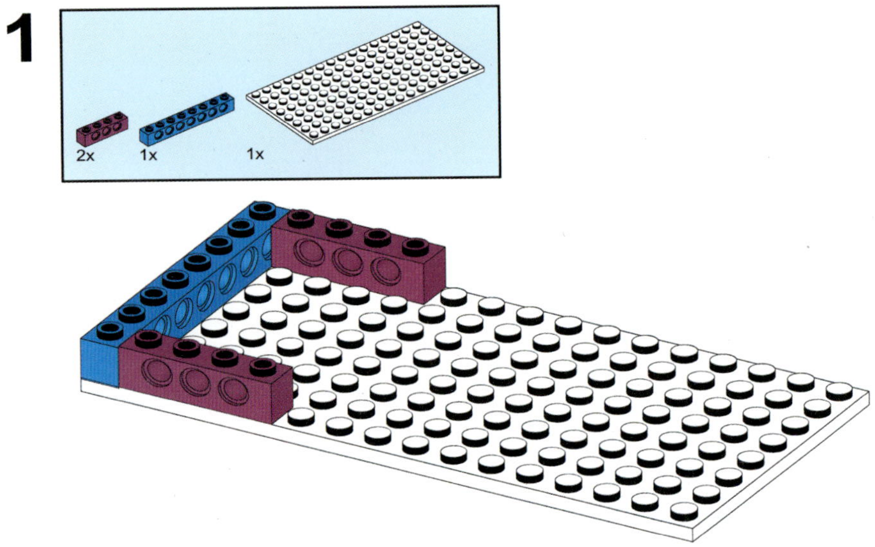

1
2x 1x 1x

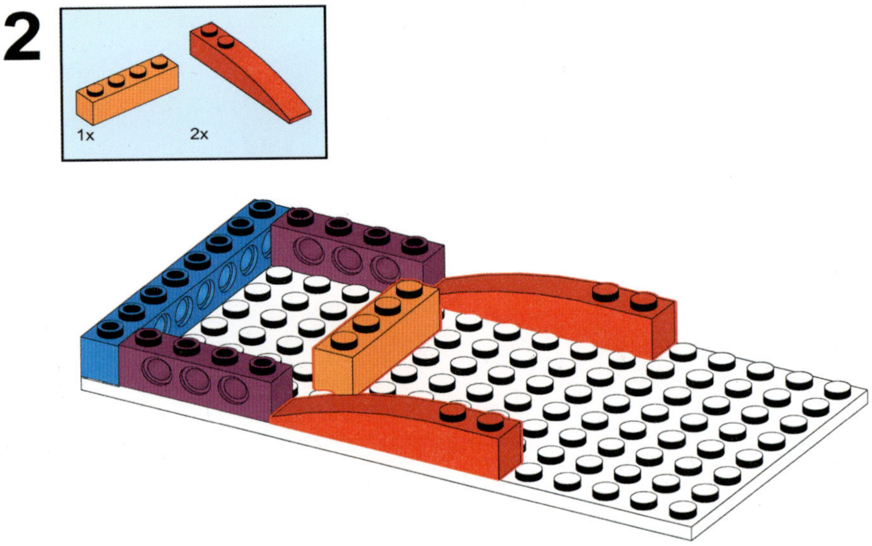

2
1x 2x

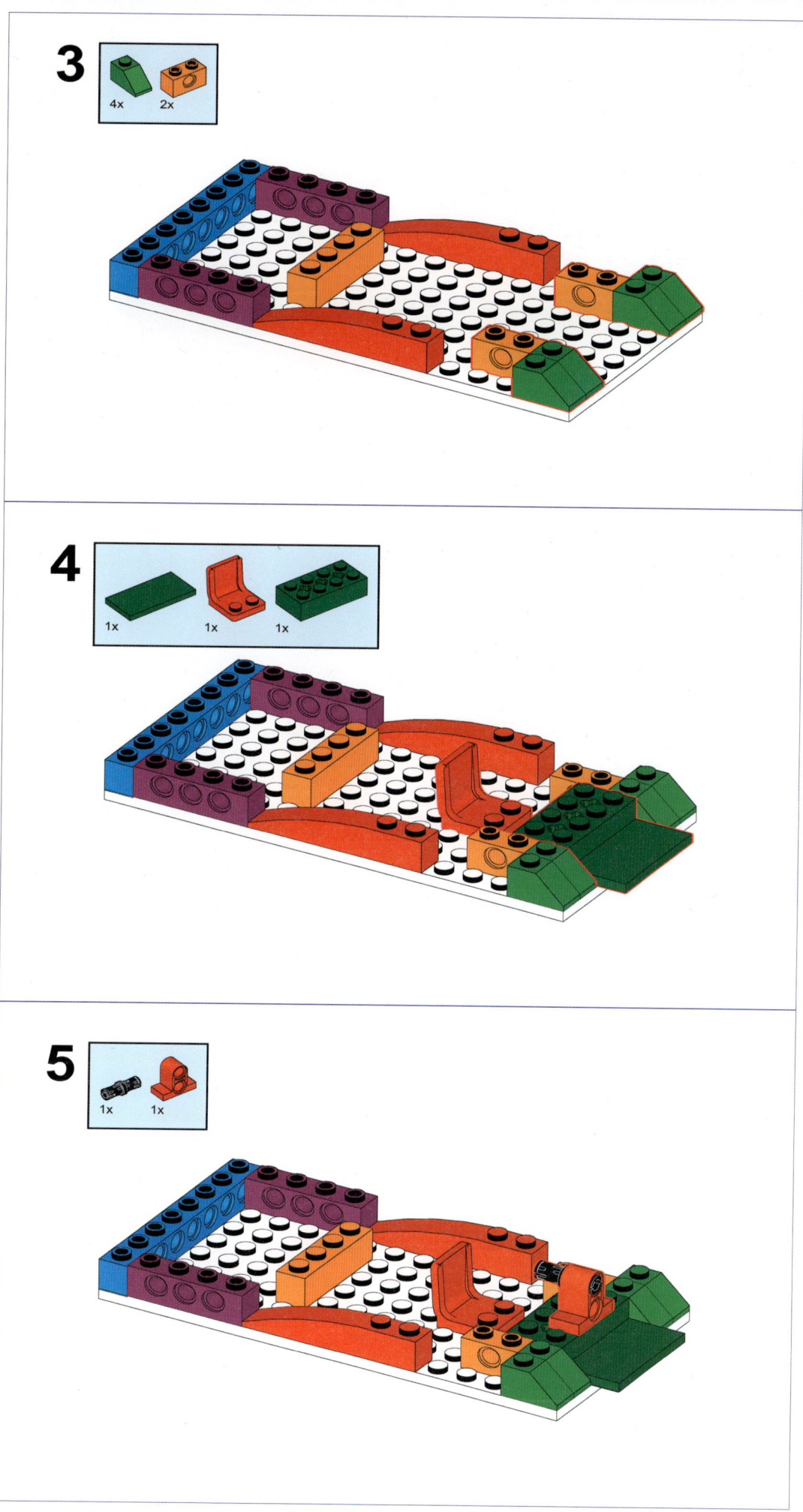

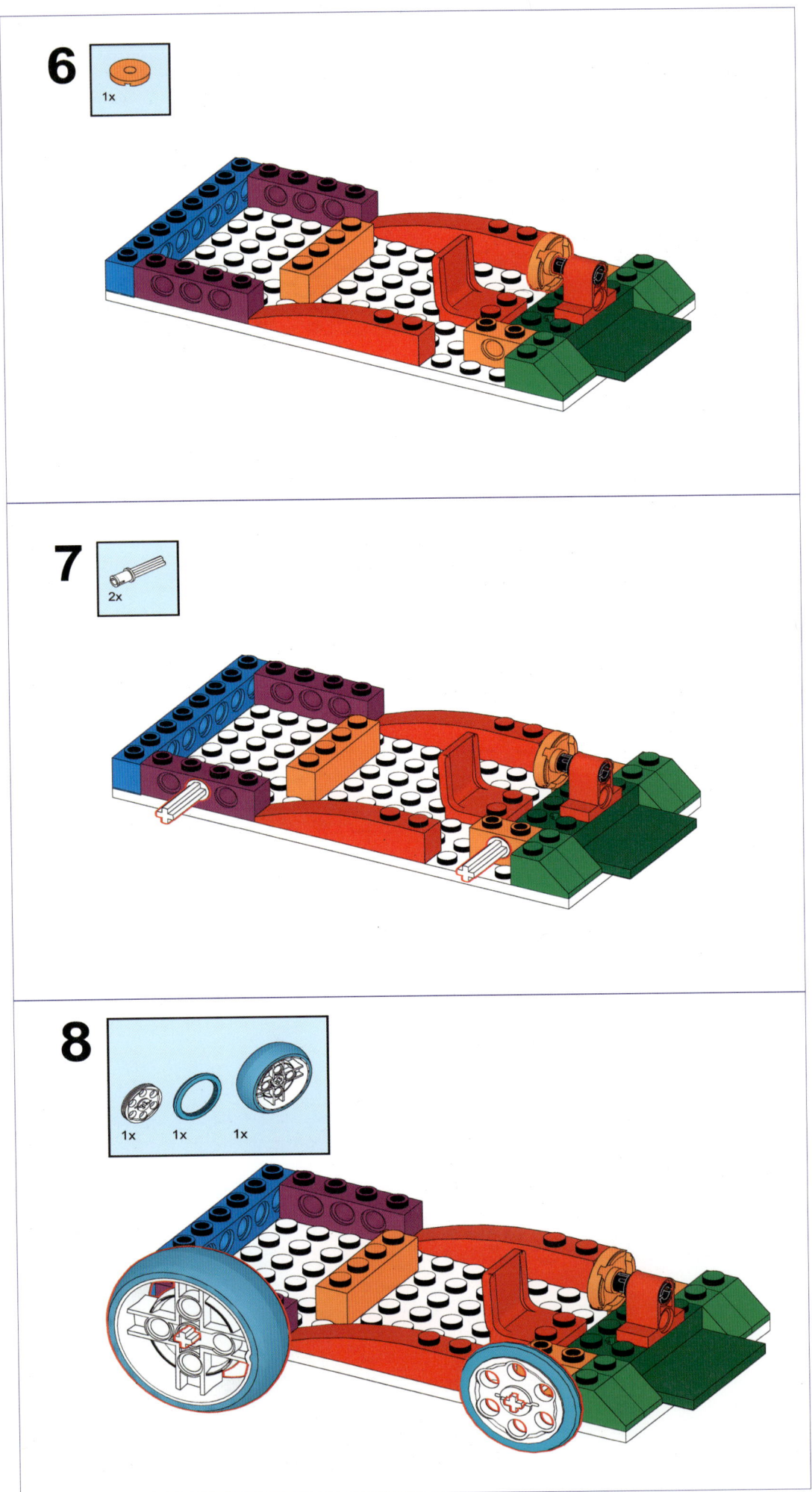

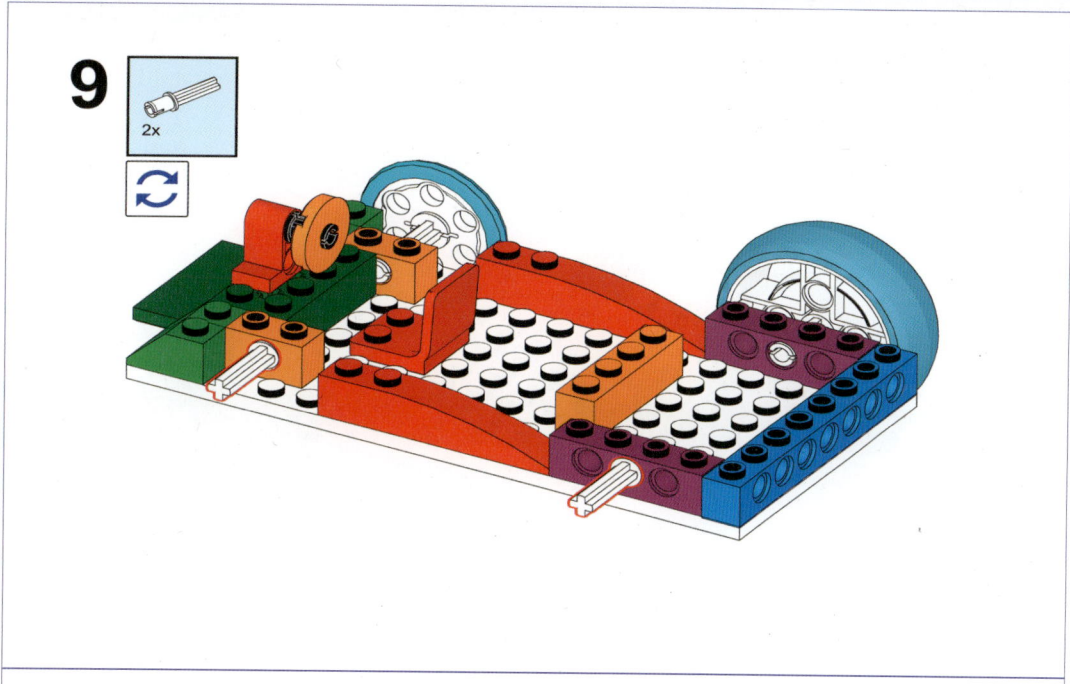

187

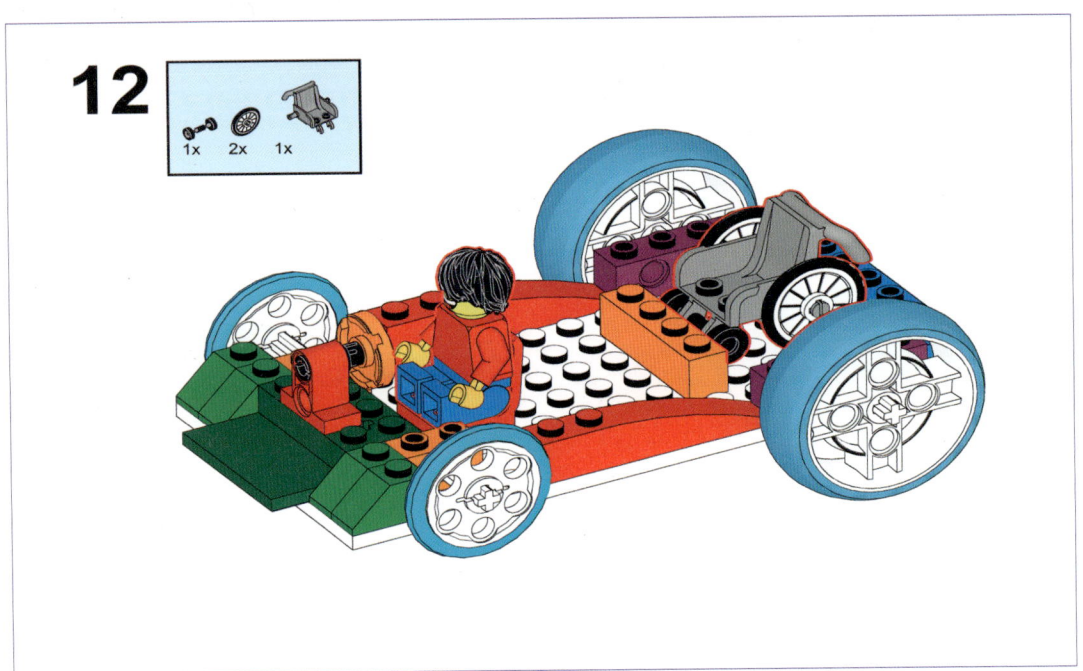

◆ 자동차 만들기 2

자동차 2

2단원_ 3. 학교 가는 길 II

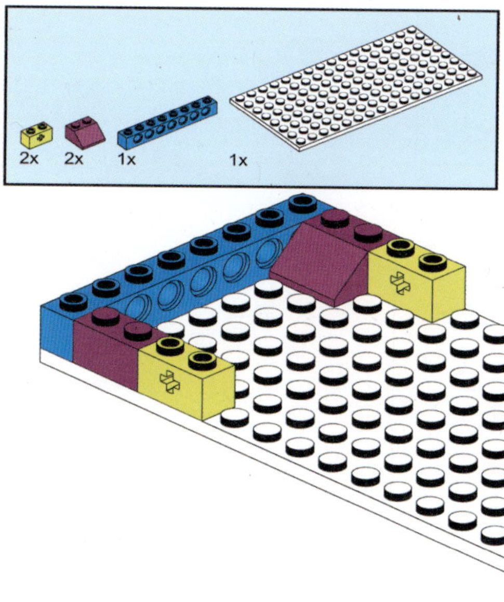

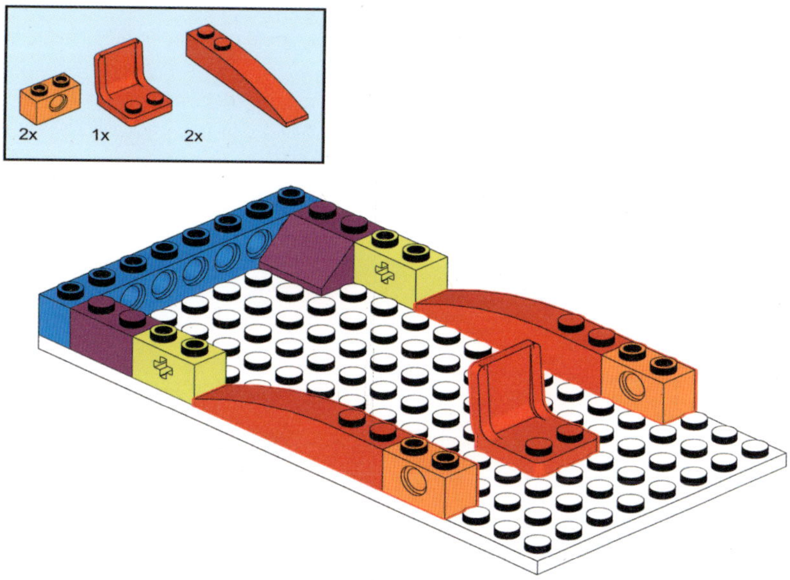

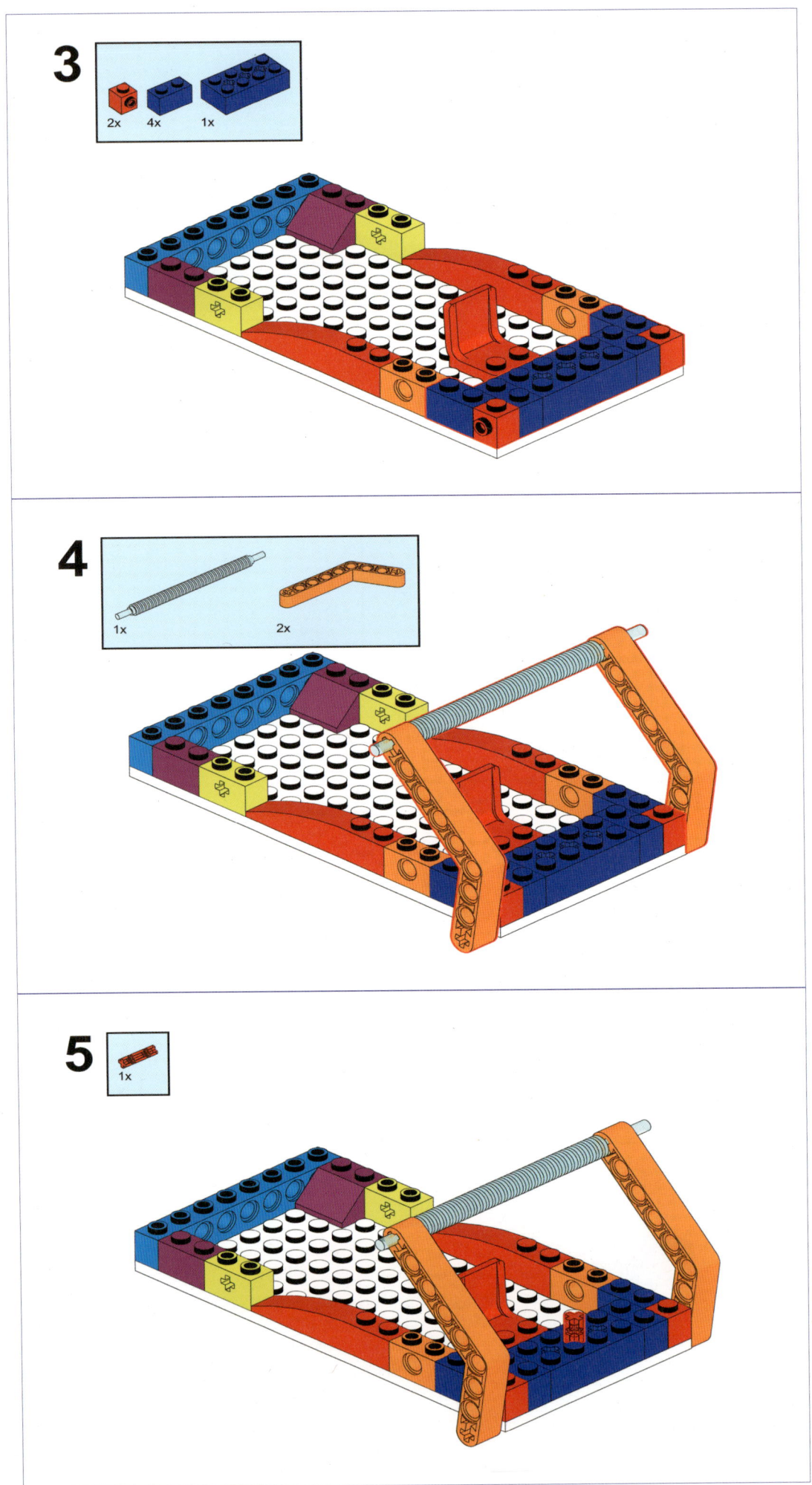

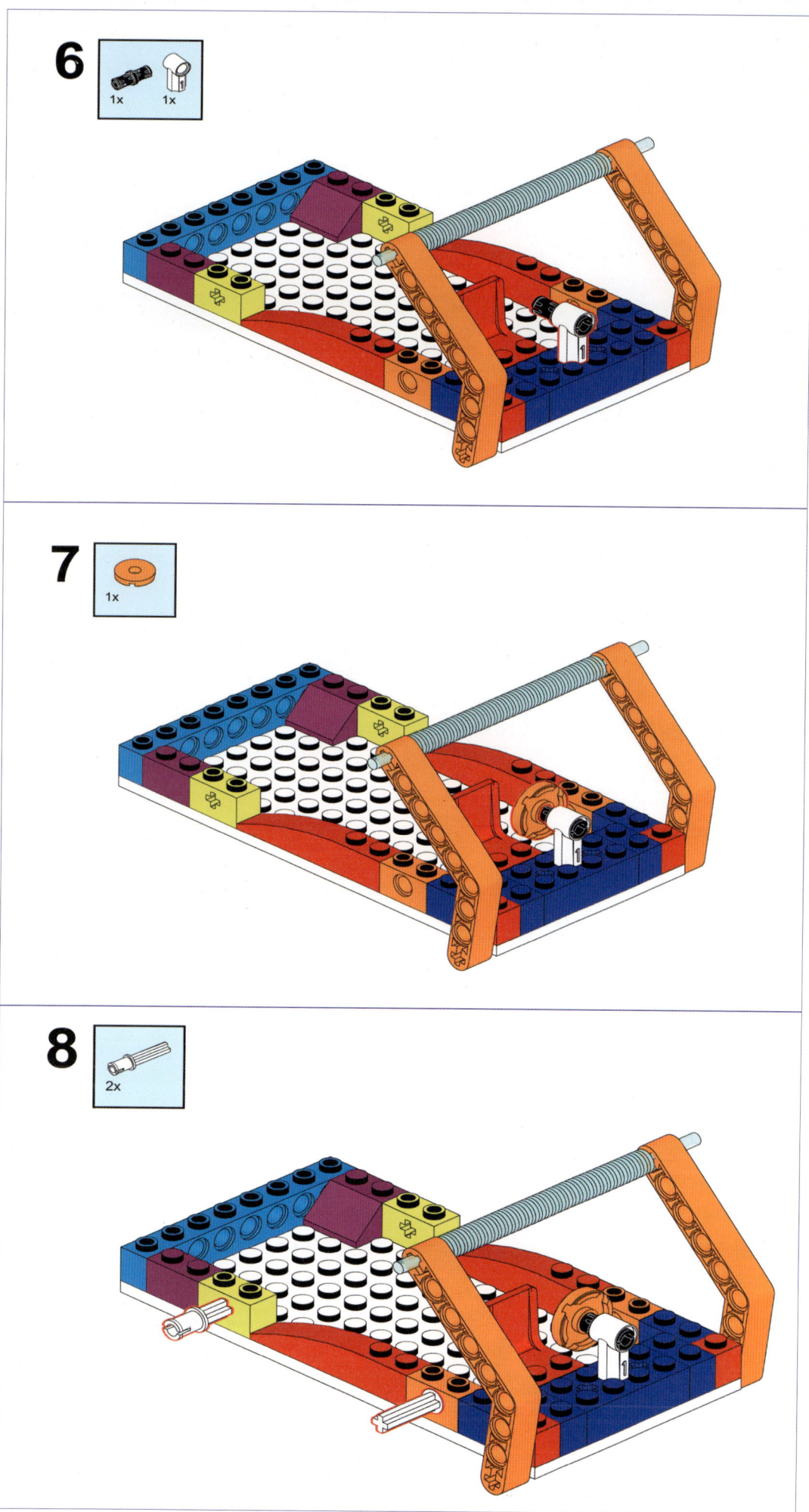

2단원_ 3. 학교 가는 길 II 191

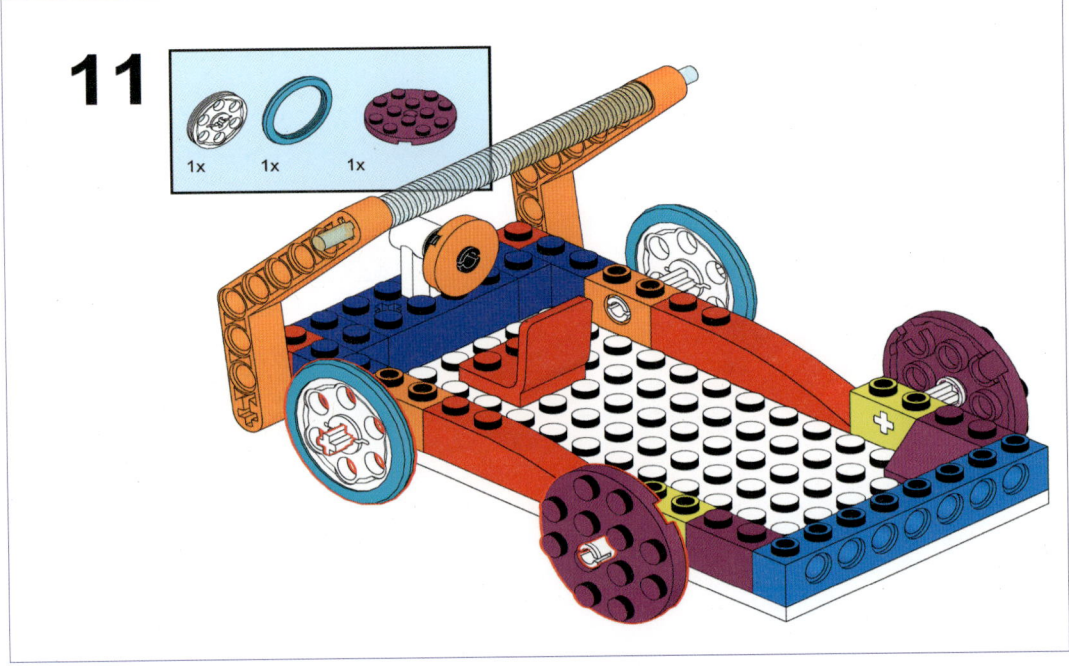

192　2단원_ 3. 학교 가는 길 II

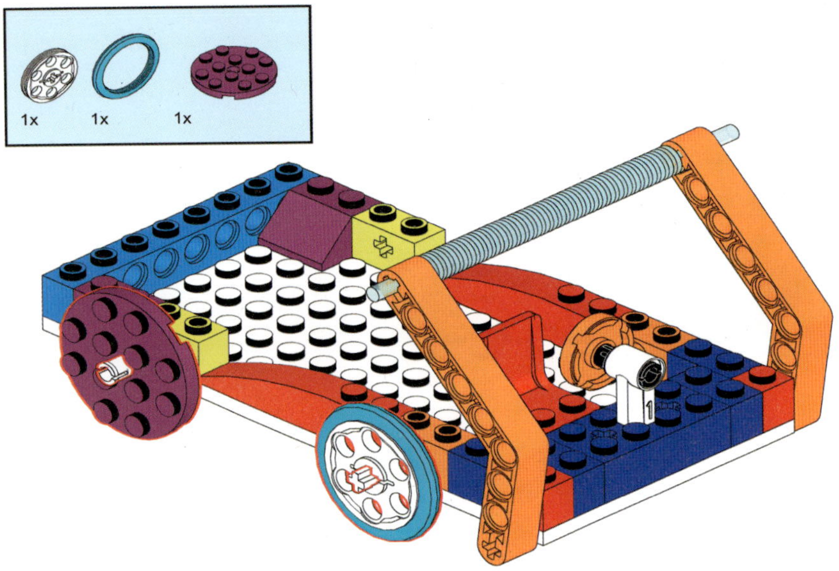

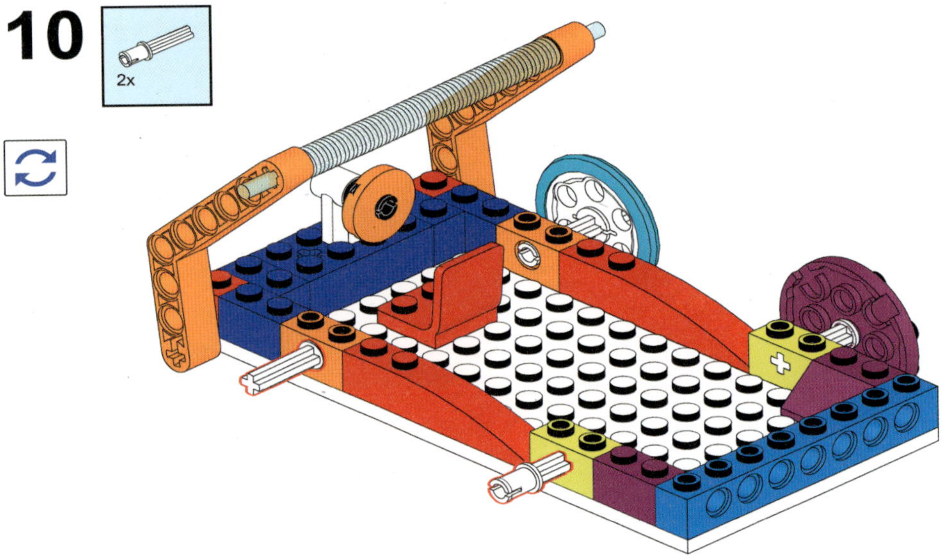

12

13 🔄

2단원_ 3. 학교 가는 길 II

활동 3   신호등을 코딩해요.

◆ 코딩에 필요한 블록과 인사!

   **라이트 블록**   여러 가지 색깔의 불빛을 낼 수 있어요.

   **대기 블록**   내가 정한 시간만큼 기다리게 할 수 있어요.

◆ 자동차 신호등 작동시키기

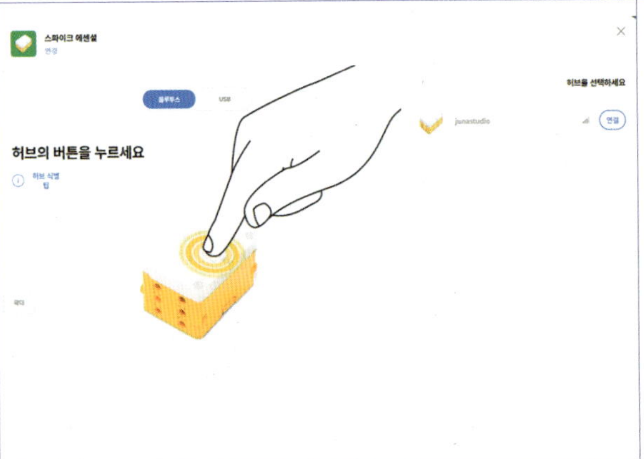

① 허브 버튼을 누르고 연결시켜요.

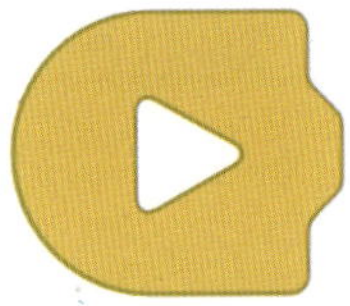

② 실행 블록을 골라 붙여요.

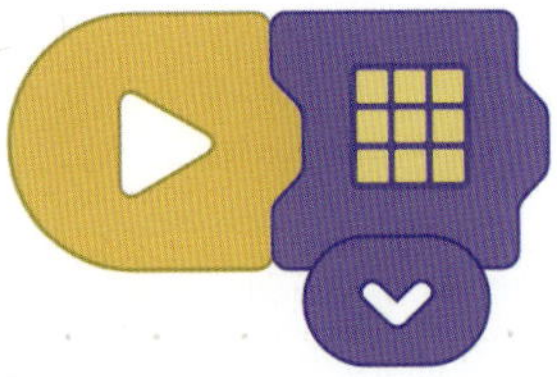

③ 라이트 블록을 골라 붙여요.

④ 라이트 블록을 초록색으로 바꾸어요.

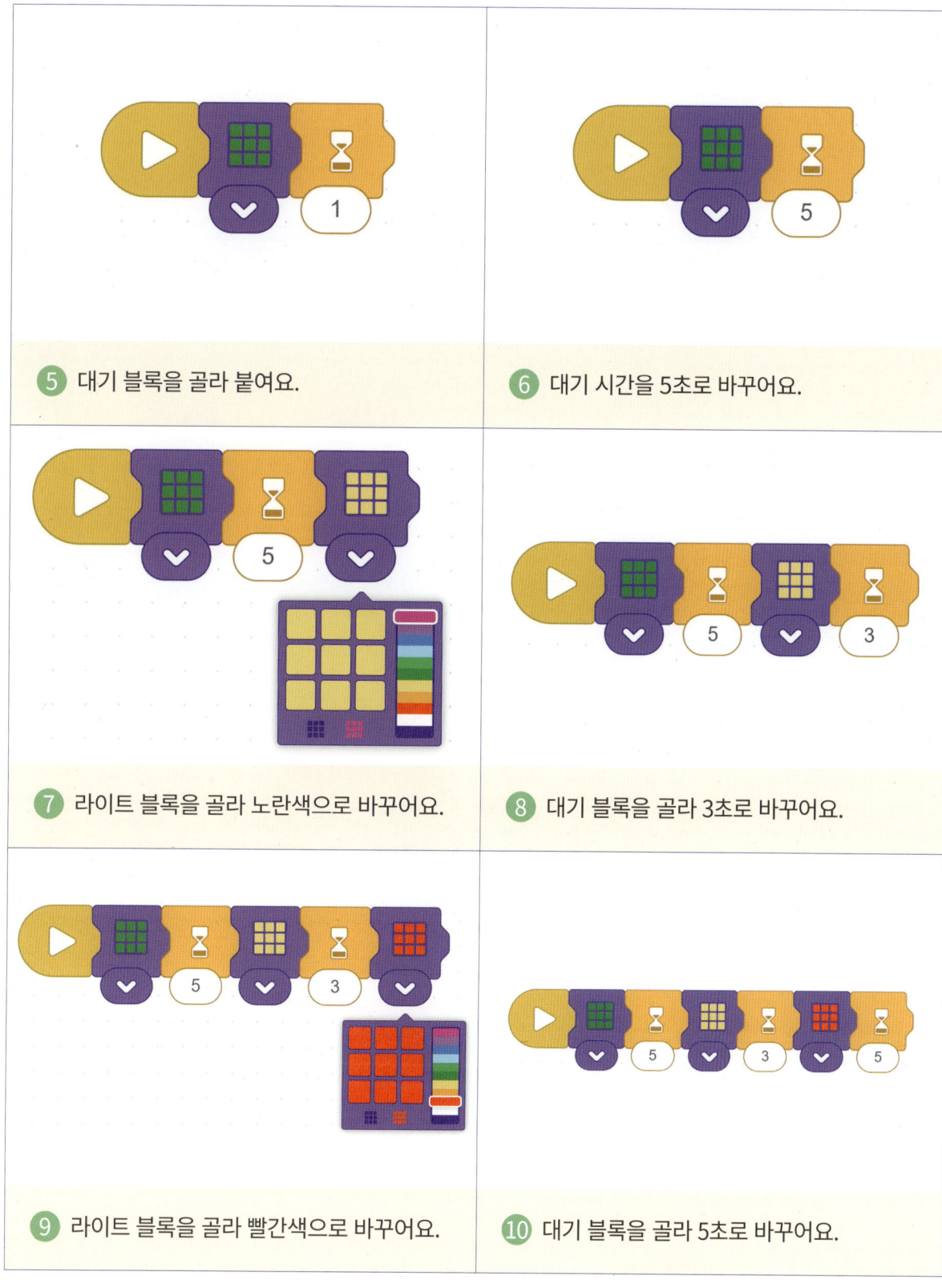

⑤ 대기 블록을 골라 붙여요.

⑥ 대기 시간을 5초로 바꾸어요.

⑦ 라이트 블록을 골라 노란색으로 바꾸어요.

⑧ 대기 블록을 골라 3초로 바꾸어요.

⑨ 라이트 블록을 골라 빨간색으로 바꾸어요.

⑩ 대기 블록을 골라 5초로 바꾸어요.

2단원_ 3. 학교 가는 길 Ⅱ 195

개념 쏙쏙

1. 신호등은 사람과 차가 안전하게 이동할 수 있게 도와줘요.
2. 신호등 불빛 색깔의 의미는 사람들이 약속한 것이에요.

확인해요

평가 내용	평가 결과
■ 신호등의 필요성에 대해 말할 수 있나요?	😊 😐 😟
■ 자동차 신호등과 보행자 신호등이 다름을 말할 수 있나요?	😊 😐 😟
■ 신호등 불빛의 색깔이 나타내는 의미를 말할 수 있나요?	😊 😐 😟

읽을거리

신호등 불빛 색깔의 의미

빨간색

빨간색은 눈에 가장 잘 띄는 색으로 조심해야 한다고 알려줍니다. 보행자 신호등이 빨간색일 때 도로에 자동차가 지나다녀 위험하다고 말해줘요.

초록색

초록색은 빨간색과 반대되는 색이에요. 보행자 신호등이 초록색이면 도로에 자동차가 지나다니지 않아 건너도 된다고 말해줘요.

노란색

노란색 신호는 자동차만 볼 수 있어요. 자동차가 도로를 달리다 교차로 정지선 전 노란색 신호를 보면 속도를 줄여 멈춰야 해요. 정지선을 지나 교차로에 진입을 하였을 때 노란색 신호를 봤다면 교차로를 빠르게 빠져나가야 한다고 말해줘요.

신호등의 역사

세계 최초의 신호등은 1868년 영국 런던의 가스를 사용하는 수동식 신호등이었어요. 이 신호등은 빨간색과 초록색을 표시하는 장치로 경찰관이 직접 수동으로 조작하는 장치였죠. 그러나 가스 폭발로 경찰관들이 자주 부상을 입어 촛불 신호등과 석유 신호등으로 바뀌었어요.

이후 1914년 8월 5일, 미국 디트로이트에 최초의 전기 신호등이 설치되었어요. 이 신호등은 정지를 나타내는 빨간색 하나만 있는 수동식 신호등이었어요. 1918년 미국 뉴욕 5번가에 오늘날과 같은 3색 신호등이 처음으로 설치되었는데 당시의 신호등은 2층 유리탑 속에 설치되었으며, 경찰관이 유리탑 속에 서서 밀려드는 차량들의 교통량을 보며 적당히 버튼을 누르는 방식이었어요. 이 최초의 3색 신호등은 그 표시 방법이 오늘날과는 달랐는데 초록색은 "길이 열렸으니 좌우로 가시오", 노란색은 "직진만 하시오", 빨간색은 "정지"의 뜻이었어요. 오늘날과 같은 3색 자동 신호등은 1928년의 영국 햄프턴에 처음으로 등장했어요.

[위키백과 참조]

생각 더하기 　내가 만든 감정 신호등

▶ 나의 기분을 말로 표현하는 대신 신호등 색깔로 나타내 봅시다.

나의 기분을 표현해요.

학교	학년	반	이름

🔴
1. 나는 이럴 때 기분이 안좋아요.

2. 나는 이럴 때 화가 나요.

3. 나는 이럴 때 슬퍼요.

🟡
1. 나는 이럴 때 내 기분을 모르겠어요.

2. 나는 이럴 때 어떻게 해야할지 모르겠어요.

3. 나는 이럴 때 도움이 필요해요.

🟢
1. 나는 이럴 때 기분이 좋아요.

2. 나는 이럴 때 행복해요.

3. 나는 이럴 때 즐거워요.

4 학교 가는 길 III

> **핵심 개념** 동작 감지
> **활동 개요** 우리 주변 자동문 알아보기

자동문을 본 적 있나요? 자동문은 우리가 건물에 들어가고 나갈 때 스스로 열리고 닫히는 문입니다. 문을 손으로 직접 열지 않아 무거운 짐을 들고 있을 때, 손으로 문을 열기 어려운 사람 등 모두에게 편리합니다. 자동문에는 사람의 무게를 감지하여 문이 열리는 방식, 사람의 움직임을 감지하여 문이 열리는 방식 등이 있습니다.

활동 안내

준비물	활동지, 필기구, 스파이크 에센셜, 태블릿			
	단계	학습 내용	학습 형태	학습 자료
학습 활동	도입	▪ 만화 속에서 일어난 문제를 찾고 해결 방법 고민하기	전체 학습	
	활동1	▪ 생활 속 자동문을 알아보아요. - 문 종류 알아보기 - 자동문의 작동 방식 알아보기	개별 학습	활동지, 필기구
	활동2	▪ 자동문을 만들어요. - 자동문 만들기 - 자동차 만들기	개별 학습	스파이크 에센셜
	활동3	▪ 자동문을 코딩해요. - 자동문 작동시키기	개별 학습	태블릿
	정리	▪ 소피를 안전하게 이동시켜요. - 자동문을 이용하여 소피가 학교로 안전하게 이동시키기	개별 학습	활동지, 필기구
활동 팁		▪ 도입 만화자료를 보고 학생이 문제해결 방안을 창의적으로 생각하도록 이끌어 낸다. ▪ 자동문을 사용할 때 신체 끼임 사고에 주의해야 함을 안내한다.		

시작해요   학교 가는 길 III

- 소피의 학교 입구에서 무슨 일이 있었나요?

- 소피는 문제를 해결하기 위해 어떤 생각을 했나요?

학습 목표   자동문의 작동 방법에 대해 말할 수 있다.

| 활동1 | 생활 속 자동문을 알아보아요. |

◆ 문 종류 알아보기
- 우리 주변에는 다양한 문들이 있습니다. 설명에 알맞은 대상을 연결하세요.

손으로 문을 열어요.

가까이 가면 문이 열려요.

자동문　　　　　　**문**

◆ 자동문의 작동 방식 알아보기

<움직임을 인식해요>

자동문에 위에 있는 움직임 센서로 사람이 문 앞에 다가온 것을 인식하면 문이 열려요.

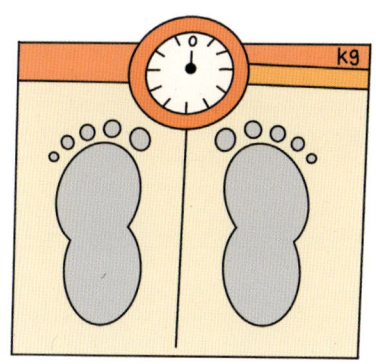

<무게를 인식해요>

자동문 앞 바닥에 있는 무게 센서로 사람을 인식하면 문이 열려요.

 지도 tip

- 자동문의 작동 방식이 다양함을 지도한다.
- 자동문 중 버튼을 눌러 작동하는 방식도 있음을 지도한다.

활동 2   자동문을 만들어요.

◆ 자동문 만들기

- 자동차가 학교 안으로 들어가기 위해 어떤 도구가 필요할까요?

___

___

- 스파이크 에센셜의 블록들 중 어떤 블록을 사용하면 자동문을 만들 수 있을까요?

___

___

- 자동문이 완성된 모습을 보고 어떤 블록이 필요할지 생각해봅시다.

___

자동문

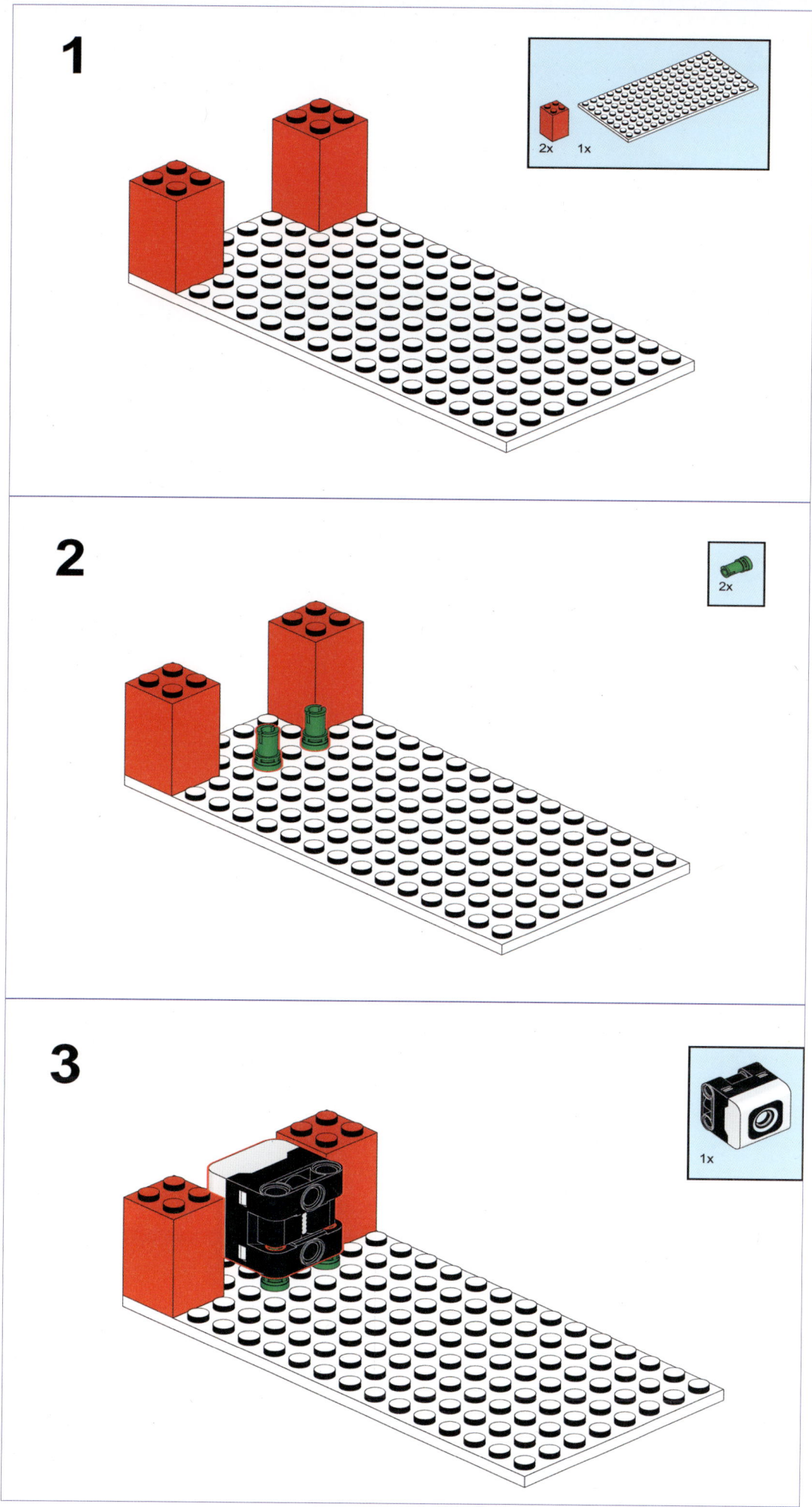

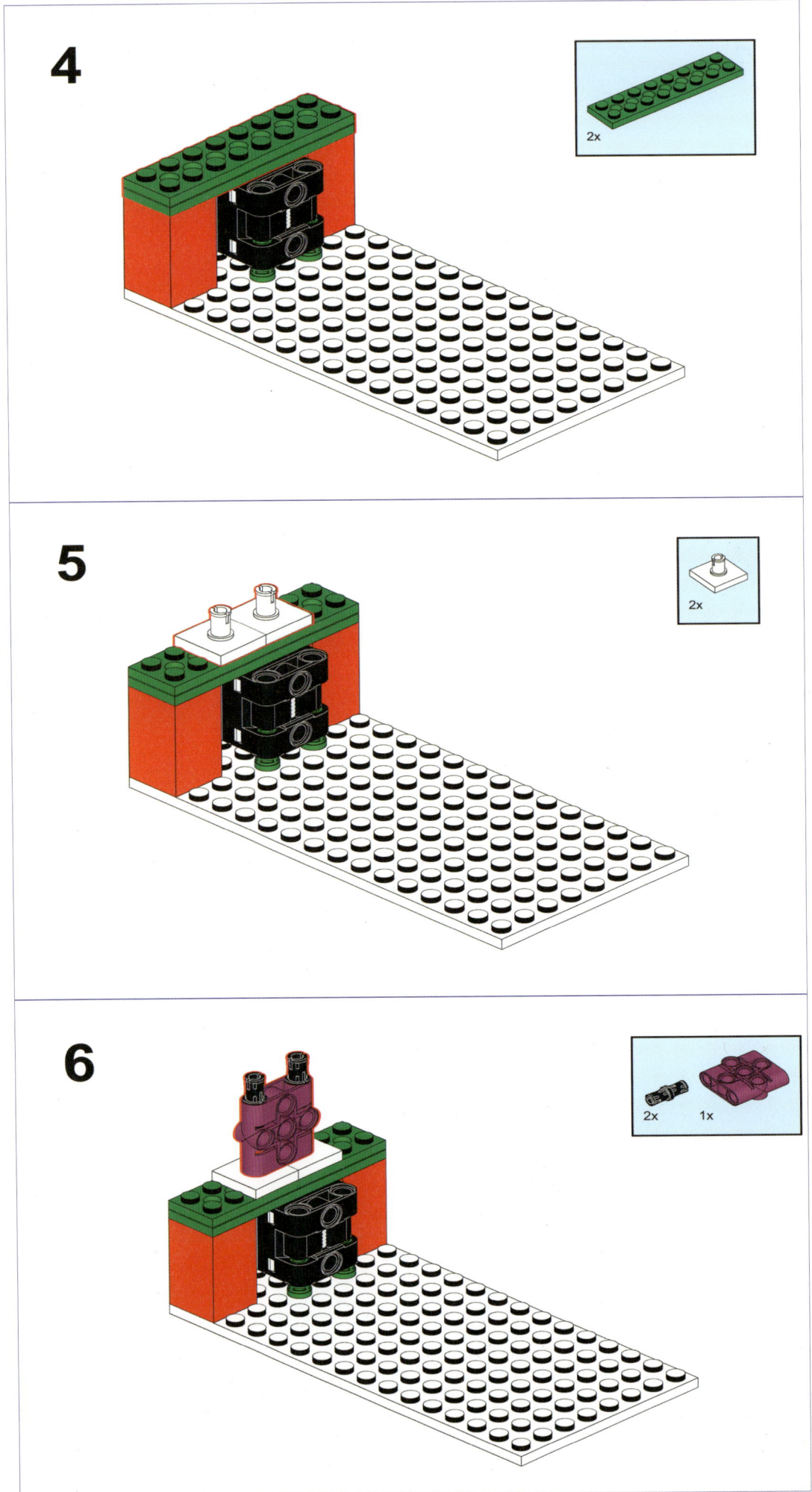

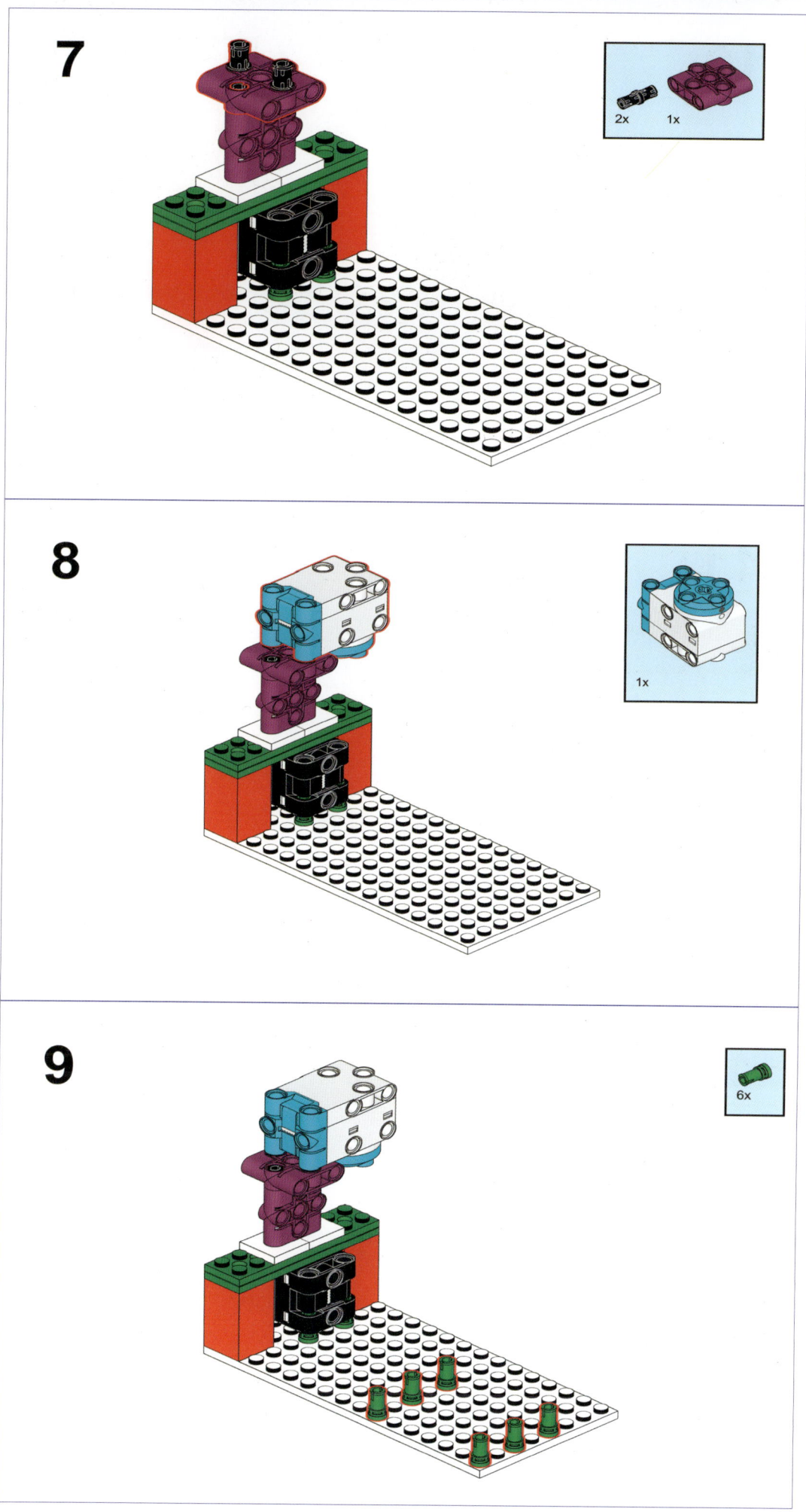

10

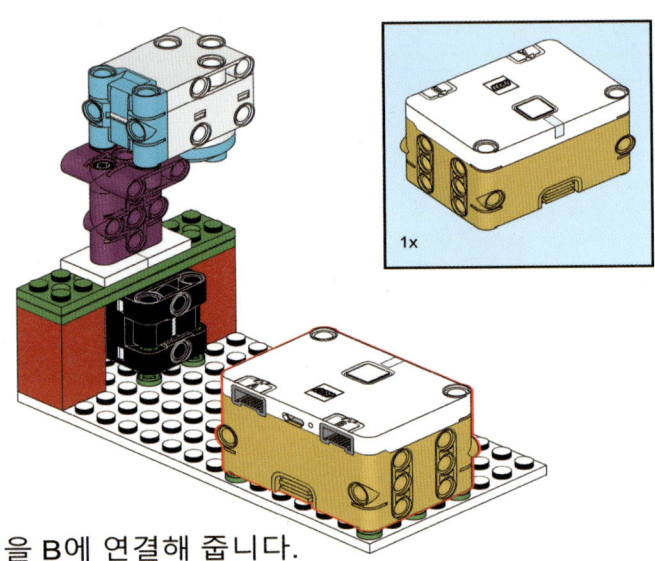

컬러 선을 A, 모터 선을 B에 연결해 줍니다.

11

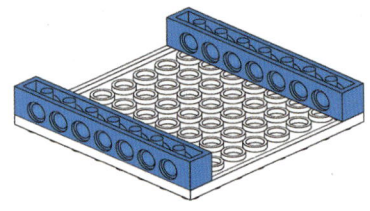

12

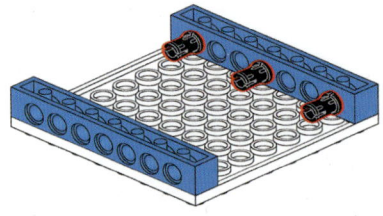

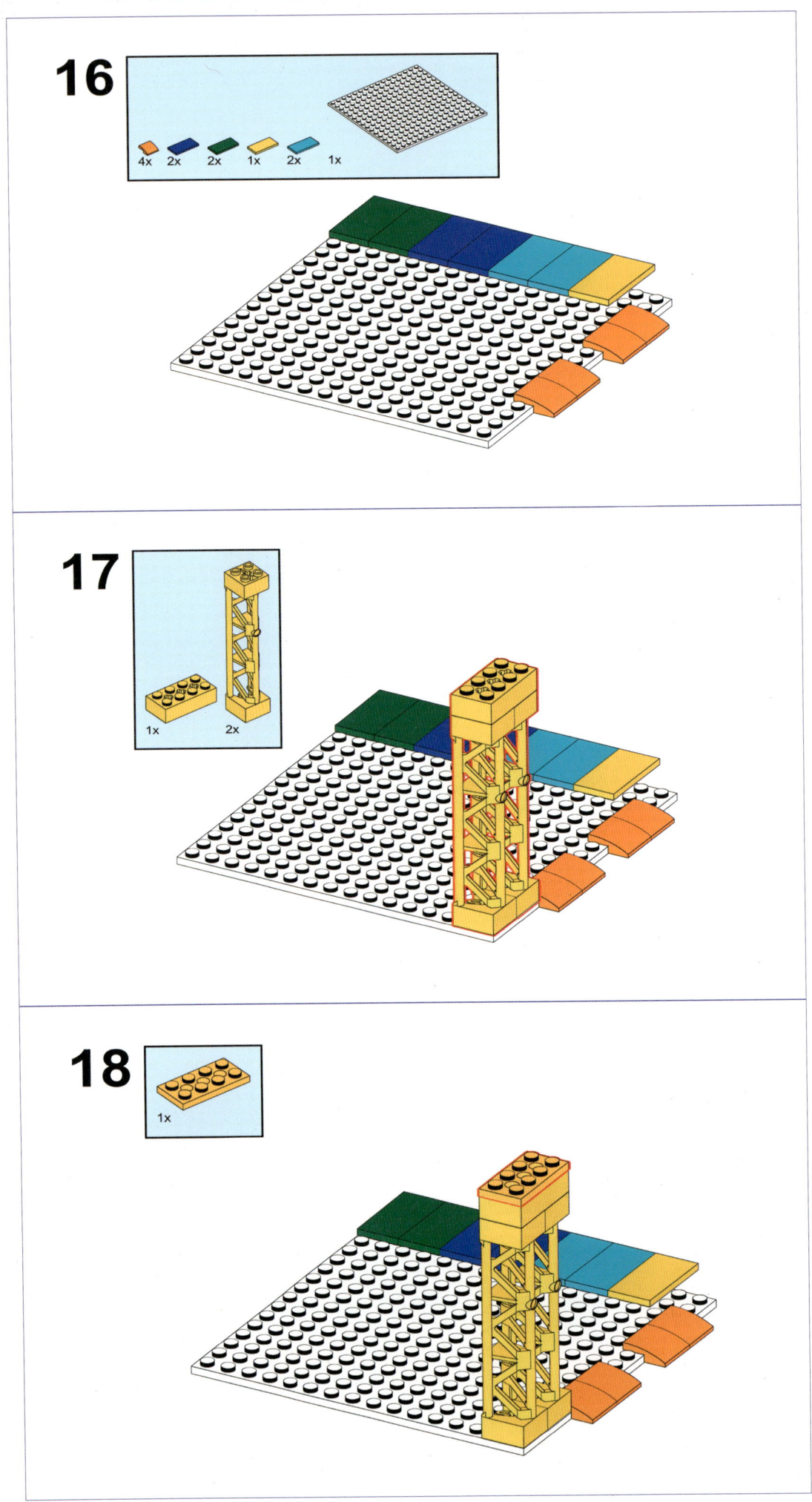

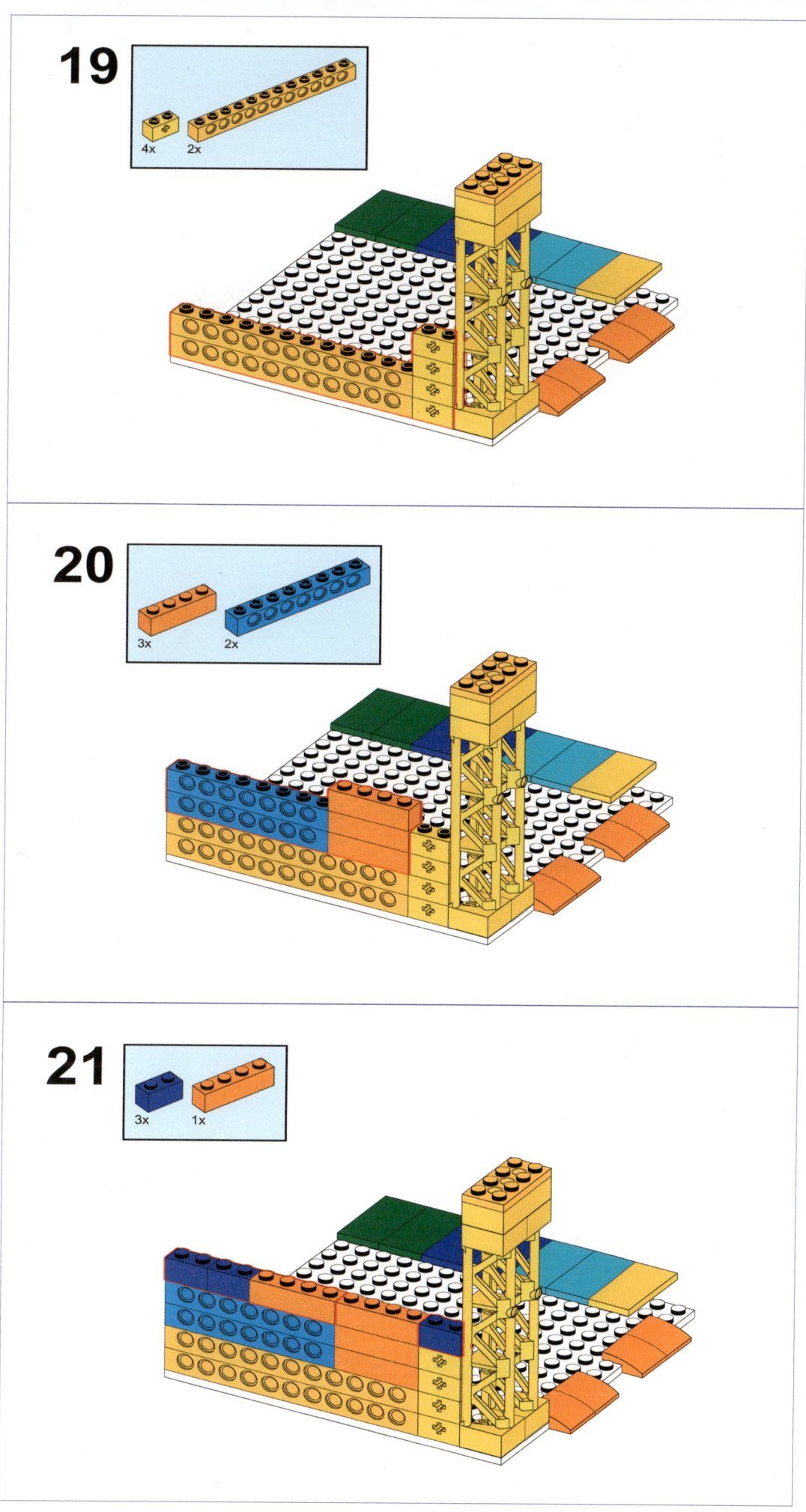

2단원_4. 학교 가는 길Ⅲ

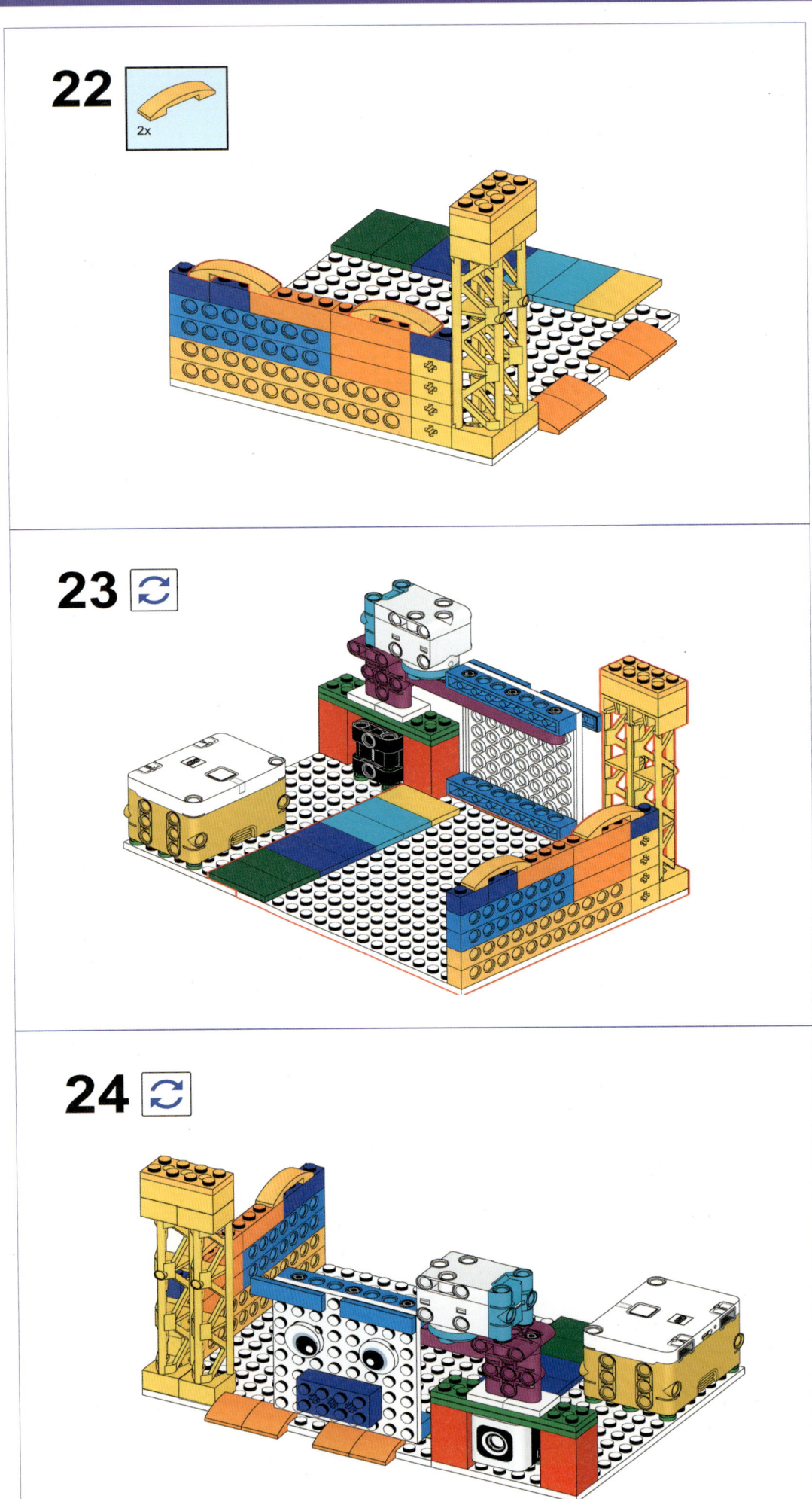

◆ 자동차 만들기

자동차

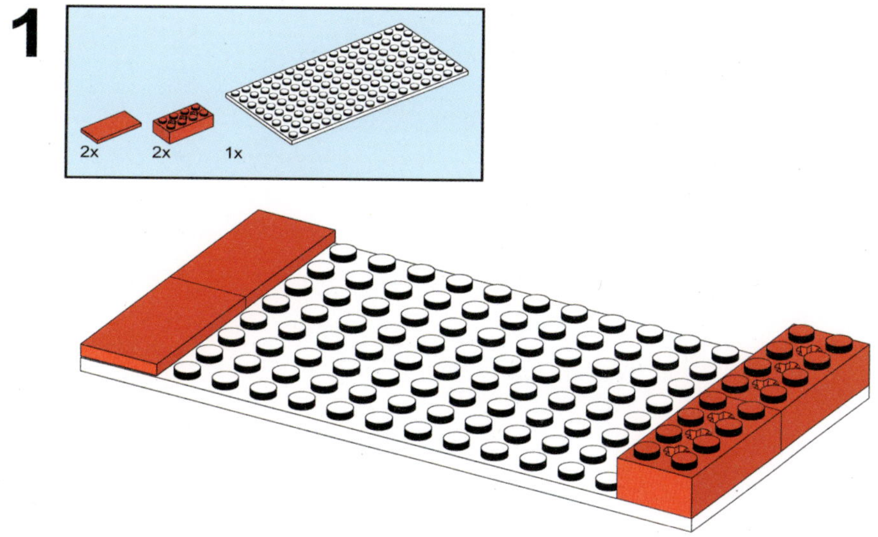

1
2x 2x 1x

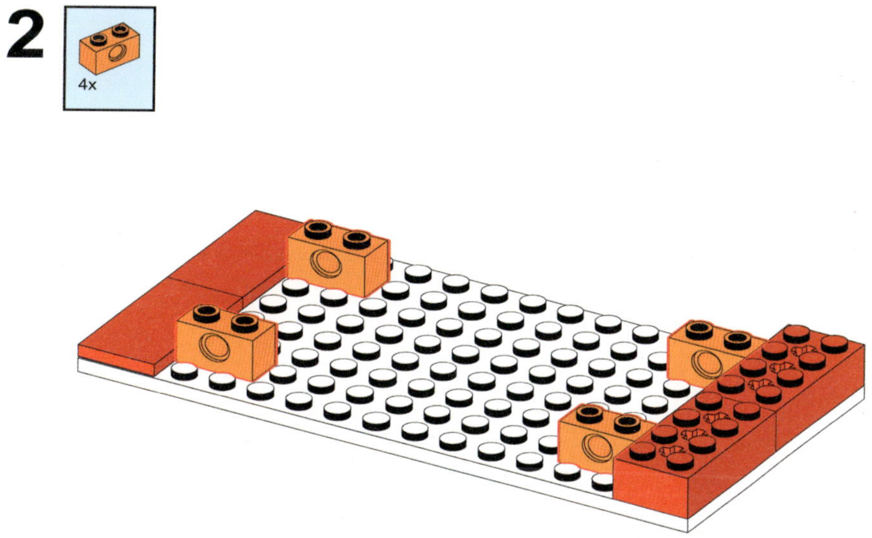

2
4x

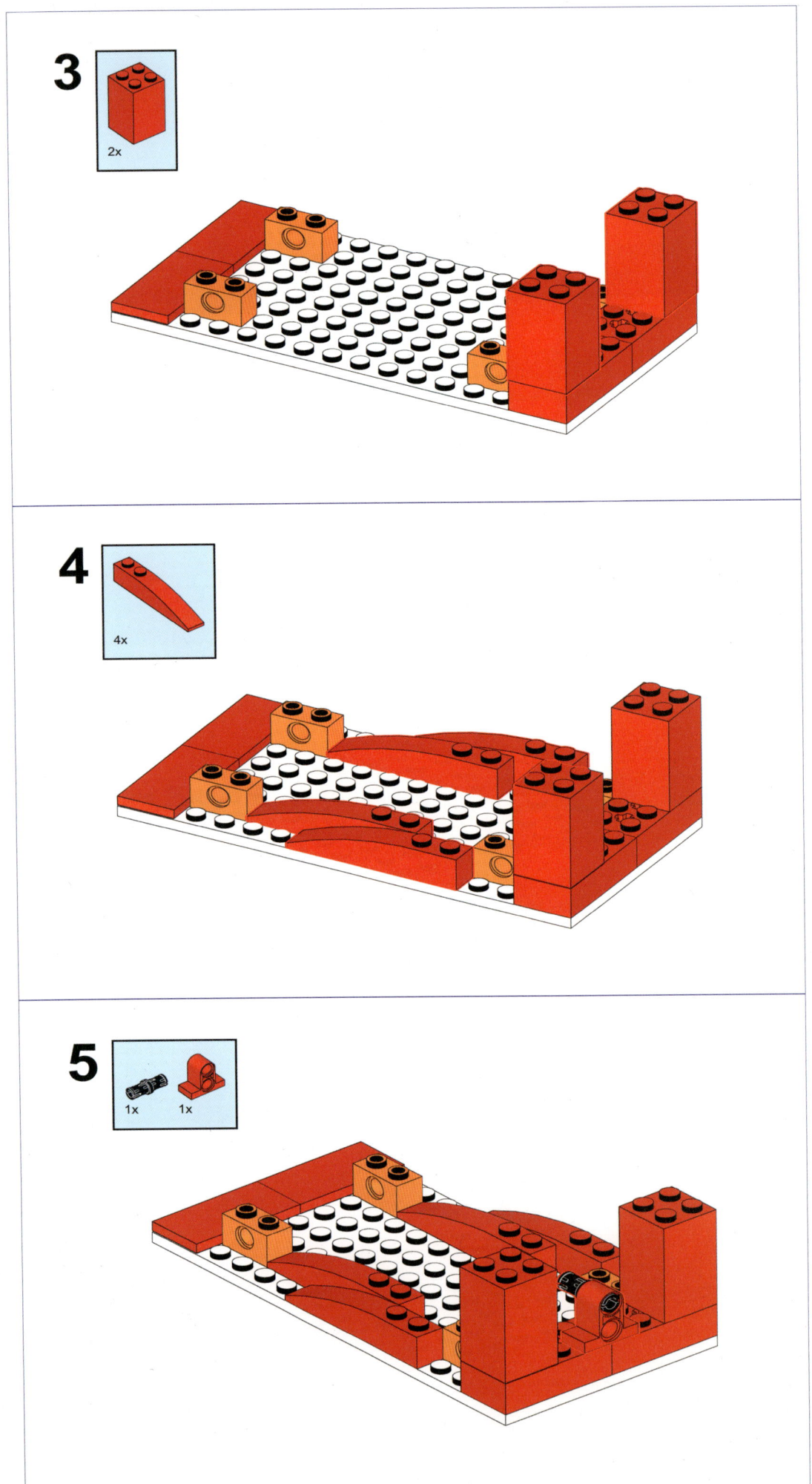

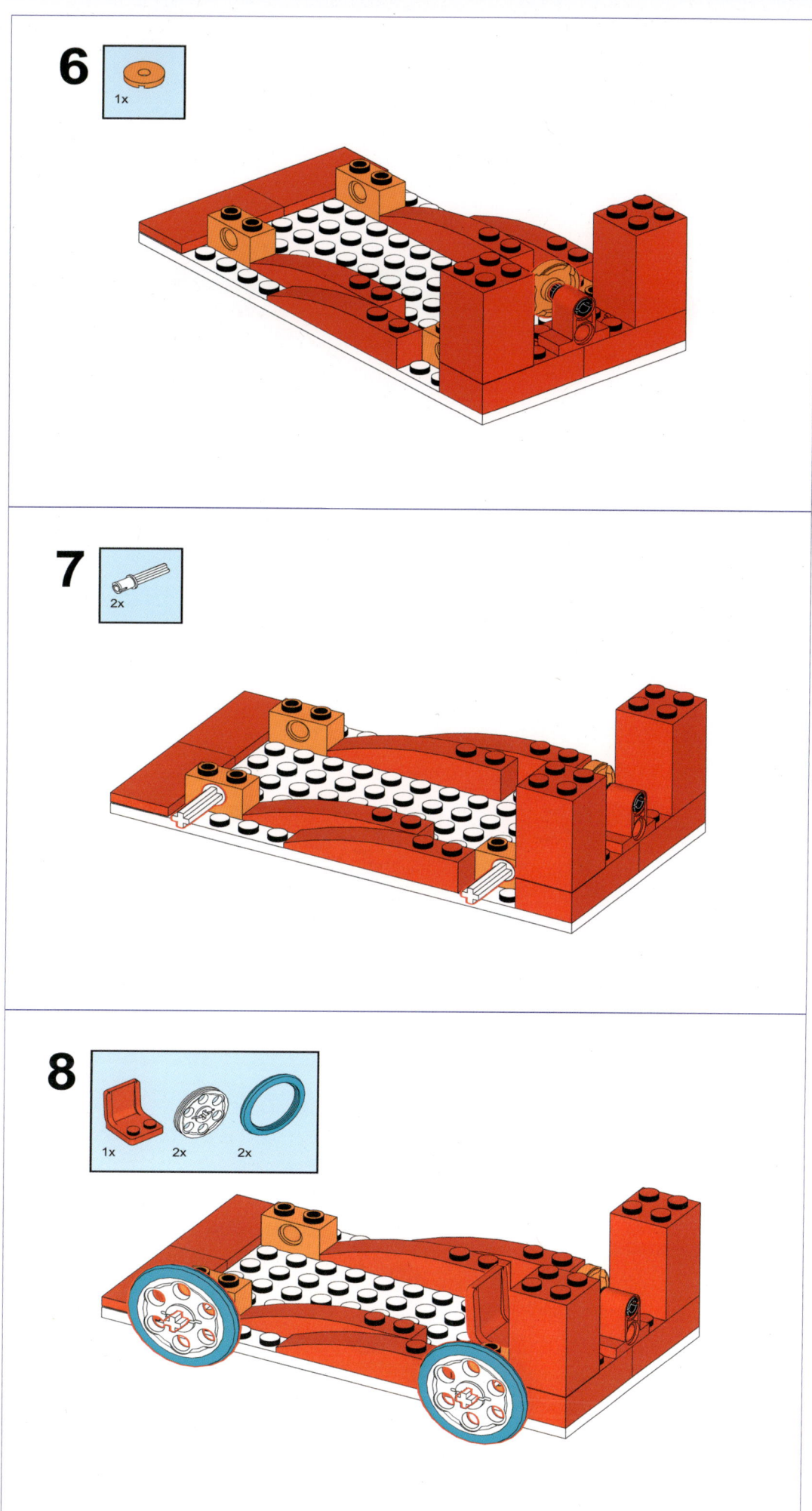

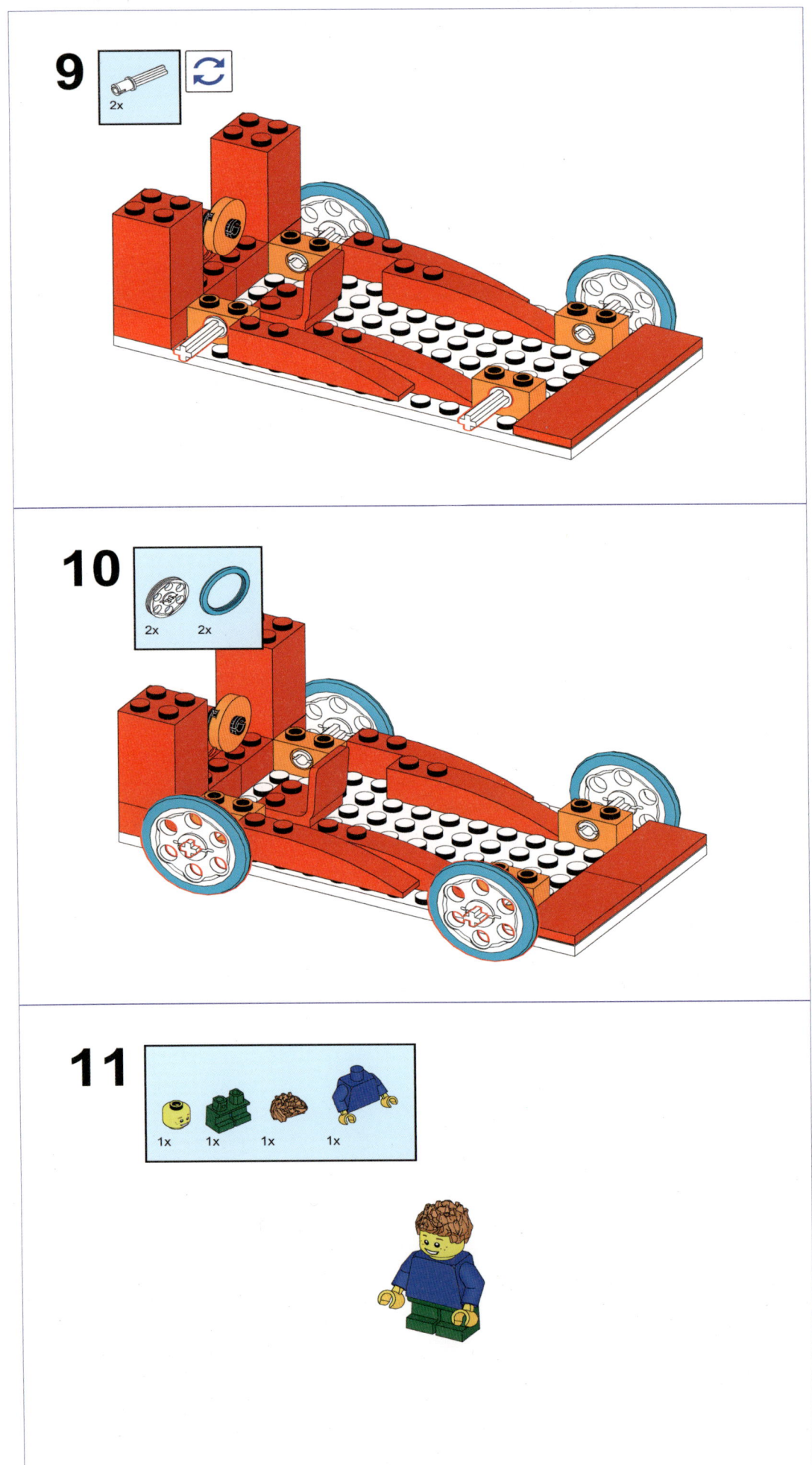

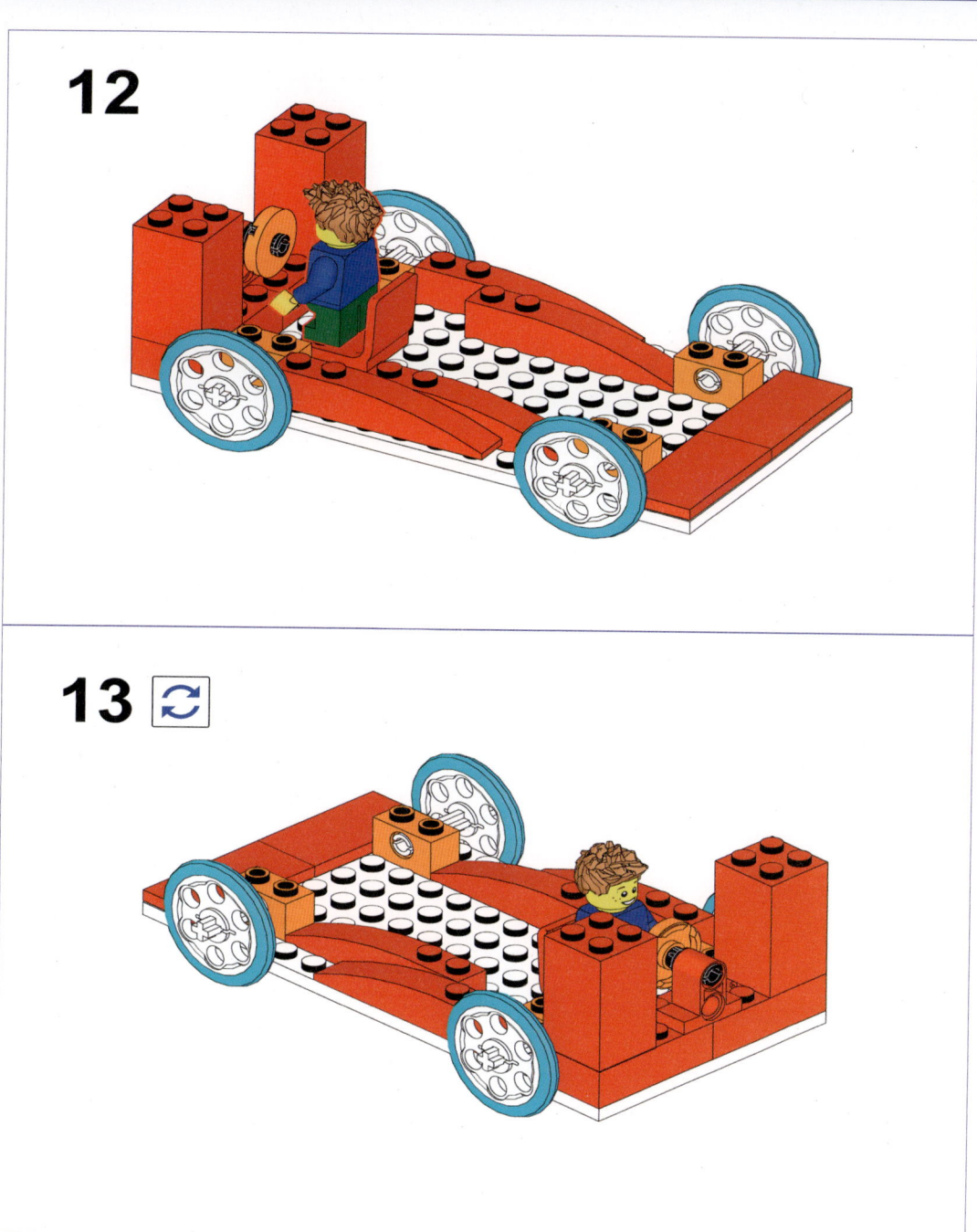

활동 3 자동문을 코딩해요.

◆ 코딩에 필요한 블록과 인사!

 **컬러 센서 블록** 특정 색깔을 보고 명령을 실행해요.

 **회전 멈춤 블록** 회전을 멈추는 명령을 내려요.

◆ 자동문 작동시키기

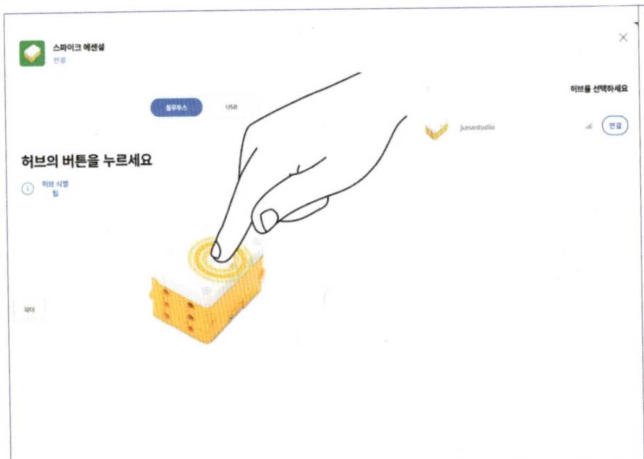

① 허브 버튼을 누르고 연결시켜요.

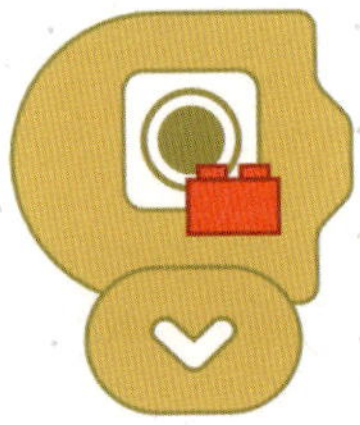

② 컬러 센서 블록을 골라 붙여요.

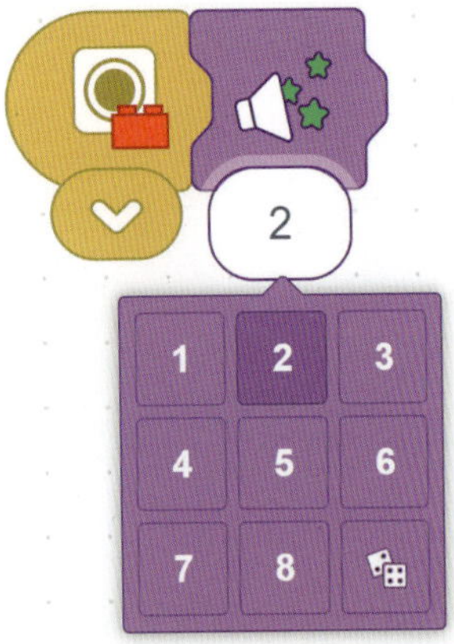

③ 소리 블록에서 2번을 골라 붙여요.

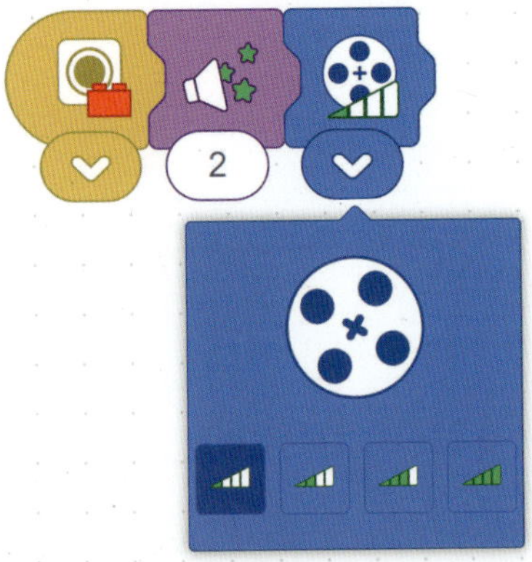

④ 회전 속도 블록을 골라 붙여요.

⑤ 반시계 회전 블록을 골라 붙여요.

⑥ 회전 멈춤 블록을 골라 붙여요.

⑦ 대기 블록을 골라 붙여요.

⑧ 시계 회전 블록을 골라 붙여요.

2단원_4. 학교 가는 길Ⅲ **219**

개념 쏙쏙

1. 자동문은 움직임 또는 무게를 인식해서 문이 열립니다.
2. 자동문을 이용하면 편리하게 이동할 수 있습니다.

확인해요

평가 내용	평가 결과
■ 자동문의 작동 방법에 대해 말할 수 있나요?	😊 😐 😟
■ 자동문과 자동차를 설명에 맞게 만들었나요?	😊 😐 😟
■ 코딩된 자동문이 바르게 작동하나요?	😊 😐 😟

읽을거리

빙글빙글 돌아가는 회전문!!!

회전문

회전문은 1888년에 테오필루스 반 카넬에 의해 발명되었어요. 주로 십자 형태로 된 문짝이 동그란 공간에서 돌아가게 만들어졌어요. 이 문의 좋은점은 건물 밖과 건물 안의 공기흐름을 완전히 격리한 상태에서 사람들의 출입을 가능하게 한다는 것이에요. 그래서 건물이 여름에는 시원하게, 겨울에는 따뜻하게 하는데 도움을 줘요. 그래서 보통 건물의 입구인 현관에 배치되어 있어요. 잘 보이는 현관에 배치되는 만큼 유리를 이용해 회전문을 만들곤 해요.

생각 더하기   내가 만든 자동문

▶ 움직임, 무게 외 다른 방법으로 작동하는 자동문을 만들어 보아요.

나만의 자동문 스케치			
학교	학년	반	이름

5 소피와 친구들을 도와요

> **핵심 개념** 음량 감지
> **활동 개요** 음량을 감지하여 도움을 주는 도구 알아보기

가로등을 본 적 있나요? 가로등은 어두운 밤 빛을 밝혀 우리가 안전히 지나갈 수 있도록 도와줍니다. 어두운 밤을 밝혀주는 가로등은 어떻게 켤 수 있을까요? 이번 차시에서는 새로운 방법으로 가로등을 켜는 방법을 알아보아요.

활동 안내

준비물	활동지, 필기구, 스파이크 에센셜, 태블릿			
	단계	학습 내용	학습 형태	학습 자료
학습 활동	도입	▪ 만화 속에서 일어난 문제를 찾고 해결 방법 고민하기	전체 학습	
	활동1	▪ 생활 속 센서를 알아보아요. - 센서 종류 알아보기 - 음량 감지 가로등 알아보기	개별 학습	활동지, 필기구
	활동2	▪ 놀이터를 만들어요. - 놀이기구 만들기(그네, 뺑뺑이, 시소, 미끄럼틀) - 음량 감지 가로등 만들기	개별 학습	스파이크 에센셜
	활동3	▪ 가로등을 코딩해요. - 가로등 작동시키기	개별 학습	태블릿
	정리	▪ 소피와 친구들을 도와요. - 소피와 친구들이 안전하게 놀 수 있도록 가로등을 작동시키기	개별 학습	활동지, 필기구
활동 팁	▪ 생활 속 센서를 이용해 본 경험을 떠올리도록 허용적 분위기를 조성한다. ▪ 음량 감지와 음성 인식의 차이에 유의하여 지도한다.			

시작해요   소피와 친구들을 도와요.

- 소피와 친구들은 학교가 끝나고 어디에서 놀고 있나요?

_____

_____

- 소피와 친구들에게 어떤 문제가 생겼나요?

_____

_____

학습 목표   음량 감지 센서 작동 방식에 대해 말할 수 있다.

활동1 생활 속 센서를 알아보아요.

◆ 센서 종류 알아보기

- 우리 주변에는 우리를 도와주는 많은 센서들이 있습니다. 알맞은 센서 작동 방식을 찾아 연결하세요.

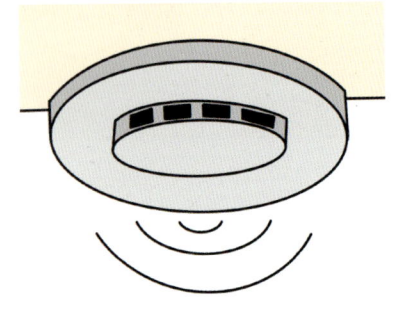      

화재경보기   **도어락**   **소음측정기**

      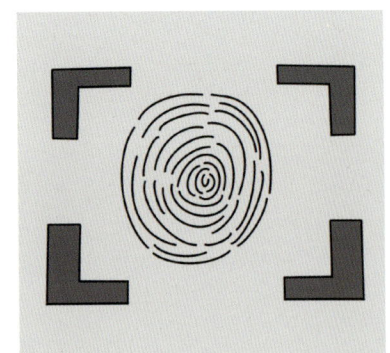

◆ 음량 감지 가로등 알아보기

<큰 소리로 켜지는 가로등!>

"음량 감지 가로등"은 주변에서 나는 큰 소리에 반응하여 빛을 밝혀주는 가로등이에요.
사람들의 **말소리, 주변에서 나는 소리**를 듣고 자동으로 인식하여 빛을 밝혀요.

가로등이 빛을 내기 위해 필요한 두 가지를 아래 그림에서 골라보아요.

지도 tip

- 음량 감지 가로등은 주변에서 큰 소리가 났을 때 작동함을 지도한다.
- 제시된 보기가 많아 선택을 어려워하는 학생의 경우 보기를 제한적으로 제공한다.

활동 2   놀이터를 만들어요.

◆ 놀이기구 만들기

- 어두운 밤 놀이터를 밝히기 위해 어떤 도구가 필요할까요?

- 스파이크 에센셜의 블록들 중 어떤 블록을 사용하면 가로등을 만들 수 있을까요?

- 가로등이 완성된 모습을 보고 어떤 블록이 필요할지 생각해봅시다.

놀이터

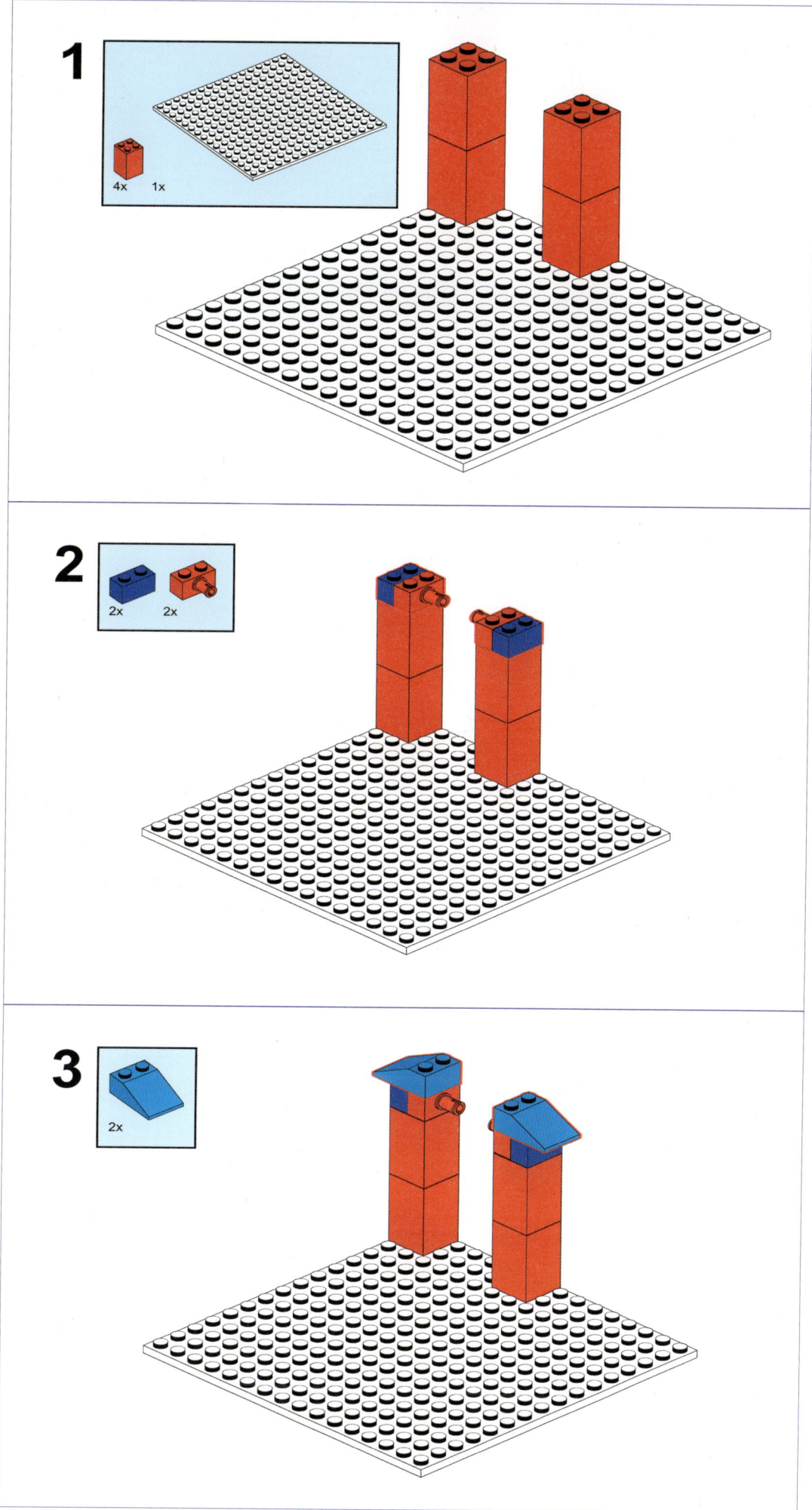

2단원_5. 소피와 친구들을 도와요 229

4

5

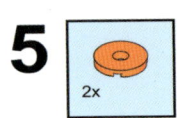

6

230　2단원_5. 소피와 친구들을 도와요

7

사진과 같이 고무줄을 끼워줍니다

8

9

 2x

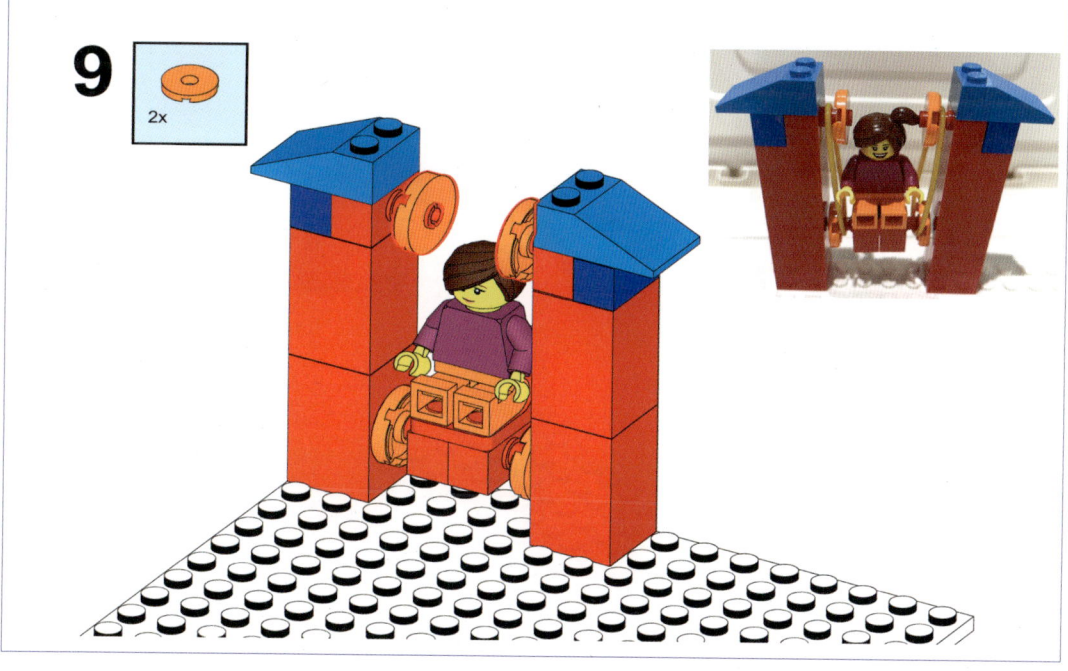

2단원_5. 소피와 친구들을 도와요

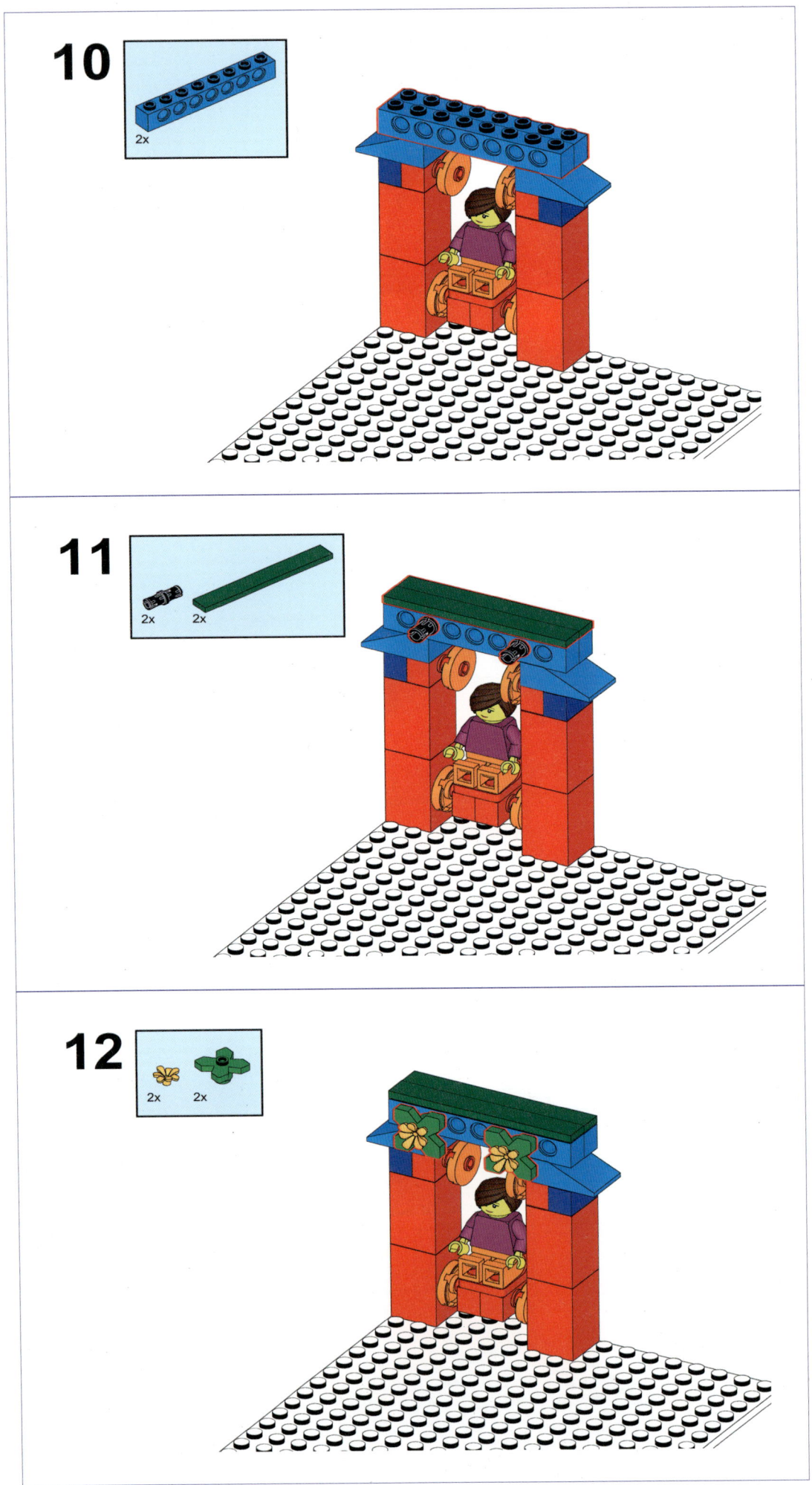

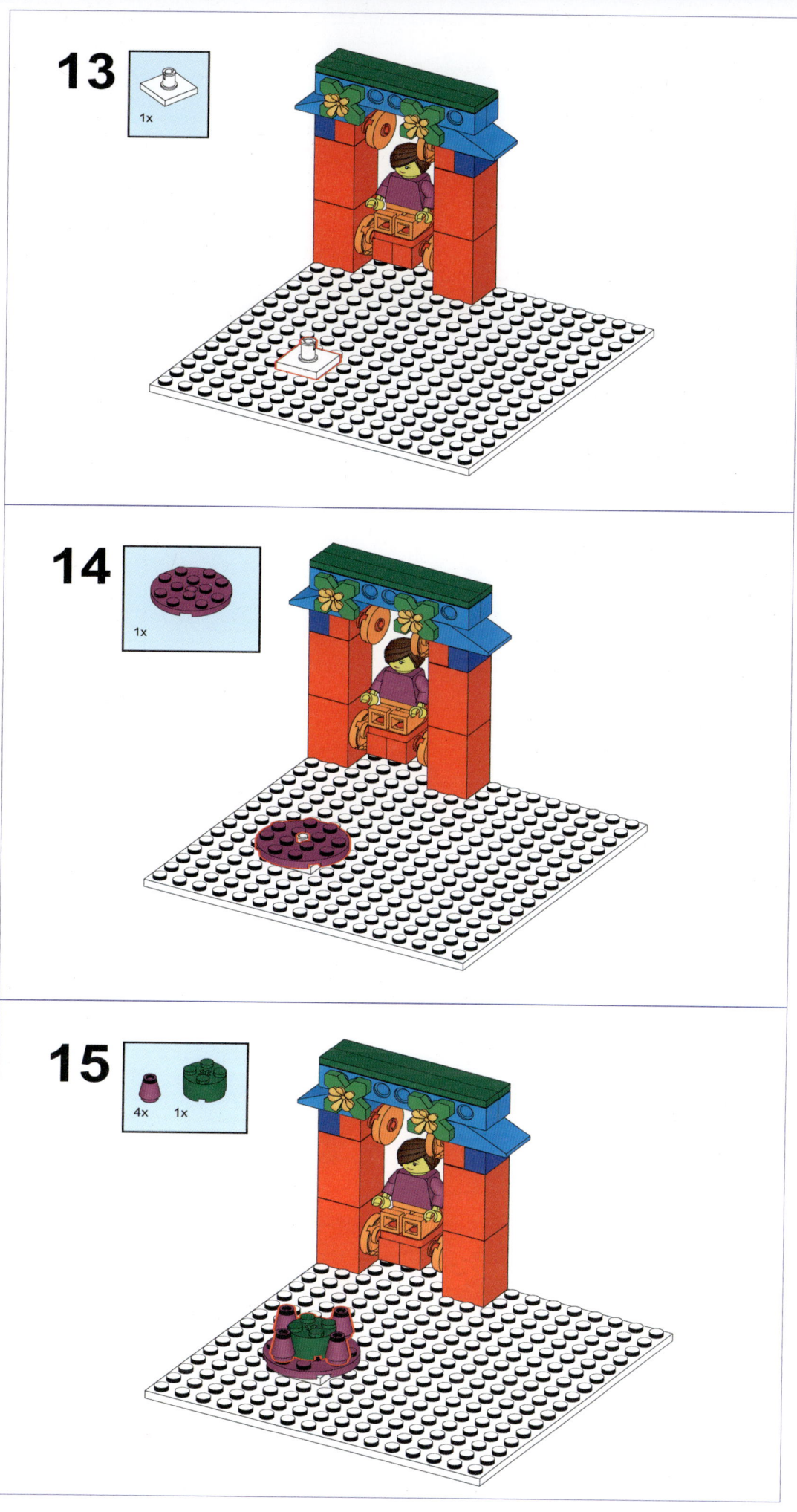

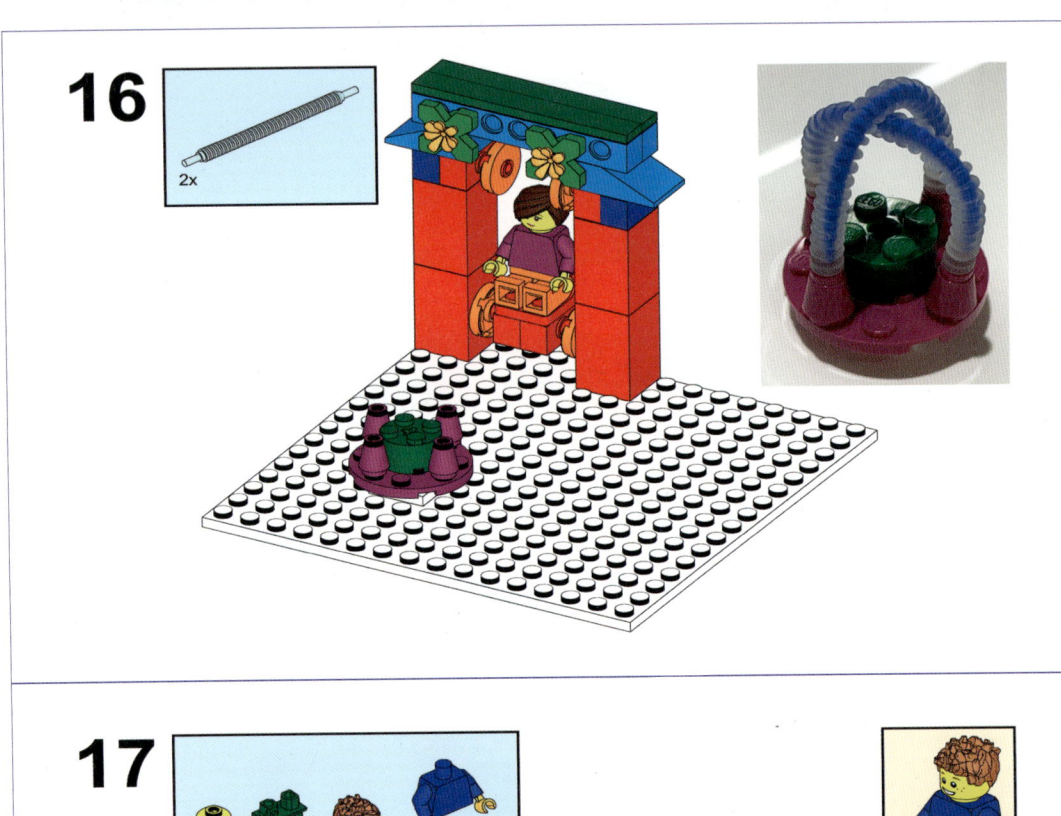
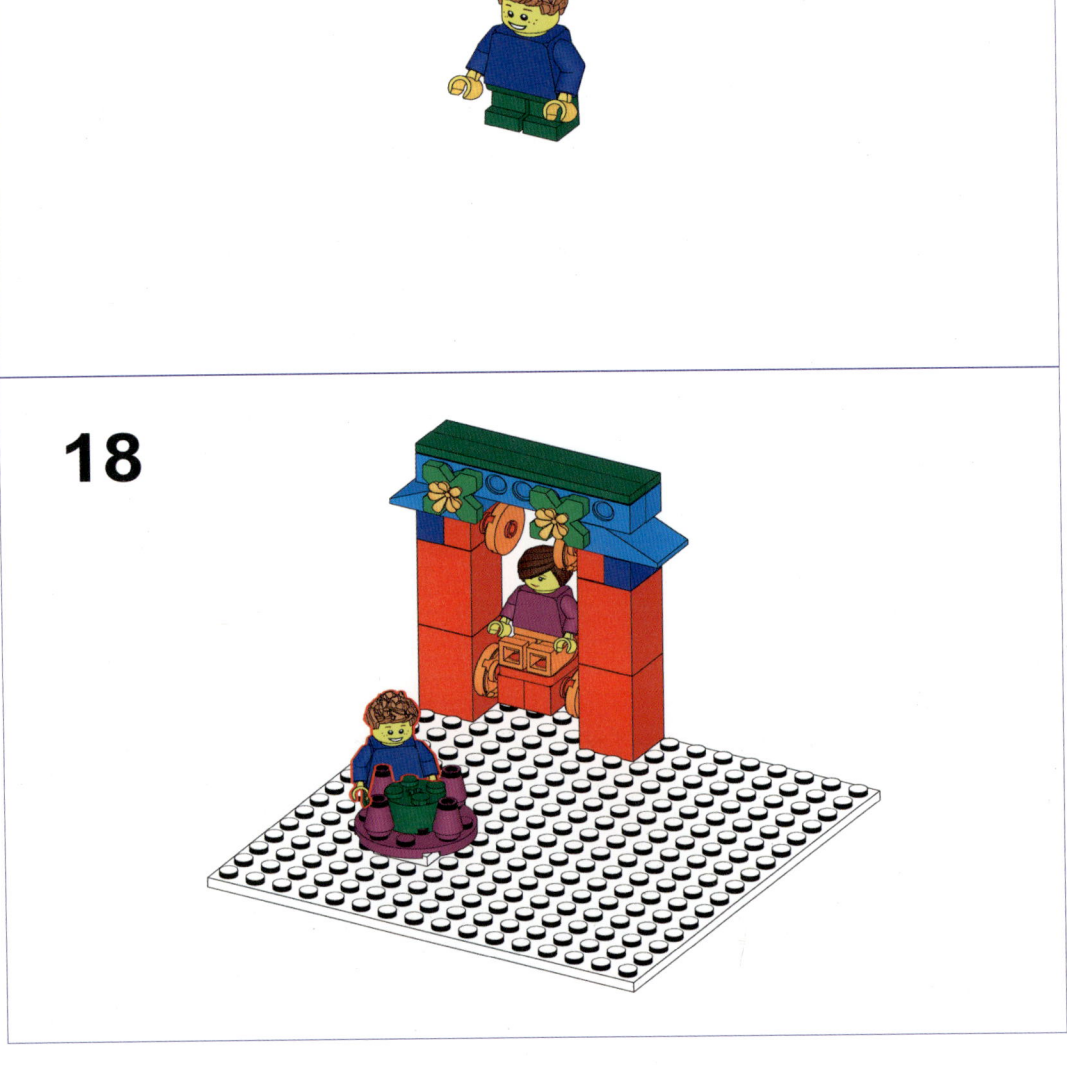

234 2단원_5. 소피와 친구들을 도와요

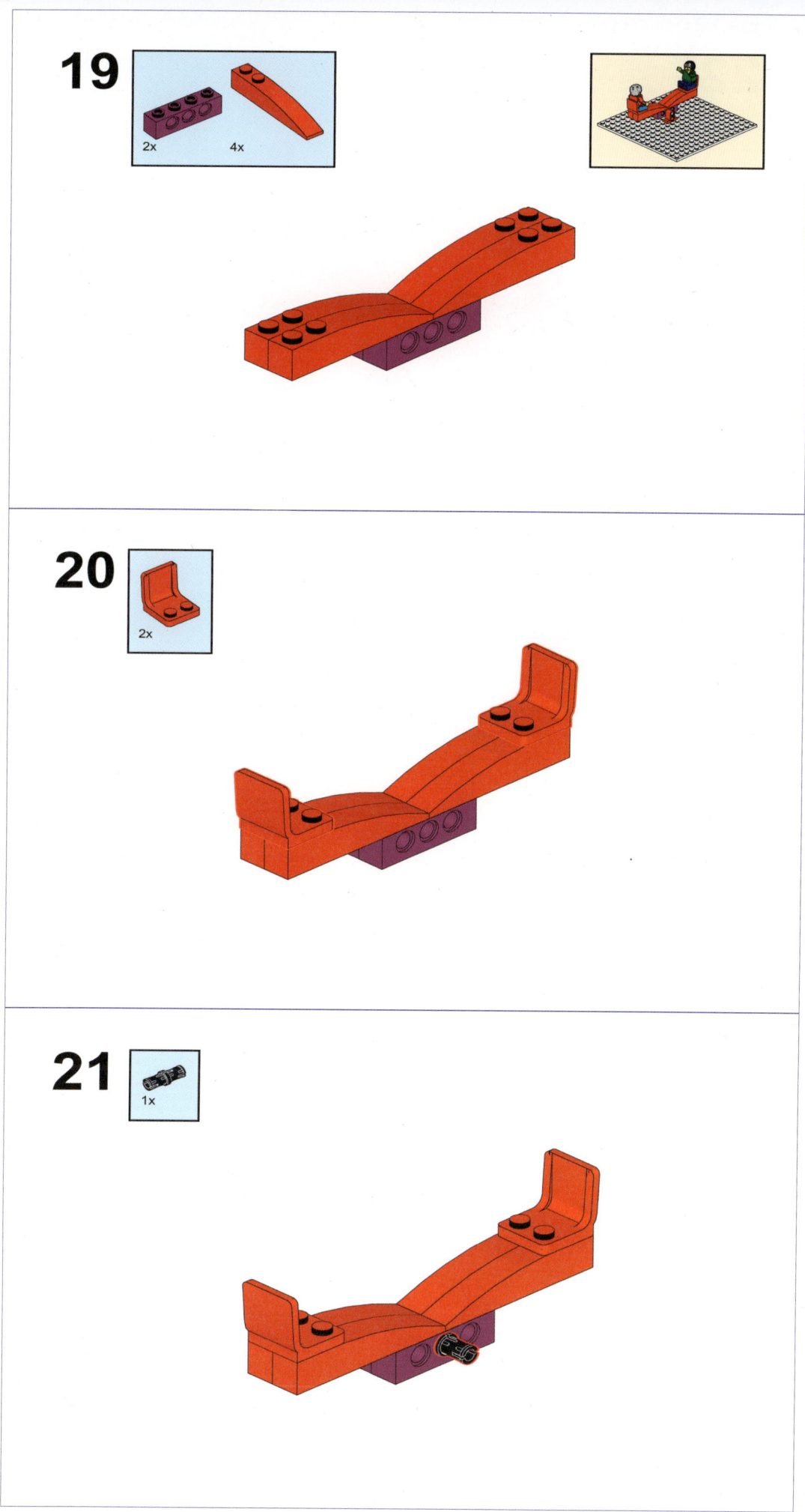

235

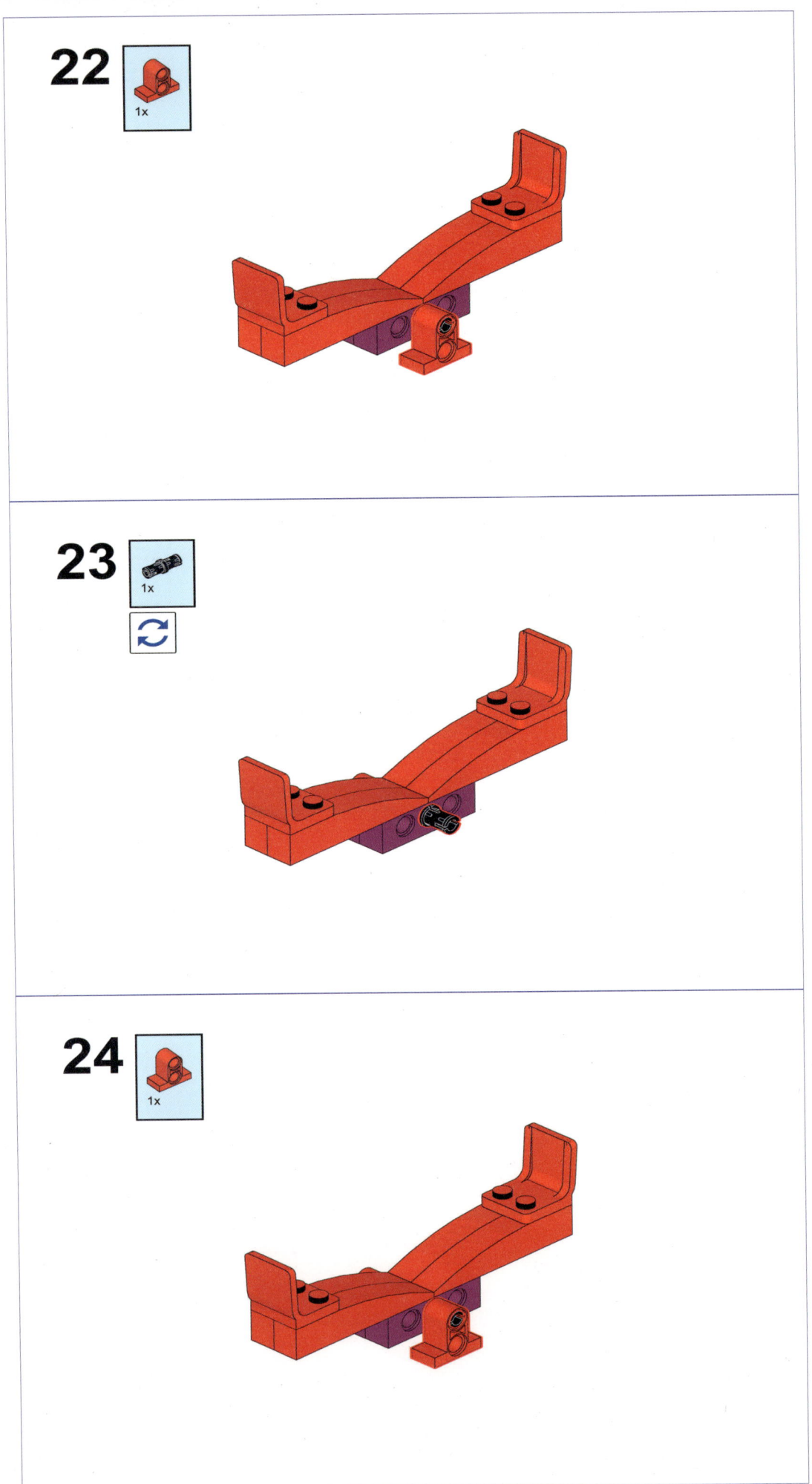

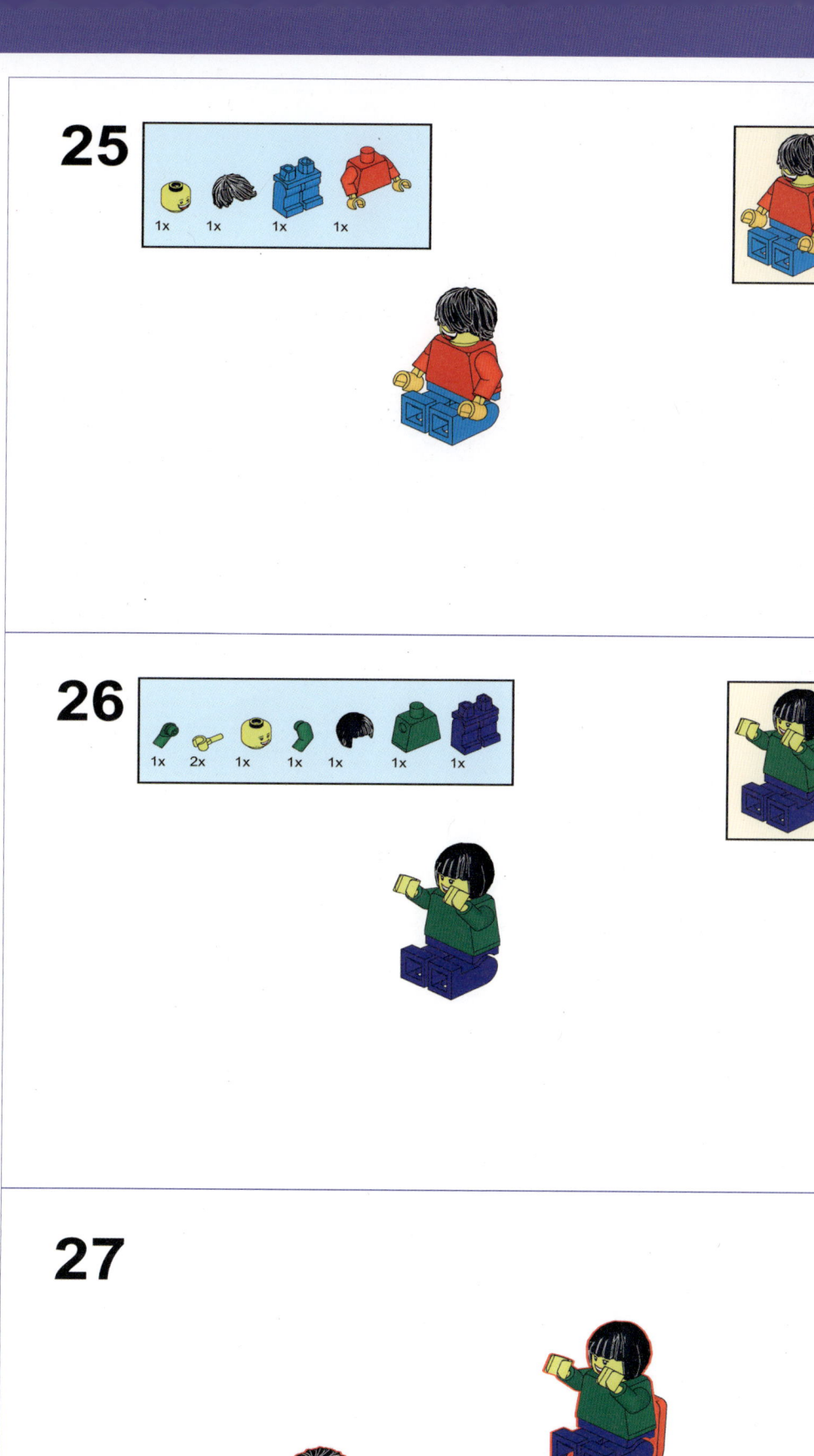

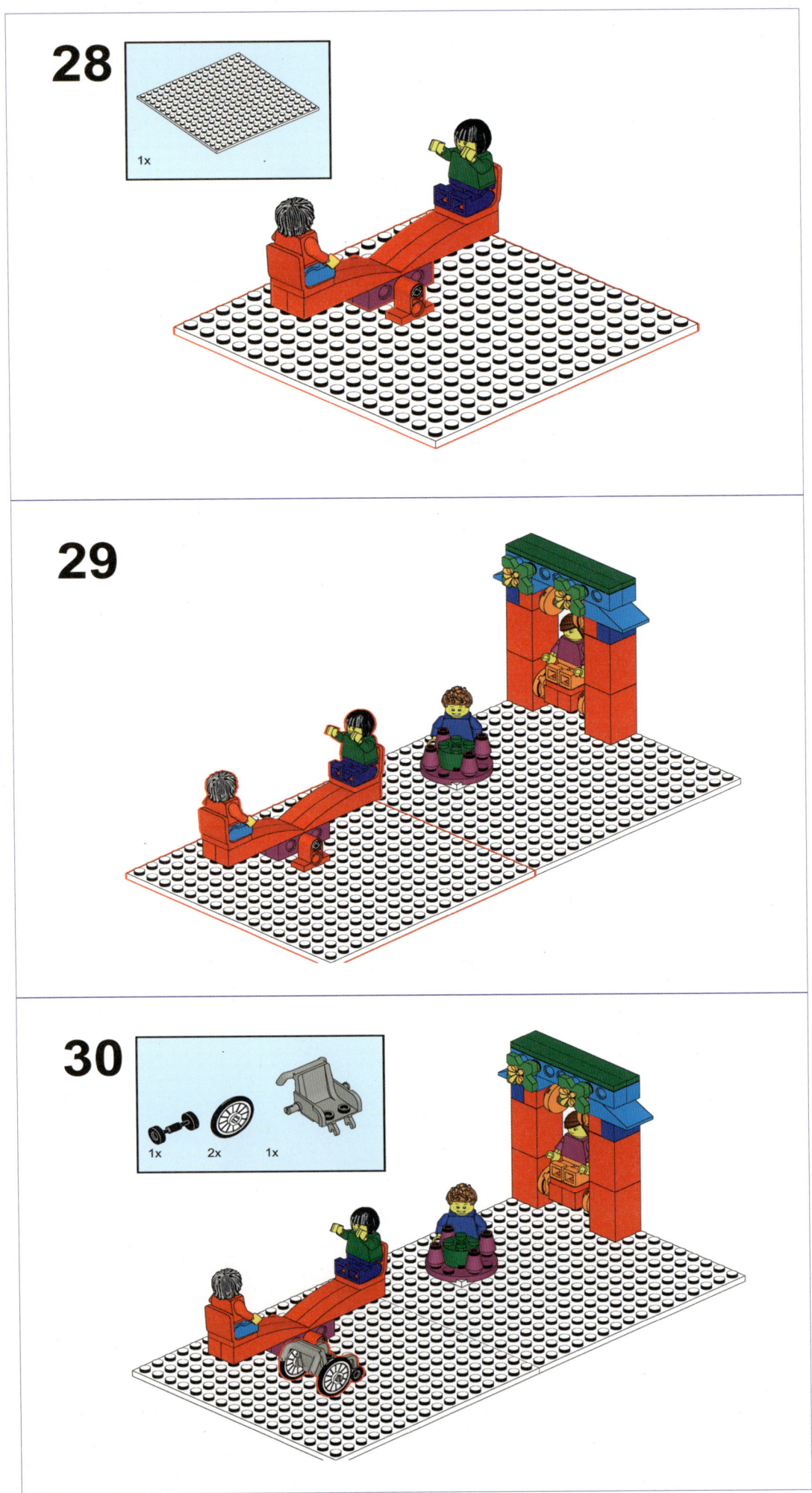

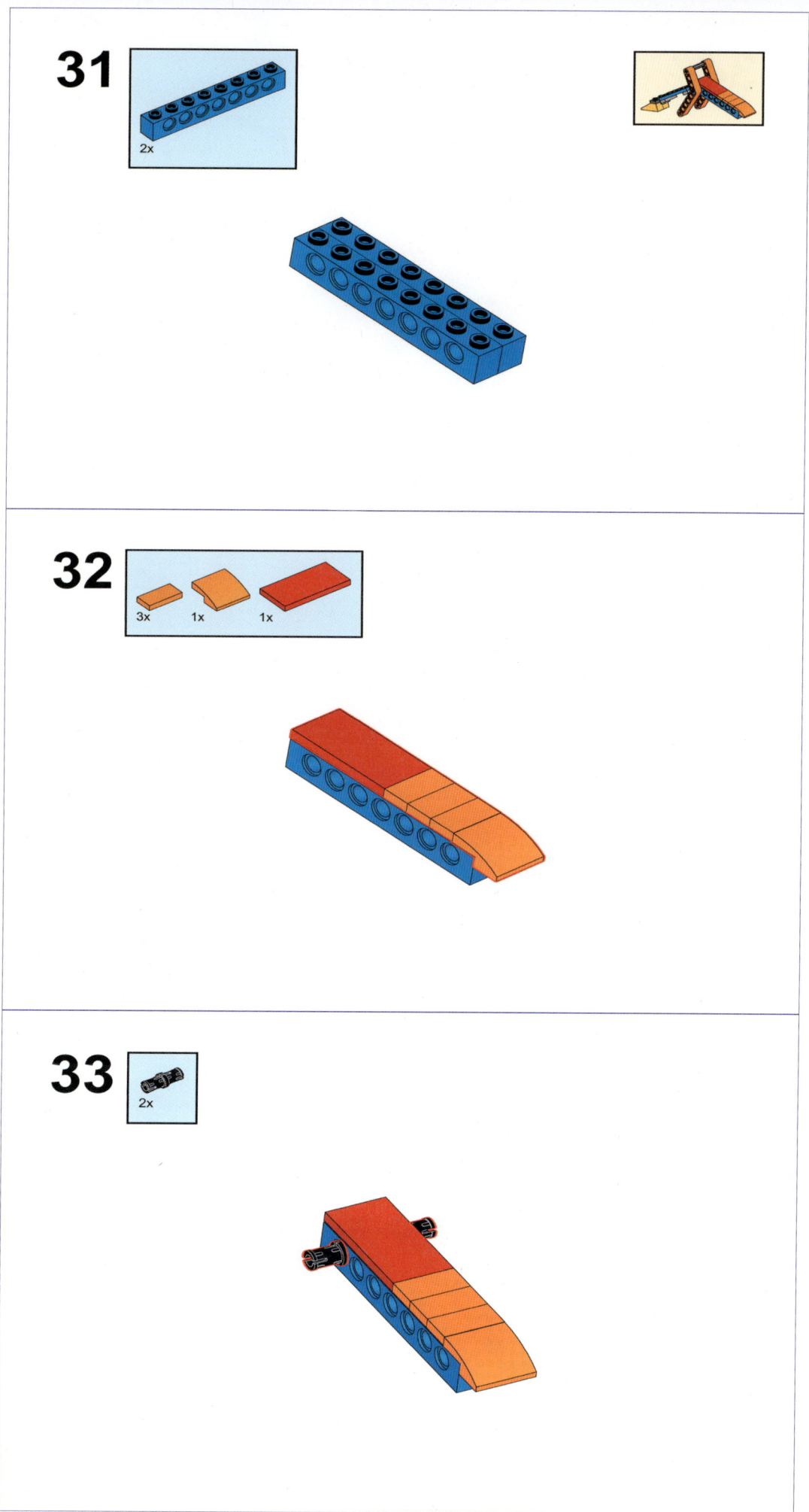

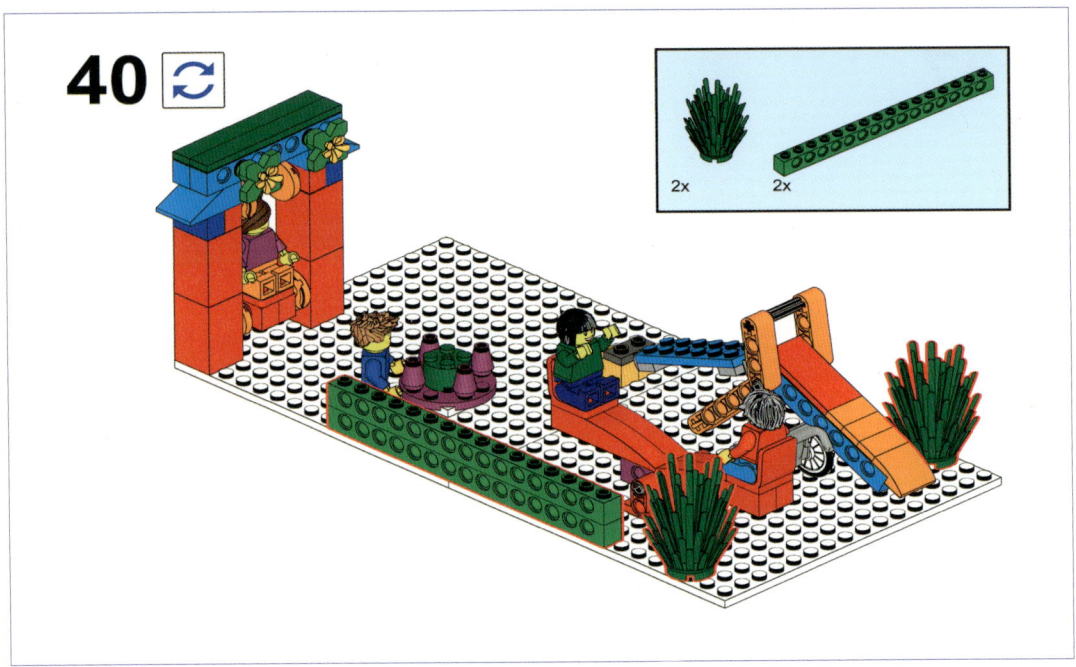

◆ 음량 감지 가로등 만들기

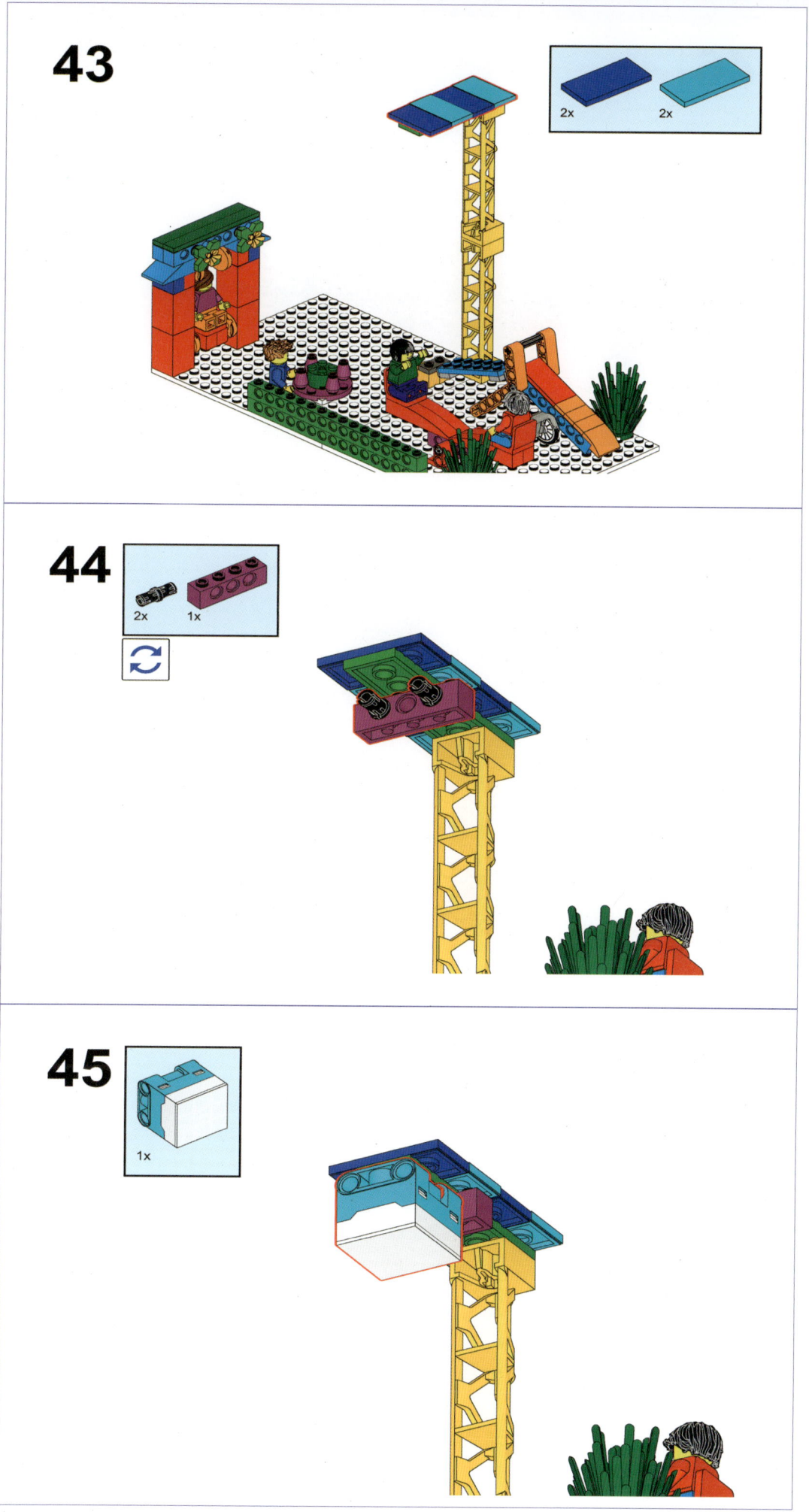

2단원_5. 소피와 친구들을 도와요 243

46 6x

47 1x

48 ↻

라이트 선을 A에 연결해 줍니다.

활동 3   가로등을 코딩해요.

◆ 코딩에 필요한 블록과 인사!

음량 블록   설정된 음량보다 큰 소리가 나면 작동해요.

◆ 가로등 작동시키기

① 허브 버튼을 누르고 연결시켜요.

② 음량 블록을 골라 붙여요.

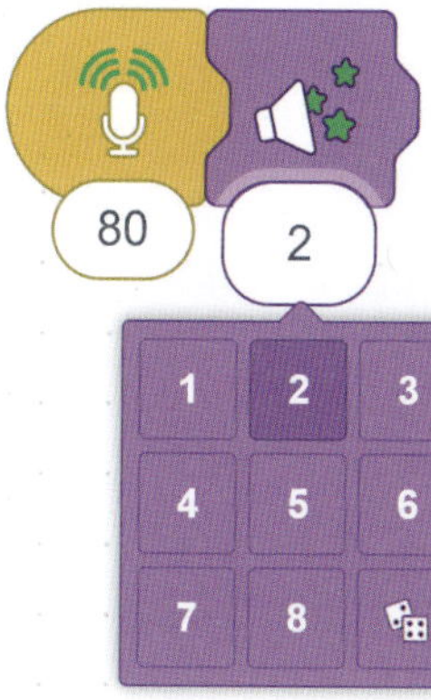

③ 소리 블록에서 2번을 골라 붙여요.

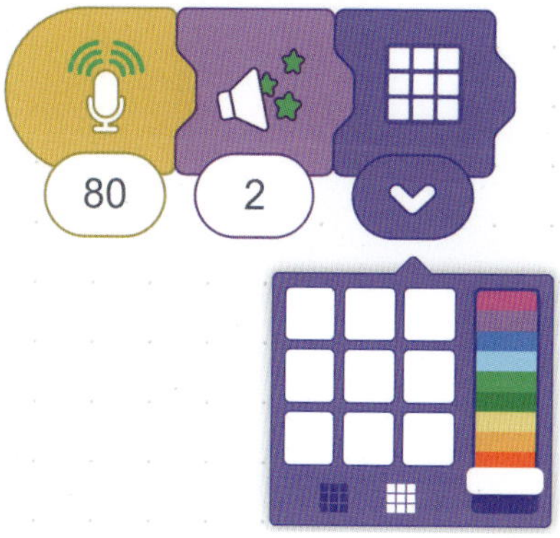

④ 라이트 블록을 골라 붙여요.

2단원_5. 소피와 친구들을 도와요   245

◆ 소리로 가로등 작동시키기!

가로등은 주변의 소리를 듣고 불이 켜져요.

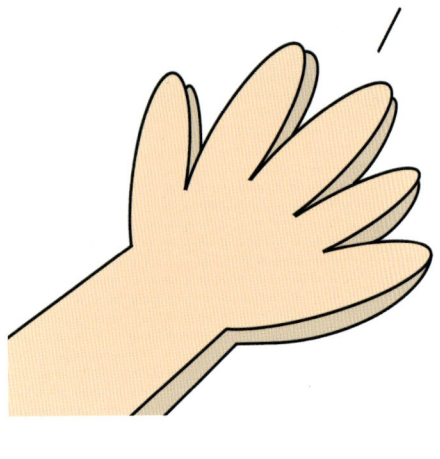

1) 약하게 박수 1번을 치고 가로등이 켜지는지 확인해요.

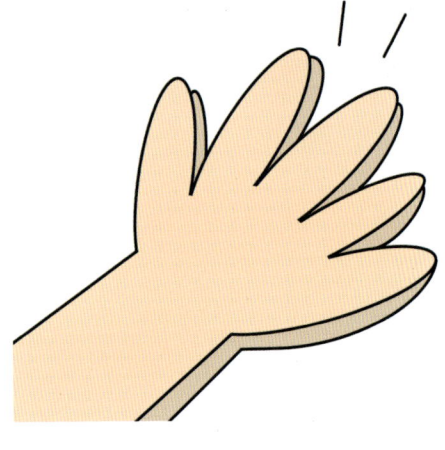

2) 중간 세기로 박수 1번을 치고 가로등이 켜지는지 확인해요.

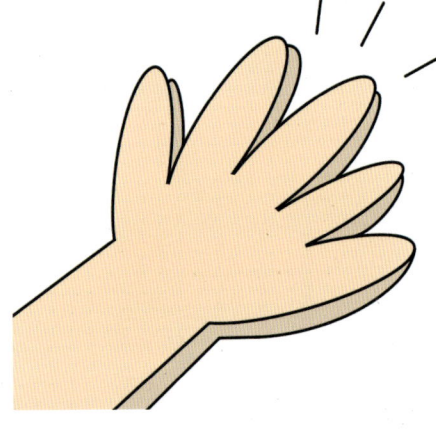

3) 강하게 박수 1번을 치고 가로등이 켜지는지 확인해요.

정리해요

개념 쏙쏙

① 음량 감지 가로등은 주변의 소리를 인식하여 켜져요.
② 센서를 이용하면 우리 생활이 편리해져요.

확인해요

평가 내용	평가 결과
■ 가로등의 작동 방법에 대해 말할 수 있나요?	😊 😐 ☹️
■ 놀이터와 가로등을 설명에 맞게 만들었나요?	😊 😐 ☹️
■ 코딩된 가로등이 바르게 작동하나요?	😊 😐 ☹️

읽을거리

모두를 위한 센서!!

청각장애인은 불이 난 걸 어떻게 알까?

 건물에서 불이나면 시끄러운 소리를 내며 불이 났음을 알려주는 화재경보기를 본 적 있을거에요. 화재경보기는 불이 나면 발생하는 연기나 뜨거운 열기를 인식해서 위험함을 소리로 알려줘요. 대부분은 사람들은 그 소리를 듣고 건물 바깥으로 몸을 피하지만 주변 소리를 듣고 이해함에 어려움이 있는 청각장애인들은 불이 났음을 어떻게 알 수 있을까요?

 이러한 청각장애인들을 위해 만들어진 것이 바로 '시각경보기'에요. 시각경보기는 소리를 듣기 어려운 청각장애인들에게 반짝이는 빛을 내어 화재가 났음을 알리고 대피하게 도와줘요.

 센서를 이용하면 우리가 안전하게 살아갈 수 있어요. 우리에게 도움을 주는 센서는 또 어떤 것이 있는지 주변을 한 번 찾아보아요.

03

우리 동네는

1. 스마트 농장에서 식물을 길러요!
2. 바람의 힘으로 바다를 가르는 공기부양선
3. 어두운 바다를 밝게 비추는 등대
4. 지구를 지키는 친환경 에너지, 풍력발전
5. 크레인으로 무거운 해양 쓰레기를 끌어올려요!

1 스마트 농장에서 식물을 길러요!

> **핵심 개념**   인공 태양광을 이용한 스마트 농장
> **활동 개요**   스마트 농장의 원리를 살펴보고 나만의 스마트 농장 만들기

식물이 잘 자라기 위해서는 물, 적당한 온도, 양분 등이 필요합니다. 그중에서도 햇빛은 식물이 광합성을 하는 데 꼭 필요한데요. 만약 햇빛이 잘 들지 않는 곳이라면 어떻게 식물을 키울 수 있을까요?
스마트 농장은 햇빛이 잘 들지 않아도 컴퓨터가 스스로 식물이 자라기에 적당한 온도와 빛을 제공해 줄 수 있습니다. 알아서 척척 식물을 길러내는 스마트 농장! 한 번 만들어 볼까요?

활동 안내

준비물	동영상, 교재(활동지), 필기구, 스파이크 에센셜			
	단계	학습 내용	학습 형태	학습 자료
학습 활동	도입	■ 스마트 농장에 관한 이야기 나누기	전체 학습	
	활동1	■ 스마트 농장에서는 어떻게 식물을 기를까요? - 스마트 농장의 모습 탐색하기 - 스마트 농장에 접목된 기술 살펴보기	전체 학습	동영상, 활동지
	활동2	■ 나만의 스마트 농장을 만들어요! - 빛 조절 기능이 있는 스마트 농장 만들기	개별 학습	활동지, 스파이크 에센셜
	활동3	■ 식물에 필요한 빛의 양을 조절해요! - 색깔 센서 블록을 이용하여 빛의 양 조절하기 - 자동화 시스템이 적용된 스마트 농장 완성하기	개별 학습	스마트기기, 스파이크 에센셜
	정리	■ 학습한 내용 확인하기	개별 학습	
활동 팁	■ 스마트 농장의 운영 원리를 알고 다양한 운영 방식이 있음을 알게 합니다. ■ 스마트 농장의 장점을 떠올리며 우리 생활에 어떤 도움이 될지 고민하게 합니다.			

시작해요 — 스마트 농장에서 식물을 길러요!

- 레오는 무엇 때문에 속상했나요?

　

- 레오의 식물이 시든 이유는 무엇인가요?

　

- 속상해하는 레오에게 소피가 제안한 방법은 무엇인가요?

　

학습 목표   스마트 농장이 자동화 시스템을 적용한 새로운 농업 방식임을 설명할 수 있다.
　　　　　　빛의 양을 조절할 수 있는 스마트 농장을 만들 수 있다.

활동 1 스마트 농장에서는 어떻게 식물을 기를까요?

◆ **식물이 잘 자라기 위해서는 무엇이 필요할까요?**

식물이 잘 자라는 데 필요한 것을 찾아 ○ 해봅시다.

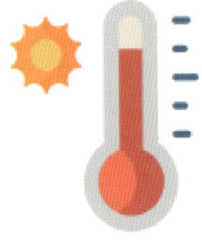			
따뜻한 온도	**차가운 온도**	**맛있는 밥**	**좋은 양분(흙)**

따끈따끈한 라면	**물**	**태양**	**차가운 눈**

◆ 스마트 농장은 어떤 곳일까요?

소피, 스마트 농장에서는 어떻게 식물을 기르는 거야?

스마트 농장에서는 여러 가지 기술을 이용해서 식물을 기르고 있어. 같이 한번 알아보자!

스마트 농장을 운영하는 곳은 주로 비닐 하우스, 유리 온실입니다. 인공지능 기술과 인터넷을 이용해서 사람이 직접 농장에 가지 않아도 컴퓨터나 스마트폰으로 식물이 가장 잘 자랄 수 있는 환경을 만들어 줍니다.

농장에 직접 가지 않아도 식물에게 물을 주거나, 정해진 시간에 자동으로 물을 줄 수 있습니다.

스마트 농장의 온도와 빛의 양, 물이나 양분을 스마트폰으로 조절할 수 있습니다.

식물에게 가장 적당한 온도를 맞추어 줍니다. 날이 추우면 온도를 더 올려줄 수도 있고, 더운 여름에는 시원하게 만들어줍니다.

흙의 상태를 분석해서 식물에게 필요한 영양분을 자동으로 공급해줍니다.

◆ 스마트 농장에서는 어떤 기술을 이용해서 식물을 기를까요?

스마트 농장에서 어떤 기술을 이용해서 식물을 기르는지 생각해보고 빈칸에 알맞은 말을 <보기>에서 찾아 써봅시다.

 농장에 직접 가지 않고 집에서 인터넷을 이용해서 식물에 (　　　　　)을 줍니다.

 식물에 가장한 적당한 (　　　　　)를 알아서 맞춰줍니다.

 스마트 농장의 온도와 빛, 물의 양을 (　　　　　)으로 조절합니다.

 식물에 필요한 (　　　　　)을 자동으로 공급해줍니다.

<보 기>　　　스마트폰, 온도, 물, 영양분

 지도 tip

- 식물의 생장에 필요한 요소를 떠올리며 스마트 농장에 접목된 기술을 탐색합니다.
- 모터, 라이트, 색깔 센서 블록으로 스마트 농장의 어떤 기술을 표현할 수 있는지 고민해보게 합니다.

활동 2   **나만의 스마트 농장을 만들어요!**

생각해보기

- 소피는 레오의 고민을 해결하기 위해 스마트 농장을 만들기로 했어요. 스마트 농장에서 사용하는 기술 중 레오의 고민을 해결할 수 있는 기술은 무엇일까요?

_____

_____

- 스파이크 에센셜의 4가지 기능 블록 중 어떤 블록을 사용하면 스마트 농장의 기술을 구현할 수 있을까요?

_____

_____

- 스마트 농장이 완성된 모습을 살펴보고 어떤 블록이 필요한지 생각해봅시다.

_____

◆ 만들기

스마트 농장

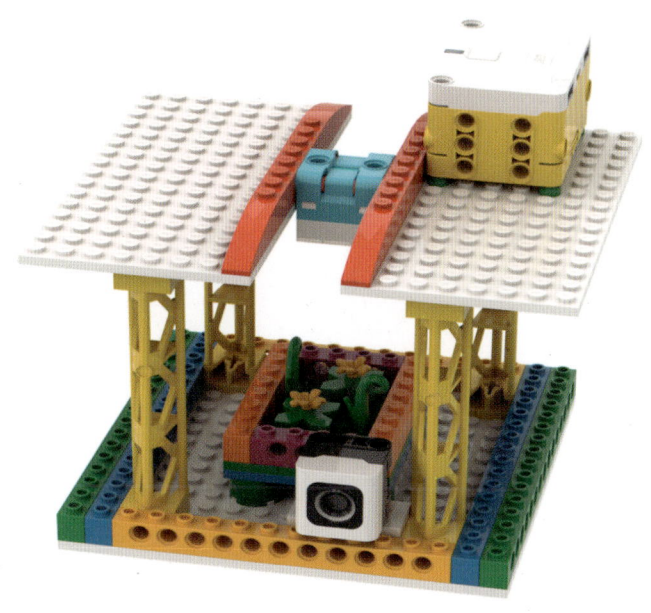

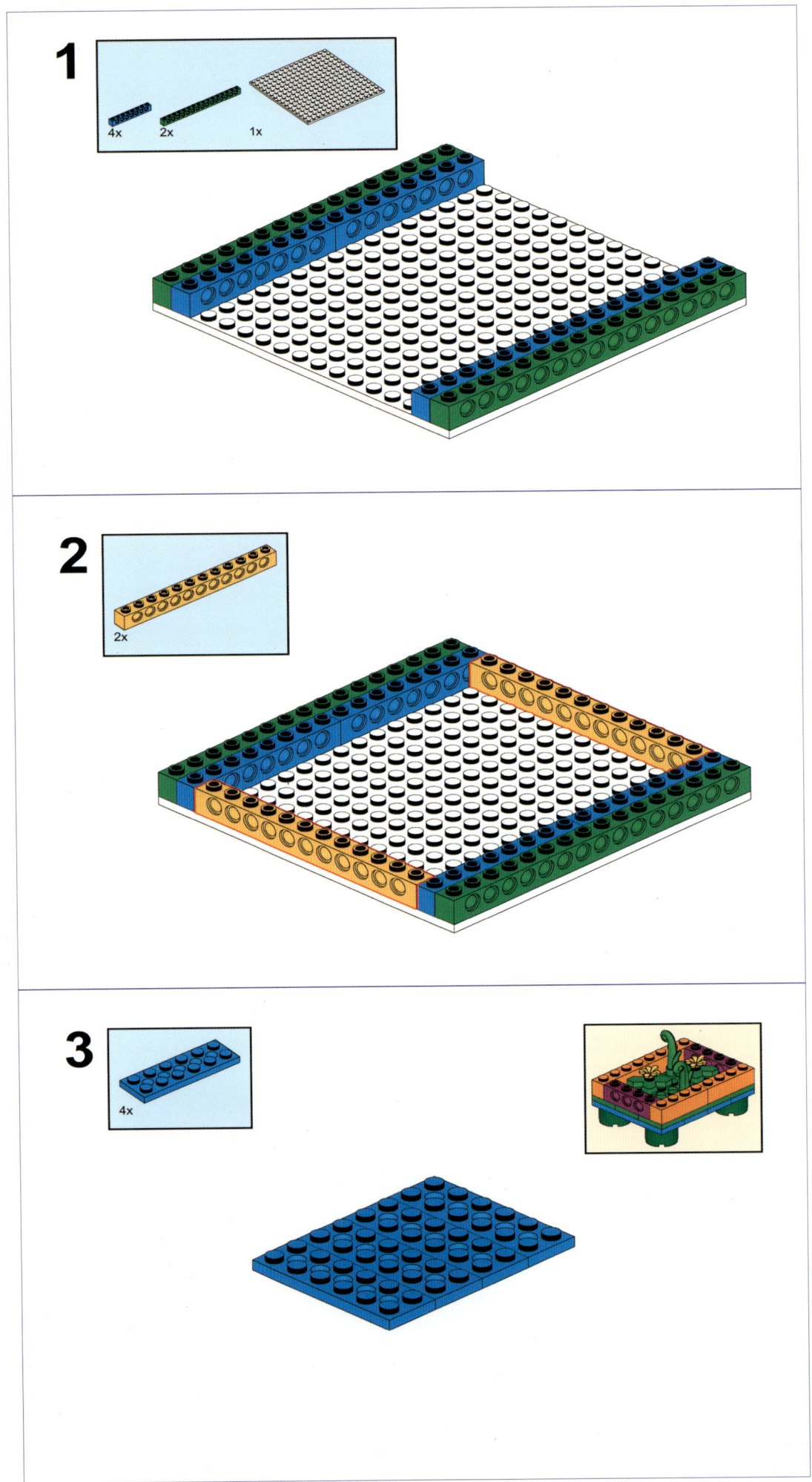

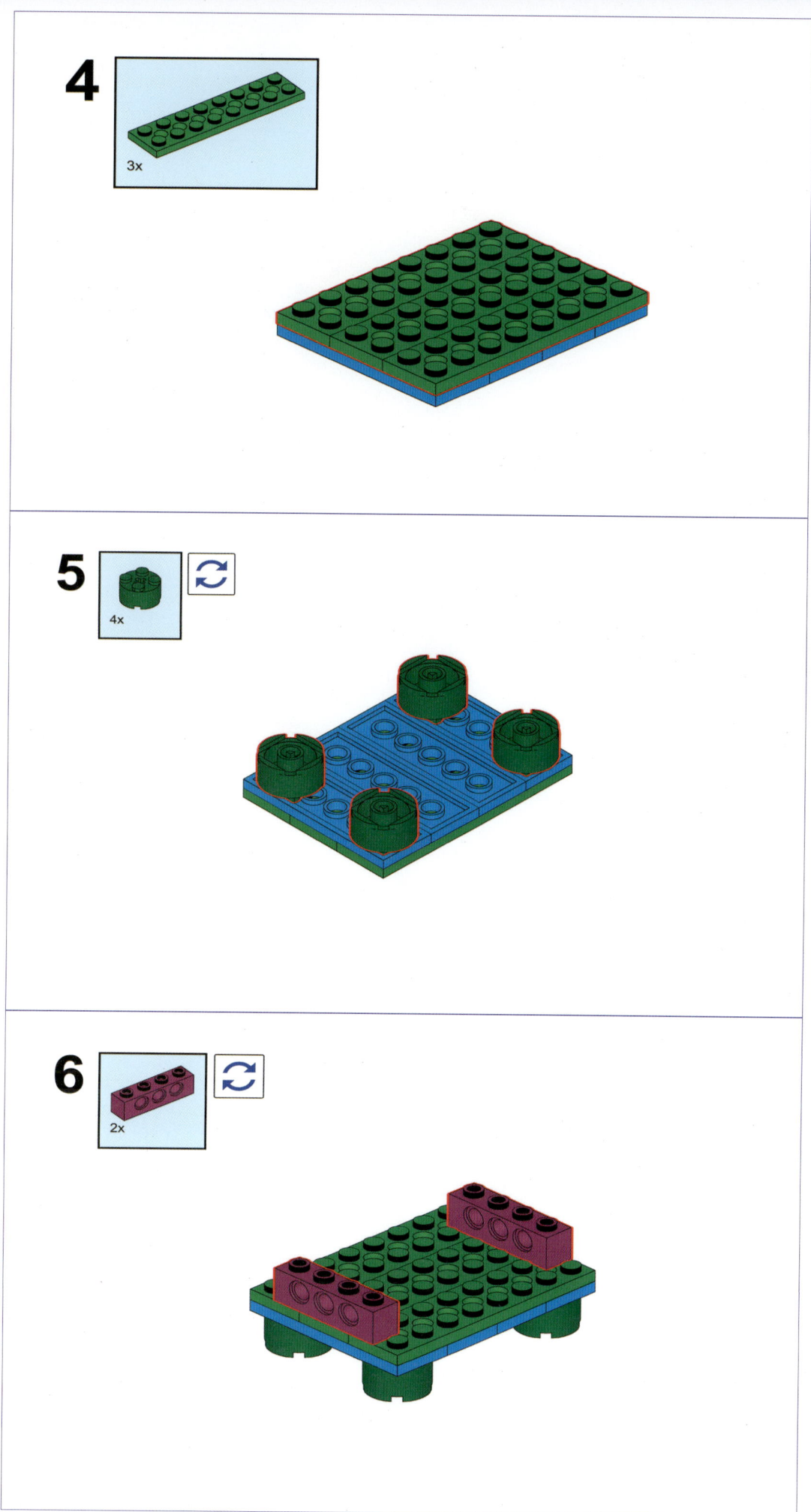

3단원_1. 스마트 농장에서 식물을 길러요!

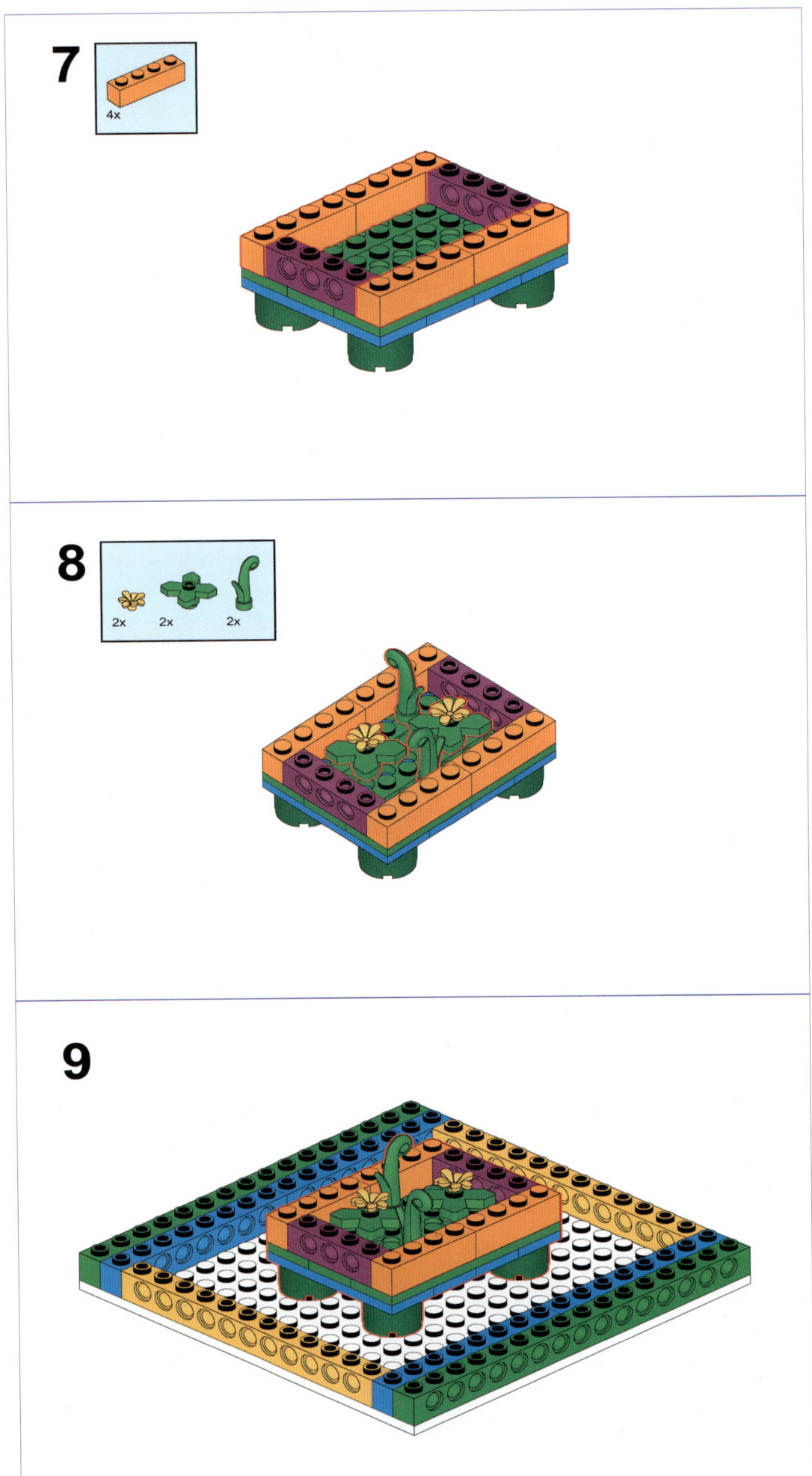

260 3단원_1. 스마트 농장에서 식물을 길러요!

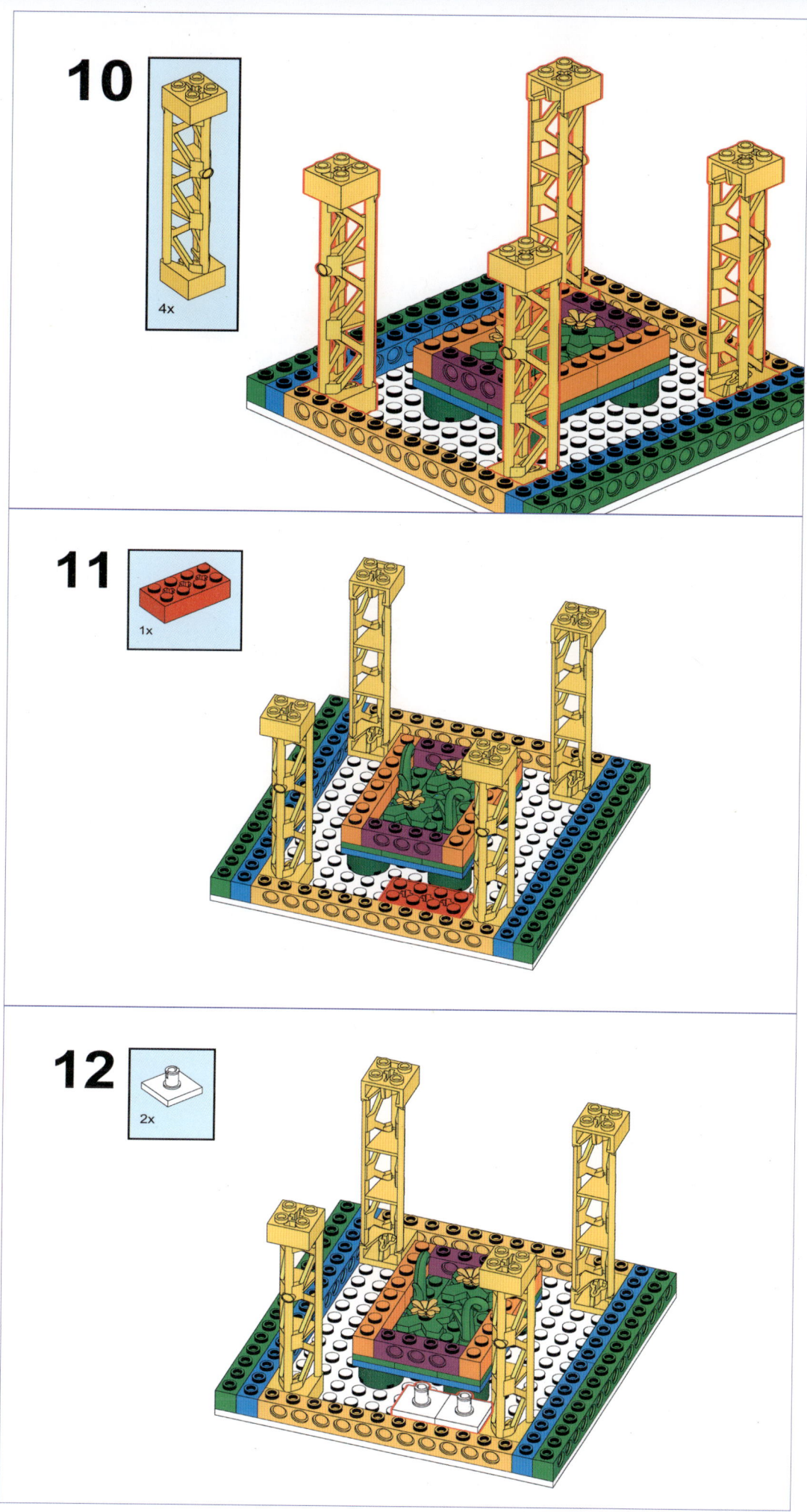

3단원_1. 스마트 농장에서 식물을 길러요!

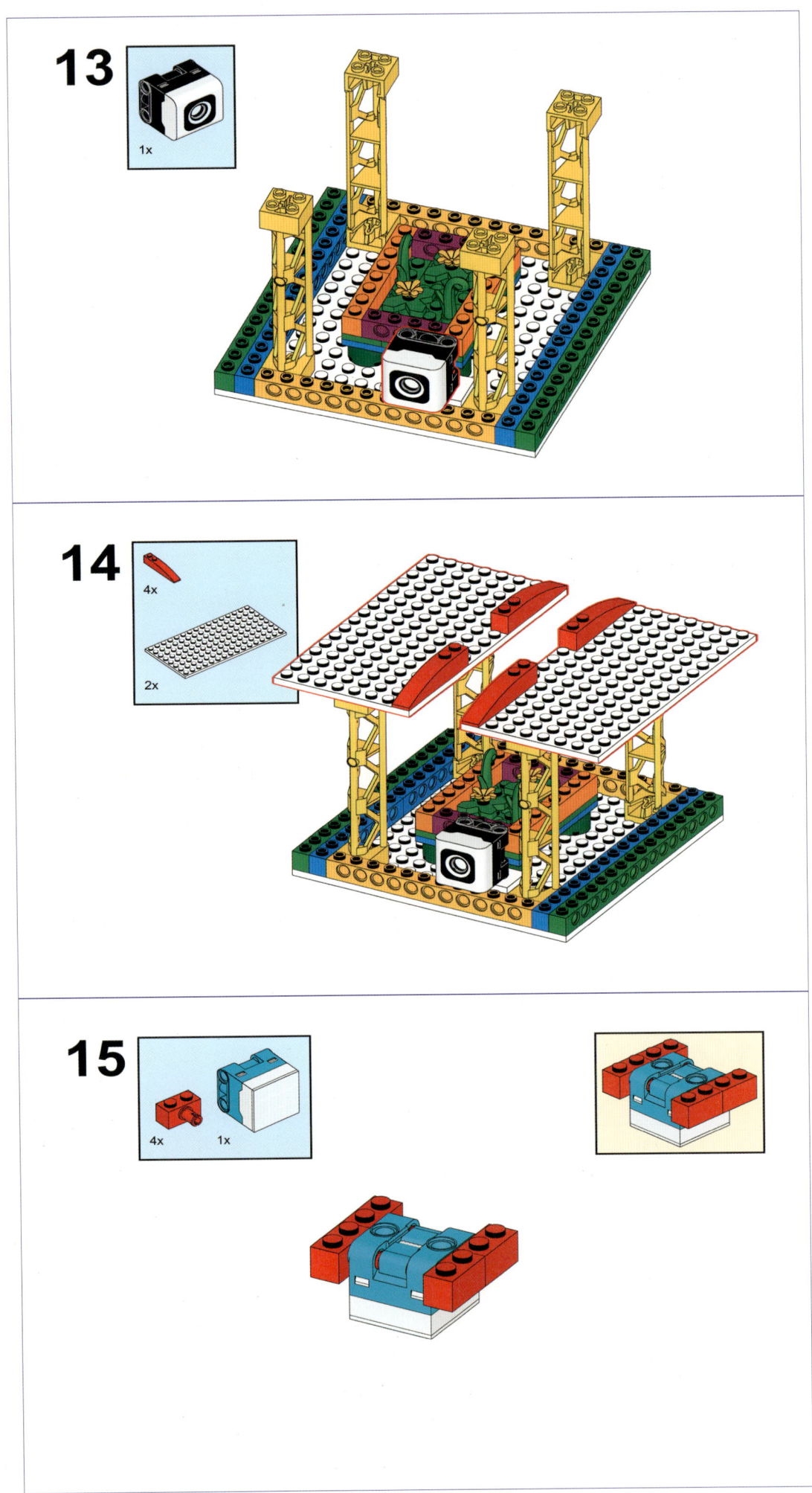

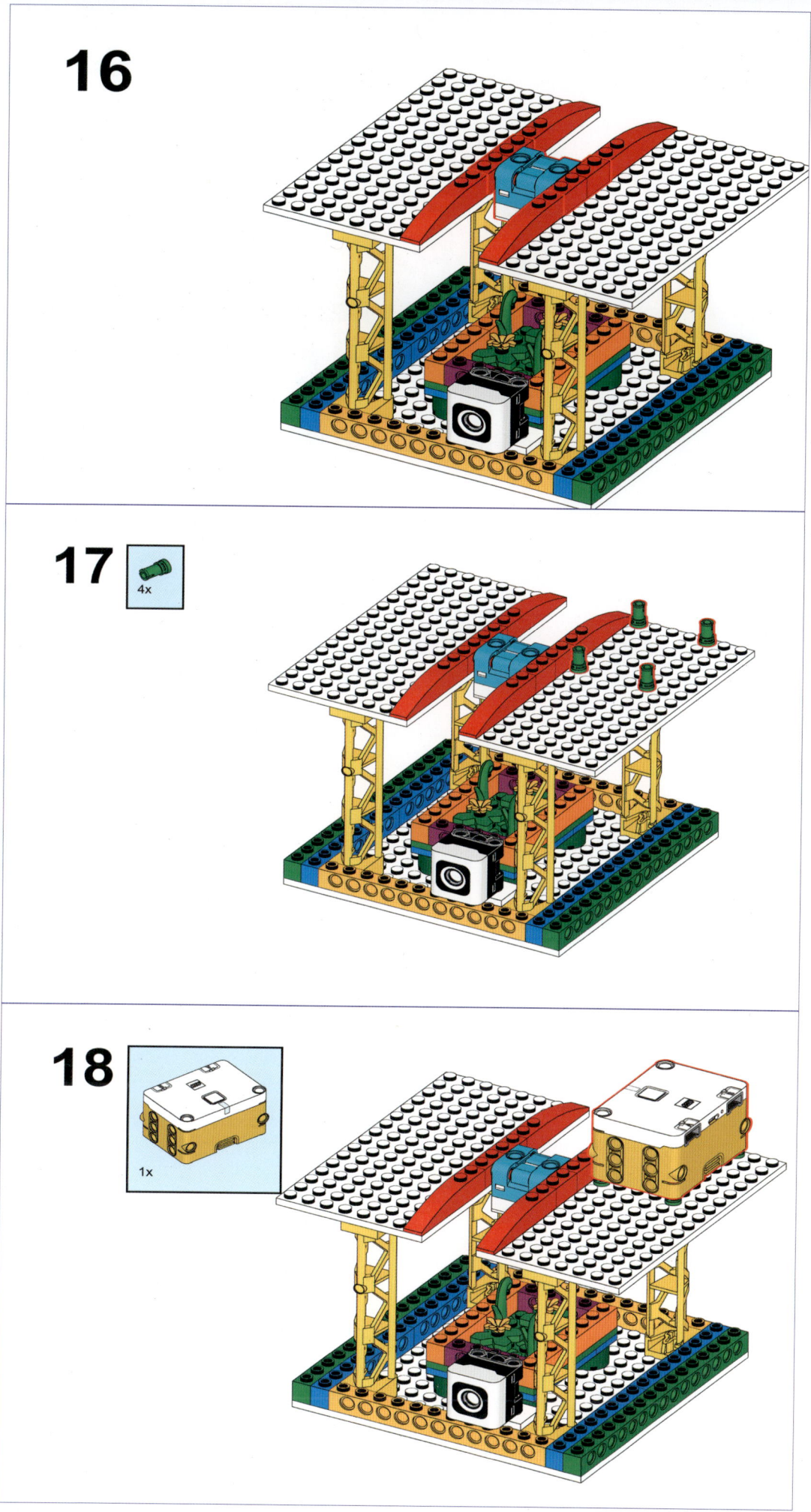

3단원_1. 스마트 농장에서 식물을 길러요!

19

라이트 선을 A, 컬러 선을 B에 연결해 줍니다.

활동 3   식물에 필요한 빛의 양을 조절해요!

| 생각해보기   라이트를 코딩하는 방법을 알아봅시다.

◆ 라이트 블록 알아보기

라이트를 코딩하는 도구는 '라이트'에서 찾을 수 있습니다.

여러 코딩블록 중 <(A) (▦)켜기>를 선택하고 시작하기를 눌러봅시다. 어떤 변화가 일어나나요?

이번에는 라이트의 밝기를 조절해 봅시다.

1. <(A)픽셀 밝기를 (100)%로 설정> 블록과 <(A) (▦)켜기> 블록을 연결합니다.

2. <(A)픽셀 밝기를 (100)%로 설정> 블록에서 밝기의 숫자를 바꿔가며 라이트의 변화를 관찰해봅시다.

3. 어떤 변화가 일어나나요?

라이트의 밝기를 조절하는 방법을 알았으면 다음으로 라이트의 색깔을 바꾸어 봅시다.

<(A) (▦)켜기> 블록에서 색깔 부분을 선택하여 원하는 색으로 바꿔봅시다.

Tip. 픽셀 하나하나의 색을 모두 다르게 할 수 있습니다. 픽셀을 활용하여 그림을 만들거나 이모티콘을 표현할 수도 있습니다.

3단원_1. 스마트 농장에서 식물을 길러요!   **265**

◆ **블록을 연결하는 중심이 되는 허브에도 빛이 나는 부분이 있습니다. 한 번 찾아볼까요? 지금은 어떤 색으로 빛나고 있나요?**

'라이트'에서 <가운데 버튼 라이트를 ◯ 색으로 정하기>를 활용하면 허브의 버튼 색을 바꿀 수 있습니다.

앞서 배운 라이트 켜기를 활용해서 라이트와 허브의 버튼 색이 같아지도록 만들어 봅시다.

◆ **색깔 센서 블록을 코딩하는 방법을 알아봅시다.**

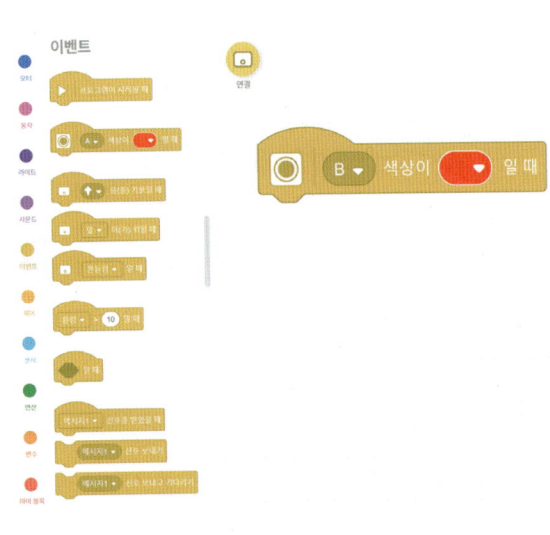

색깔 센서 블록은 물체의 색깔을 인식해서 그 색깔에 맞는 작업을 수행하게 만드는 블록입니다.

'이벤트'에서 색깔 센서 블록을 활용하는 도구를 찾을 수 있습니다.

여러 코딩 블록 중 <(A)색상이 ◯ 일 때>를 찾아봅시다.

<(A)색상이 ◯ 일 때> 블록에서 (A)를 (B)로 바꿉니다.

<(B)색상이 ◯ 일 때> 블록의 아래로 수행할 블록들을 연결하면 색깔 센서 블록이 빨간색을 인식했을 때 지정된 작업을 수행합니다.

색깔 센서 블록이 빨간색을 인식하면 라이트의 색이 빨강으로 바뀌도록 코딩해봅시다.

<(B)색상이 ⬤ 일 때> 블록 아래에 라이트 켜기 명령을 연결하면 색깔 센서 블록이 빨간색을 인식했을 때 라이트가 빨강으로 바뀌게 됩니다.

시작하기를 누르고 색깔 센서 블록 앞에 빨간색 블록을 갖다 대봅시다. 어떤 변화가 일어나요?

◆ 스마트 농장이 제대로 작동할 수 있도록 코딩해봅시다.

1. 태양을 대신할 수 있는 라이트 조명이 달린 스마트 농장

- 식물이 잘 자랄 수 있도록 충분한 빛 쬐어 주기
- 라이트를 흰색으로, 밝기는 100%로 설정하기

2. 너무 많은 빛과 열은 오히려 식물을 잘 자라지 못하게 해요!

- 색깔 센서 블록을 이용하여 라이트 조명 켜고 끄기

3. 식물의 상태에 맞게 다양한 온도를 제공해요.

- 색깔 센서 블록을 이용하여 다양한 빛의 라이트 조명 작동시키기
- 시간이 지나면 자동으로 꺼지도록 만들기

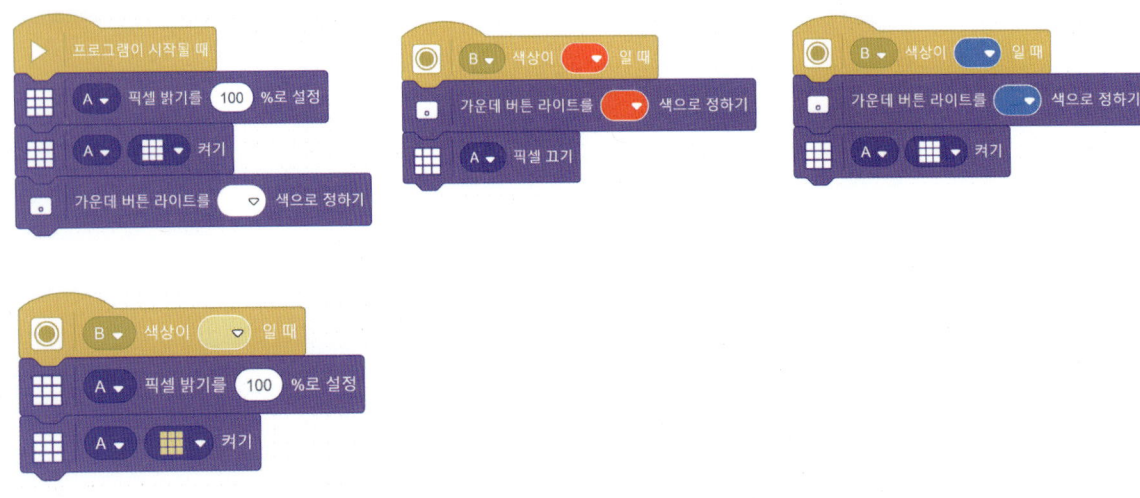

정리해요

개념 쏙쏙

1. 스마트 농장은 자동화 기술을 적용한 새로운 농업 기술이에요.
2. 식물이 자라는 데 필요한 요소를 컴퓨터, 스마트폰을 이용해 관리해요.
3. 적은 힘으로 품질이 좋은 농작물을 수확할 수 있어요.

확인해요

평가 내용	평가 결과
■ 스마트 농장에서 어떤 기술을 활용하는지 말할 수 있나요?	😊 😐 😟
■ 내가 만든 스마트 농장이 제대로 작동했나요?	😊 😐 😟

읽을거리

동물을 키우는 데도 스마트 기술이?

스마트 농장의 기술은 농장뿐만 아니라 소를 키우는 낙농업, 돼지를 키우는 양돈업, 닭을 키우는 양계업 등에도 적용되고 있습니다. 동물을 키우는 스마트 축사에서는 어떤 기술을 사용하고 있는지 알아볼까요?

스마트 축사에서는 동물들이 잘 자랄 수 있는 환경을 만들어 주는 데 자동화 기술을 이용합니다. 온도와 습도를 관찰해서 너무 더울 때는 선풍기가 돌아가고, 추운 날에는 온풍기가 작동되도록 관리합니다. 그리고 동물이 먹는 사료와 물을 언제, 얼마나 줄 것인지 결정해서 자동으로 사료와 물을 공급해줍니다. 축사에서 키우는 동물 중 돼지는 특히 자신의 공간을 소중히 여기는 동물입니다. 스마트 양돈장에서는 돼지들이 각자의 집으로 잘 돌아갈 수 있도록 자동으로 문을 여닫거나, 집을 잘못 찾아간 돼지가 있는지 확인하기 위해 CCTV를 이용하기도 합니다.

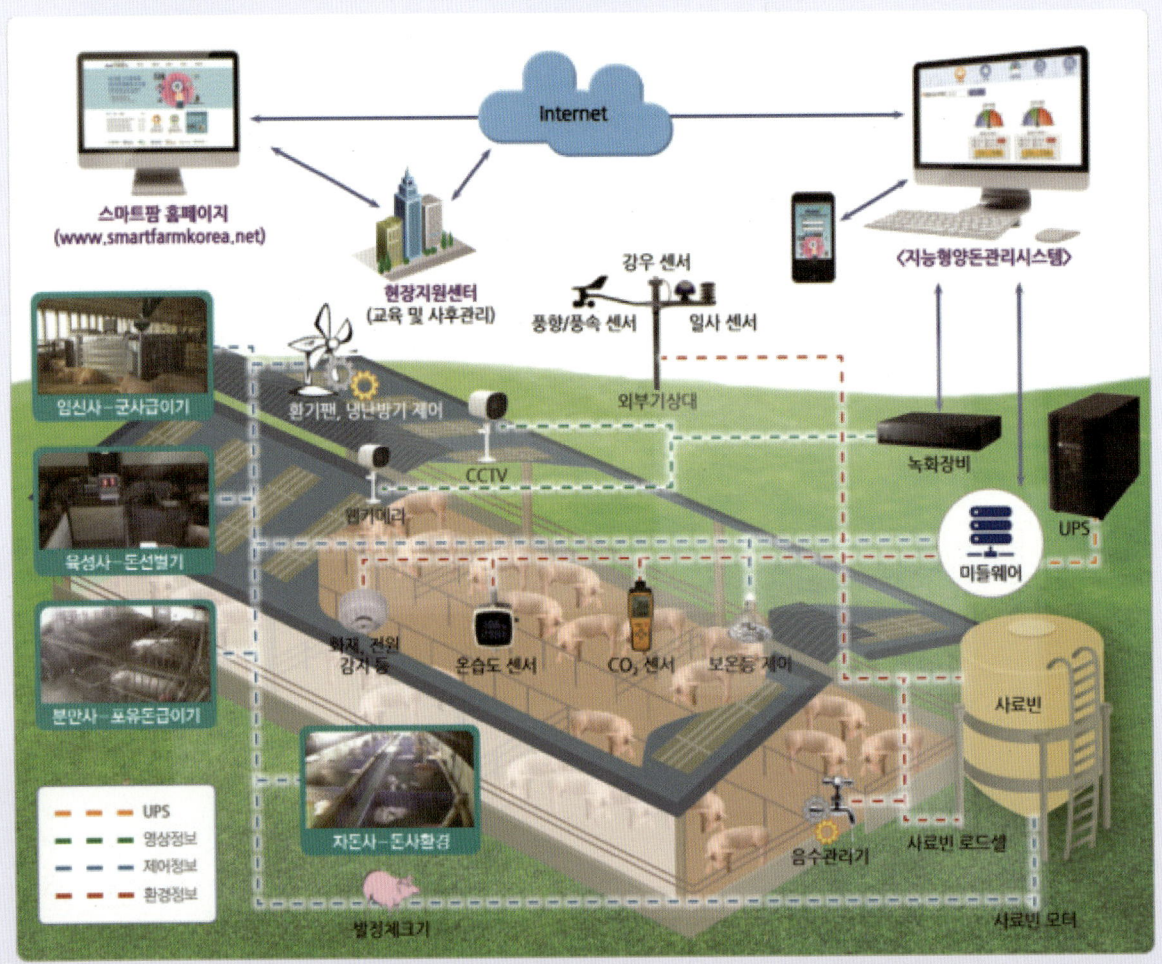

사진 출처: 농림수산식품교육문화정보원-축사안내 '축산분야 구성'(농림수산식품교육문화정보원)

2 바람의 힘으로 바다를 가르는 공기부양선

핵심 개념 공기의 압력을 이용해 움직이는 공기부양선
활동 개요 공기부양선의 모습과 원리를 살펴보고 나만의 공기부양선 만들기

공기부양선은 바람의 힘을 이용해서 움직이는 교통수단입니다. 배나 보트는 프로펠러로 물을 밀어내는 힘을 발생시켜 움직이는데, 수심이 얕은 갯벌이나 늪지대에서는 프로펠러가 작동하는 데 어려운 점이 많아서 배를 움직일 수 없습니다. 하지만 공기부양선은 물속에 프로펠러가 없고 바람의 힘을 이용해 움직이기 때문에 갯벌이나 늪지대에서도 사용할 수 있습니다.

활동 안내

준비물	동영상, 교재(활동지), 필기구, 풍선, 선풍기, 휴지, 스파이크 에센셜			
	단계	학습 내용	학습 형태	학습 자료
학습 활동	도입	▪ 공기부양선에 관한 이야기 나누기	전체 학습	

	활동1	▪ 바람의 힘으로 움직이는 것
		  - 탈 것을 움직이는 동력 알아보기
		  - 바람의 힘 알아보기
			전체 학습	동영상, 활동지, 풍선, 선풍기, 휴지

	활동2	▪ 공기부양선을 만들어요! - 프로펠러가 움직이는 공기부양선 만들기	개별 학습	활동지, 스파이크 에센셜

	활동3	▪ 큰 소리를 내며 움직이는 공기부양선
		  - 소리 블록의 기능을 알아보고 사용하기
		  - 큰 소리를 내며 프로펠러가 회전하도록 코딩하기
			개별 학습	스마트기기, 스파이크 에센셜

	정리	▪ 학습한 내용 확인하기	개별 학습	
활동 팁	▪ 공기부양선이 바람의 힘(공기가 밀어내는 힘)을 이용한 교통수단임을 알게 합니다. ▪ 공기부양선과 비슷한 원리를 가진 것에는 무엇이 있는지 탐색합니다.			

시작해요 바람의 힘으로 바다를 가르는 공기부양선!

- 소피가 놀란 이유는 무엇인가요?

- 다니엘의 마을에 가기 위해서는 어떻게 해야 하나요?

- 다니엘의 마을에 갈 수 없는 이유는 무엇인가요?

- 마리아가 제안한 방법은 무엇인가요?

- 공기부양선이 어떻게 바다를 건널 수 있을지 생각해봅시다.

> **학습 목표** 공기부양선이 바람의 힘을 이용해 움직이는 교통수단임을 설명할 수 있다.
> 소리를 내며 프로펠러가 회전하는 공기부양선을 만들 수 있다.

활동 1 　바람의 힘으로 움직이는 것

◆ 우리 주변에는 여러 가지 탈 것이 있습니다. 다음에 있는 탈 것들이 움직이기 위해서는 무엇이 필요한지 연결해 봅시다.

◆ 돛단배는 바람의 힘을 이용해 움직입니다. 그렇다면 바람의 힘은 어디서 생기는 걸까요? 실험을 통해 바람의 힘을 알아봅시다.

첫 번째 실험 <풍선 날리기>

1. 마음에 드는 풍선을 골라 적당한 크기로 불어봅시다.
2. 풍선의 입구를 잡고 있던 손을 놓아봅시다.
3. 풍선의 움직임을 관찰해봅시다.

- 풍선은 어떻게 되었나요?

- 풍선이 날아간 이유는 무엇일까요?

A. 풍선 안에 있던 공기가 풍선의 좁은 입구로 나오면서 밀어내는 힘이 생기고 그 힘으로 풍선이 날아가게 됩니다.

두 번째 실험 <휴지 날리기>

1. 휴지를 한 장 준비하고, 한쪽 끝을 잡습니다.
2. 선풍기를 켜고 준비한 휴지를 선풍기 앞에 갖다 댑니다.
3. 휴지의 움직임을 관찰합니다.
4. 휴지를 잡고 있던 손을 놓아봅시다.

- 휴지를 선풍기 앞에 가져갔을 때, 휴지는 어떻게 움직였나요?

- 휴지를 잡고 있던 손을 놓았을 때, 휴지는 어떻게 되었나요?

- 휴지가 날아간 이유는 무엇일까요?

A. 선풍기의 날개가 회전하면서 공기가 움직여 바람을 만들고 바람의 힘으로 휴지가 날아가게 됩니다.

 지도 tip

- 공기가 움직일 때 바람이 발생하고 그 힘으로 물체가 움직이는 원리를 탐색하게 합니다.
- 공기부양선이 어떻게 바람을 발생시켜서 움직일지 상상해보도록 안내합니다.

활동 2   공기부양선을 만들어요!

| 생각해보기

- 마리아가 제안한 공기부양선을 만들기 위해서는 어떤 장치가 필요할까요?

- 스파이크 에센셜의 4가지 기능 블록 중 어떤 블록을 사용하면 공기부양선을 만들 수 있을까요?

- 공기부양선이 완성된 모습을 살펴보고 어떤 블록이 필요한지 생각해봅시다.

◆ 만들기

공기부양선

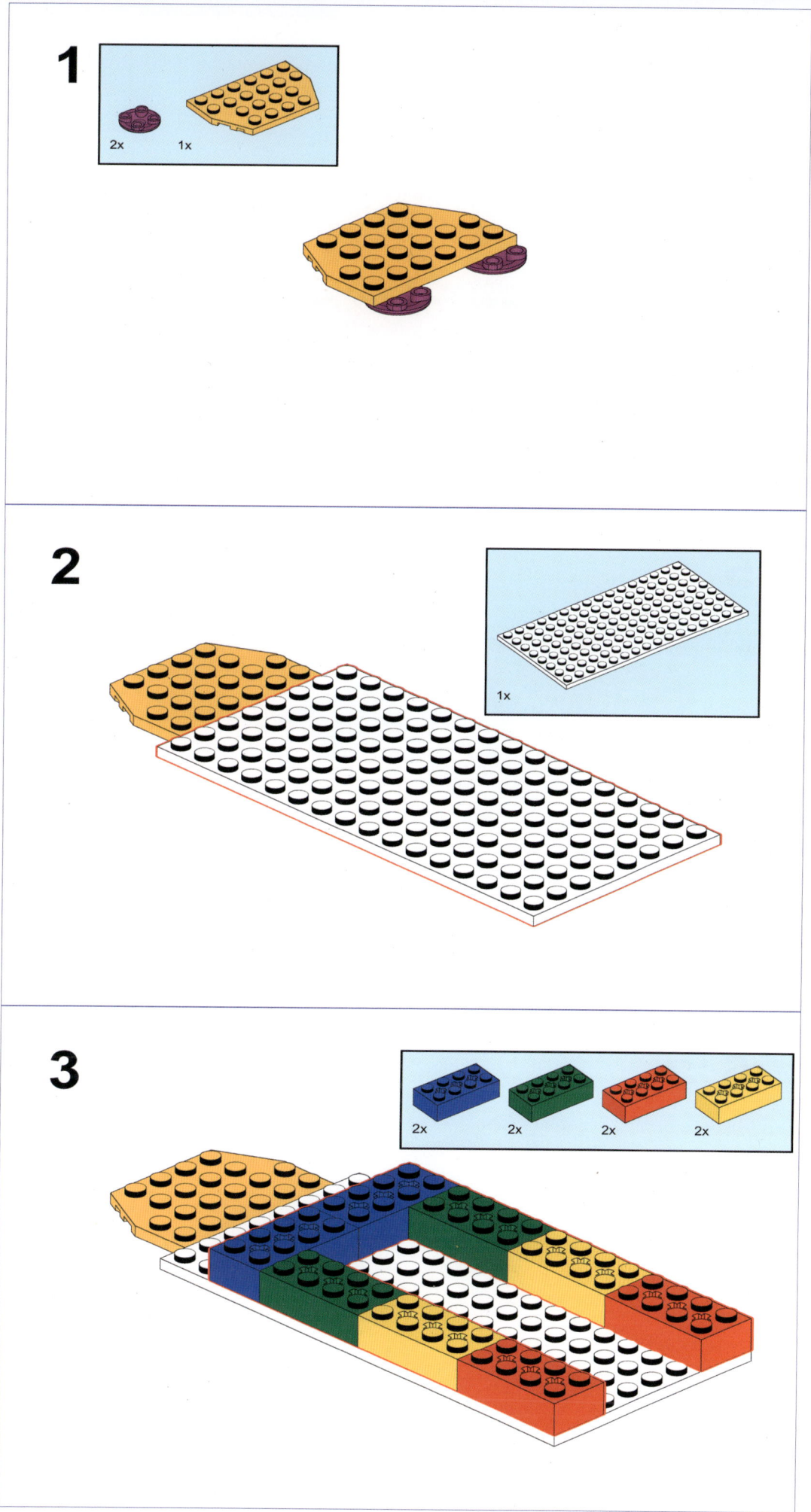

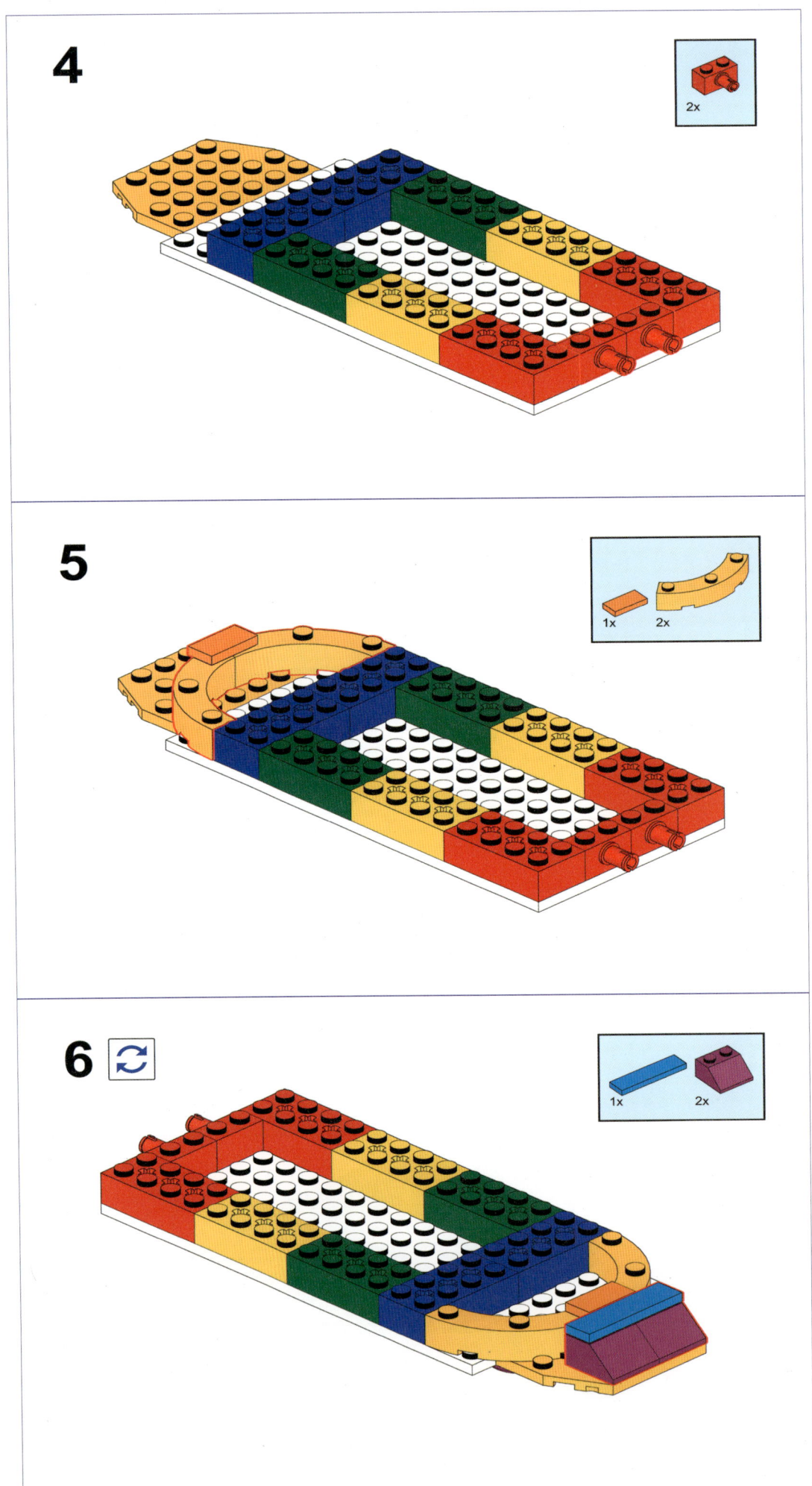

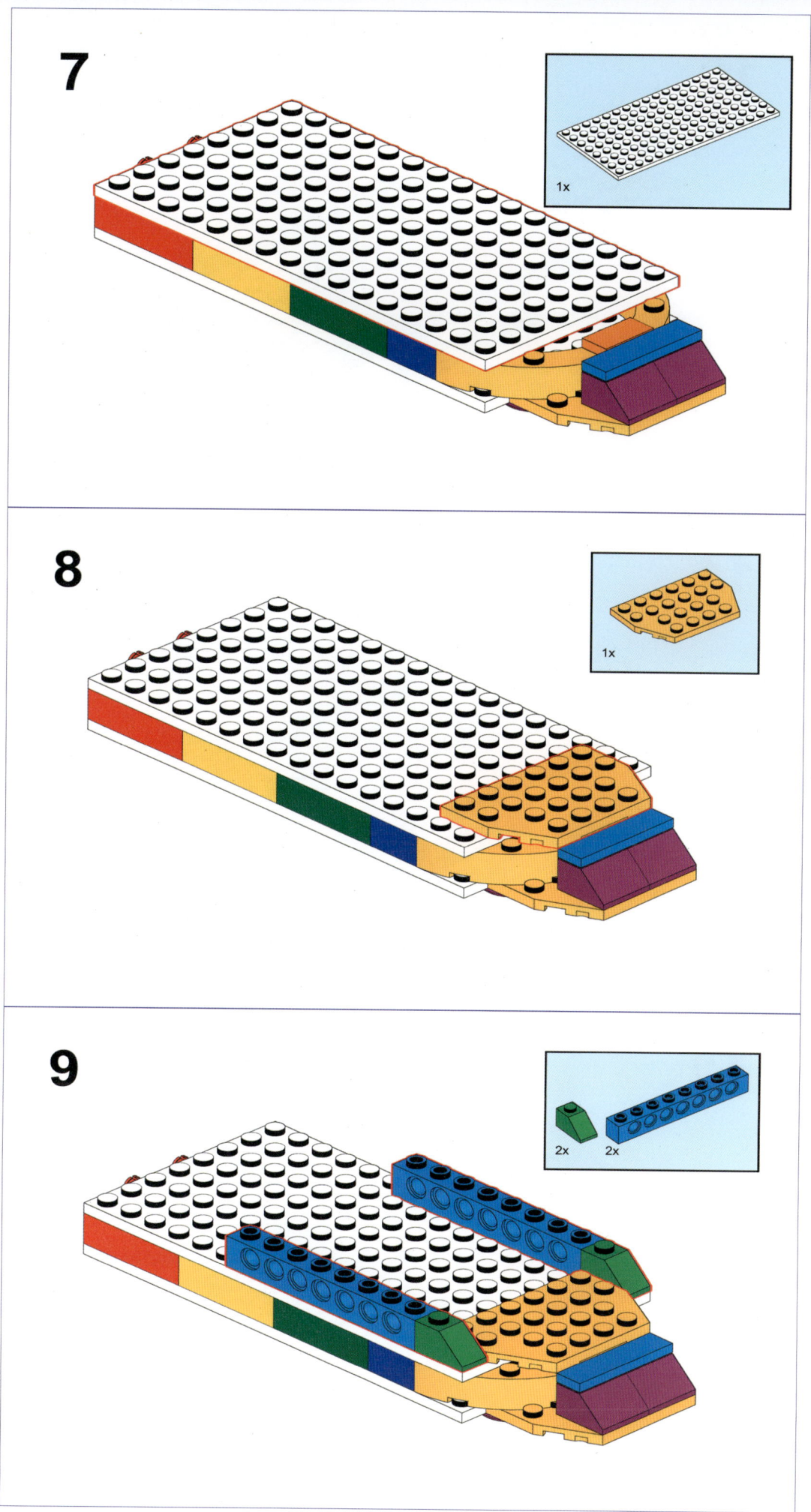

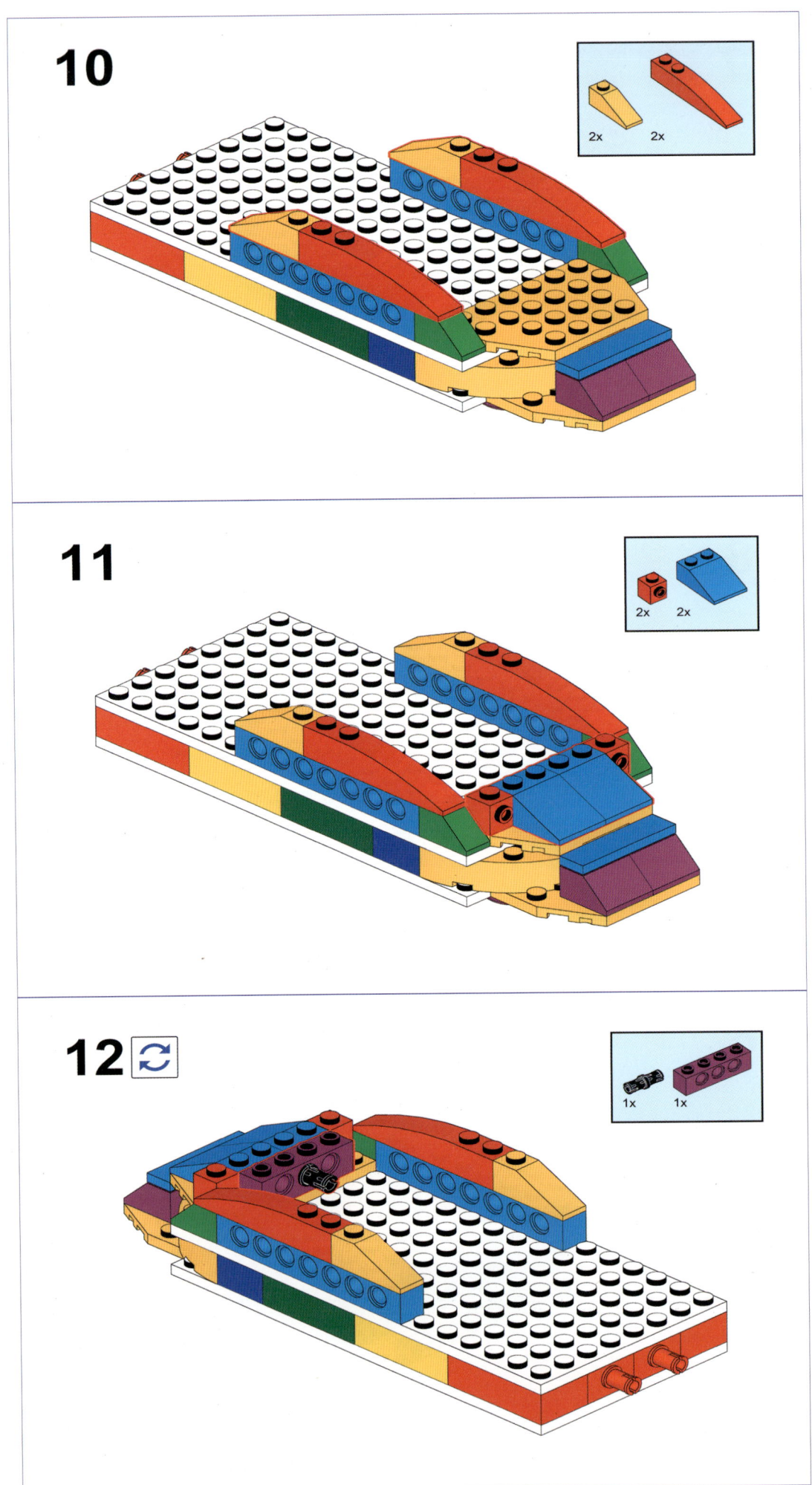

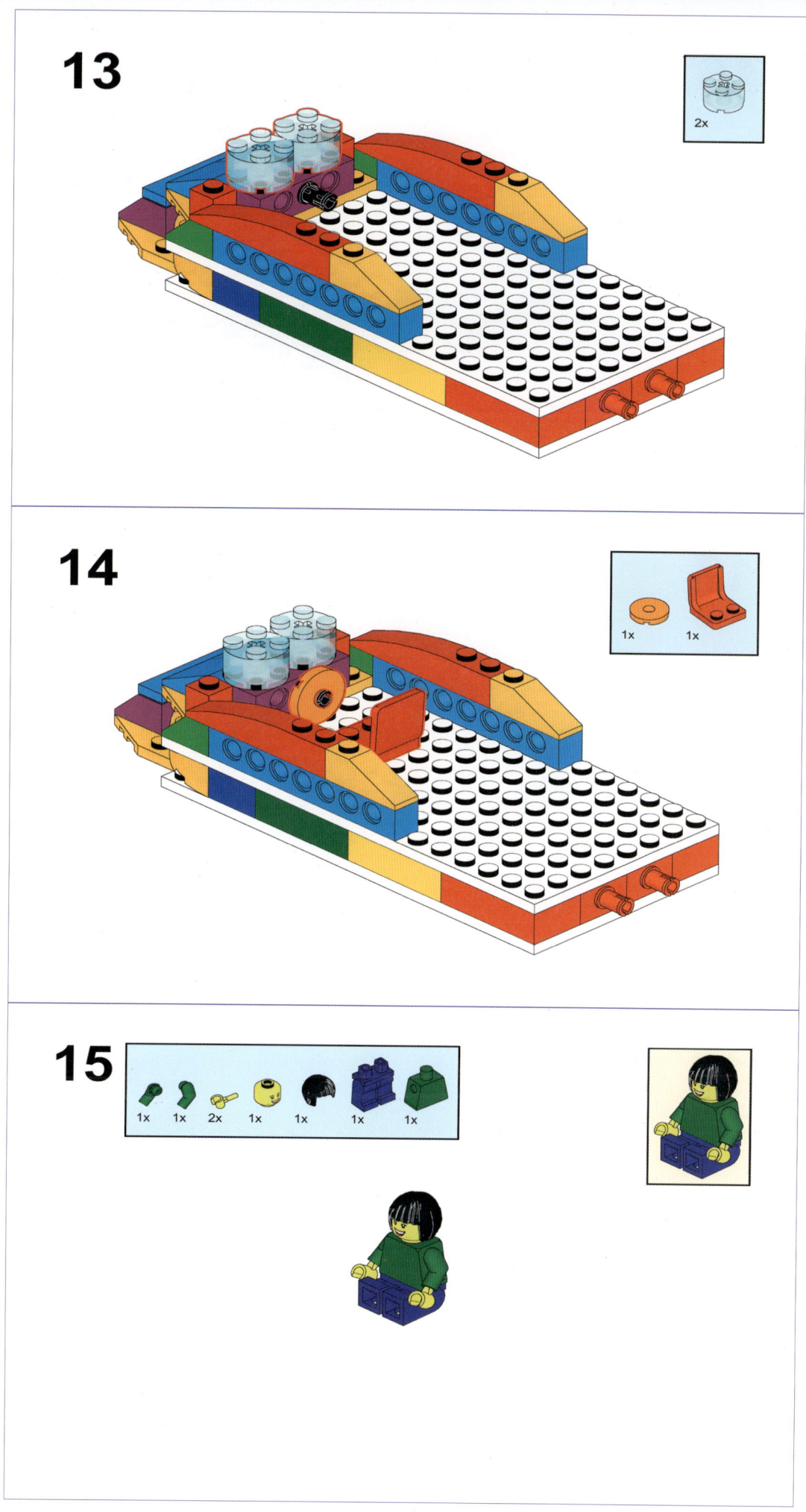

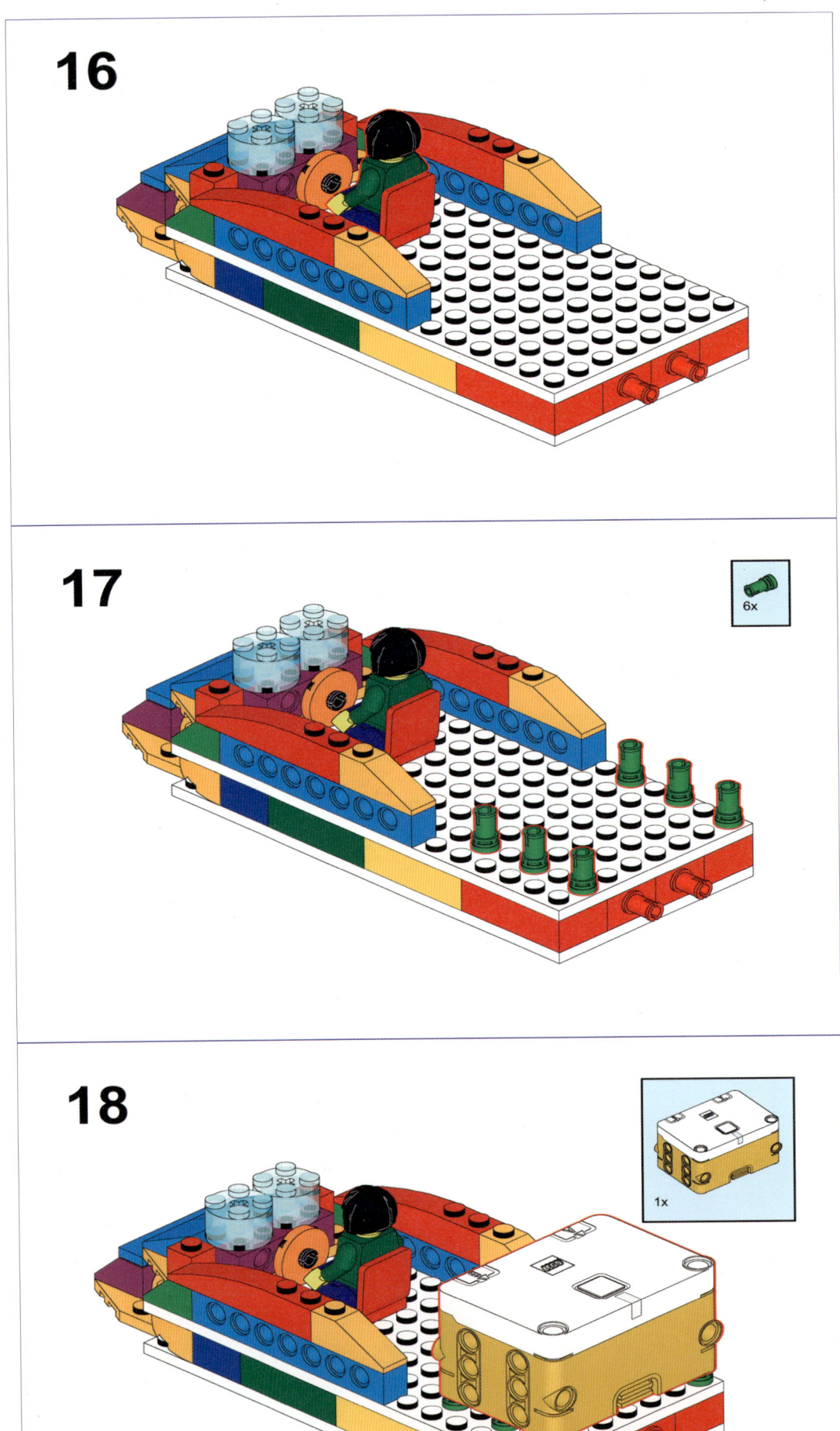

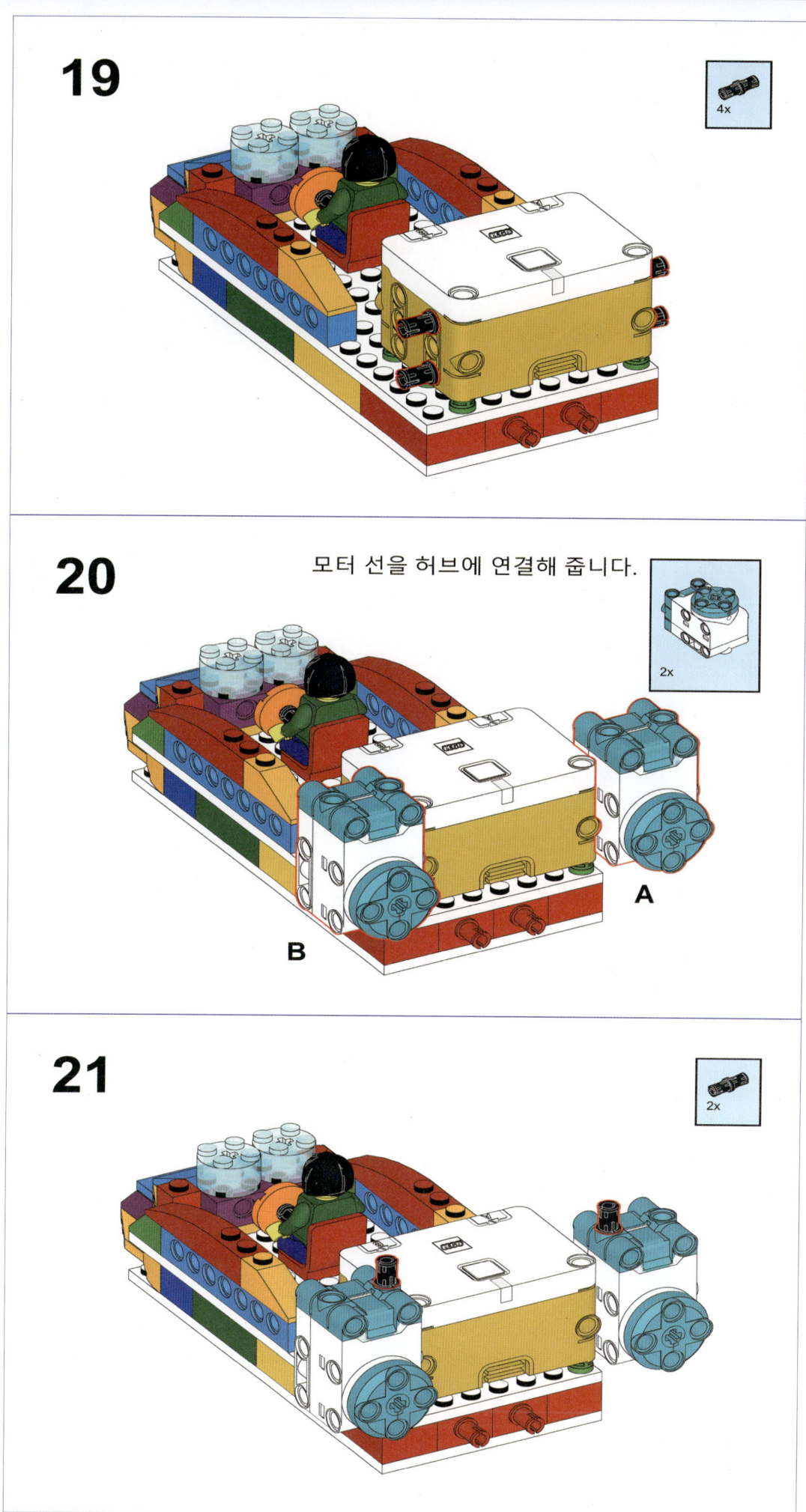

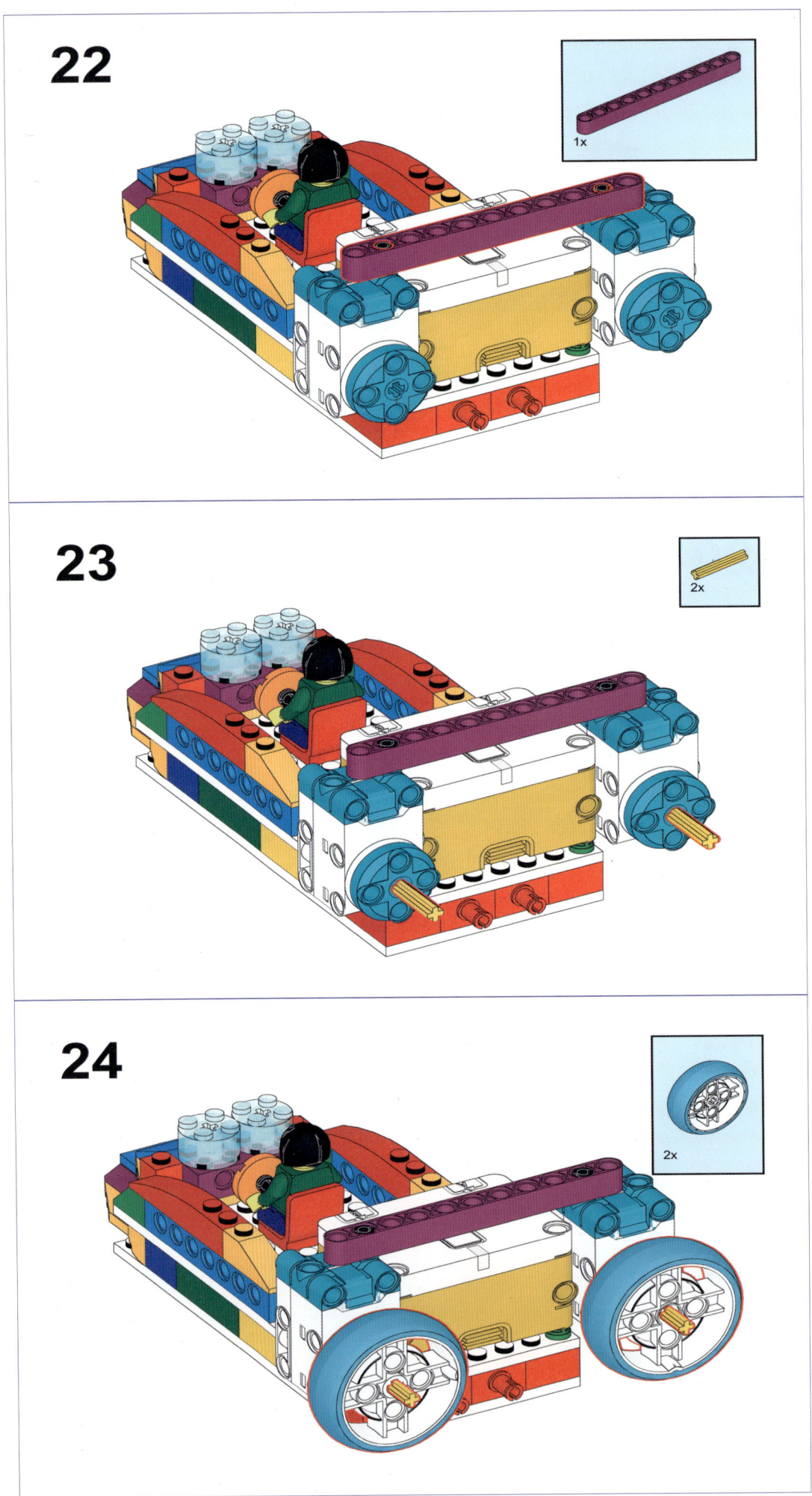

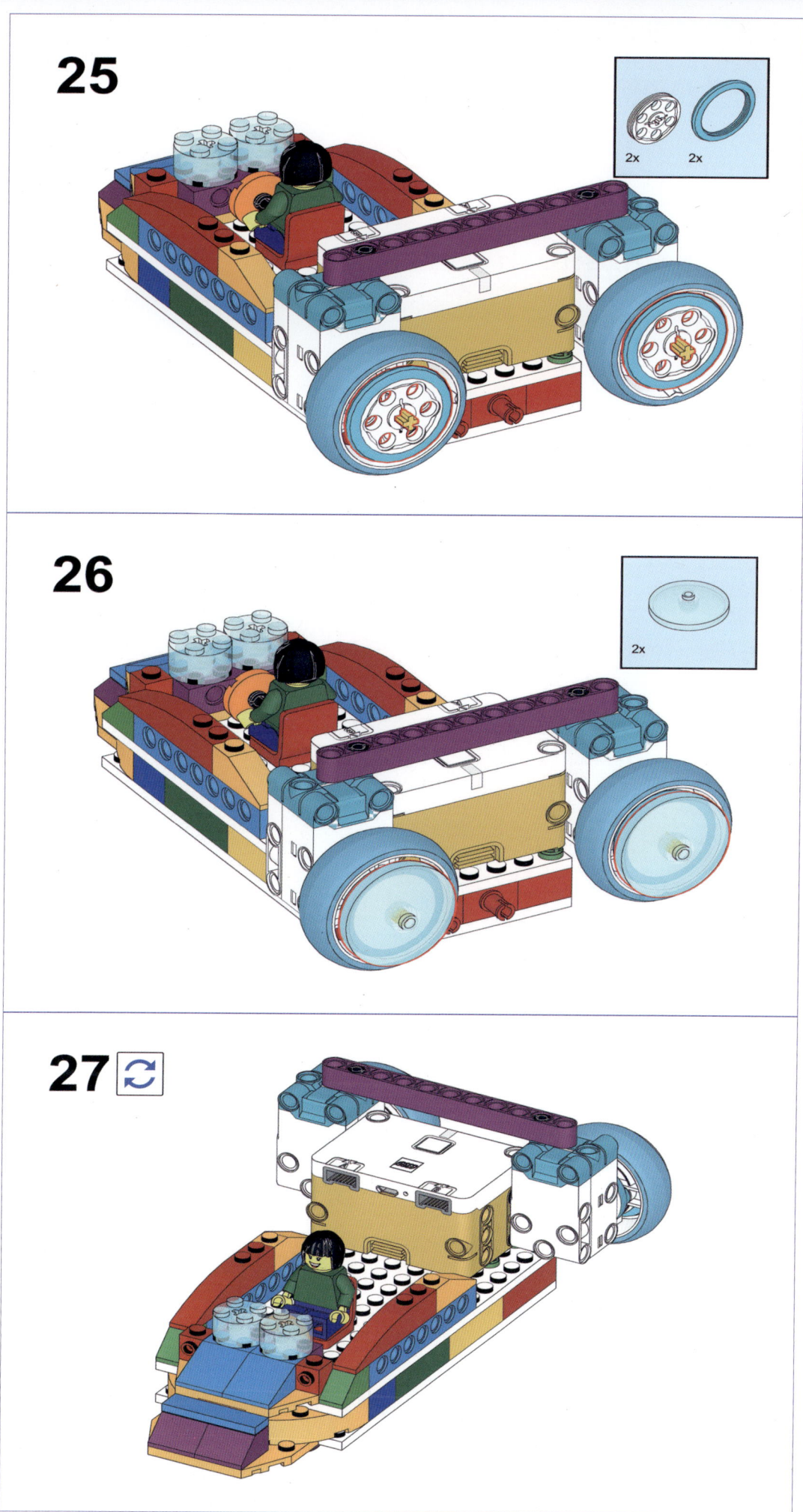

3단원_2. 바람의 힘으로 바다를 가르는 공기부양선

활동 3   큰 소리를 내며 움직이는 공기부양선

생각해보기

◆ 소리 블록의 기능 알아보기

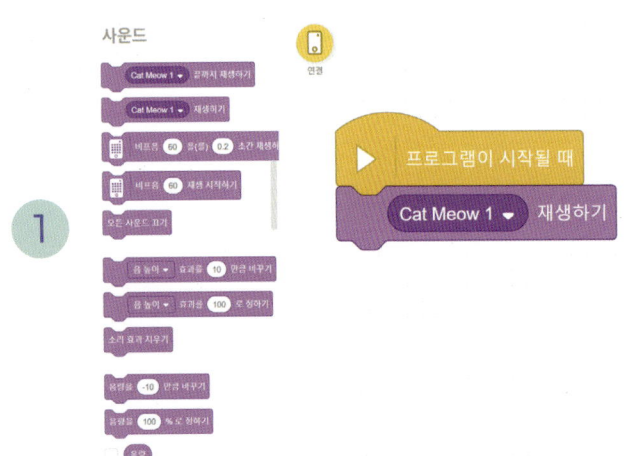

- 소리 블록을 이용하여 다양한 소리 탐색하기

1. '사운드' 탭을 눌러 [(cat meow1) 재생하기] 블록을 선택합니다.

2. [시작하기]를 눌러봅시다. 어떤 소리가 나나요?

3. 이번에는 소리를 바꾸어 봅시다.

4. [cat meow1]를 눌러 설정 창을 열고, [사운드 추가...]를 선택합니다.

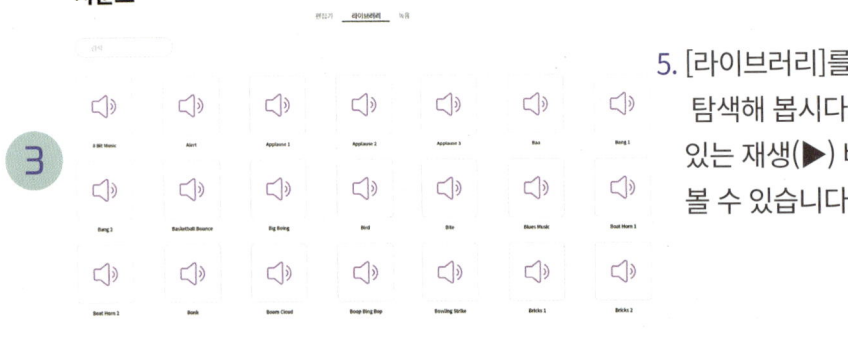

5. [라이브러리]를 눌러 다양한 소리를 탐색해 봅시다. 각각의 소리 블록 오른쪽에 있는 재생(▶) 버튼을 누르면 소리를 들어 볼 수 있습니다.

- 공기부양선에 어울리는 소리 블록 찾기

1. [라이브러리]에서 [Car Idle] [Plane Motor Running] 소리 블록을 찾습니다.

2. 각각 어떤 소리가 나요?

3. 다른 소리 블록 중 공기부양선에 어울리는 소리는 무엇이 있을지 찾아봅시다.

 지도 tip

- 라이브러리의 소리는 모두 영어로 표기되어 있습니다. 소리를 찾기 어려운 경우 선생님의 도움을 받아 안내된 소리를 찾도록 합니다.

◆ 모터 블록의 기능 알아보기

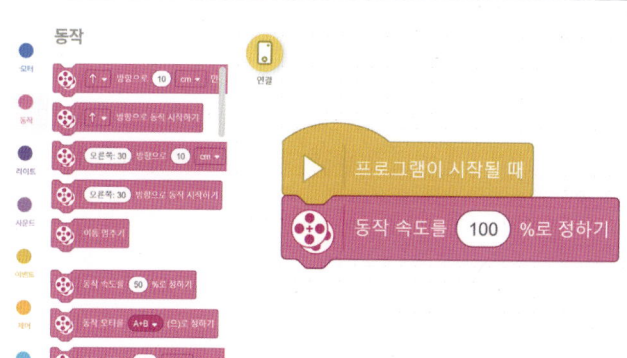

1. '동작' 탭을 눌러 [동작 속도를 (50)%로 정하기] 블록을 가져옵니다.

2. 동작 속도를 (100)%로 바꾸어 봅시다.

3. [(↑)방향으로 동작 시작하기] 블록을 가져다 놓습니다.

4. 시작하기를 눌러 모터가 어떻게 움직이는지 관찰해봅시다.

◆ **제어 블록의 기능 알아보기**

제어 블록은 명령을 수행하는 데 필요한 조건을 주거나, 기다리기, 반복 등의 기능을 합니다. 오늘 사용해볼 기능은 [기다리기]와 [반복하기]입니다.

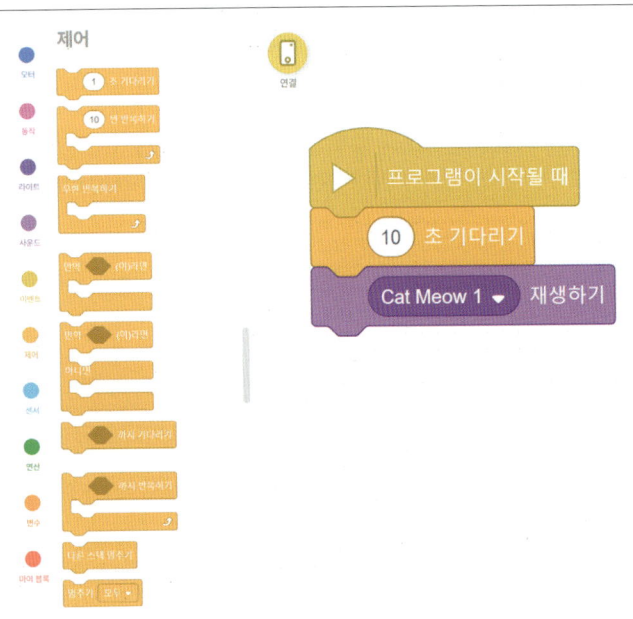

1. '제어' 탭을 눌러 [(1)초 기다리기] 블록을 가져옵니다.

2. 기다리는 시간을 10초로 바꿉니다.

3. 이어서 [(cat meow1) 재생하기]를 놓고 [시작하기]를 눌러봅시다.

4. 어떤 변화가 생겼나요?

※ [기다리기]는 일정 시간이 지난 후에 명령을 시작하게 만드는 블록입니다.

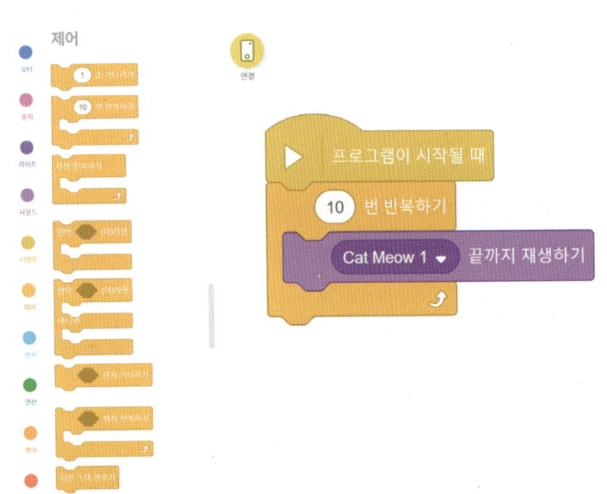

1. '제어' 탭을 눌러 [10번 반복하기] 블록을 가져옵니다.

2. [10번 반복하기] 블록 사이 빈 공간에 [(cat meow1) 끝까지 재생하기]를 놓고 [시작하기]를 눌러봅시다.

3. 어떤 변화가 생겼나요?

※ [반복하기]는 블록 사이에 있는 명령을 여러 번 반복하게 만드는 블록입니다.

◆ 큰 소리를 내며 움직이는 공기부양선 코딩하기

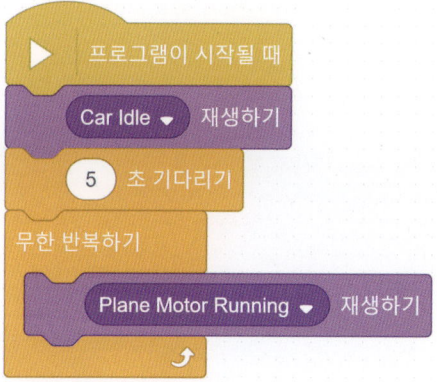

- 공기부양선에 어울리는 소리 재생하기

1. 시작하기를 누르면 [Car Idle]이 재생되고 5초 기다린 후 [Plane Motor Running]가 무한 반복되도록 코딩해봅시다.

- 소리와 회전 모터가 동시에 움직이도록 코딩하기

1. 완성한 소리 블록 옆에 [프로그램이 시작될 때] 블록을 하나 더 놓습니다.

2. 5초를 기다린 후에 두 모터가 동시에 100% 속도로 회전하도록 코딩합니다.

3. 시작하기를 눌러 어떤 소리가 나면서 모터가 움직이는지 관찰해봅시다.

- 허브의 LED를 이용해 모터가 멈추는 시간 예측하기

1. 모터가 멈추는 시간을 예측할 방법은 무엇이 있을까요?

2. 모터가 멈추기 전에 허브의 LED가 빨간색으로 변하도록 코딩해봅시다.

3. 불빛과 함께 색다른 소리가 난다면 어떨까요? 사운드 라이브러리에서 [Boat Horn2]를 찾아봅시다.

4. 모터가 움직이기 시작하고 10초 뒤에 불빛과 소리가 나면서 모터가 멈추도록 코딩해봅시다.

5. 시작하기를 눌러 공기부양선이 큰 소리를 내며 작동하는지 확인해 봅시다.

정리해요

개념 쏙쏙

1. 공기부양선은 공기의 압력을 이용한 교통수단이에요.
2. 공기가 밀어내는 힘을 이용해 공기부양선을 띄우고 앞으로 나아갈 수 있어요.
3. 공기부양선을 이용해서 배가 다니기 어려운 갯벌이나 늪지대를 다닐 수 있어요.

확인해요

평가 내용	평가 결과
■ 공기부양선이 어떤 힘을 이용해 움직이는지 말할 수 있나요?	☺ 😐 ☹
■ 내가 만든 공기부양선이 제대로 작동했나요?	☺ 😐 ☹

읽을거리

공기부양선은 땅에서도 다닐 수 있다?

공기부양선의 생김새는 고무보트와 비슷합니다. 고무보트에 큰 선풍기를 달아놓은 듯한 모습을 하고 있지만, 고무보트와 공기부양선은 조금 다릅니다.

고무보트는 물 위에 보트를 띄우고 모터나 사람이 노를 젓는 힘으로 움직입니다. 이때 보트의 바닥과 물은 맞닿아 있습니다. 하지만 공기부양선은 물에 완전히 닿지 않습니다. 다시 말해, 공기부양선은 수면 위에 살짝 떠서 움직인다는 뜻입니다.

공기부양선 (출처: pixabay.com)

고무보트 (출처: pixabay.com)

이런 차이점은 공기부양선이 움직이는 원리에서 발생합니다. 공기부양선은 바깥의 공기를 빨아들여서 배의 아랫부분으로 내보냅니다. 아래로 내려간 공기는 밀어내는 힘이 생겨서 공기부양선을 물 위에 뜨게 만듭니다. 그리고 공기부양선 뒤에 달린 커다란 프로펠러가 공기를 밀어내면서 공기부양선이 앞으로 움직이게 됩니다.

공기부양선은 바닥에서 살짝 뜬 상태로 움직이기 때문에 땅이나 얼음 위에서도 움직일 수 있습니다. 이러한 공기부양선의 특징을 '수륙양용'이라는 말로 표현하기도 합니다. 수륙양용은 '물과 땅 위에서 두루 쓸 수 있다.'라는 뜻인데, 물과 땅에서 모두 움직일 수 있는 것은 공기부양선의 큰 장점 중 하나입니다.

우리 생활 주변의 공기부양선은 위급한 상황에 사람들을 급히 대피시키거나 섬에 고립된 사람을 구조하는 데 사용하는 등 사람들의 소중한 생명을 구하는 데 많이 사용됩니다. 실제로 지난 2021년 겨울, 한파로 꽁꽁 얼어붙은 대청호 때문에 고립된 섬 주민을 구출하기 위해 공기부양선이 투입되기도 했습니다.

(관련 기사: https://www.cctoday.co.kr/news/articleView.html?idxno=2118902)

3 어두운 바다를 밝게 비추는 등대

> **핵심 개념** 밝은 빛으로 항로를 알려주는 등대
> **활동 개요** 등대의 모습과 역할을 살펴보고 항로를 안내하는 빨간 등대 만들기

도로 위를 달리는 자동차들은 신호등이나 교통 표지판의 안내에 따라 움직입니다. 그리고 목적지를 찾아갈 때는 지도를 이용하거나 내비게이션의 도움을 받기도 합니다. 그렇다면 신호등도 표지판도 없는 바다에서는 어떻게 길을 찾아야 할까요? 가로등이 없는 바다에서 캄캄한 밤에는 어떻게 길을 찾을 수 있을까요?

활동 안내

준비물	동영상, 교재(활동지), 빈 상자, 필기구, 스파이크 에센셜			
	단계	학습 내용	학습 형태	학습 자료
학습 활동	도입	▪ 등대에 관한 이야기 나누기	전체 학습	
	활동1	▪ 길을 알려주는 도구에는 무엇이 있을까요? - 길을 알려주는 도구 알아보기 - 바닷길을 알려주는 등대 알아보기	전체 학습	동영상, 활동지
	활동2	▪ 빨간 등대를 만들어요! - 밝은 빛으로 신호를 보내는 빨간 등대 만들기	개별 학습	활동지, 스파이크 에센셜
	활동3	▪ 밝은 빛으로 신호를 보내요! - 가장 잘 보이는 빛의 색깔 알아보기 - 등대가 빛을 내며 좌우로 움직이도록 코딩하기	개별 학습	빈 상자, 스마트기기, 스파이크 에센셜
	정리	▪ 학습한 내용 확인하기	개별 학습	
활동 팁	▪ 등대가 밝은 빛을 비추어 배가 나아갈 길을 안내함을 알게 합니다. ▪ 어둠 속에서 가장 잘 보이는 빛의 색깔이 무엇인지 실험을 통해 찾아보게 합니다.			

시작해요   어두운 바다를 밝게 비추는 등대

- 레오와 소피, 마리아는 지금 어디에 있나요?

- 다니엘의 마을로 향하는 친구들에게 어떤 문제가 생겼나요?

- 소피의 전화를 받은 다니엘은 어떤 생각을 했나요?

- 등대를 직접 보거나, 등대에 대해 들어본 적이 있나요?

- 등대로 어떻게 길을 알려줄 수 있을까요?

학습 목표   등대가 밝은 빛을 비추어 항로를 안내하는 표지임을 설명할 수 있다.
좌우로 회전하며 밝은 빛을 내는 등대를 만들 수 있다.

| 활동 1 | 길을 알려주는 도구에는 무엇이 있을까요? |

◆ 우리 주변에는 길을 알려주는 여러 가지 도구가 있습니다.
다음 중 우리에게 길을 알려주는 도구를 찾아 ○ 표시해봅시다.

다음 중 길을 알려주는 도구는 무엇일까요?

 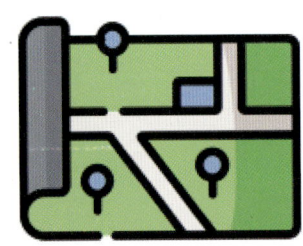 

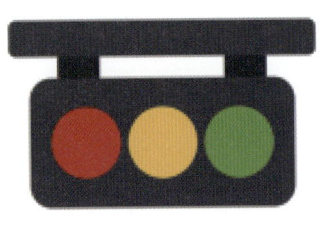  

◆ 바닷길을 안내하는 등대

등대에 대한 설명을 읽고 등대의 역할이 무엇인지 알맞게 빈칸에 써봅시다.

도로도 없고 표지판이나 신호등도 없는 바다에서 길을 찾기란 어려운 일입니다. 낮에는 눈으로 섬이나 큰 바위를 확인하고 피해 갈 수 있지만 어두운 밤이 되면 올바른 길을 찾기 어렵습니다. 어두컴컴한 바다에서 등대는 배들이 나아가야 할 길(항로)을 알려주는 표지입니다. 아주 밝은 빛을 멀리까지 보내서 등대가 있는 곳에 섬이나 큰 바위가 있음을 알려줍니다. 그리고 항구로 들어오는 배들을 인도하기 위해 방파제의 양 끝에서 빛을 비추어 배가 안전하게 항구로 들어올 수 있도록 안내합니다.

그렇다면 등대는 어떻게 멀리까지 빛을 비출 수 있을까요? 그 비밀은 전구와 등대의 구조에 있습니다. 등대에 사용하는 전구는 우리가 가정에서 사용하는 전구와는 달리 아주 강한 빛을 내는 전구로, 가정용 전구의 10,000배 밝기의 빛을 냅니다. 그리고 등대의 전구 주변에는 포물선 모양의 거울이 설치되어 있습니다. 이 거울은 전구에서 발생한 빛이 직선으로 뻗어나갈 수 있도록 빛을 반사 시켜주는 역할을 합니다. 먼 거리까지 밝은 빛을 비춰주는 등대 덕분에 오늘도 많은 어선과 선박이 안전하게 항해할 수 있답니다.

등대는 아주 밝은 (   )을 멀리까지 보내서 등대가 있는 곳에
(   )이나 (   )가 있음을 알려줍니다.
그리고 (   )로 들어오는 배가 안전하게 들어올 수 있도록
방파제에서 신호를 보내는 역할도 합니다.

 지도 tip

- 어둠 속에서 빛을 이용한 경험과 관련지어 등대의 역할을 이해하도록 돕습니다.
- 섬이나 바위가 아닌 바다 위에 떠다니는 등대(등표)를 소개하며 다양한 등대의 모습을 탐색하게 합니다.

활동 2 빨간 등대를 만들어요!

생각해보기

- 다니엘이 생각한 빨간 등대를 만들기 위해서는 어떤 장치가 필요할까요?

  _____
  _____

- 스파이크 에센셜의 4가지 기능 블록 중 어떤 블록을 사용하면 등대를 만들 수 있을까요?

  _____
  _____

- 빨간 등대가 완성된 모습을 살펴보고 어떤 블록이 필요한지 생각해봅시다.

  _____

◆ 만들기

빨간 등대

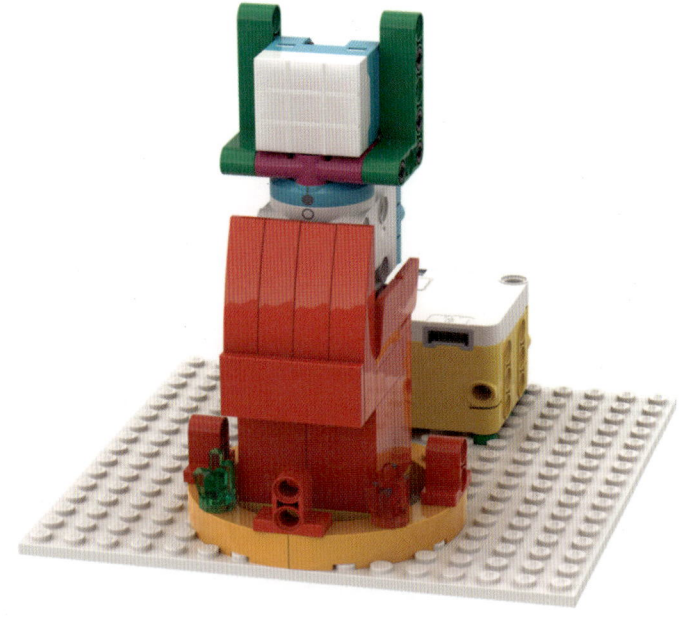

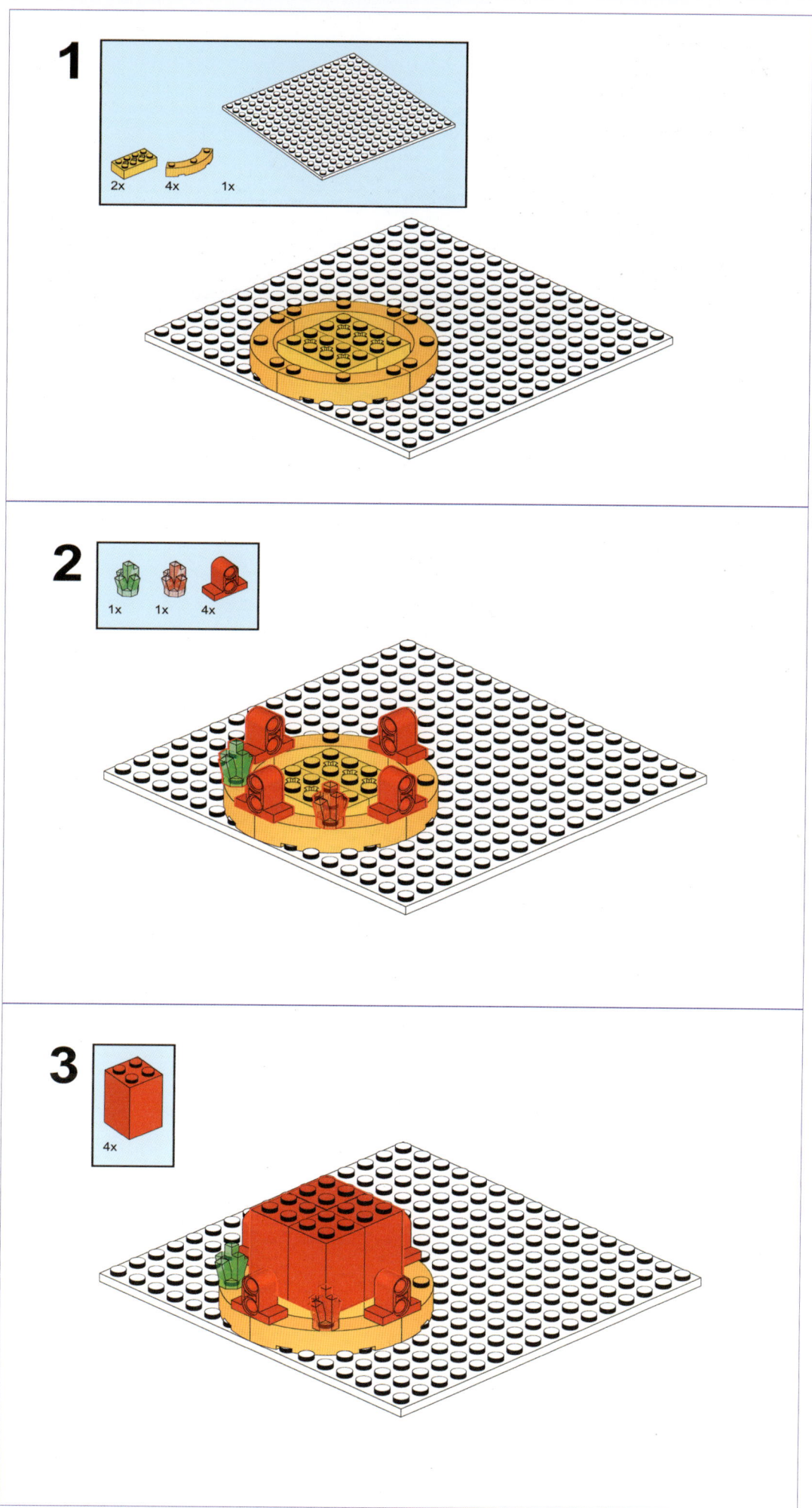

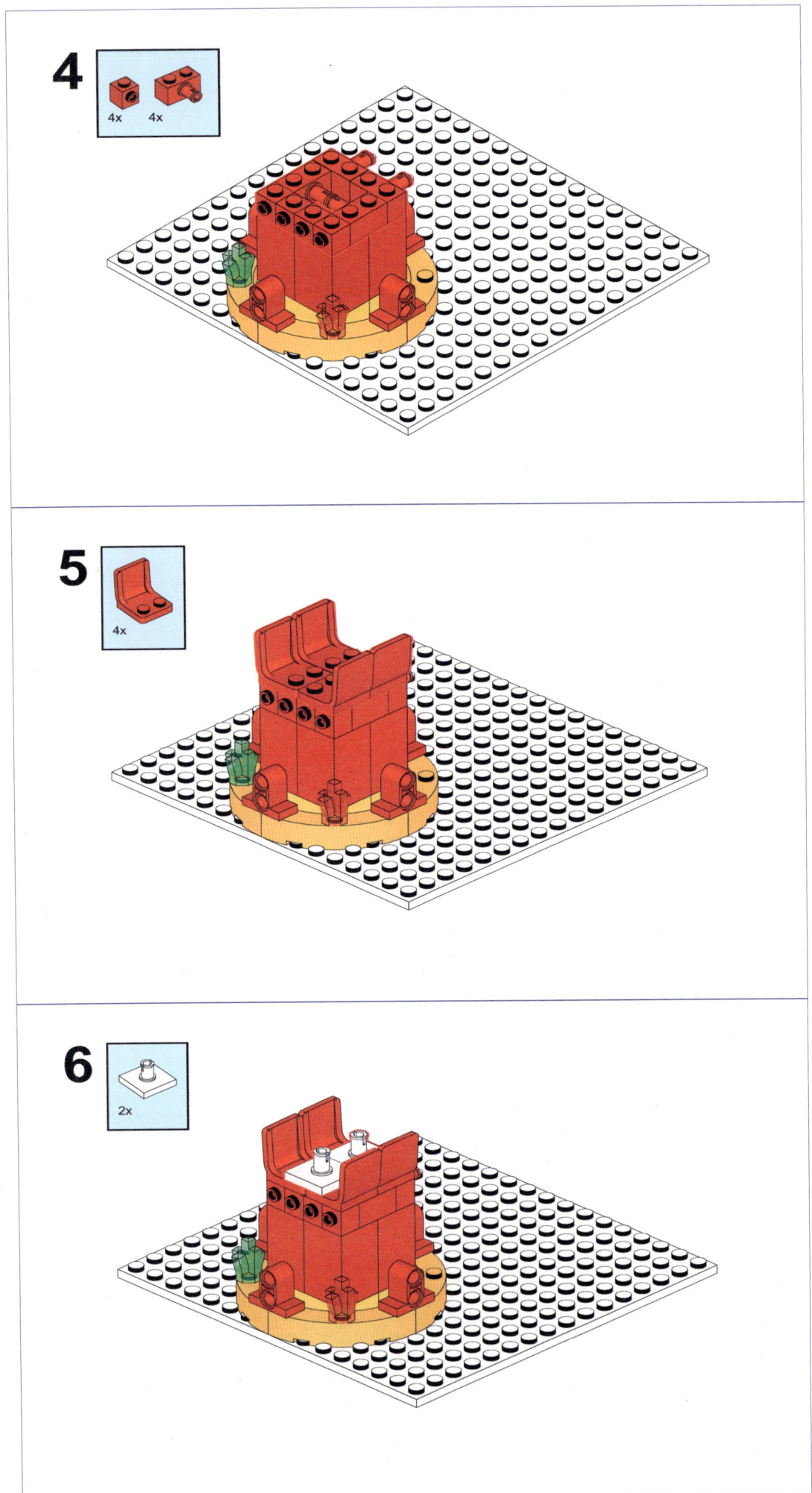

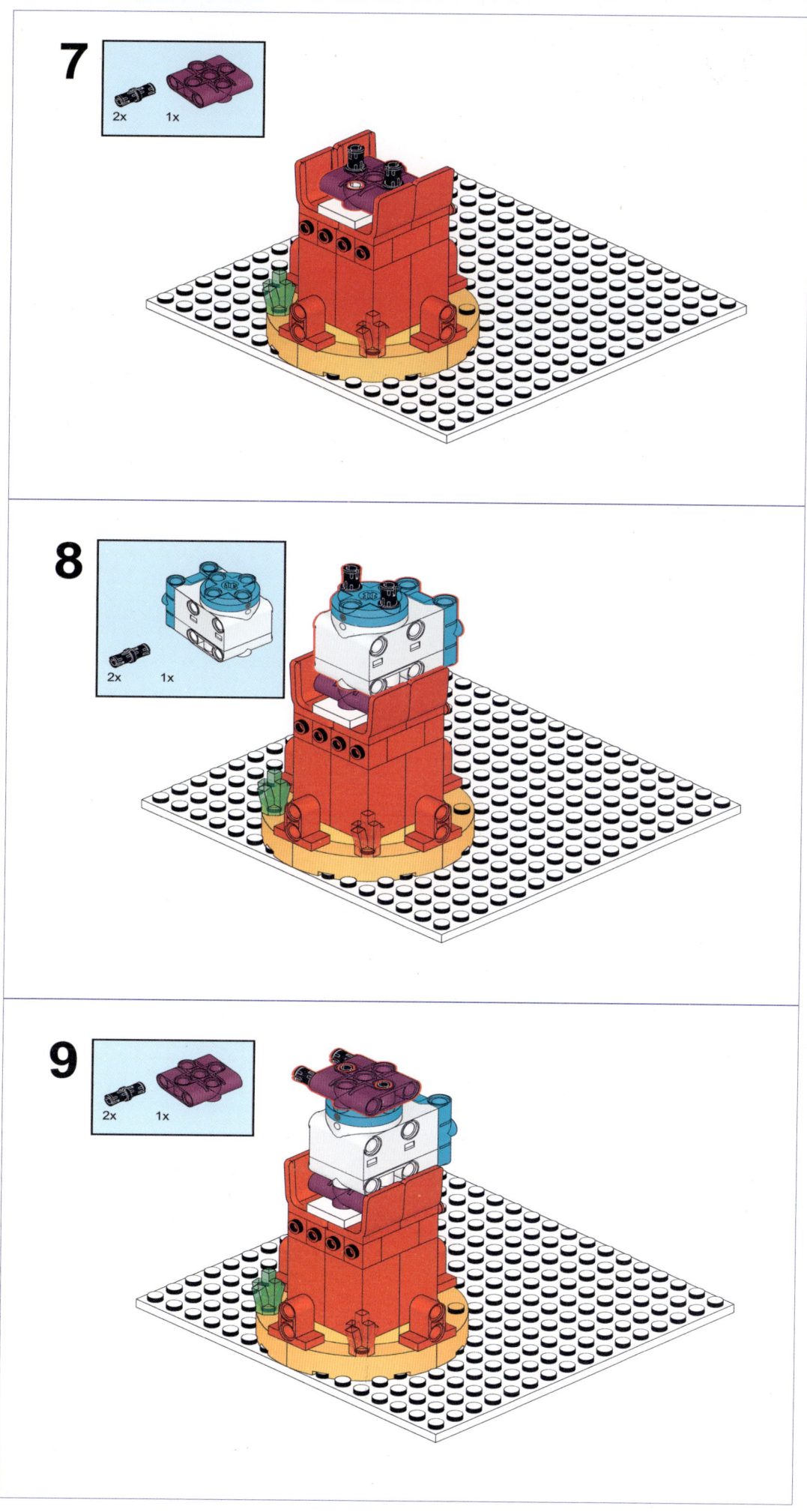

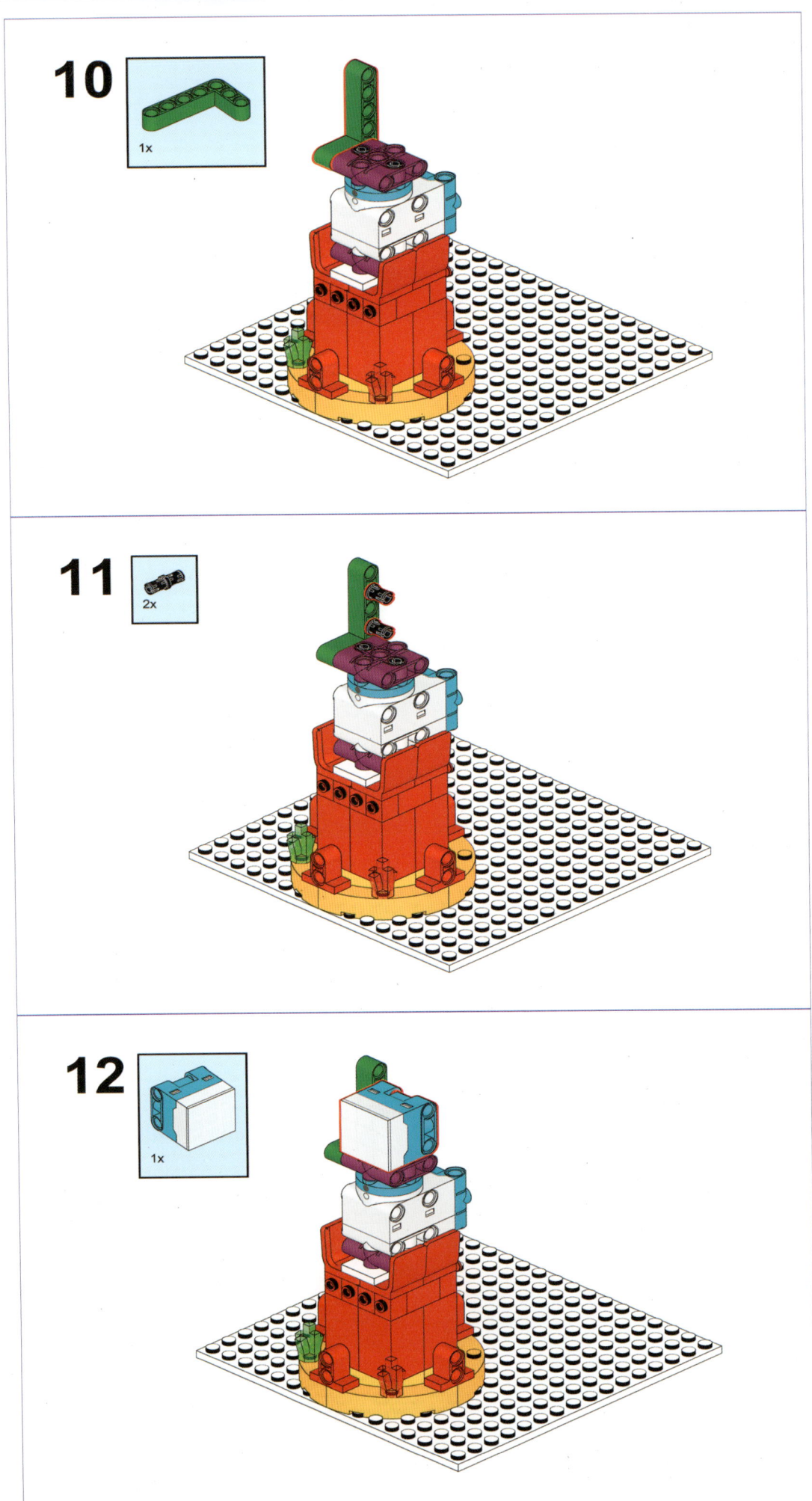

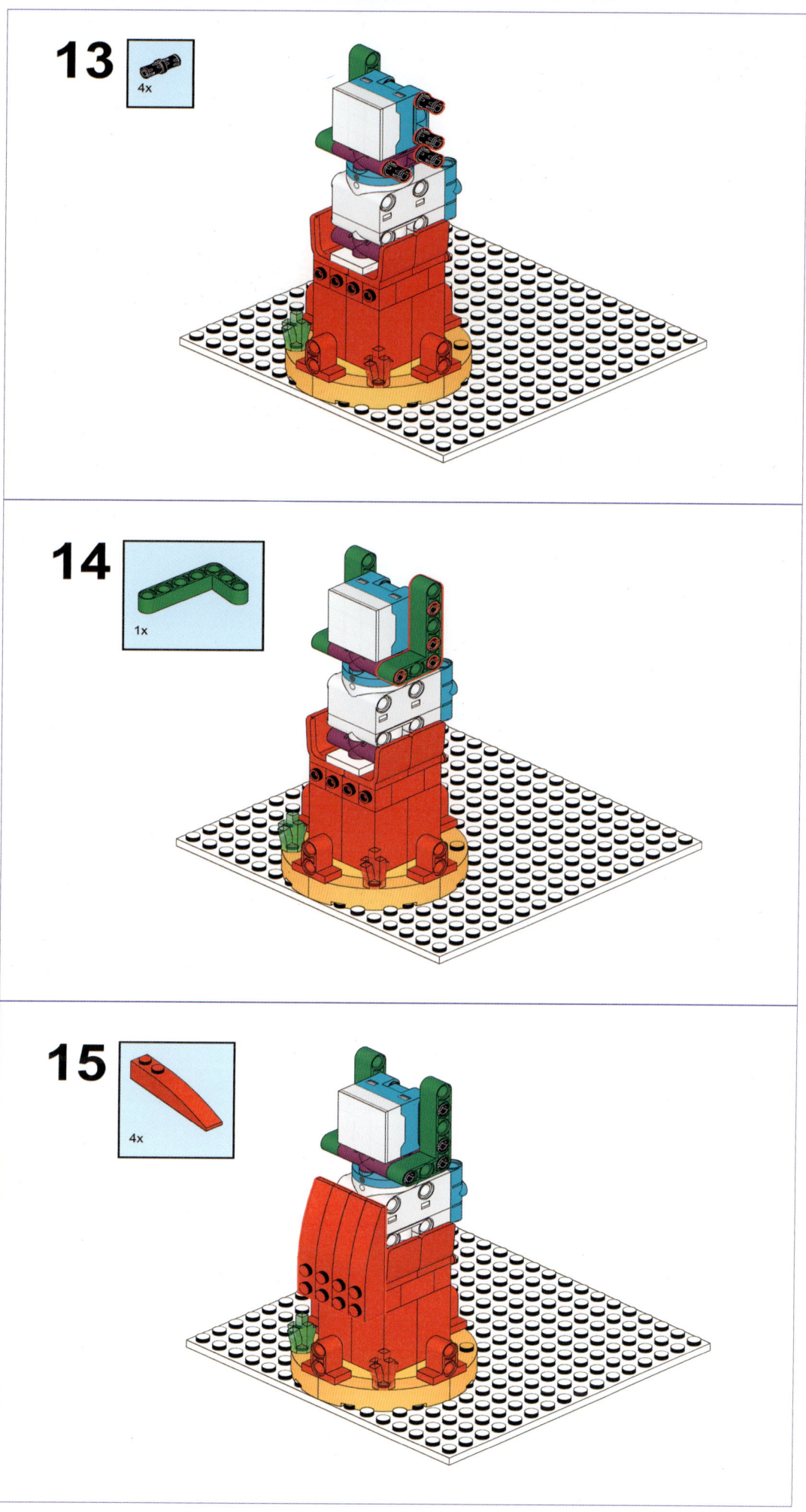

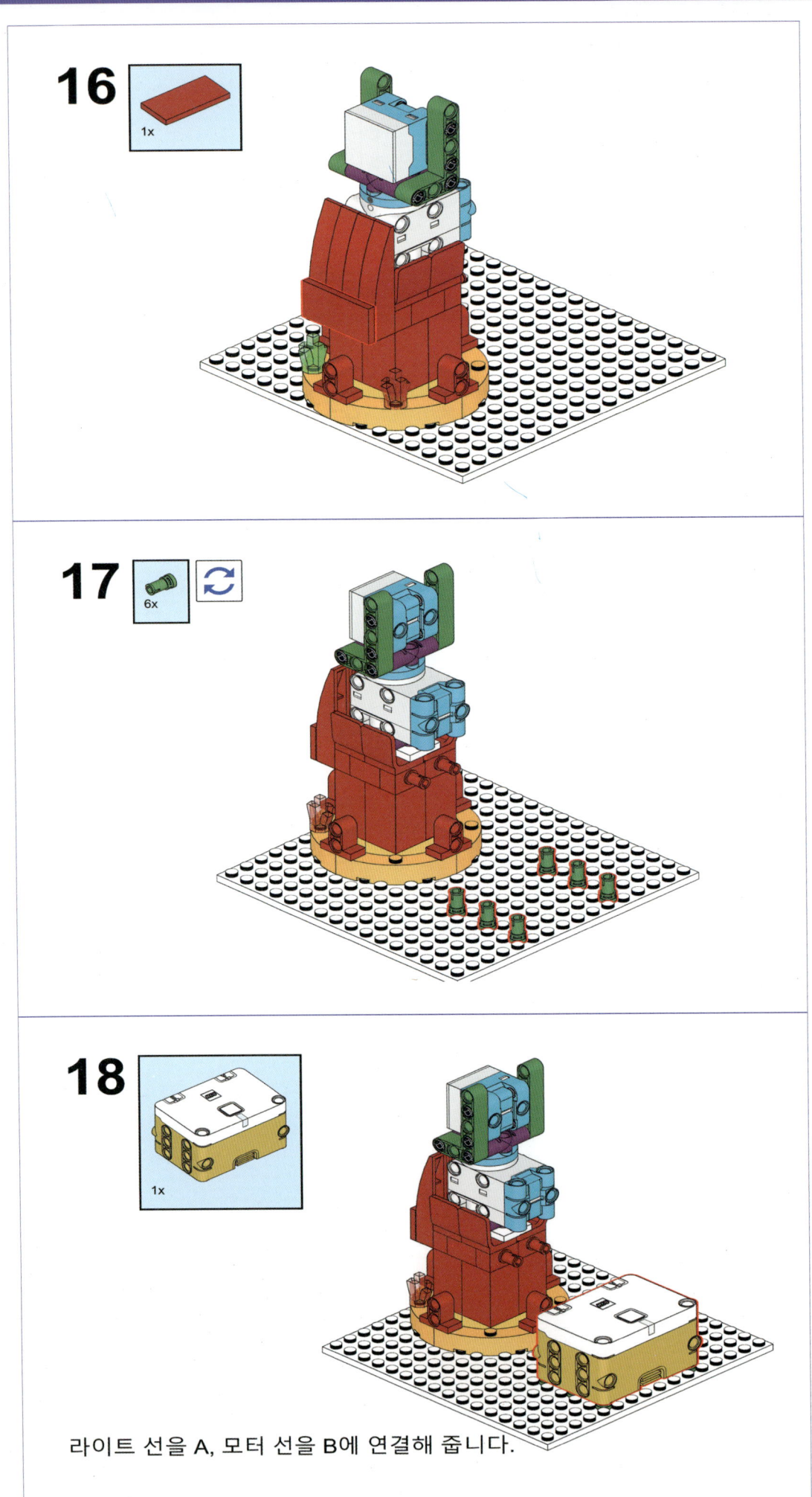

라이트 선을 A, 모터 선을 B에 연결해 줍니다.

19 🔄

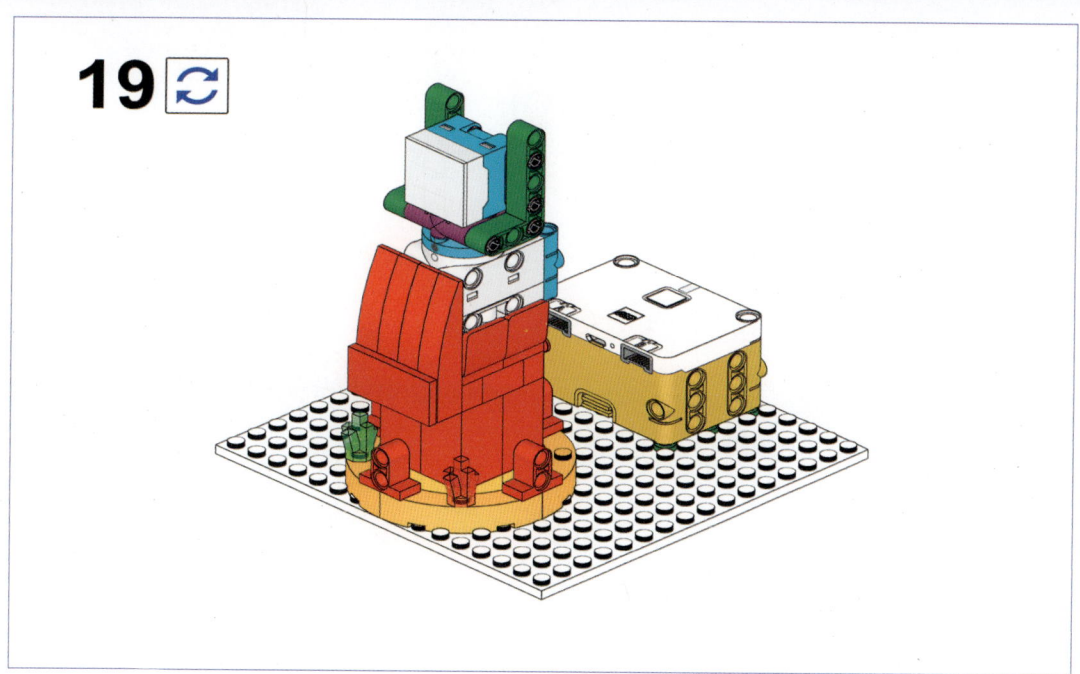

| 활동3 | 밝은 빛으로 신호를 보내요! |

생각해보기

◆ 가장 잘 보이는 빛의 색깔 알아보기

'스마트 농장'에서 알아본 것처럼 라이트는 여러 가지 색깔의 빛을 낼 수 있고, 밝기도 조절할 수 있습니다. 그렇다면 등대에 가장 어울리는 빛의 색깔은 무엇일까요?

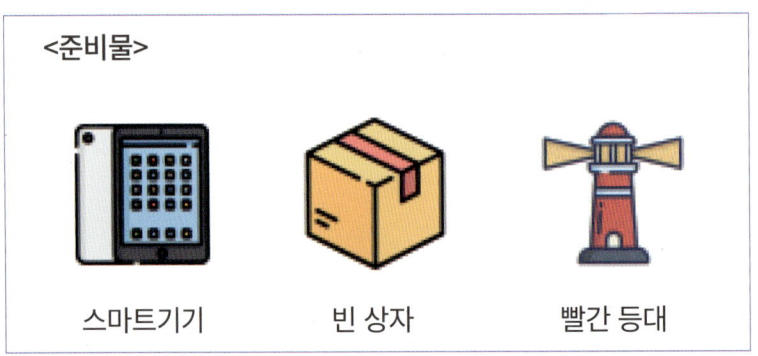

<준비물>
스마트기기 / 빈 상자 / 빨간 등대

1. 스파이크 에센셜로 만든 빨간 등대와 스마트기기를 연결합니다.

2. [(A) 픽셀 밝기를 (100)%로 설정], [(A) (▦)켜기] 블록을 준비합니다.

3. 빨간 등대를 빈 상자 안에 넣고 [시작하기]를 눌러 등대에 불빛이 들어오게 합니다.

4. 라이트의 색을 바꿔가며 어두운 상자 속에서 가장 잘 보이는 빛의 색깔을 찾아봅시다.

5. 교실을 어둡게 만들고 등대에서 멀리 떨어져서 빛을 관찰해봅시다.

내가 생각하는 가장 밝은 색깔의 빛이 나오도록 등대를 색칠해 봅시다.

> **지도 tip**
>
> - 빈 상자가 없다면 교실을 어둡게 해서 빛을 관찰할 수 있습니다. 등대에서 멀리 떨어져 빛을 관찰하고 가장 잘 보이는 빛을 선택할 수 있도록 안내해주세요.

◆ 빛을 내는 빨간 등대 코딩하기

1. [시작하기]를 누르면 등대가 빛을 내도록 만들어 봅시다.

2. 라이트를 선택하고 가장 밝다고 생각했던 색깔로 바꿉니다.

3. 이대로 코딩을 마무리하면 어떤 문제가 생길까요?
   - 한 방향으로만 빛을 비추게 된다.
   - 다른 방향에서 오는 배는 빛을 볼 수 없다.

◆ 빛을 내며 회전하는 빨간 등대 코딩하기

1. 모터 블록이 좌우로 움직이게 만들어 봅시다.

2. [(A)모터 ↷방향으로 (1)(회전)만큼 작동하기] 블록을 [(B)모터 ↷방향으로 (90)(도)만큼 작동하기] 로 바꾸어 봅시다.

3. 회전하기 블록을 2개 이용해서 라이트가 한쪽으로 90도 움직인 후 반대 방향으로 180도 움직이게 만들어 봅시다.

4. [시작하기]를 눌러 움직임을 확인해 봅시다.
   - 라이트가 좌우로 잘 움직였나요?
   - 라이트가 움직이는 속도는 어땠나요?

5. 라이트가 천천히 움직이도록 만들어 봅시다.

6. 모터 블록의 속도를 10%로 정한 뒤 모터가 움직이도록 만들어 봅시다.

7. [시작하기]를 눌러 움직임을 확인해 봅시다.
   - 라이트가 움직이는 속도가 적당한가요?

◆ 등대가 여러 번 움직이며 신호를 보내도록 코딩하기

1. '공기부양선'에서 배운 [반복하기] 블록을 이용하여 라이트가 좌우로 2번 이상 움직이게 만들어 봅시다.

2. [반복하기] 블록 사이의 명령에는 어떤 블록이 들어가야 할까요?

◆ 등대가 5번 깜빡인 후 꺼지도록 만들기

1. 등대는 낮이 되면 불을 꺼야 해요. 불빛이 꺼지기 전에 5번 깜빡여서 꺼진다는 신호를 보내고 꺼지도록 만들어 봅시다.

2. 라이트가 5번 깜빡이게 만들기 위해서는 어떤 블록이 필요할까요?

3. [반복하기] 블록을 이용해서 등대가 5번 깜빡이도록 만들어 봅시다.

4. 등대가 5번 깜빡인 후에 불을 끄도록 만들어 봅시다.

정리해요

개념 쏙쏙

① 등대는 밝은 빛을 이용해 항로를 알려줘요.

② 등대는 섬이나 큰 바위가 있는 곳을 알려주고, 배를 항구로 안전하게 인도해요.

확인해요

평가 내용	평가 결과		
■ 등대가 어떤 방법으로 배들에게 길을 안내하는지 알고 있나요?	☺	😐	☹
■ 내가 만든 등대가 제대로 작동했나요?	☺	😐	☹

읽을거리

빨간 등대와 하얀 등대의 비밀

섬이나 큰 바위에는 하나의 등대가 있지만, 항구나 방파제에는 두 개의 등대가 있습니다. 바로 빨간 등대와 하얀 등대입니다. 왜 두 개의 등대를 다른 색깔로 만든 것일까요?

그림 출처: 감천 동방파제 등대, 사진 출처: 부산항만공사,한국문화정보원

그 이유는 바로 빨간 등대와 하얀 등대가 의미하는 바가 다르기 때문입니다. 빨간 등대는 '등대의 오른쪽에 장애물이 있으니 등대의 왼쪽으로 운항하라.'를 의미합니다. 반대로 하얀 등대는 '등대의 왼쪽에 장애물이 있으니 등대의 오른쪽으로 운항하라.'라는 의미를 지니고 있습니다. 간단하게 말해서 빨간 등대는 등대의 왼쪽으로, 하얀 등대는 등대의 오른쪽으로 운항하라는 의미입니다.

그리고 항구에 있는 빨간 등대와 하얀 등대는 나란히 설치되어 있는 경우가 많습니다. 바다에서 보았을 때 왼쪽에는 하얀 등대, 오른쪽에는 빨간 등대가 서 있습니다. 이는 배가 안전하게 항구로 들어올 수 있도록 안내하는 역할을 합니다. 하얀 등대와 빨간 등대 사이로 배를 운항하면 안전하게 항구로 들어올 수 있다는 뜻이지요.

4 지구를 지키는 친환경 에너지, 풍력발전

핵심 개념 바람의 힘을 이용해 전기를 생산하는 풍력발전
활동 개요 풍력발전기의 모습을 살펴보고 풍력발전의 원리에 대해 알아보기

바람개비를 만들어 본 적이 있나요? 바람이 불면 빙글빙글 돌아가는 바람개비처럼 풍력발전기도 바람이 불면 큰 날개가 돌아가며 전기를 만들어냅니다. 우리나라에도 대관령, 제주도 등 여러 장소에서 풍력발전으로 전기를 생산하고 있습니다. 석유나 석탄을 태워 전기를 만드는 방식과 달리 바람의 힘을 이용하기 때문에 환경오염이 거의 없는 친환경 에너지로 손꼽히고 있습니다.

활동 안내

준비물	동영상, 교재(활동지), 스파이크 에센셜			
	단계	학습 내용	학습 형태	학습 자료
학습 활동	도입	▪ 만화 속에서 일어난 문제를 찾고 해결 방법 고민하기	전체 학습	
	활동1	▪ 풍력발전기는 어떻게 전기를 만들까? - 풍력발전기의 작동 원리 알아보기	개별 학습	활동지
	활동2	▪ 풍력발전기를 만들어요! - 풍력발전기를 만드는 데 필요한 블록 탐색하기 - 풍력발전기 만들기	개별 학습	스파이크 에센셜
	활동3	▪ 풍력발전기로 전기를 만들어요! - 풍력발전기 작동시키기	개별 학습	스마트기기, 풍력발전기
	정리	▪ 학습한 내용 확인하기	개별 학습	
활동 팁	▪ 풍력발전이 바람의 힘을 이용하여 전기를 생산함을 알게 합니다. ▪ 풍력발전의 장점을 알고 풍력발전이 친환경 에너지임을 알게 합니다. ▪ 풍력발전을 통해 더 많은 에너지를 얻을 방법을 고민해보게 합니다.			

| **시작해요** | 다니엘 마을의 자랑거리, 풍력발전기 |

- 레오는 다니엘네 마을에 무엇이 있다고 했나요?

- 레오가 말한 '바람개비'는 무엇이었나요?

- 풍력발전기란 무엇일까요?

- 어떻게 하면 풍력발전기가 전기를 만든다는 걸 보여줄 수 있을까요?

학습 목표 바람의 힘을 이용하여 전기를 생산하는 방식이 풍력발전임을 설명할 수 있다.
풍력발전의 원리를 떠올리며 풍력발전기를 만들 수 있다.

활동 1 풍력발전기는 어떻게 전기를 만들까?

◆ **풍력발전기의 작동 원리 알아보기**

다음은 풍력발전기가 작동하는 원리를 설명한 글입니다. 함께 읽으며 풍력발전기가 어떻게 전기를 만드는지 알아봅시다.

풍력발전기는 어디에 설치하나요?

풍력발전기는 바람의 힘을 이용하는 발전수단으로 바람이 많이 부는 산이나 바다, 들판에 설치합니다.
초속 4m 이상의 바람이 불어야 풍력발전기를 설치할 수 있는데, 이는 나뭇가지가 흔들릴 정도로 센 바람이 부는 곳에 풍력발전기를 설치할 수 있다는 말입니다.

풍력발전기는 어떻게 전기를 만드나요?

바람이 불면, 풍력발전기의 날개가 빙글빙글 돌아갑니다. 이 때, 날개와 연결된 발전기가 전기를 만들기 적당한 속도로 회전하기 시작합니다.

발전기가 회전하기 시작하면서 전기를 만듭니다. 전기는 발전소의 배터리에 모아서 필요한 곳에 쓸 수 있게 준비합니다.

발전소에서 모인 전기를 전선을 통해 가정이나 공장으로 보내주면 우리가 전기 에너지를 이용해서 편리한 생활을 할 수 있습니다.

무료글꼴 한국수력원자력 한수원한돋움체

◆ **풍력발전기의 작동 원리 알아보기**

다음 중 풍력발전기와 관계있는 그림을 찾아 ○ 해봅시다.

친환경 에너지

태양열

들판에 설치해요

물이 떨어지는 힘

바다에 설치해요

매연이 생겨요

바람의 힘

불을 이용해요

날개가 돌아요

◆ **풍력발전기의 작동 원리 알아보기**

풍력발전기의 작동 원리를 바르게 설명하는 글을 완성해봅시다.
<보기>에서 빈칸에 알맞은 단어를 찾아 써봅시다.

 풍력발전기는 (　　　　　　)의 힘을 이용하는 발전 수단으로, (　　　　　　)이 많이 부는 산이나 바다, 들판에 설치합니다.

 바람이 불면 풍력발전기의 (　　　　　　)가 빙글빙글 돌아갑니다.

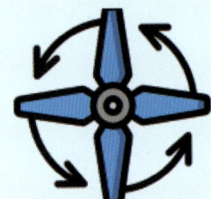 날개가 돌아가면 날개와 연결된 (　　　　　　)가 전기를 만들기 적당한 속도로 회전하기 시작합니다.

 전기는 발전소의 (　　　　　　)에 모아서 필요한 곳에 쓸 수 있게 준비합니다.

<보 기>　　배터리, 날개, 바람, 발전기

 지도 tip

- 풍력발전이 바람의 힘을 이용하는 친환경 에너지 발전 기술임을 안내합니다
- 지구를 지키는 친환경 에너지에는 무엇이 있을지 고민해보게 합니다.

활동 2   풍력발전기를 만들어요!

생각해보기

- 전기가 생기는 것을 볼 수 있는 풍력발전기를 만들기 위해서는 어떤 장치가 필요할까요?

___

___

- 스파이크 에센셜의 4가지 기능 블록 중 어떤 블록을 사용하면 풍력발전기를 만들 수 있을까요?

___

___

- 풍력발전기가 완성된 모습을 살펴보고 어떤 블록이 필요한지 생각해봅시다.

___

◆ 만들기

풍력발전기

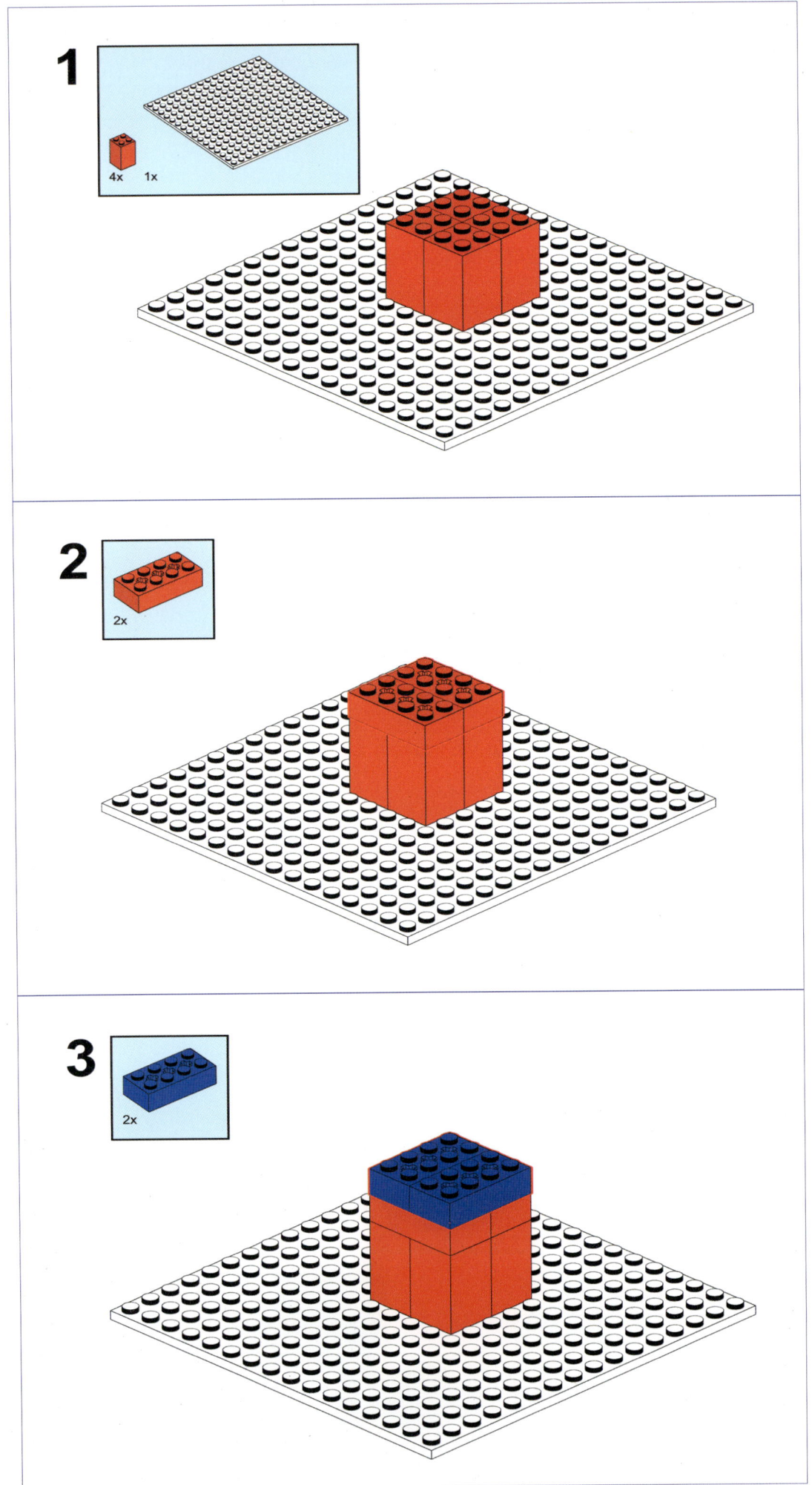

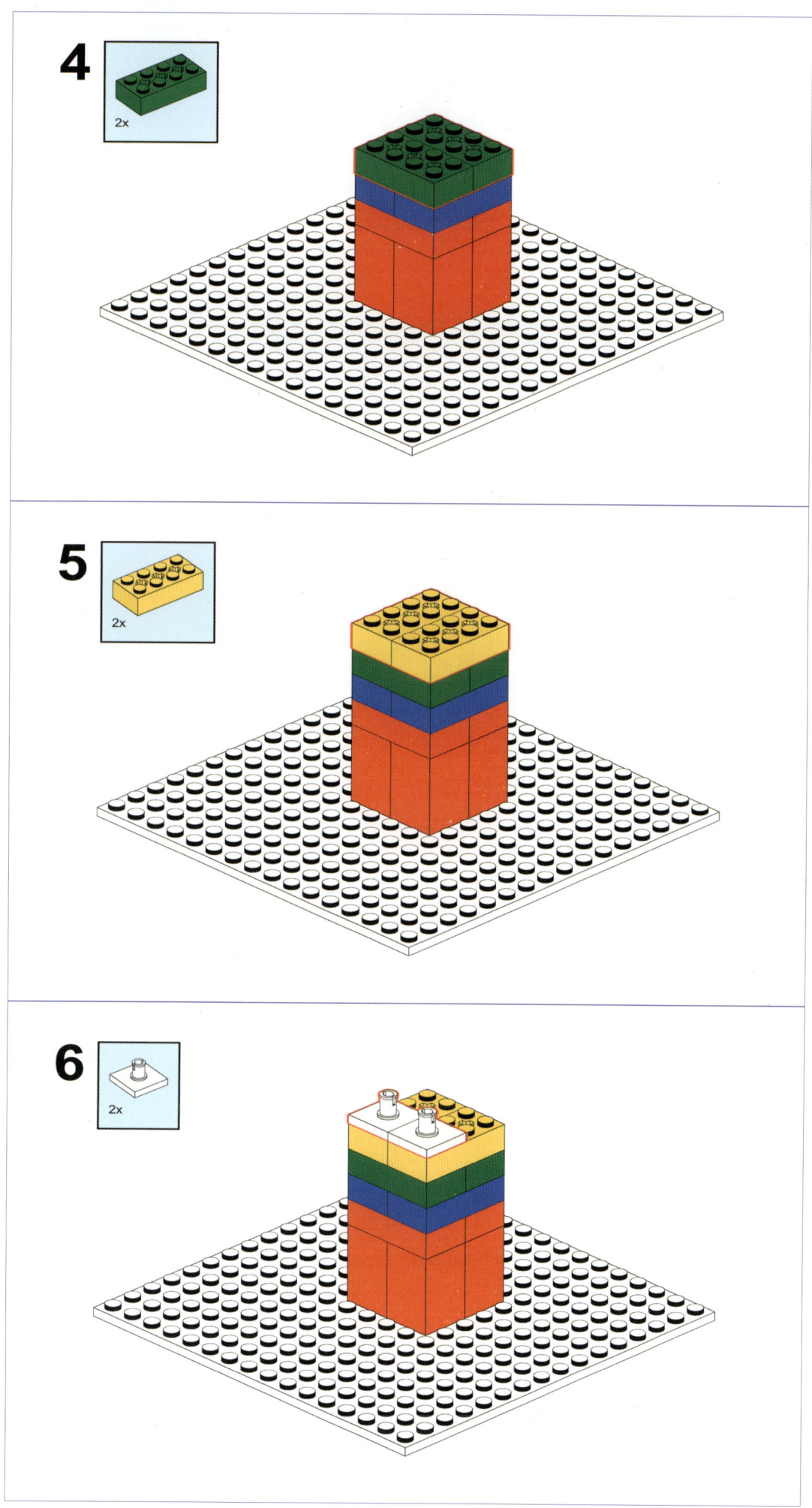

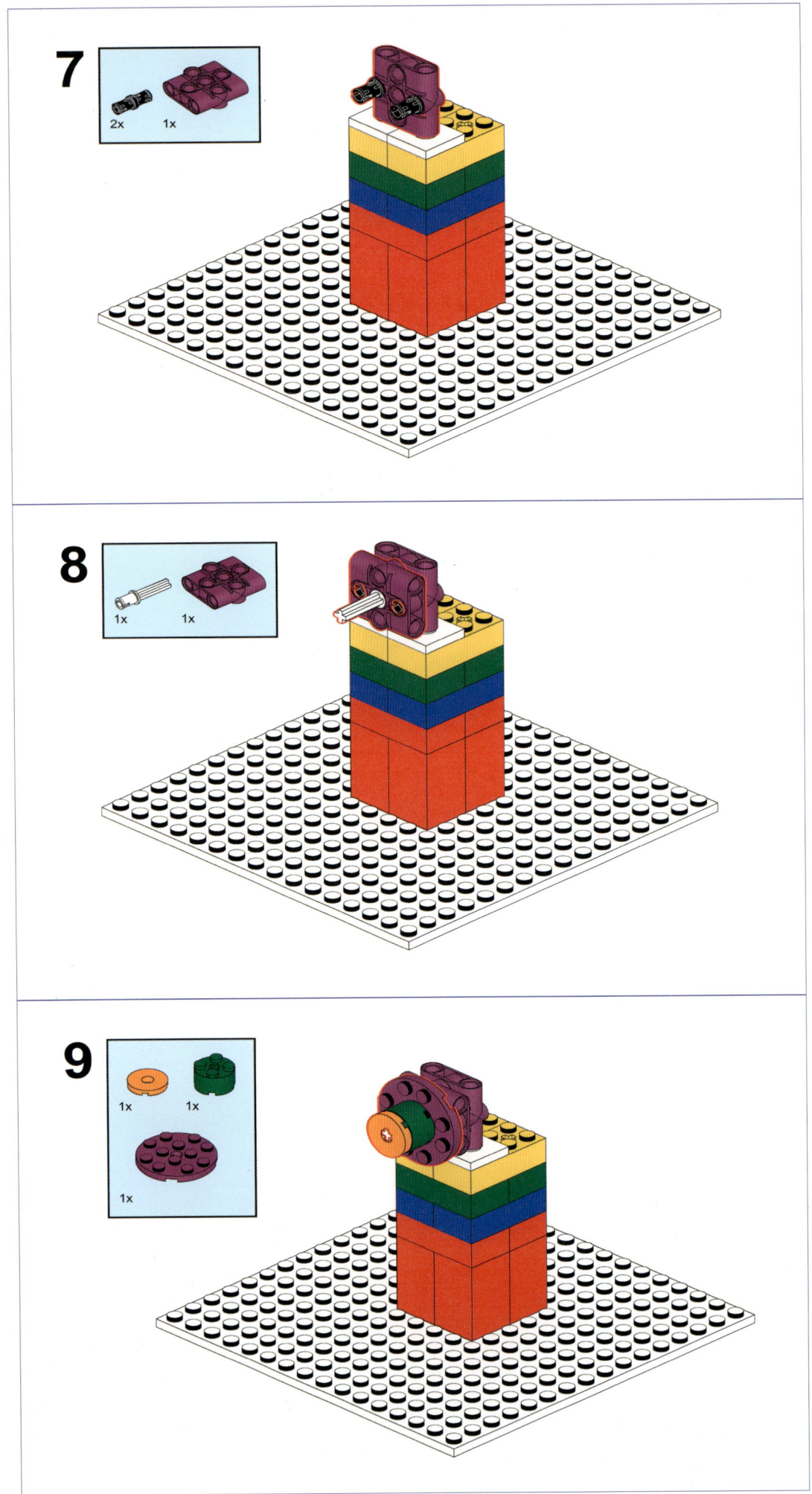

322　3단원_4. 지구를 지키는 친환경 에너지, 풍력발전

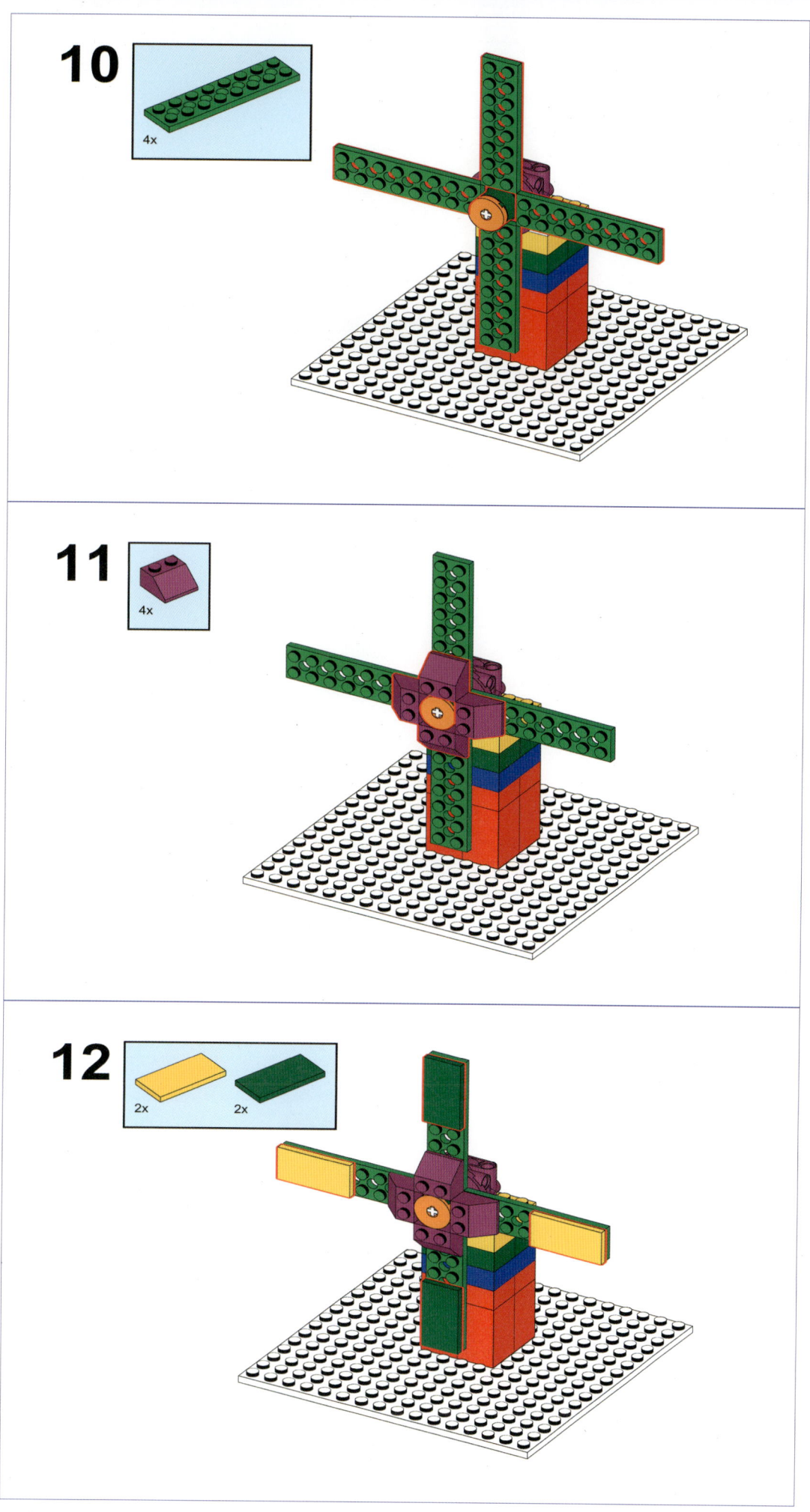

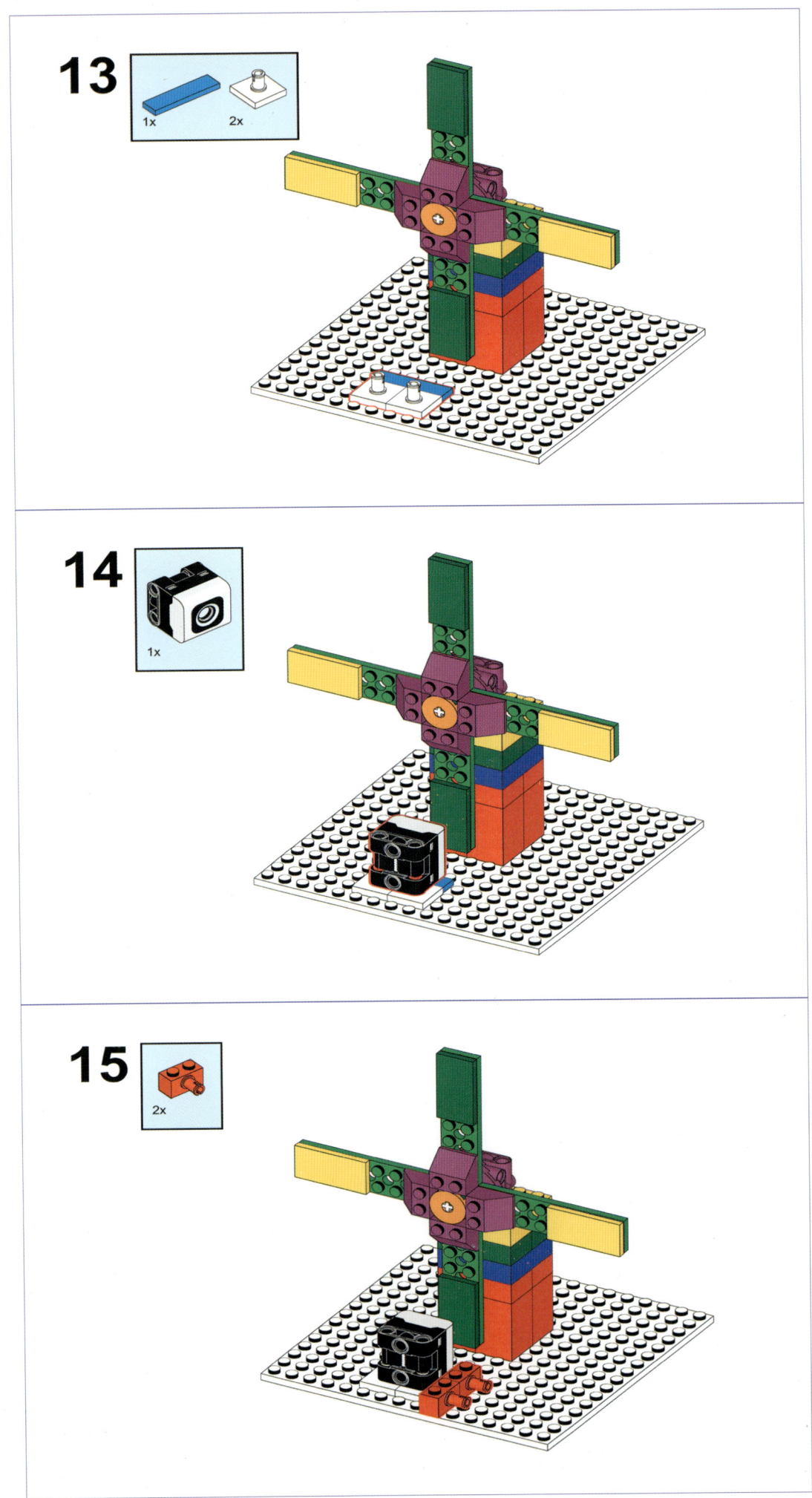

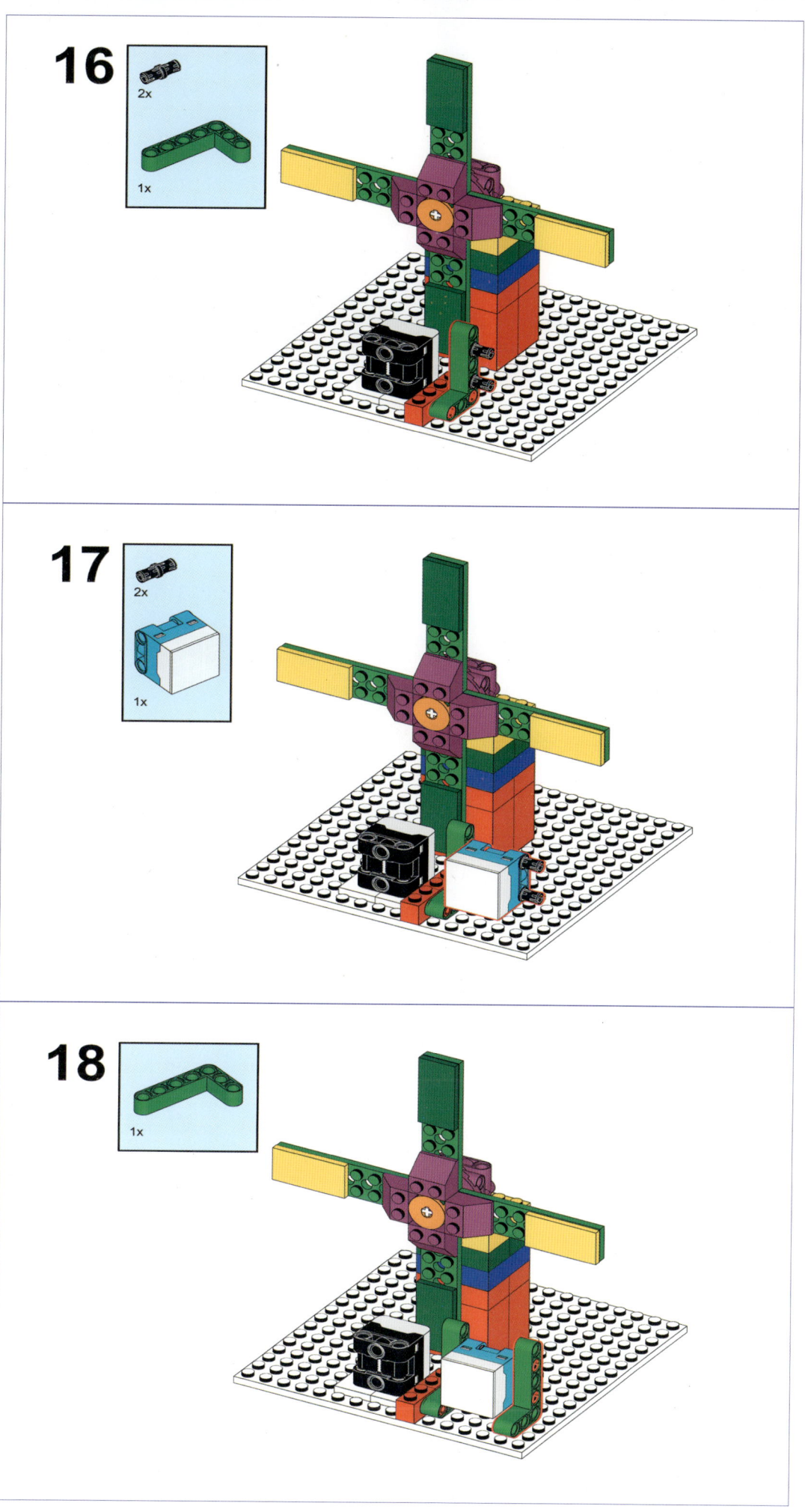

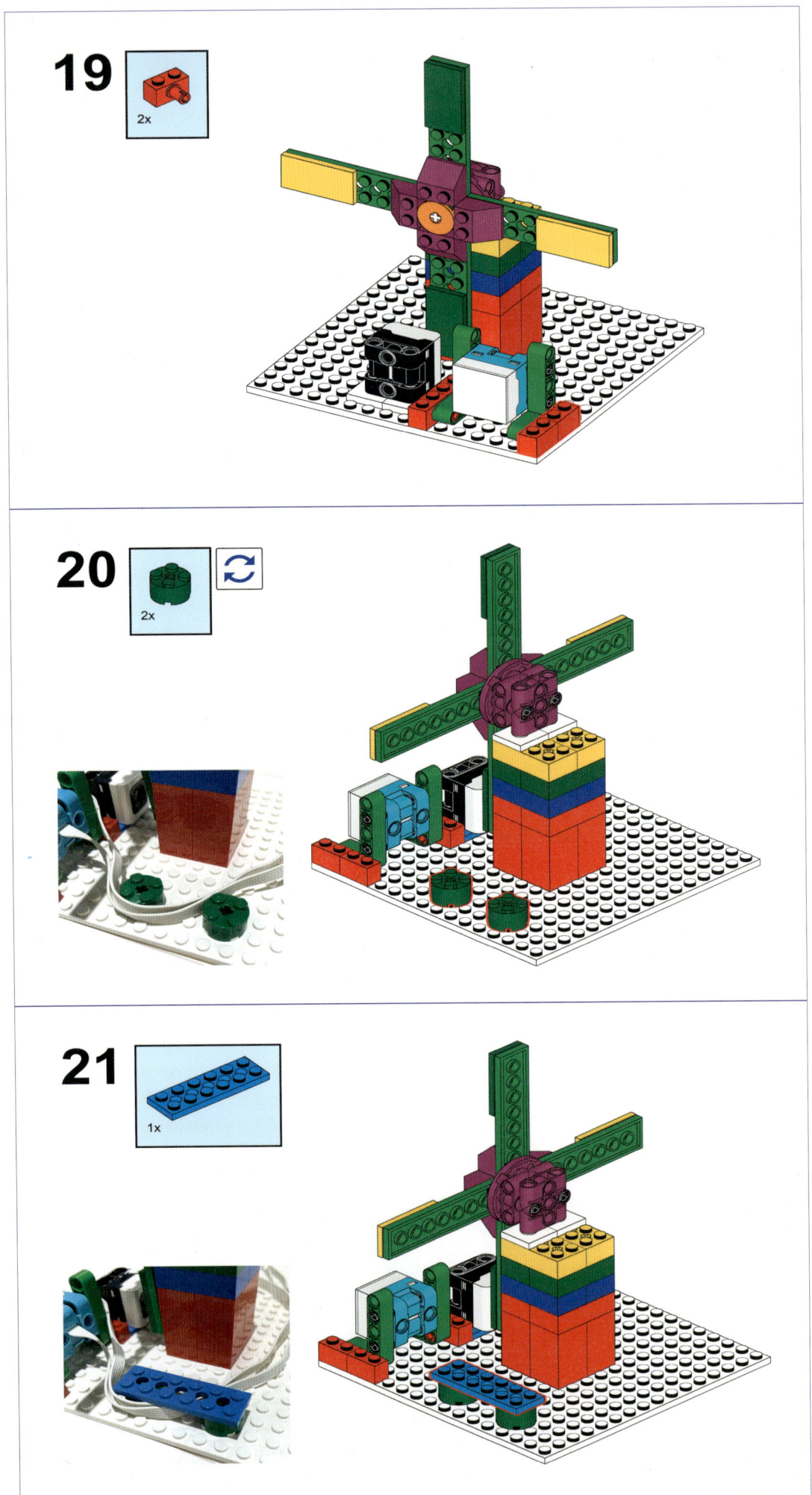

22

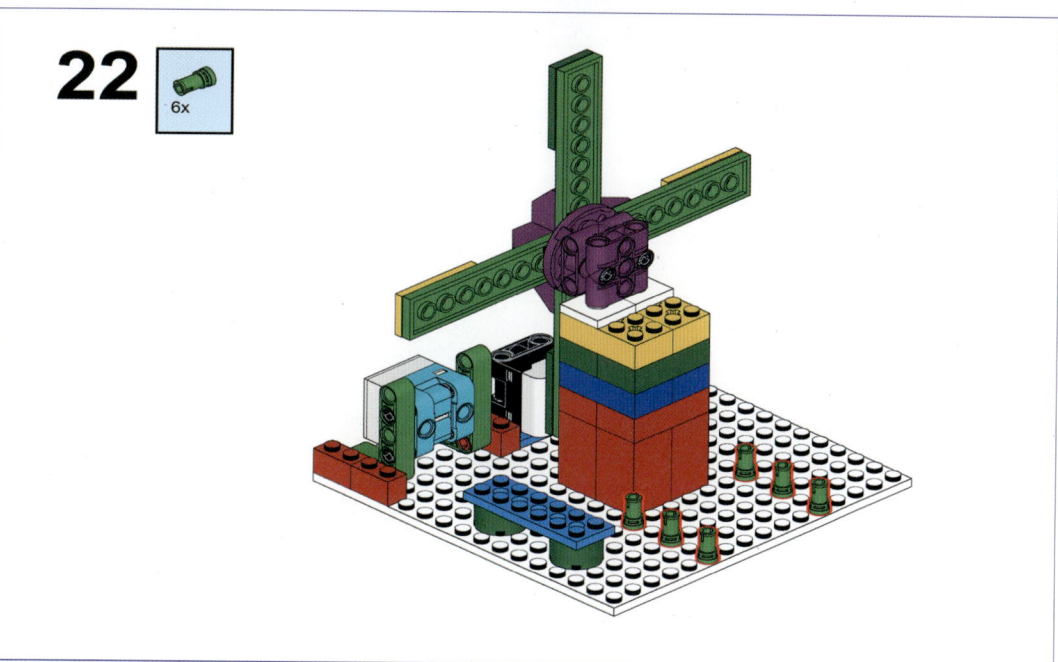

23

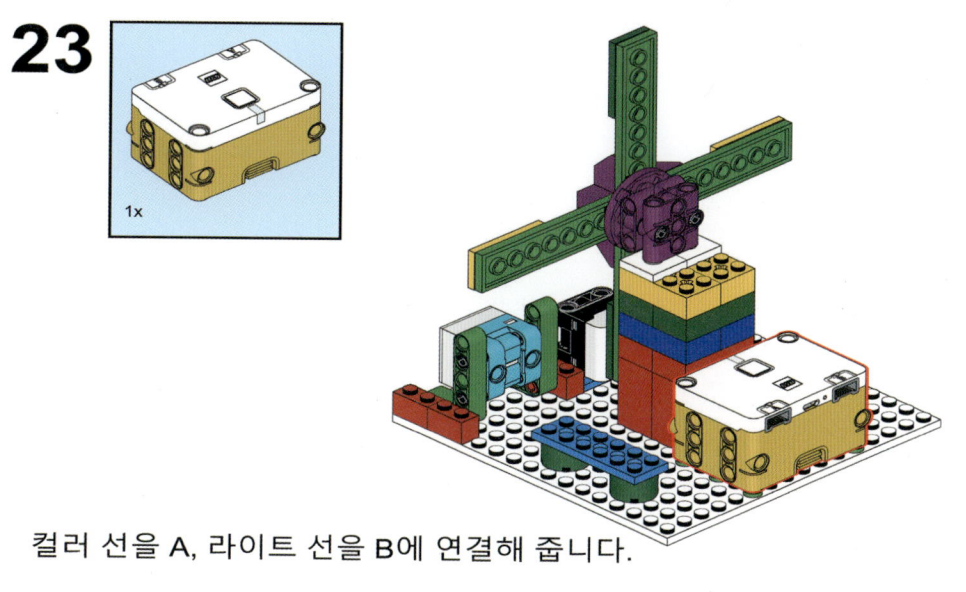

컬러 선을 A, 라이트 선을 B에 연결해 줍니다.

24

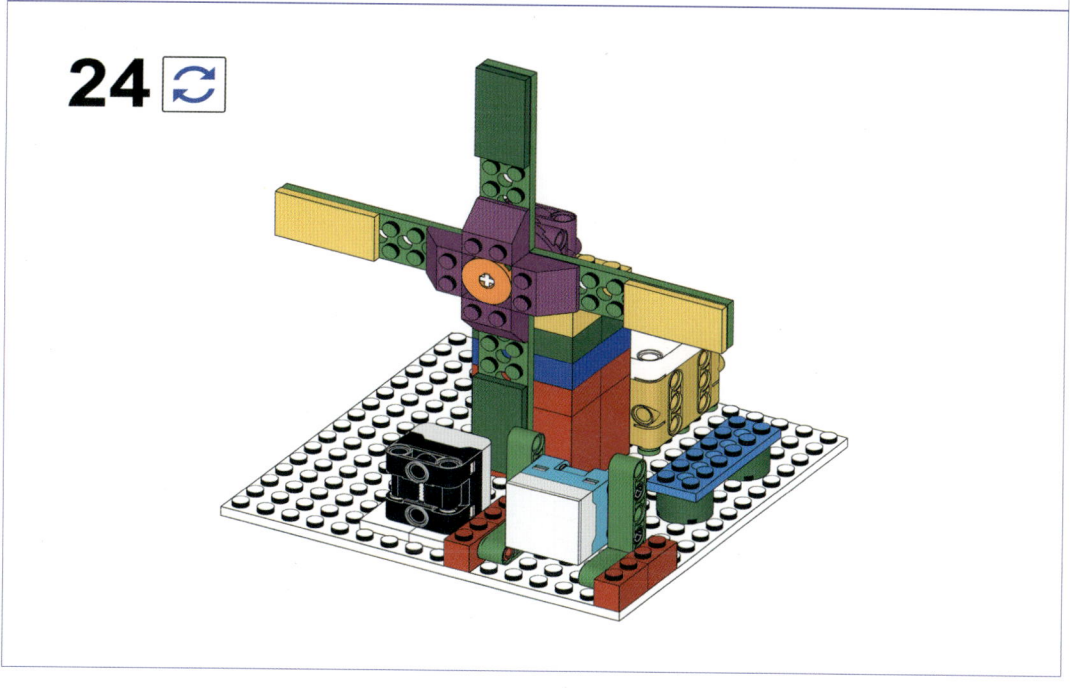

활동 3   풍력발전기로 전기를 만들어요!

◆ [변수] 블록을 알아봅시다.

1. 코딩 프로그램에서 [변수]를 찾아봅시다.

2. 변수란 무엇일까요?
   *변수: 어떤 관계나 상황 속에서 여러 가지 값으로 변할 수 있는 수

3. 코딩에서 [변수]란 '내가 원하는 값을 저장하기 위한 공간'이라고 볼 수 있습니다.

◆ 새로운 변수를 만들어 봅시다.

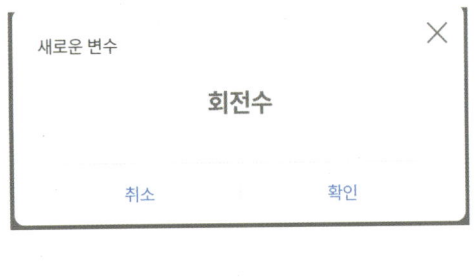

1. [변수] 탭에서 [변수 만들기]를 선택합니다

2. 변수의 이름을 '회전수'로 정합니다.

3. [확인]을 선택하고 변화를 확인합니다.
   - 어떤 변화가 일어났나요?

4. [회전수], [회전수를 0으로 정하기], [회전수를 1만큼 바꾸기] 블록이 생겼습니다.

5. 코딩 화면에는 회전수를 나타내는 화면이 생겼습니다.

◆ 변수 블록을 활용해서 풍력발전기의 회전수를 높여봅시다.

1. 색깔 센서 블록이 노란색을 인식할 때마다 회전수가 1만큼 증가하도록 만들어 봅시다.

2. 프로그램이 시작되면 회전수를 0으로 만듭니다.

3. 색깔 센서 블록이 노란색을 인식하면 회전수를 1만큼 바꾸도록 코딩합니다.

4. [시작하기]를 누르고 풍력발전기의 날개를 회전시켜 봅시다. 어떤 일이 일어나나요?

◆ [연산] 블록을 이용해 봅시다.

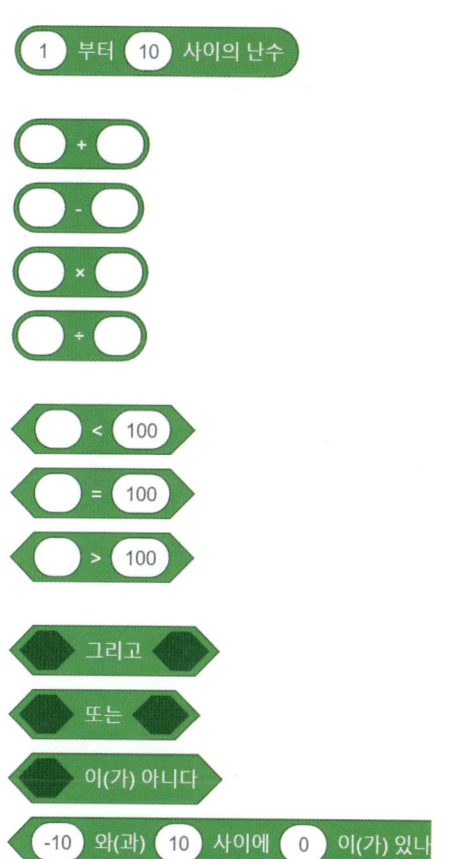

연산 블록이란 수와 관련된 코딩 블록입니다. 어떤 값을 계산하거나, 비교하거나 결합할 수 있습니다.

1. 우리가 사용할 연산 블록은 다음과 같습니다.
[( ) < (100)]: 어떤 값이 지정한 숫자보다 작다.
[( ) = (100)]: 어떤 값이 지정한 숫자와 같다.
[( ) > (100)]: 어떤 값이 지정한 숫자보다 크다.
[< > 그리고 < >]: 어떤 값이 두 조건을 모두 만족해야 한다.

2. 변수 블록인 회전수를 사용해서 회전수가 지정한 수보다 값이 작을 때, 클 때 어떤 명령을 수행할지 조건을 줄 수 있습니다.

◆ [변수]와 [연산] 블록을 이용해서 풍력발전기의 날개 회전수에 따라 라이트가 한 층씩 쌓이도록 만들어 봅시다.

<조건 1> 프로그램이 시작되면 회전수가 0이 되게 합니다. 그리고 라이트의 밝기는 100%, 모든 블록은 꺼진 상태로 시작해야 합니다.

<조건 2> 색깔 센서 블록이 노란색을 인식했을 때 회전수가 1만큼 증가하게 합니다.

<조건 3> 회전수에 따라 다음과 같이 라이트가 켜지게 만듭니다.

회전수	10보다 작다	10보다 크고 0보다 작다	20보다 크고 30보다 작다	30보다 크다
라이트의 상태	☐☐☐ ☐☐☐ ☐☐☐	☐☐☐ ☐☐☐ ■■■	☐☐☐ ■■■ ■■■	■■■ ■■■ ■■■

<조건 4> 라이트가 한 줄씩 켜질 때 <Doorbell1>을 재생합니다.

<조건 5> 라이트에 모두 불이 켜지면 다음과 같은 명령을 수행합니다.
- <Tada> 재생하기
- 회전수를 0으로 만들기
- 모든 블록 멈추기

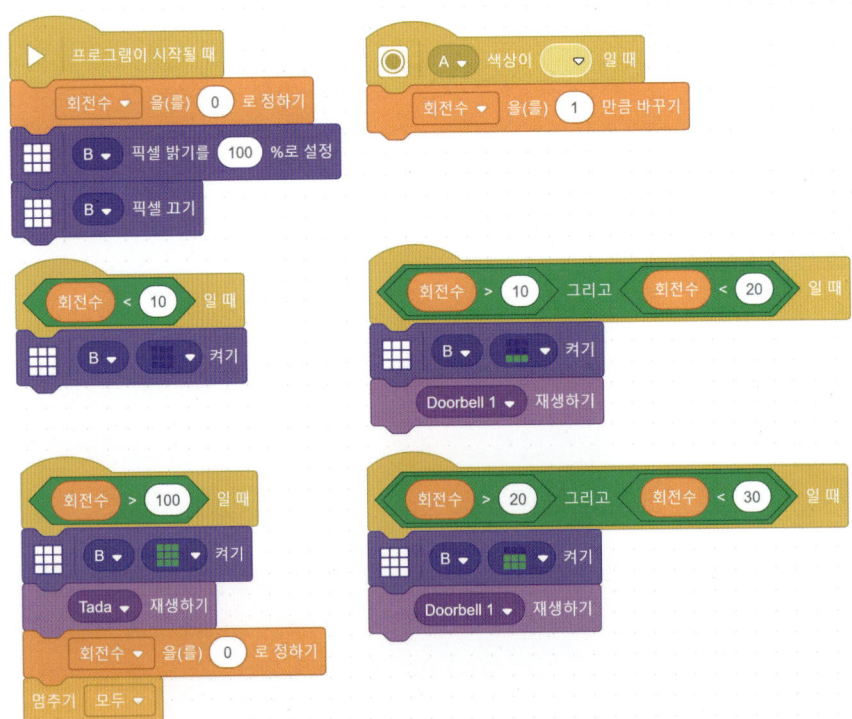

🟢 **한걸음 더**   풍력발전기의 날개 회전수에 따라 라이트가 하나씩 켜지게 만들려면 어떤 방법을 사용할 수 있을까요?

개념 쏙쏙

① 풍력발전은 바람의 힘을 이용해 날개를 회전시켜 전기를 만들어요.
② 연료를 태우거나 폐기물이 발생하지 않아 지구를 지킬 수 있는 친환경 에너지예요.

확인해요

평가 내용	평가 결과
■ 풍력발전이 바람의 힘으로 전기를 만드는 발전 방식임을 설명할 수 있나요?	😊 😐 😟
■ 내가 만든 풍력발전기가 제대로 작동했나요?	😊 😐 😟

읽을거리

누가 풍력발전기를 저 높은 산까지 옮겼을까?

풍력발전기는 바람이 많이 부는 산이나 바다, 들판에 설치합니다. 풍력발전기의 크기는 설치하는 장소와 바람의 양, 만들어 낼 수 있는 전기의 양에 따라 크기가 다른데, 풍력발전기의 기둥이 되는 타워 높이는 약 60~100m이고, 블레이드라고 불리는 날개의 길이는 30m 이상입니다. 풍력발전기가 설치되는 장소와 만들 수 있는 전기의 양을 계산하여 각기 다른 크기의 풍력발전기를 설치합니다. 그렇다면 이렇게 큰 풍력발전기를 높은 산에 어떻게 설치했을까요? 완성된 풍력발전기는 크기가 매우 크기 때문에 완성된 채로 풍력발전기를 옮겨 설치하기란 쉽지 않습니다. 그래서 설치할 곳까지 기둥과 날개를 운반한 후에 조립합니다. 예를 들어, 산이나 바다에 설치 장소가 결정되면 풍력발전기를 이루는 기둥과 날개를 각각 옮겨와서 설치하는 것이지요.

거대한 기둥과 날개를 산 정상까지 운반하기 위해서는 특수 트레일러(모듈 트레일러)가 필요합니다. 특수 트레일러는 아주 크고 무거운 물체를 옮길 수 있게 만들어진 특별한 운송 수단입니다. 10쌍이 넘는 바퀴가 각각 움직이기 때문에 구불구불한 산길도 안전하게 다닐 수 있다는 장점이 있습니다. 바다에 풍력발전기를 설치할 때는 거대한 배를 이용해서 운반한 후에 바다 위에서 바로 설치합니다. 풍력발전기를 설치하는 데 노력과 시간이 필요하지만, 한 번 설치하면 환경오염 없이 친환경 에너지를 생산할 수 있으므로 세계 여러 나라에서 풍력발전기를 설치하고 있습니다. 우리나라에도 대관령, 제주도, 영덕 등 다양한 장소에 풍력발전기를 설치해서 사람들에게 필요한 전기를 만들어내고 있습니다.

<트럭과 배를 이용해 풍력발전기 부품을 옮기는 모습>

사진 출처: Pixabay.com

사진 출처: Pixabay.com

5 크레인으로 무거운 해양 쓰레기를 끌어올려요!

핵심 개념 바다 위에서 무거운 해양 쓰레기를 끌어올리는 크레인
활동 개요 크레인의 모습을 살펴보고 모터를 이용하여 크레인 만들기

무거운 물건을 들고 옮기는 기계에는 어떤 것이 있을까요? 크레인, 지게차, 트럭, 사다리차 등의 중장비는 사람의 힘으로 옮길 수 없는 물건을 들거나 옮깁니다. 중장비를 이용하면 적은 힘으로 많은 일을 할 수 있고, 건물을 짓거나 무거운 물건을 옮길 수 있습니다. 여러 가지 중장비 중에서 크레인은 해양 크레인, 타워크레인 등 다양한 형태로 활용되고 있습니다.

활동 안내

준비물	동영상, 교재(활동지), 스파이크 에센셜, 얇은 줄(60cm), 스마트기기			
학습 활동	단계	학습 내용	학습 형태	학습 자료
	도입	■ 만화 속에서 일어난 문제를 찾고 해결 방법 고민하기	전체 학습	
	활동1	■ 크레인으로 해양 쓰레기를 끌어올릴 수 있을까요? - 무거운 물건을 들어 올리는 기계 알아보기 - 해양 쓰레기의 종류 알아보기	개별 학습	활동지
	활동2	■ 해양 크레인을 만들어요! - 크레인을 만드는 데 필요한 블록 탐색하기 - 해양 크레인 만들기	개별 학습	스파이크 에센셜, 얇은 줄
	활동3	■ 해양 크레인으로 해양 쓰레기를 끌어올려요! - 해양 크레인 작동시키기 - 해양 크레인이 움직여야 할 위치에 알맞게 각도 조절하기	개별 학습	스마트기기
	정리	■ 학습한 내용 확인하기	개별 학습	
활동 팁	■ 크레인이 모터와 와이어의 힘을 이용하여 물건을 들어 올림을 알게 합니다. ■ 해양 오염을 일으키는 해양 쓰레기에 대해 알고 환경을 보호하려는 마음을 가지게 합니다. ■ 크레인이 움직여야 할 위치를 보고 알맞은 각도를 찾게 합니다.			

시작해요   무거운 해양 쓰레기 때문에 골치 아파요!

- 다니엘의 고민은 무엇인가요?

- 바다 한가운데 있는 해양 쓰레기를 치울 수 없는 이유는 무엇인가요?

- 소피가 말한 크레인은 어떤 역할을 하는 것일까요?

- 어떻게 하면 크레인으로 해양 쓰레기를 치울 수 있을까요?

학습 목표   크레인이 모터와 와이어의 힘을 이용하여 물건을 들어 올림을 설명할 수 있다.
크레인의 원리를 떠올리며 해양 크레인을 만들 수 있다.

| 활동 1 | **크레인으로 해양 쓰레기를 끌어올릴 수 있을까요?** |

◆ 무거운 물건을 들어 올리는 기계 알아보기

다음 그림을 보며 이름을 따라 읽고, 다음 중에서 사람의 힘으로는 들거나 옮길 수 없는 무거운 물건을 들거나 옮기는 일을 하는 것을 찾아 ○ 해봅시다.

◆ 무거운 물건을 들어 올리는 기계 알아보기

여러 가지 중장비의 이름과 하는 일을 바르게 연결해 봅시다.

덤프트럭　　　　**크레인**　　　　**지게차**

튼튼한 줄과 모터를 이용하여 높은 곳까지 물건을 들어 올립니다.

무거운 물건을 싣고 목적지까지 이동합니다.

포크처럼 생긴 두 다리를 이용하여 무거운 물건을 들고 옮깁니다.

◆ 해양 쓰레기의 종류 알아보기

다음은 해양 오염에 관한 글입니다. 함께 읽고 해양 오염을 일으키는 해양 쓰레기의 종류를 알아봅시다.

바다가 병들고 있어요!

 해양 오염이라는 말을 들어본 적 있나요? 해양 오염이란 바다와 해변, 바닷속의 생태계가 더러워진다는 말입니다.
 해양 오염을 일으키는 데는 많은 이유가 있는데요. 그 중 한 가지 원인은 바로 '해양 쓰레기' 입니다. 해양 쓰레기는 바다에 버려지는 여러 가지 쓰레기를 말합니다. 해양 쓰레기에도 여러 종류가 있는데요. 그 중 대표적인 것을 몇 가지 알아보겠습니다.

1. 사람들이 버리는 생활 쓰레기

 우리가 사용한 플라스틱 병, 유리병부터 종이컵, 과자봉지까지 다양한 생활 쓰레기가 바다에서 발견됩니다. 이런 쓰레기는 배 위에서 버렸거나 육지에서 사람들이 몰래 바다에 버린 쓰레기입니다. 이런 쓰레기들은 바다를 떠다니면서 해양 생태계를 파괴합니다. 물고기나 새가 먹이로 잘못 알고 쓰레기를 먹기도 하고, 바닷속 수초와 바위 사이에 끼여서 바닷속 환경을 더럽힙니다.
 게다가 이런 일회용품들은 잘 썩지 않아서 몇 십년 동안 바다를 떠다니며 해양 오염을 일으키고 있습니다.

2. 밧줄이나 그물 등의 어업 폐기물

 밧줄이나 그물 등의 어업 폐기물은 어선에서 버렸거나, 배에서 끊어져 바다에 떠다니는 경우가 많습니다. 그리고 다 사용한 어업 폐기물을 몰래 바다에 버리는 사람들도 있습니다.
 특히 폐그물은 그물 모양 그대로 버리는 경우가 많아서 바다속을 떠다니다가 물고기들이 폐그물에 걸려 죽음을 맞는 일도 많습니다.
 그리고 이런 어업 폐기물은 크기가 크고 무게도 무거워서 바다에서 건져 올리는 것이 쉽지 않습니다.

OPEN 무료글꼴 한국수력원자력 한수원한돋움체

지도 tip

- 중장비가 공사하는 용도가 아닌 여러 가지 용도로 쓰임을 안내합니다.
- 해양 오염을 막기 위해 우리가 실천할 수 있는 일은 무엇인지 고민해보게 합니다.

활동 2   해양 크레인을 만들어요!

생각해보기

- 무거운 해양 쓰레기를 끌어올리기 위한 크레인을 만들기 위해서는 어떤 장치가 필요할까요?

- 스파이크 에센셜의 4가지 기능 블록 중 어떤 블록을 사용하면 해양 크레인을 만들 수 있을까요?

- 해양 크레인이 완성된 모습을 살펴보고 어떤 블록이 필요한지 생각해봅시다.

◆ 만들기

해양크레인

3단원_5. 크레인으로 무거운 해양 쓰레기를 끌어올려요!

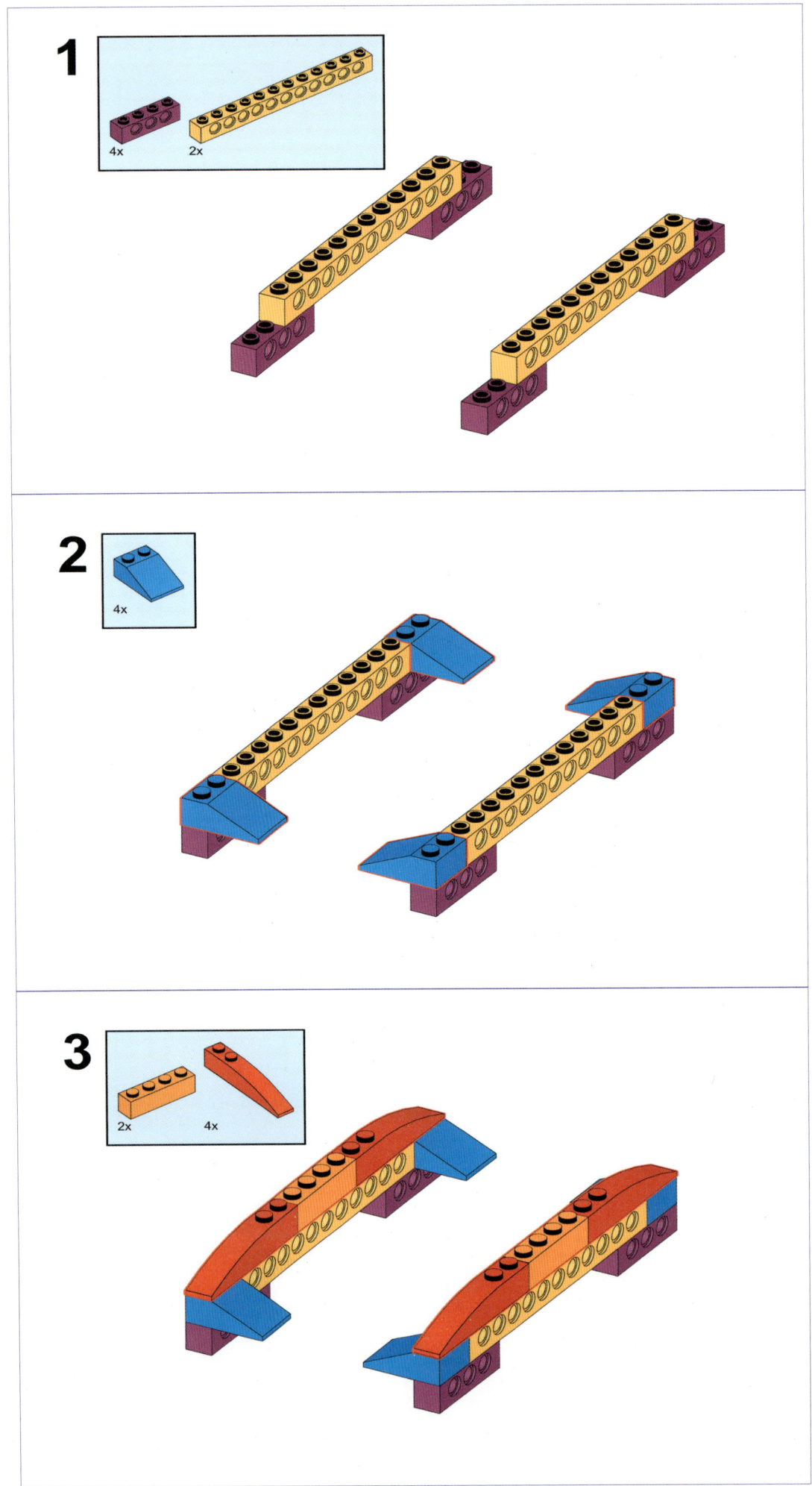

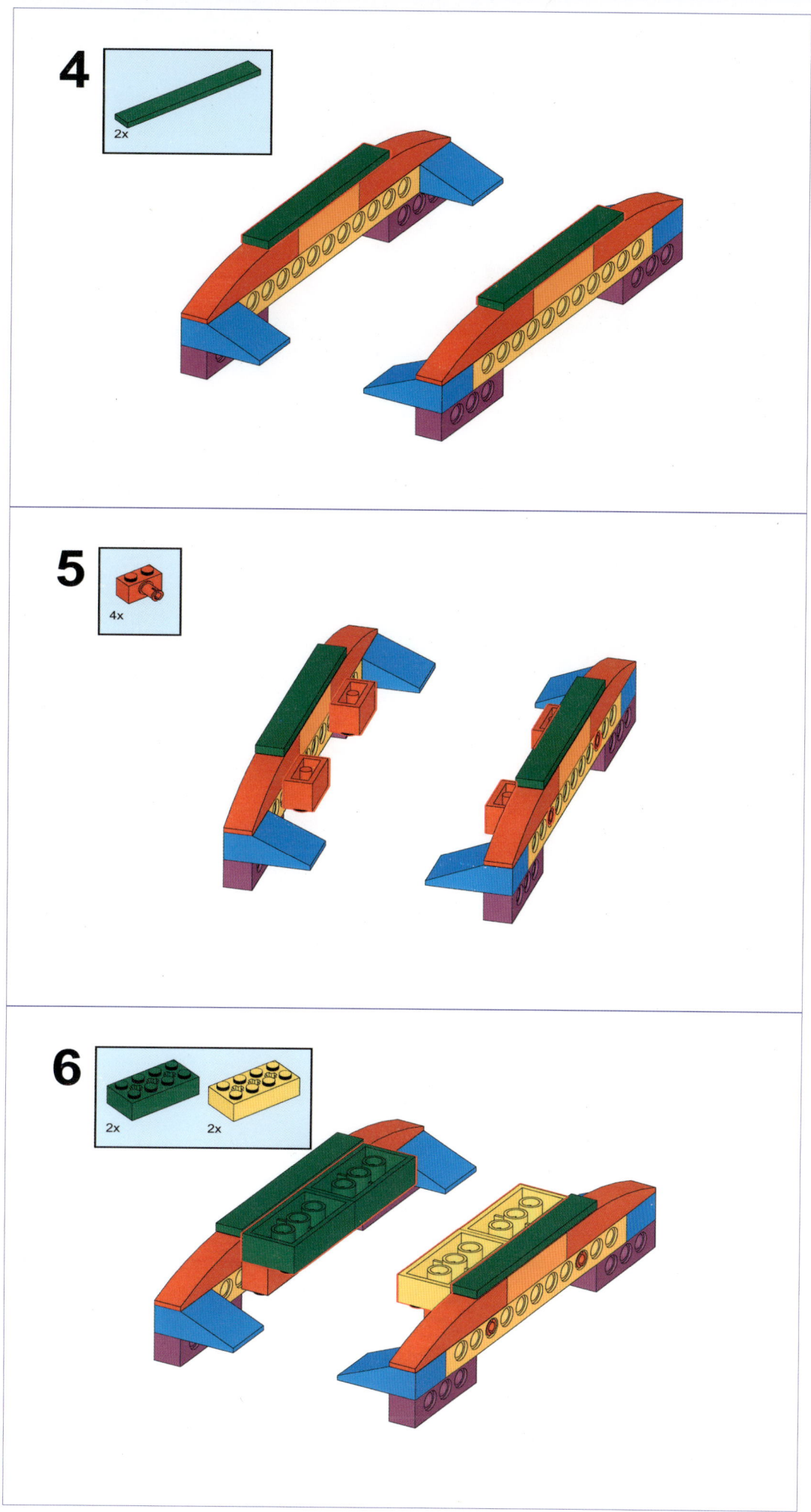

3단원_5. 크레인으로 무거운 해양 쓰레기를 끌어올려요!

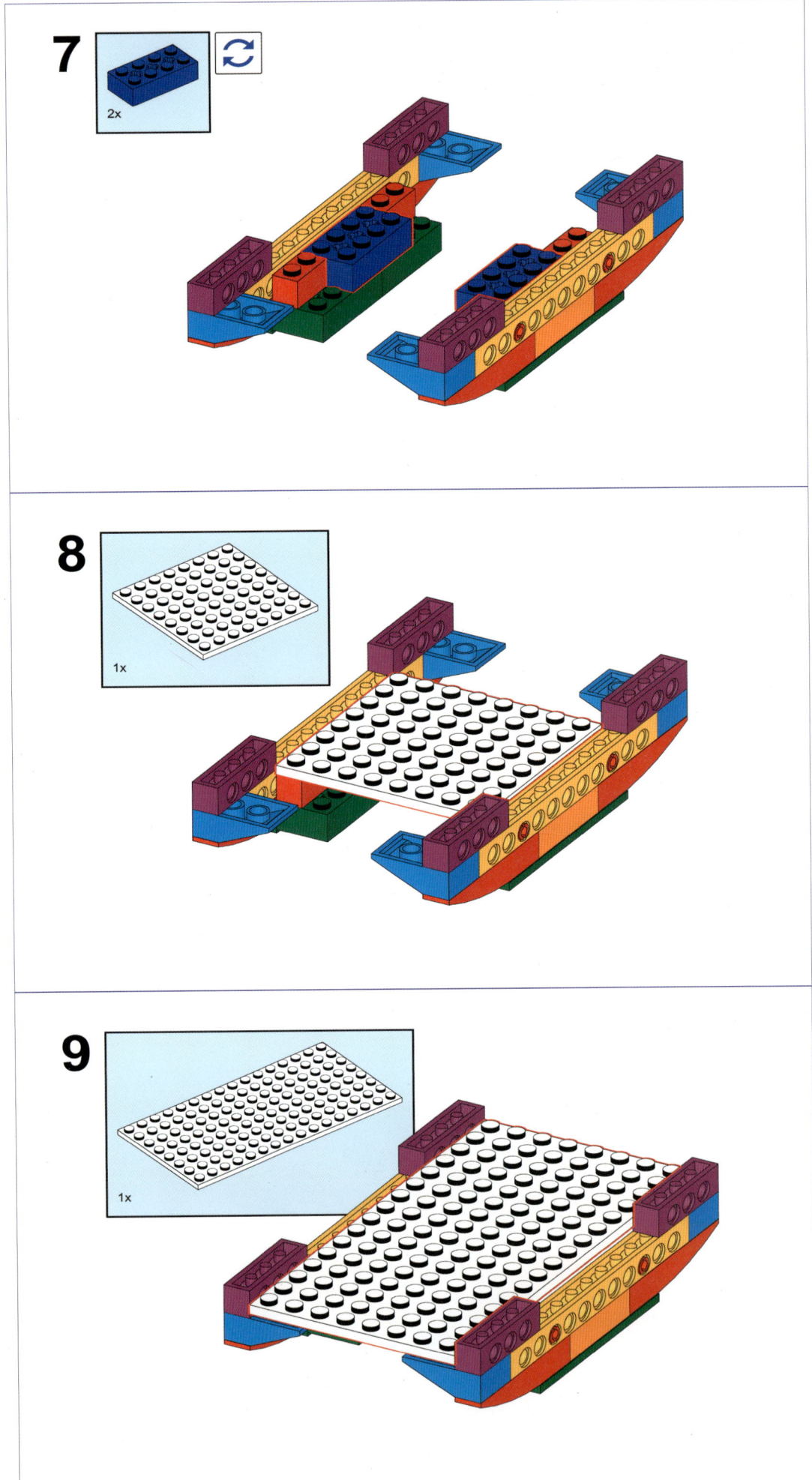

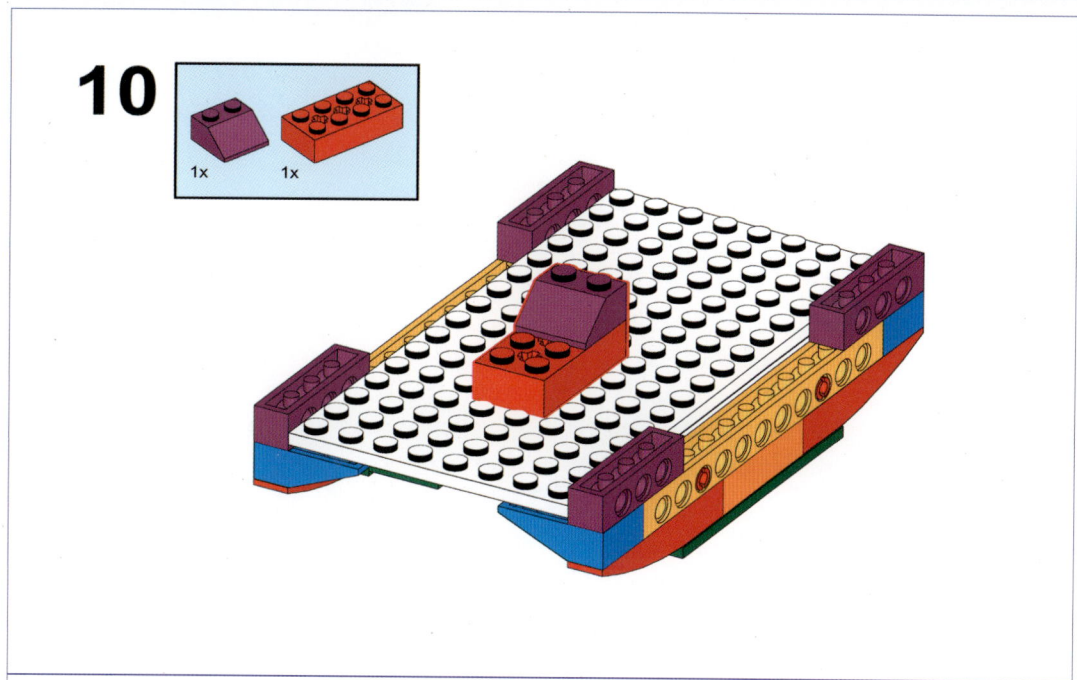

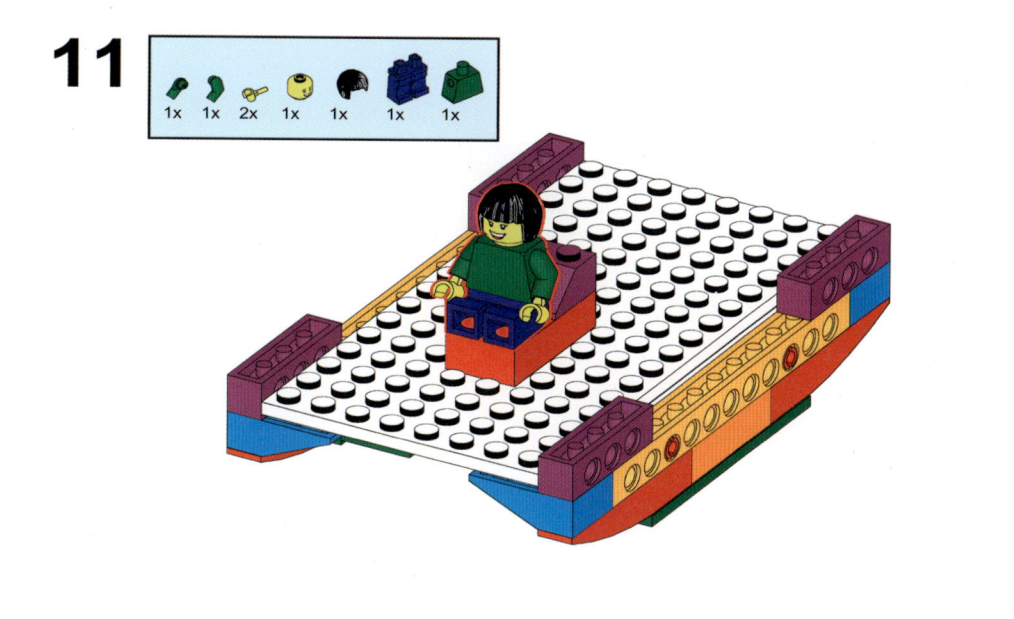

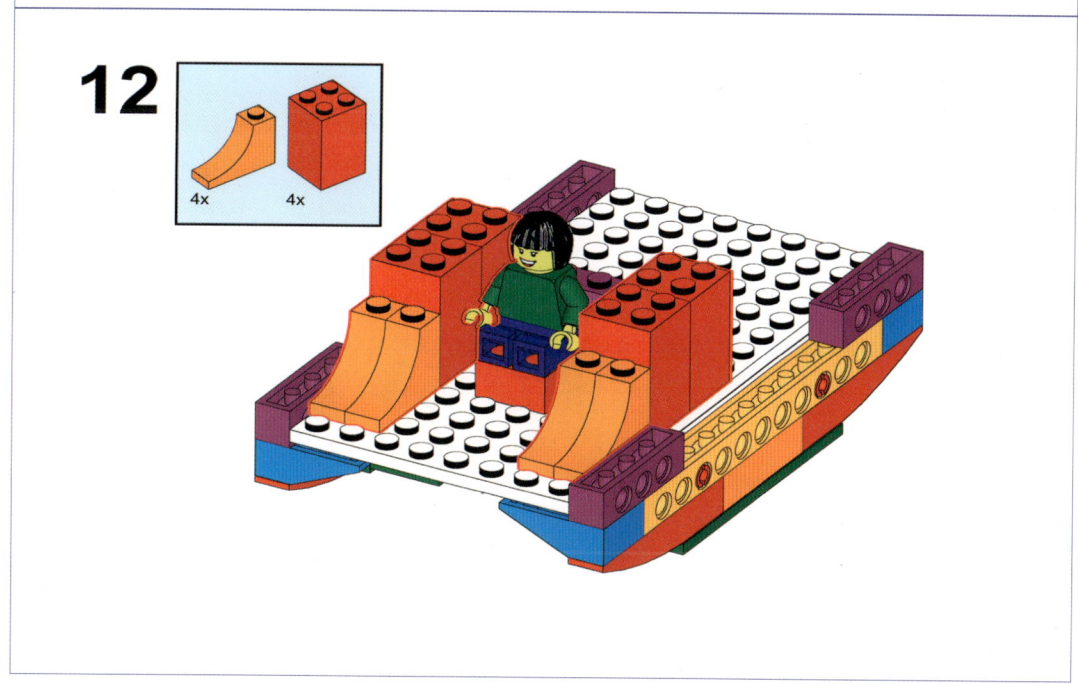

3단원_5. 크레인으로 무거운 해양 쓰레기를 끌어올려요! 343

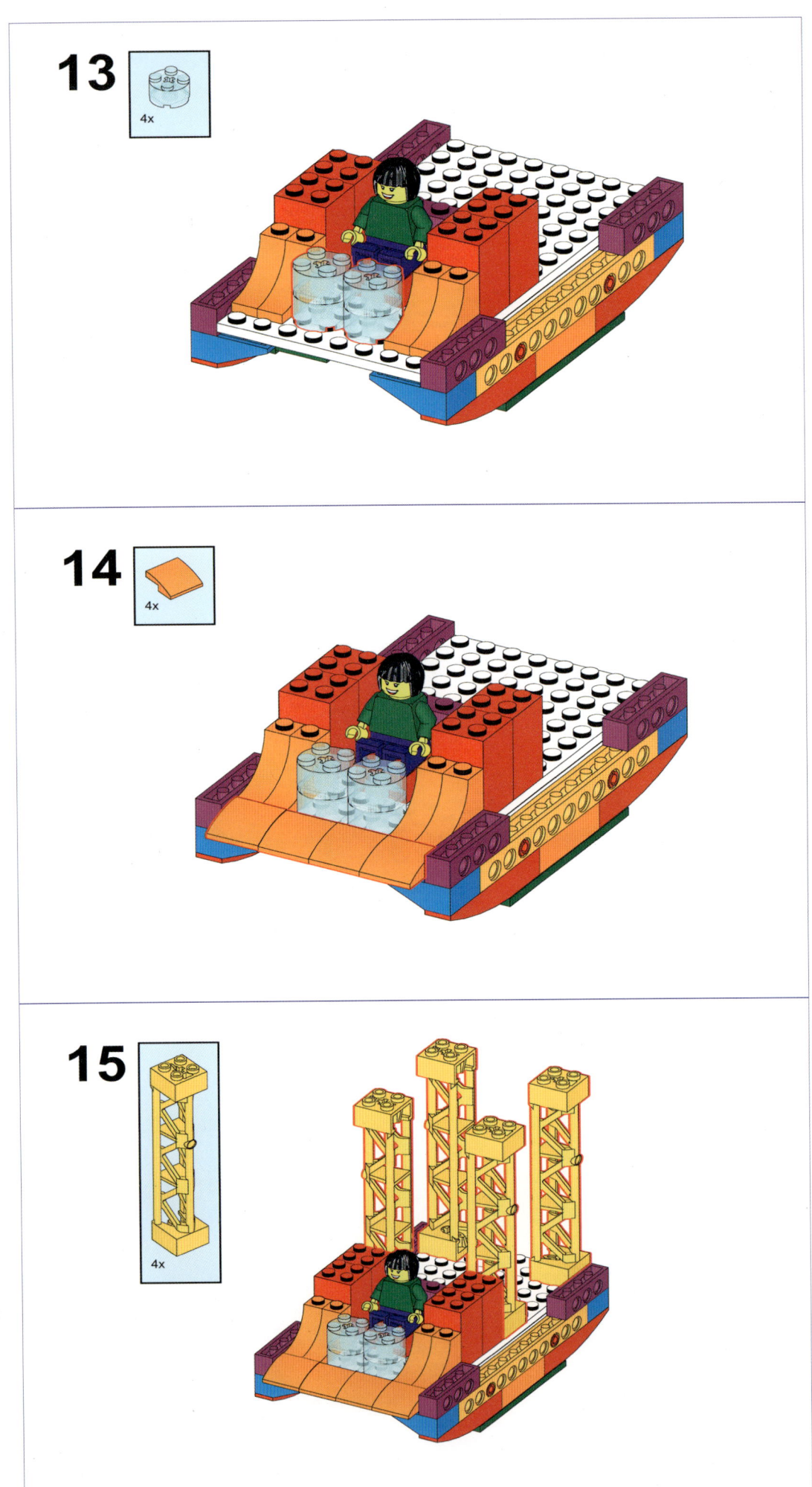

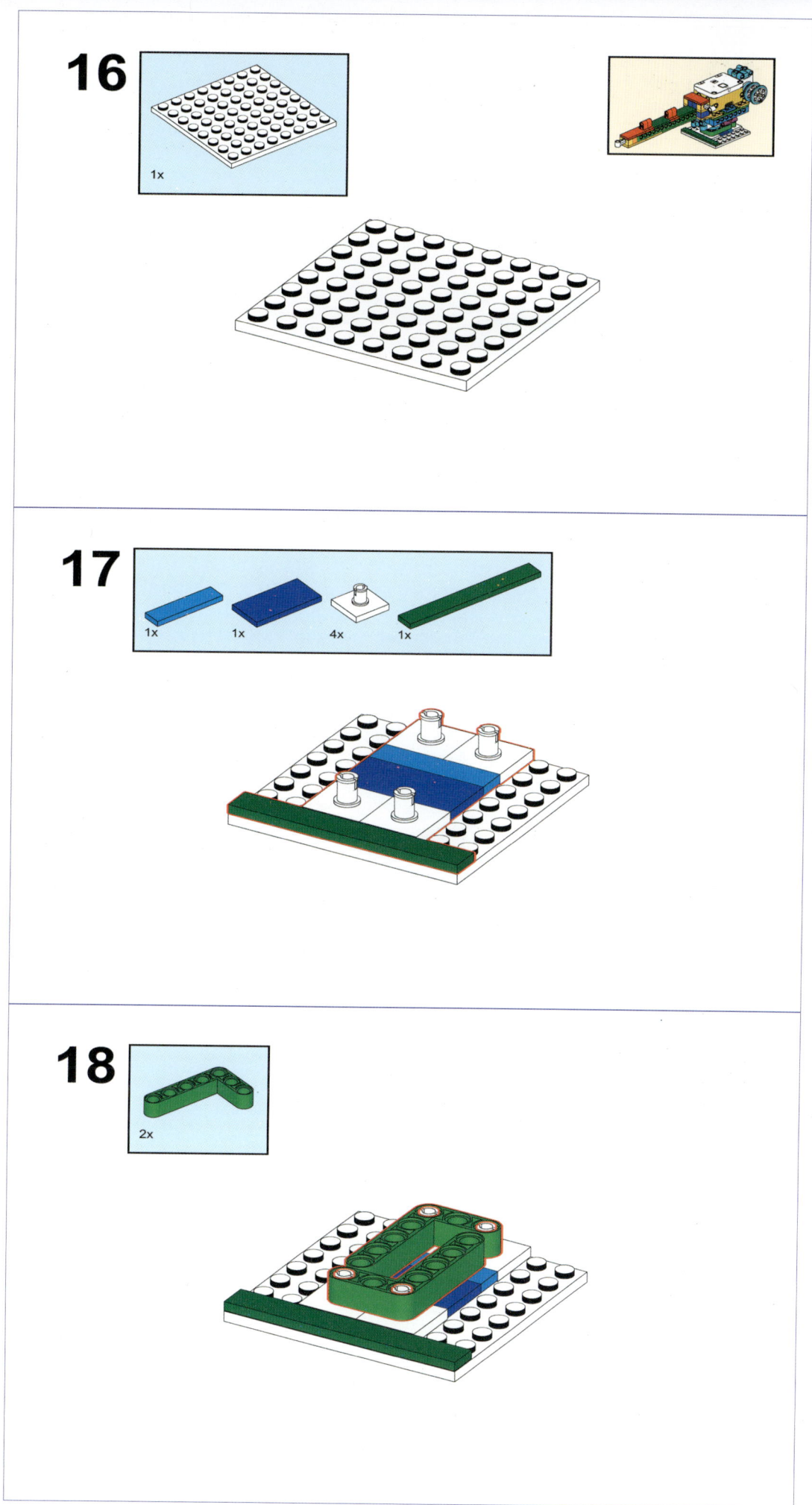

3단원_5. 크레인으로 무거운 해양 쓰레기를 끌어올려요! 345

19

20

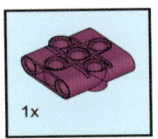

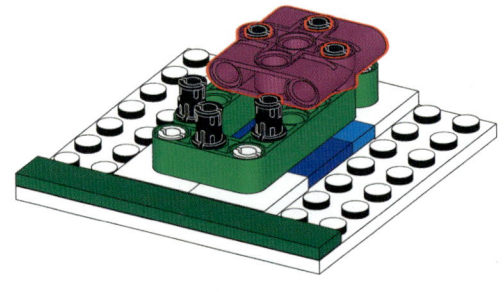

21

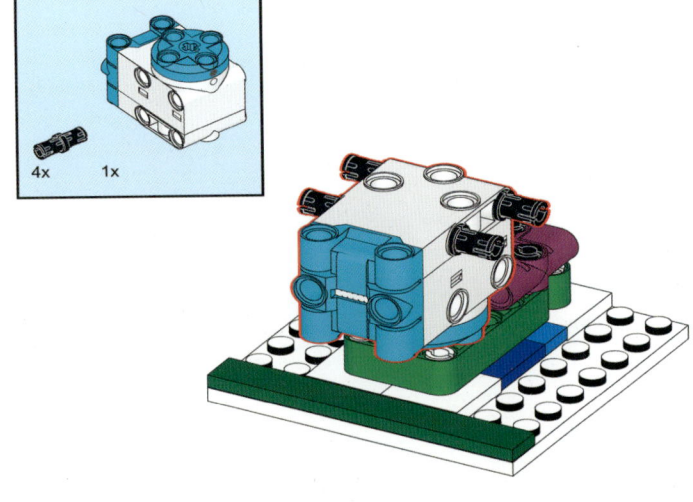

346 3단원_5. 크레인으로 무거운 해양 쓰레기를 끌어올려요!

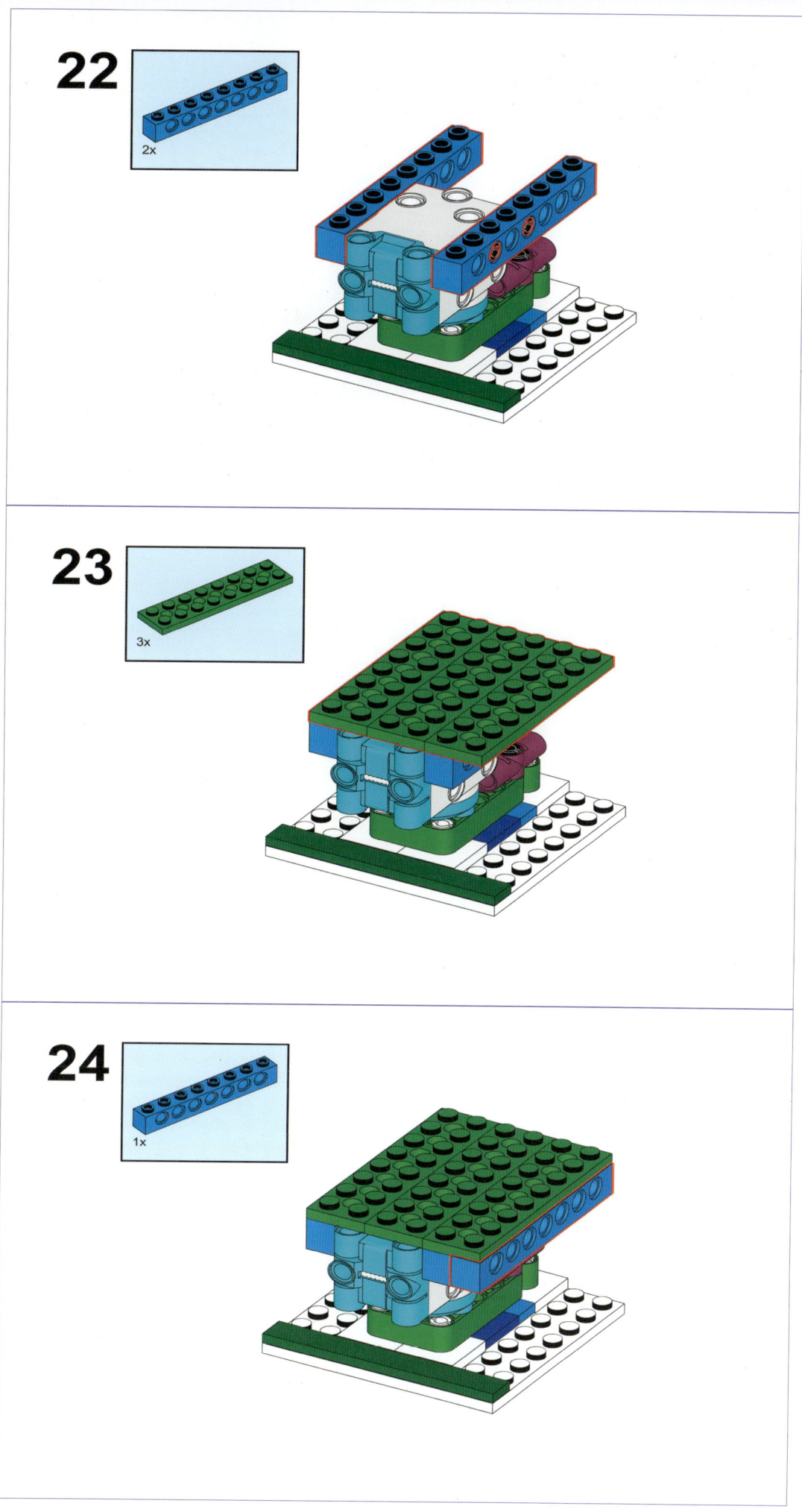

28

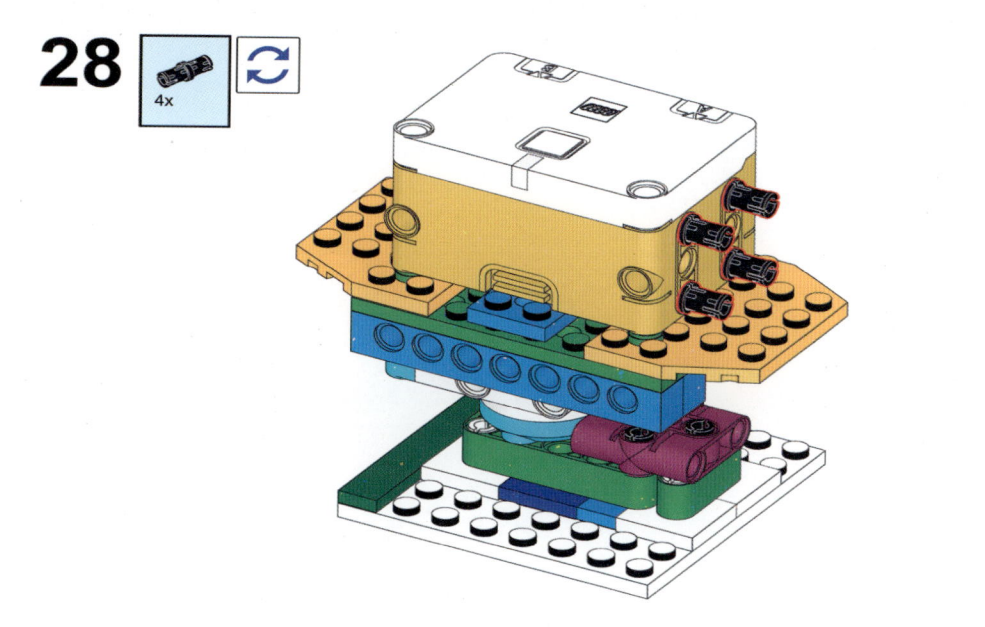

29

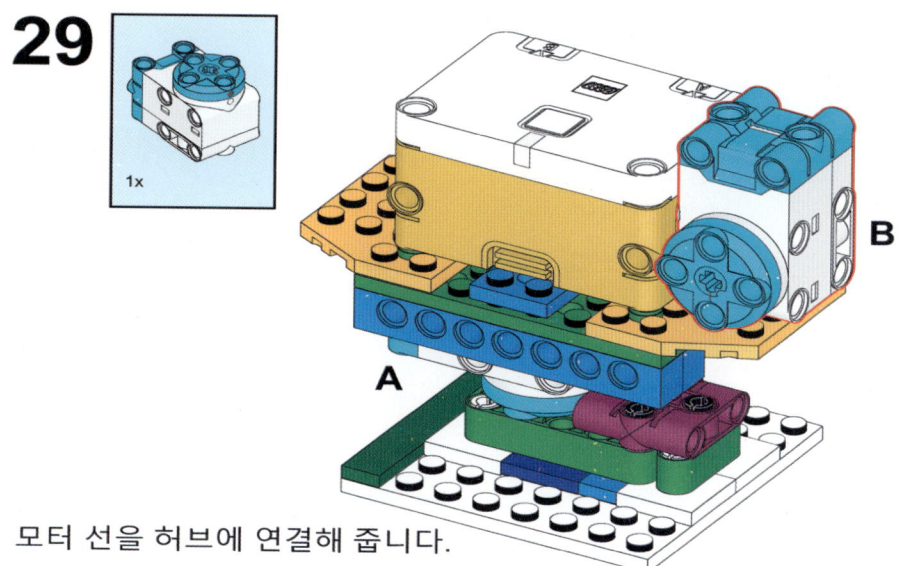

모터 선을 허브에 연결해 줍니다.

30

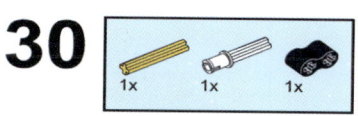

검정 고무 블록 사이로
준비한 줄을 통과시킵니다.

노랑, 하양 막대 블록을 고무
블록 사이로 넣어 줄을 고정합니다.

3단원_5. 크레인으로 무거운 해양 쓰레기를 끌어올려요! 349

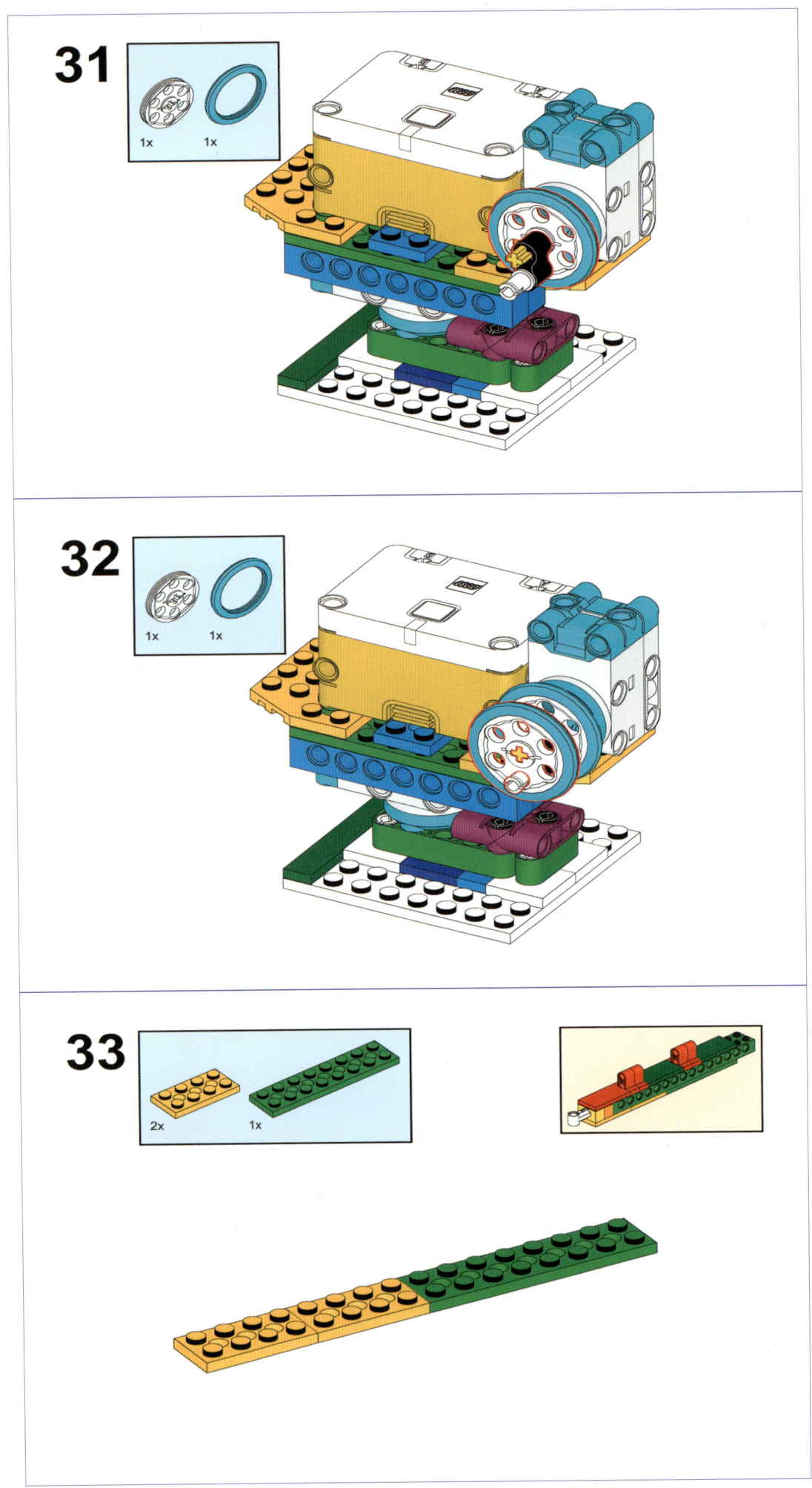

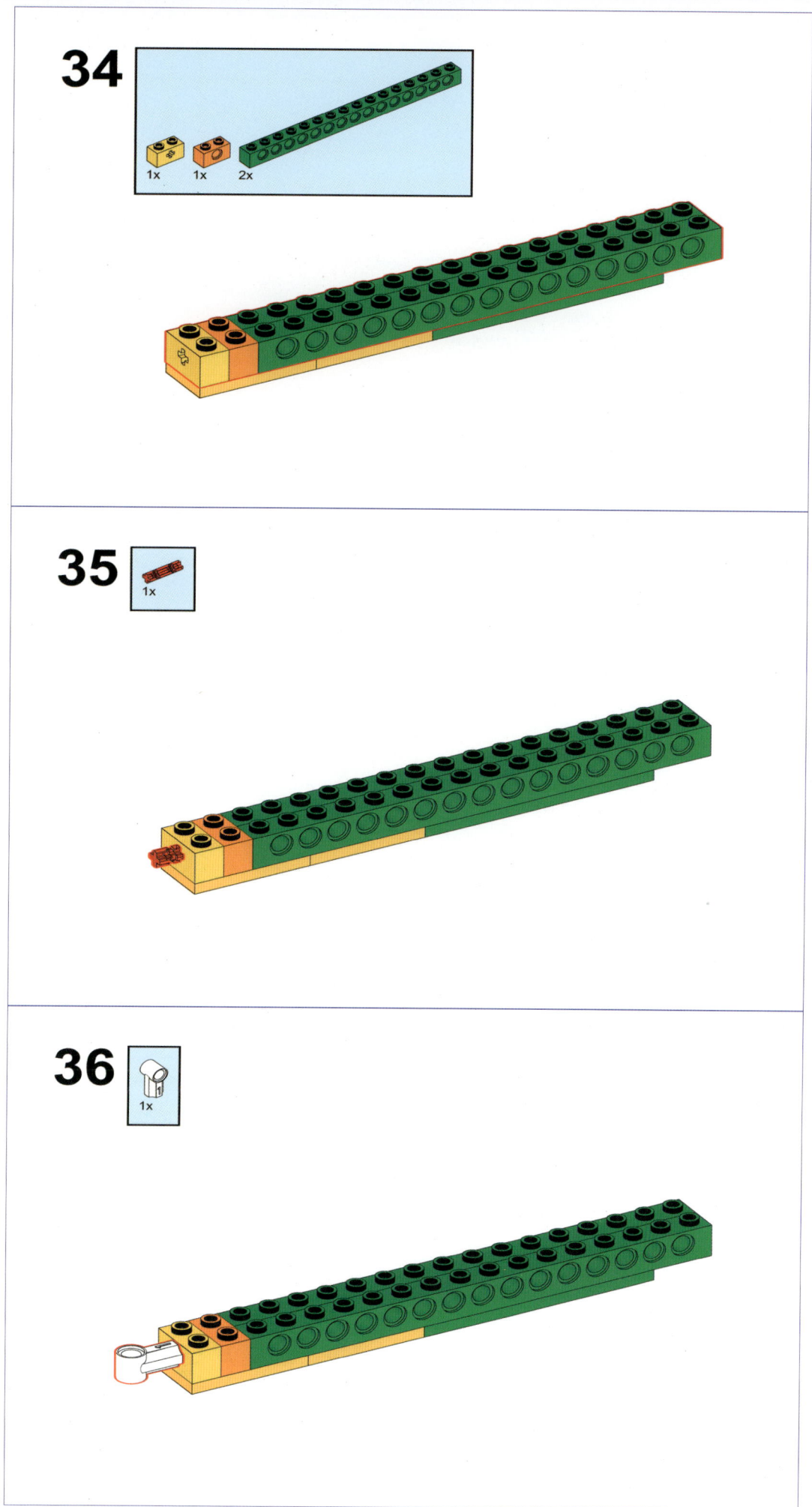

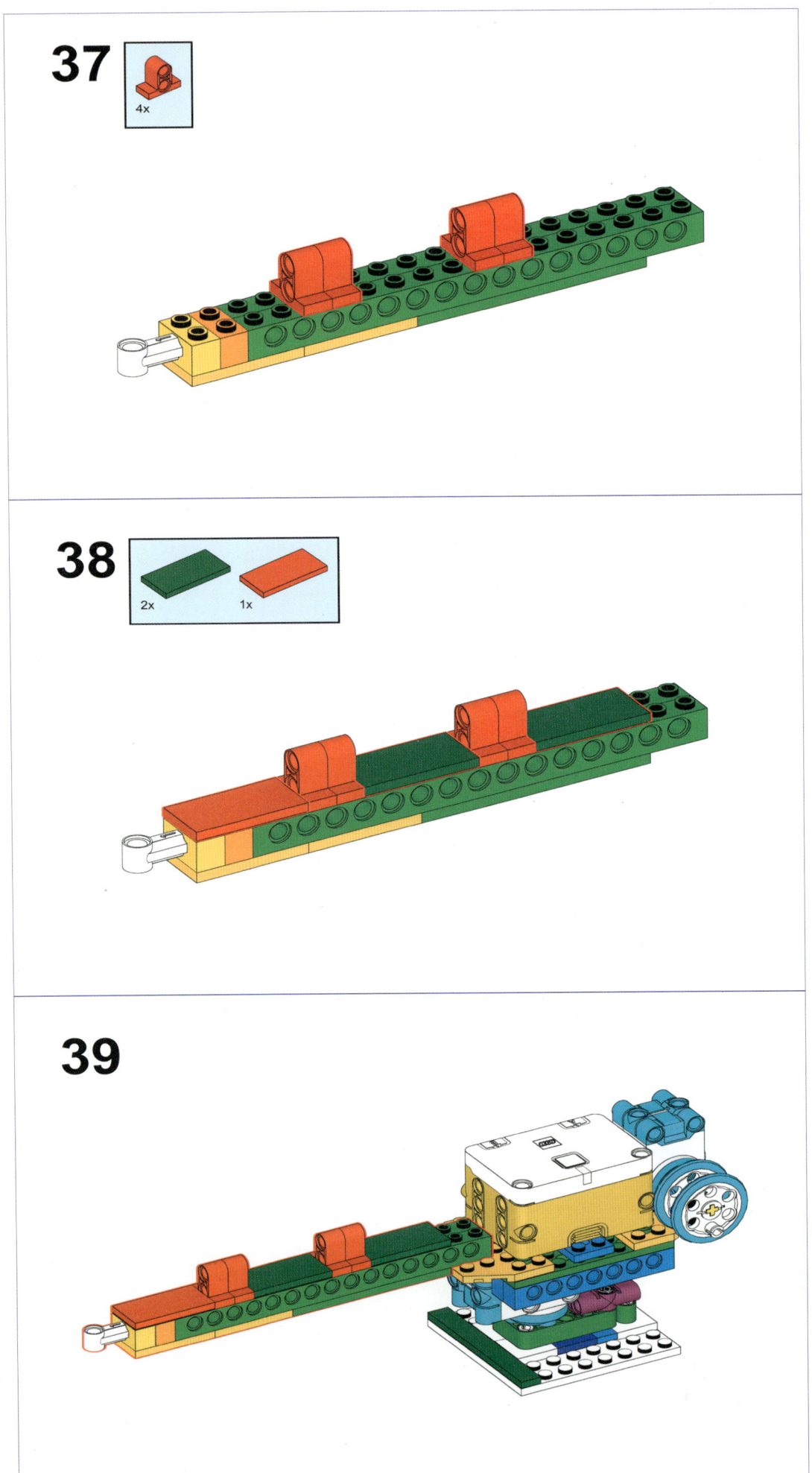

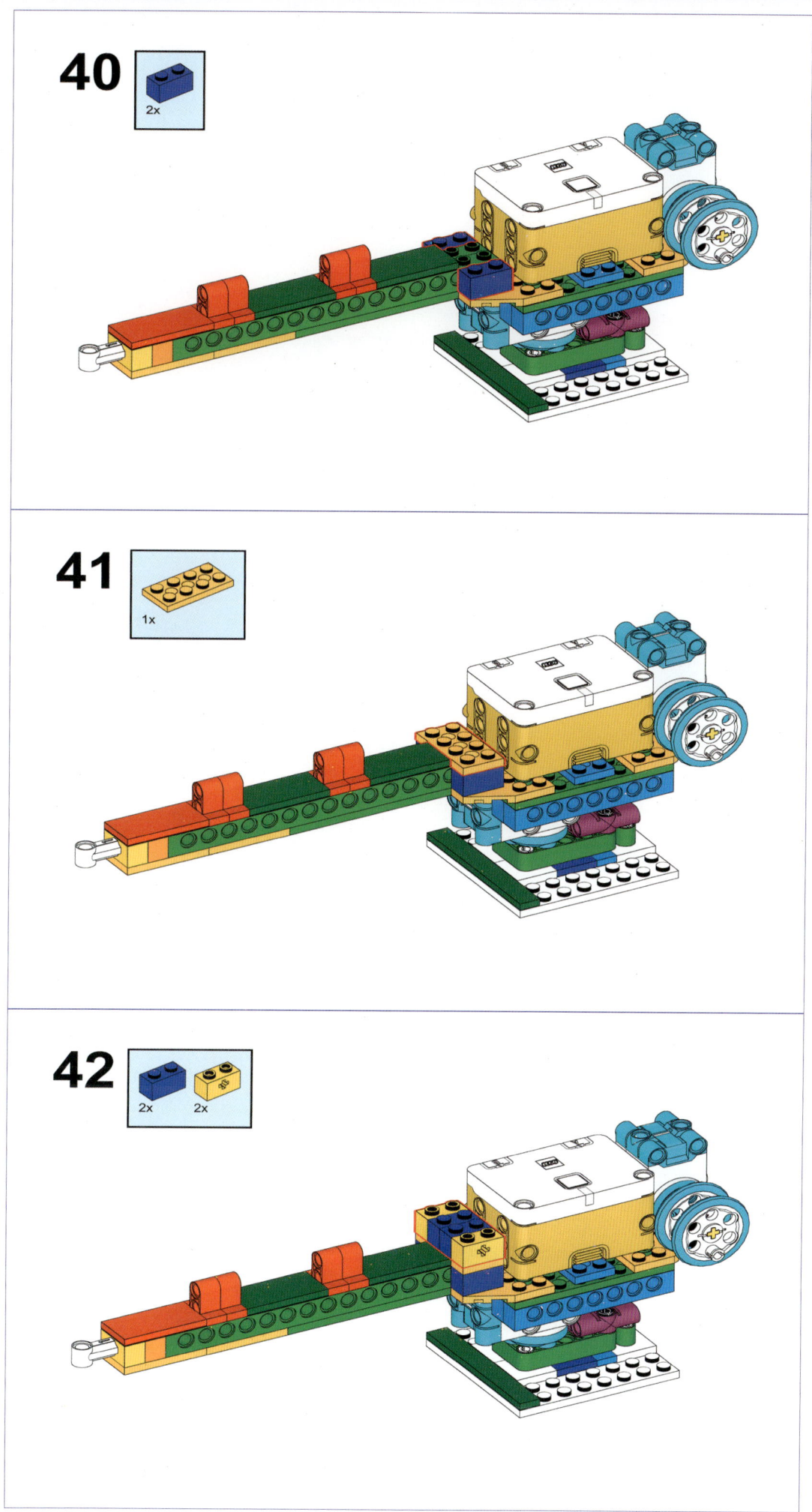

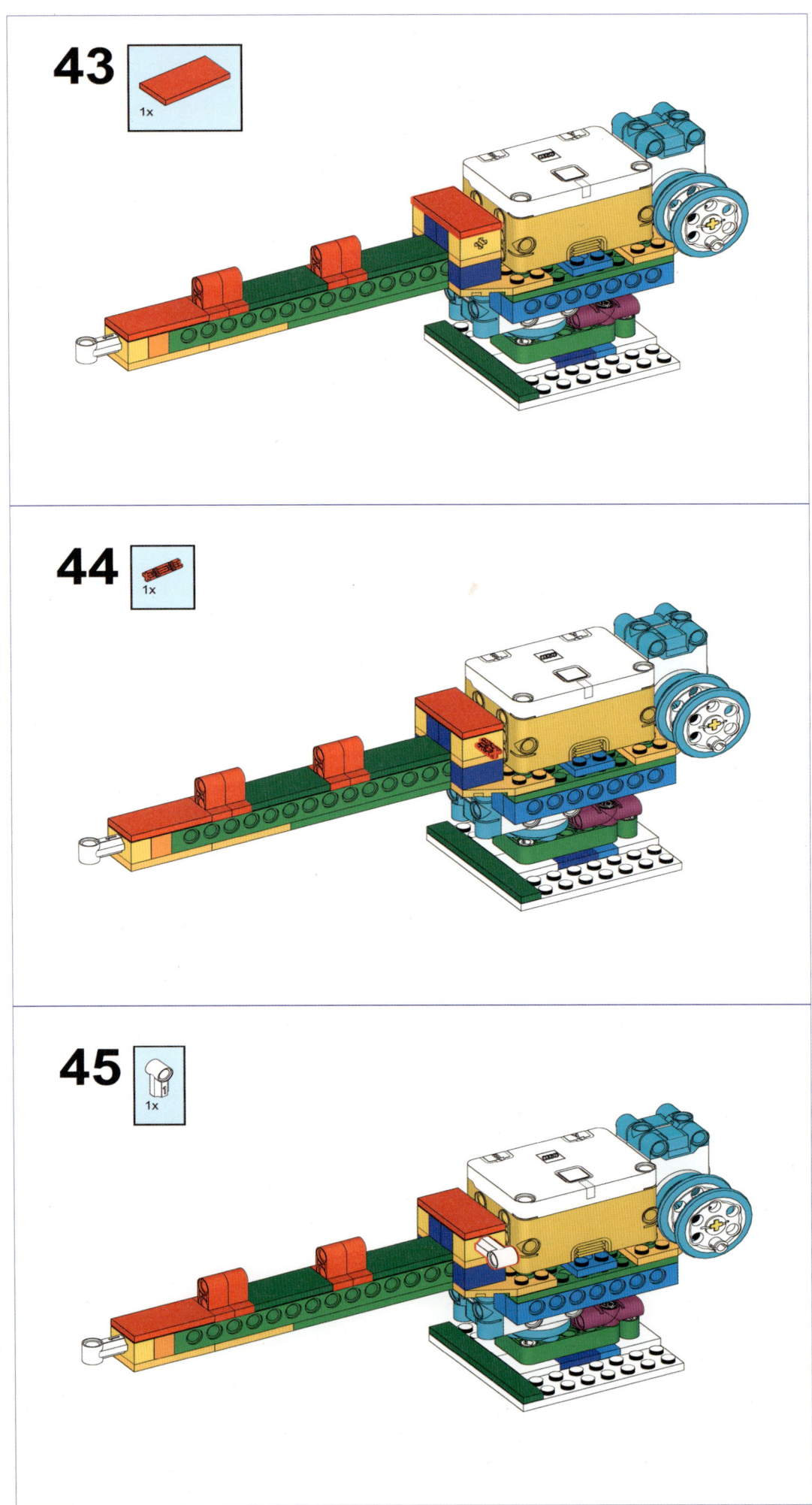

46

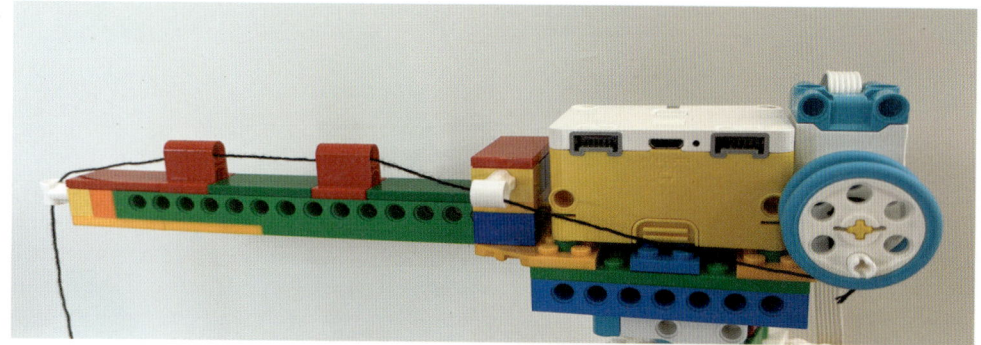

남은 실을 사진과 같이 통과시켜 줍니다.

47

48

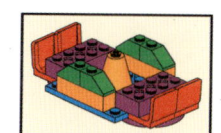

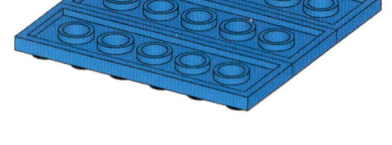

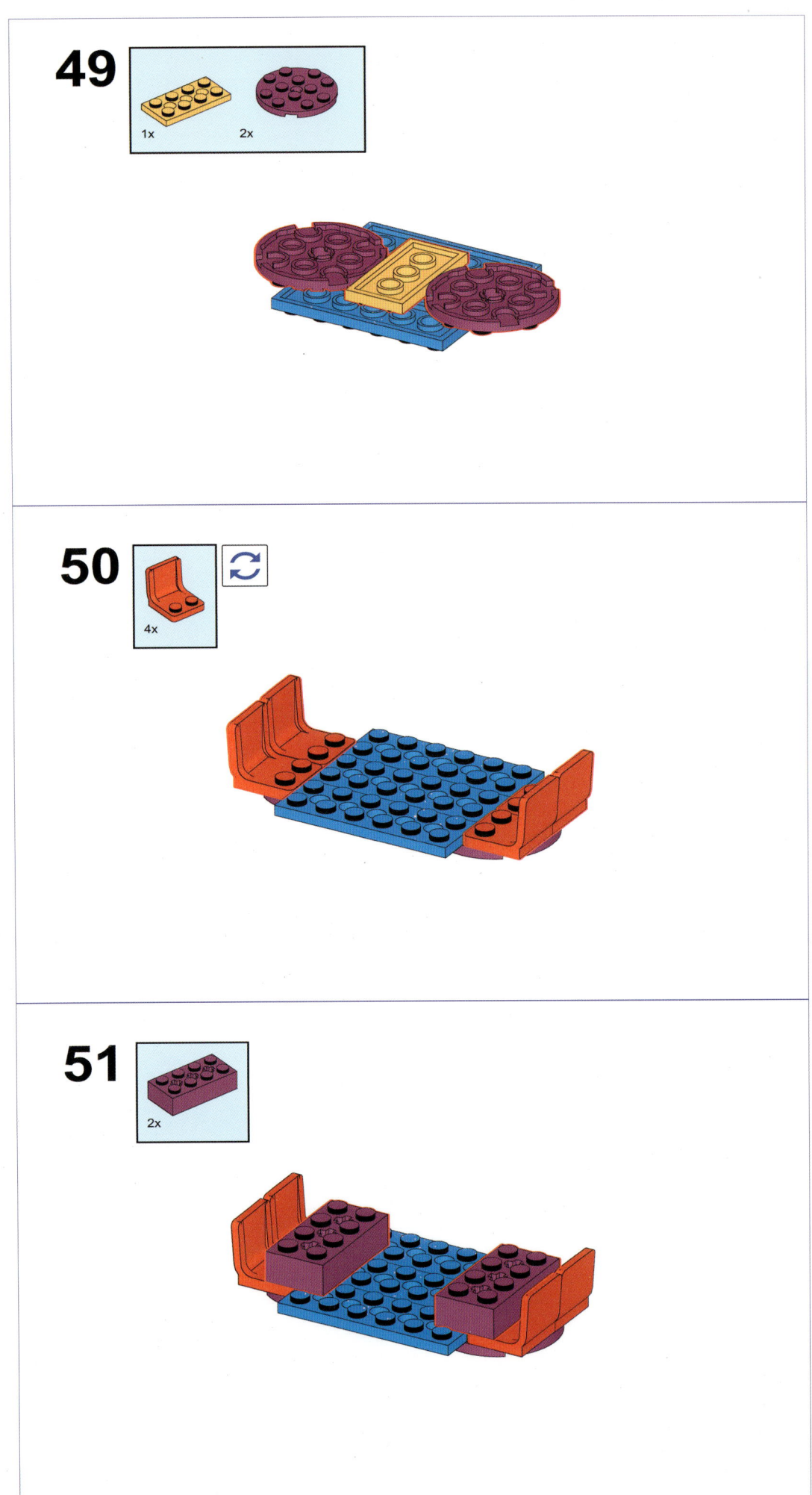

주황색 콘 블록 사이로 줄을 통과시킵니다.

55

주황색 블록 사이에 줄이
통과된 상태로 조립합니다.

56

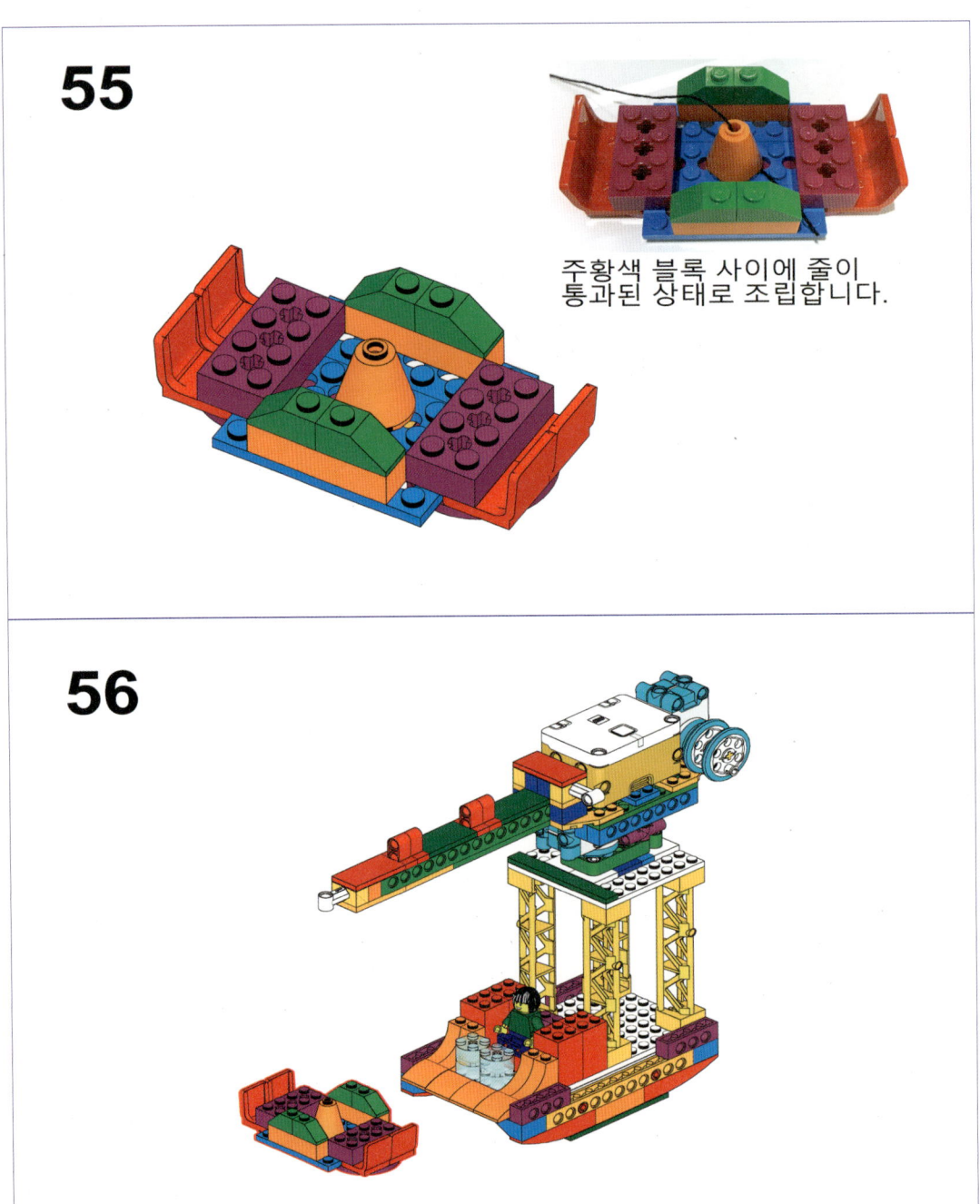

활동 3   **해양 크레인으로 해양 쓰레기를 끌어올려요!**

◆ 해양 크레인에 연결된 줄을 감아 봅시다.

1. [시작하기]를 누르면 허브 옆에 조립한 모터가 돌아가며 줄이 감기도록 만들어 봅시다.

2. 모터 블록이 천천히 돌아가며 줄이 감기도록 코딩합니다.
   *줄이 감길 때 줄을 잡아서 팽팽하게 만들어 주면 줄이 깔끔하게 감깁니다.

3. 줄이 적당한 길이가 되면 [정지]를 눌러 멈춥니다.

◆ 해양 크레인에 연결된 줄이 적당히 풀리고 감기도록 조절해 봅시다.

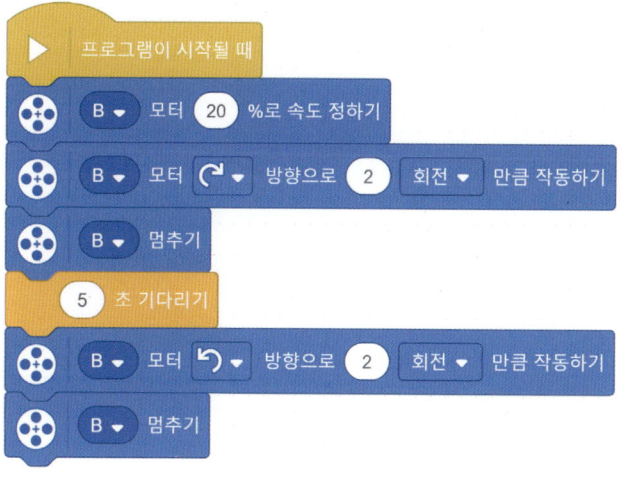

1. 모터가 2회전만큼 작동하면서 줄이 풀리도록 만들어 봅시다.
   - 줄이 풀리려면 무엇을 바꾸어야 할까요?
   - 2회전이 끝났을 때 줄의 길이는 어떤가요?

2. 줄의 길이를 확인해서 회전수를 조정해 봅시다.
   - 내가 결정한 회전수는 얼마인가요?

3. 결정한 회전수를 적용하여 줄이 감기고 풀리면서 크레인에 연결된 바구니가 움직이게 만들어 봅시다.

◆ 해양 크레인을 정해진 방향으로 움직여 봅시다.

90도로 정하고 움직여 보고 180도, 270도 등 다양한 각도로 바꾸어가며 움직임을 관찰해봅시다.

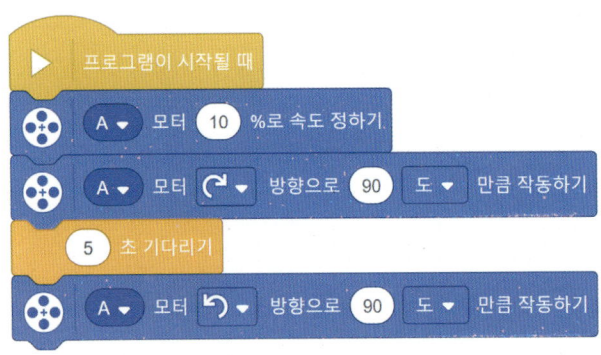

1. [시작하기]를 누르면 해양 크레인이 오른쪽으로 90도 움직인 후에 제자리로 돌아오게 만들어 봅시다.

2. 허브 아래에 연결된 모터의 중심이(○-●) 일치하는지 확인합니다.

3. 모터가 천천히 돌아가며 크레인이 오른쪽으로 90도 움직이도록 만들어 봅시다.
   - 크레인이 움직이는 속도가 적당한가요?
   - 크레인이 오른쪽으로 움직였나요?

4. 크레인이 오른쪽으로 90도 움직인 후 잠시 기다렸다가 다시 원래 자리로 돌아오게 만들어 봅시다.

◆ 해양 크레인이 오른쪽에 있는 해양 쓰레기를 실어 나를 수 있게 코딩해봅시다.

조건 1. 크레인의 처음 상태는 바구니가 공중에 매달린 상태입니다.

조건 2. 크레인이 움직일 때 바구니가 흔들리지 않아야 합니다.

조건 3. 바구니를 내려놓고 5초간 기다린 후 다시 원래 자리로 돌아옵니다.

조건 4. 쓰레기 수거를 마친 후에는 처음 상태로 돌아가야 합니다.

◆ [마이 블록]을 이용하여 크레인을 효율적으로 움직여 봅시다.

- 크레인이 작동할 때 반복되는 작업은 무엇인가요?
- 바구니를 들어 올리고 내리는 작업에 필요한 블록은 모두 몇 개입니까?
- 바구니를 들어 올리고 내리는 작업을 하나의 블록으로 해결할 수 있다면 어떤 점이 좋을까요?

1. 프로젝트 창에서 [마이 블록]을 찾아봅시다.
   * 마이 블록이란? 마이 블록은 '나만의 블록'이라는 뜻으로, 마이 블록을 이용하면 조금 더 편리하게 코딩할 수 있습니다.

2. [블록 만들기]를 선택합니다.

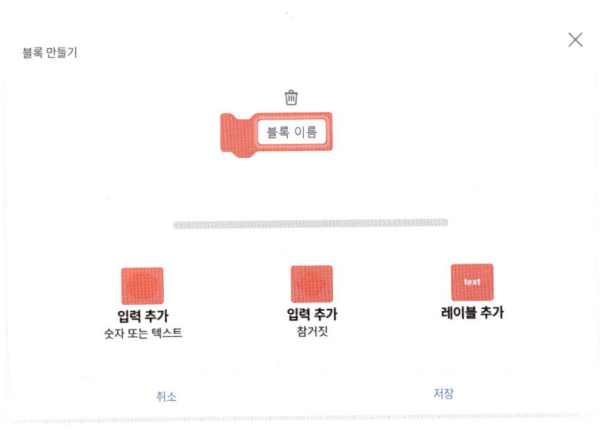

3. 마이 블록의 이름을 정해야 합니다. 우리가 만들 마이 블록은 바구니를 움직이는 블록이므로, '바구니'로 블록 이름을 입력합니다.

4. [저장]을 눌러 마이 블록을 만듭니다.

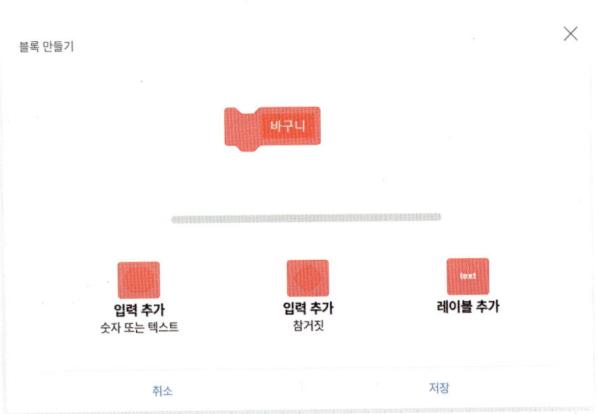

5. 프로젝트 창에 [바구니 정의하기] 블록이 생긴 것을 확인할 수 있습니다.

6. [바구니] 블록을 정의해봅시다.
    * 정의한다는 것은 [바구니] 블록을 사용했을 때 어떤 작업을 수행할 것인지를 정한다는 말입니다.

7. [바구니] 블록을 사용하면 바구니가 내려갔다가 5초를 기다린 후 다시 올라오는 것으로 정의합니다.

8. 이제 [마이 블록] 탭에 있는 [바구니] 블록을 사용하면 내가 정의한 대로 움직이게 됩니다.

◆ **여러 위치에 있는 해양 쓰레기를 실어 날라 봅시다.**

해양 쓰레기가 놓인 위치를 보고 각도를 알맞게 조절하여 해양 크레인을 움직여 봅시다.

1. 부록 2의 해양 쓰레기를 오립니다.
2. 부록 1의 중앙에 크레인을 놓습니다.
3. 부록 1의 원 중 한 곳에 1에서 오린 해양 쓰레기를 놓습니다.
4. 해양 쓰레기의 위치를 확인하고 알맞게 코딩하여 크레인을 움직여 봅시다.

한걸음 더 바구니가 움직일 때 주변에 있는 사람이 알 수 있게 경보음을 낼 수 있을까요?

■ <부록 1> 해양 크레인 놓는 판

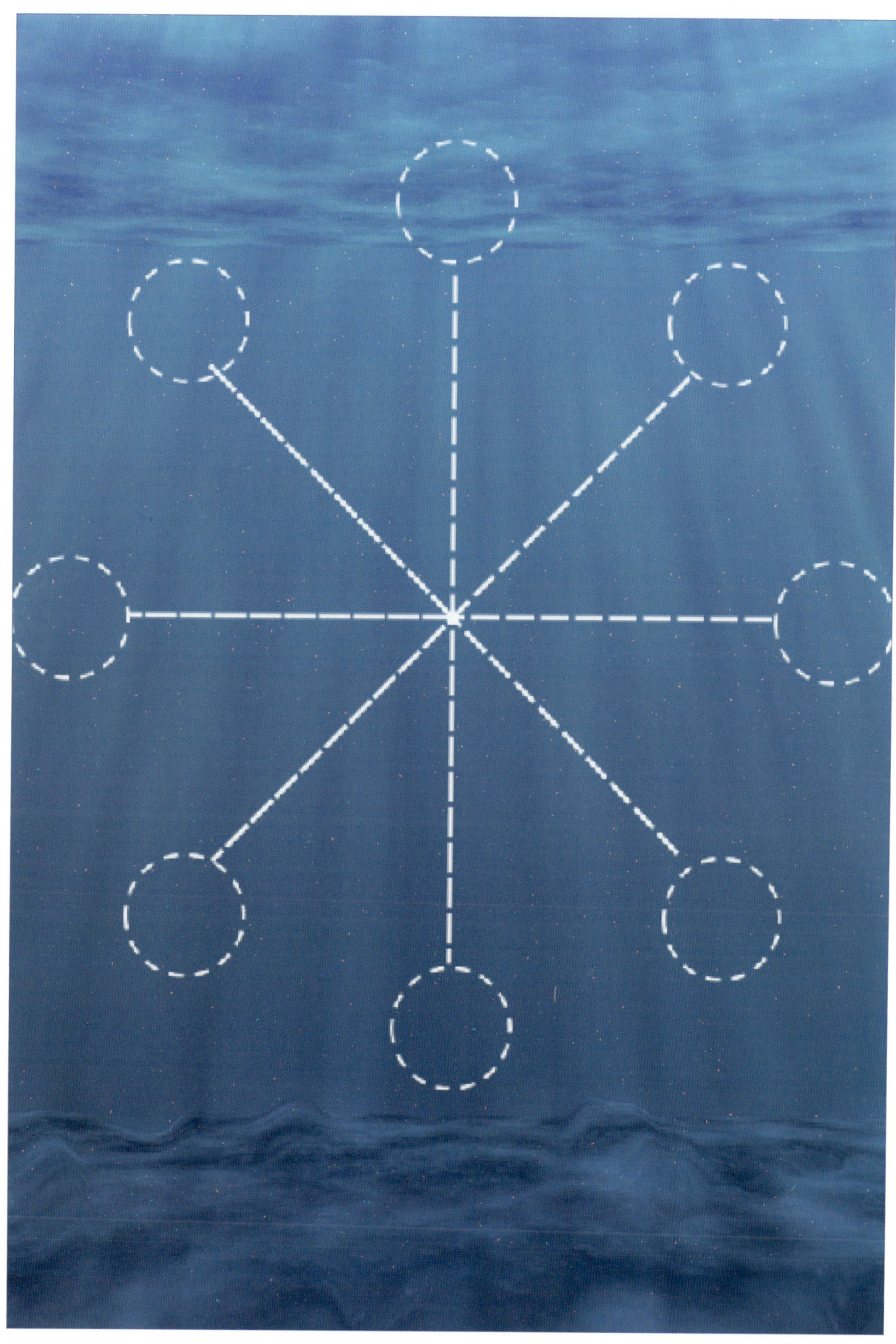

■ <부록 2> 해양 쓰레기 오리기 자료

정리해요

개념 쏙쏙

① 해양 크레인을 이용하여 사람의 힘으로 치우기 힘든 해양 쓰레기를 수거할 수 있어요.

② 해양 오염을 일으키는 주요 원인으로 해양 쓰레기가 있는데, 해양 쓰레기에는 사람들이 버린 일회용품 등의 쓰레기와 어선에서 버린 어업폐기물 등이 있어요.

확인해요

평가 내용	평가 결과
■ 사람의 힘으로 옮기기 힘든 무거운 물건을 옮기는 데 크레인을 사용한다는 것을 알고 있나요?	☺ 😐 ☹
■ 해양 오염을 일으키는 원인에는 무엇이 있는지 설명할 수 있나요?	☺ 😐 ☹
■ 내가 만든 해양 크레인이 제대로 작동했나요?	☺ 😐 ☹

읽을거리

우리는 해양 오염을 막는 바다의 수호자!

 바다를 지키기 위해 우리가 할 수 있는 일은 무엇이 있을까요? 바닷가에 가서 우리가 직접 해양 쓰레기를 주울 수도 있고, 다양한 환경 보호 프로그램에 참여할 수도 있어요. 하지만 바닷가에 직접 가기엔 너무 멀고, 시간도 부족해요.

 그렇다면 우리는 어떤 일을 할 수 있을까요? 우리가 바다를 지키기 위해 일상생활 속에서 실천할 수 있는 것을 알아보고 실천을 다짐해 봅시다.

<바다를 지키기 위한 우리의 약속>

일회용품 줄이기!
무심코 쓰는 일회용품을 줄이면 쓰레기가 생기는 것을 막을 수 있어요.
비닐봉지 대신 장바구니를, 일회용 컵 대신에 개인 컵을 사용해요.

텀블러(물병) 사용하기!
페트병에 든 물을 마시거나, 종이컵을 사용하는 대신 텀블러를 사용하면 일회용품 사용을 줄일 수 있어요.
사용한 텀블러는 잘 씻어서 말린 후에 또 사용해요.

페트병 올바르게 버리기!
투명 페트병을 버릴 때는 규칙을 지켜서 버려요.
내용물 깨끗하게 비우고 헹구기!
라벨(비닐) 제거하기!
찌그러트려서 뚜껑 닫기!

무료글꼴 한국수력원자력 한수원한돋움체

Enjoy IT! 스파이크™ 에센셜 | 모두 다함께 놀자! - 1
-레고로 상상의 나래를 펼치다

저자
꿈키움 교사연구회
이대송 경상남도함양교육지원청 특수교육지원센터 교사
권오성 경상남도함양교육지원청 특수교육지원센터 교사
노서현 함양마천초등학교 특수교사
박순옥 김해은혜학교 교사
유혜숙 김해은혜학교 교사
전혜진 경상남도함양교육지원청 특수교육지원센터 교사

발행일 : 2022년 10월 11일
발행자 : 남이준
편집자 : 최소라, 오햇살
발행처 : ㈜퓨너스 / 서울시 금천구 가산디지털2로 123 701, 702호
전화 : 02-6959-9909
홈페이지 : www.funers.com
학습지원 커뮤니티 : cafe.naver.com/robotsteam
유튜브채널 : youtube.com/c/퓨너스

가격 : 20,000원
ISBN : 979-11-90918-25-1
* 발행처의 허락 없이 무단 전재나 복사를 금합니다.
* 파본이나 낙장본은 당사로 연락 주시면 교환해 드립니다.